Ullstein Sachbuch

ÜBER DAS BUCH:

Parallel zum wirtschaftlichen Aufschwung fand in Japan nach dem Krieg eine mächtige religiöse Erneuerung statt. Nach 1945 hatte die kriegerische Staatsreligion abgewirtschaftet. Die Menschen waren bereit für einen neuen, spirituellen Aufbruch. Das ist die Stunde Josei Todas, einem der großen Neuerer, der mit seinem Lehrer wegen der pazifistisch betonten Lehre dieser Richtung des Buddhismus während des Krieges inhaftiert war. Das Buch erzählt vom Wiederaufbau der buddhistischen Vereinigung, wie sich ihre pazifistischen und humanitären Ideale durchsetzen, und schildert die ergreifende Lebensgeschichte ihres zweiten Präsidenten.

DER AUTOR:

Daisaku Ikeda, 1928 in Tokio geboren, wurde 1960 Präsident von Soka Gakkai, einer buddhistischen Laiengesellschaft. 1975 entstand Soka Gakkai International, deren Präsident Ikeda ist. Deren Ziele sind neben internationalem kulturellen Austausch die Durchsetzung eines weltweiten Friedens und die Erziehung des Menschen zur Humanität. 1983 erhielt Ikeda den Friedenspreis der Vereinten Nationen. Er veröffentlichte über 60 Bücher, darunter mit dem ehemaligen Präsidenten des Club of Rome Aurelio Peccei: *Noch ist es nicht zu spät* (1984).

Daisaku Ikeda

Die Humanität des Buddhismus

Ullstein Sachbuch

Ullstein Sachbuch
Ullstein Buch Nr. 34872
im Verlag Ullstein GmbH,
Frankfurt/M – Berlin
Titel der englischen Ausgabe:
Human Revolution
Ursprünglicher Titel
der deutschen Erstausgabe:
Aufbruch in die Humanität
Buddhismus 1945–1952
Aus dem Englischen übersetzt
von Moritz Boerner

Ungekürzte Ausgabe

Umschlagentwurf:
Gudrun Hänsel-Geneletti

Printed in Germany 1992
Druck und Verarbeitung:
Ebner Ulm
ISBN 3 548 34872 6

April 1992

Vom selben Autor
in der Reihe
der Ullstein Bücher:

Der Buddha lebt (34434)
Buddhismus (34600)
Der chinesische Buddhismus (34673)

Die Deutsche Bibliothek –
CIP-Einheitsaufnahme

Ikeda, Daisaku:
Die Humanität des Buddhismus / Daisaku
Ikeda. [Aus dem Engl. übers. von Moritz
Boerner]. – Ungekürzte Ausg. –
Frankfurt/M; Berlin: Ullstein, 1992
(Ullstein-Buch; Nr. 34872:
Ullstein-Sachbuch)
ISBN 3-548-34872-6
NE: GT

Inhalt

Viertes Buch

Vorwort zur deutschen Ausgabe*

Die Anregung zu diesem biografischen Roman erhielt ich vor vielen Jahren, als mein Lehrer Josei Toda, der damalige zweite Präsident der Soka Gakkai, noch lebte. Im Frühling 1951, kurz bevor die Zeitung Seikyo Schimbun (die spätere Tageszeitung unserer Gesellschaft) zum ersten Mal erschien, klopfte Toda eines Tages mit einem vielsagendem Lächeln auf seine Tasche und meinte: »Ich habe gerade einige Folgen eines Romans geschrieben. Da wir nun eine Zeitung herausgeben werden, brauchen wir auch eine Fortsetzungsgeschichte dafür.«
Um 1956 verschlechterte sich Todas Gesundheit, die seit seiner Zeit im Gefängnis nie besonders gut gewesen war, auf dramatische Weise. Nur wenige Monate vor seinem Tod erschien Ningen Kakumei (Menschliche Revolution)** in Buchform. Eines Abends, es war im Sanatorium in Karuisawa, wo er behandelt wurde, fragte Toda mich, was ich davon hielte. Ich sagte ihm ganz ehrlich, daß ich die ersten Kapitel, die von Tsunesaburo Makigutschi handelten, sehr kraftvoll fand, daß er über sich selbst aber nicht so überzeugend geschrieben hatte. Aus der besonderen Art seiner Zustimmung konnte ich entnehmen, daß es nunmehr meine Aufgabe war, weitere Folgen zu schreiben. Mit dem vorliegende Buch bemühe ich mich, ihm diesen Wunsch zu erfüllen. Da es mein eigenes Leben ebenso handelt wie dasjenige Todas, weiß ich nun, wie schwierig es ist, über sich selbst zu schreiben. Die Tatsache, daß Goethe seine Autobiografie »Dichtung und Wahrheit« nannte, sagt hierüber etwas sehr Wichtiges aus: Tatsachen stimmen nicht immer mit der Realität überein, weil der menschliche Geist sie unabsichtlich verändert, aber auch mit Absicht, falls er einen dichterischen oder sonstigen Zweck damit verfolgt. Goethe und mit ihm alle großen Schrift-

steller wußten, daß man seine eigene Persönlichkeit aufspalten muß, um in sich selbst die Wahrheit zu finden. Genau dies mußte ich tun, um ein bleibendes und wahres Bild von Josei Toda zu zeichnen.

Kein anderer hat mein Leben mehr beeinflußt, als dieser Mann. Er war der Lehrer, der mich auf den Weg meiner Bestimmung führte, und daher ist es mir natürlich auch ein besonderes Anliegen, der Welt von den Höhen und Tiefen dieses Lebens zu erzählen. Ich habe zehn Jahre lang an dem Buch gearbeitet, und der zehnte Band der japanischen Originalausgabe ist erschienen. Doch wenn ich nun zurückblicke,muß ich gestehen, daß das Buch trotz seines Umfangs und der vielen Informationen, die es enthält, noch immer zu wenig von der immensen Lebenskraft spüren läßt, die sich in dieser Persönlichkeit manifestierte. Es ist schwierig, wenn nicht gänzlich unmöglich, den großen Mann adäquat zu beschreiben, dennoch habe ich mich bemüht, über die reinen Fakten hinaus zu vermitteln, was er tat und welche Bedeutung er hatte. Während seiner letzten Jahre sagte er einmal zu mir: »Daisaku, zweihundert Jahre lang wird man meine Arbeit nicht richtig einschätzen können, danach aber wird mir die Menschheit sehr dankbar sein.« Damals hatte die Soka Gakkai schwer zu kämpfen und es schien, als ob man unsere Arbeit niemals recht würdigen würde. Auf meinen jüngsten Reisen habe ich allerdings mit meinen eigenen Augen gesehen, wie die von Josei Toda gelehrte menschliche Revolution beim einzelnen Menschen beginnt, wie sie sich stetig ausbreitet und so zur Veränderung des Karmas der gesamten Menschheit beiträgt. Ich bin davon überzeugt, daß diesem großen Führer die allgemeine Anerkennung zuteil werden wird, die ihm gebührt. Ich hoffe, daß ich nicht zuletzt durch dieses Buch hierzu beitragen kann.

Für uns Mitglieder der Soka Gakkai und Anhänger der Nitschiren Schoschu ist der Buddhismus, dem Toda sein Leben weihte, dazu bestimmt, das Schicksal aller Menschen zu verändern. Das mag für manchen wie Prahlerei klingen, ich weiß aber, daß es das nicht ist. Ich bin mir unserer Rolle in der Geschichte gewiß und in vielen Teilen der Welt sehe ich Anzeichen, daß unsere Arbeit Früchte trägt.

Der Grundstein für die neue Zivilisation des Einundzwanzigsten Jahrhunderts wird heute gelegt, dann werden die Lehren des Daischonin allen Menschen helfen, die Würde und den unersetzlichen Wert des Lebens zu verstehen. Meine Arbeit an diesem Buch sollen ebenso, wie die vielen Reisen, die ich in den letzten Jahren unternommen habe, dazu beitragen, einen unzerstörbaren Weltfrieden zu errichten, der auf jenen Lehren beruht. Meine Arbeit war manchmal schwierig, hierauf war und bin ich vorbereitet, denn ich weiß, der wahre Buddhismus, das universelle Gesetz des Lebens, ist der einzige Weg, um die Probleme zu lösen und die Menschheit von ihren Leiden zu befreien. Ich habe mein Leben der Mission der Soka Gakkai geweiht und es gibt für mich kein Zurück.

Dieses Projekt ist langwierig und wird weiter fortgesetzt werden, trotz der Tatsache, daß ich sehr beschäftigt bin und auch weiß, wie begrenzt mein literarisches Können ist. Josei Toda widmete sein Leben der Verbreitung des wahren Buddhismus und ich, als Repräsentant der Soka Gakkai, habe die Pflicht, diese große Aufgabe fortzuführen.

Denn nichts ist wichtiger, als den Menschen neue Hoffnung zu bringen und sie zu neuem Glauben zu bewegen, und dies geschieht am besten durch die Art von menschlicher Revolution, die Toda lehrte und die ich selbst als Anhänger der Nitschiren Schoschu erfuhr. In unserer Zeit sind so viele, für den Menschen lebensnotwendige Werte in Vergessenheit geraten, stattdessen sorgt man sich übermäßig um Reichtum, Macht und materiellen Besitz. Die menschliche Revolution der Nitschiren Schoschu lehrt, wie die innere Reformation des Menschen nicht nur sein Karma, sondern auch das Karma der Nation oder gar der ganzen Welt verändern kann. Wenn die dramatische Geschichte Josei Todas oder der Soka Gakkai auch nur einem Menschen helfen würde, Glauben und Hoffnung neu zu beleben, so würde es mich schon glücklich machen. Ich bin zwar ein einfacher Mann, aber ich glaube, daß man sowohl den Prinzipien des Buddhismus, als auch demokratischen Grundsätzen gerecht wird, wenn man danach strebt, die Wahrheit über sich selbst zu erfahren und wenn man für ein sinnvolles Leben kämpft.

Ich konnte von den Tausenden, mit denen Toda im Laufe seines Lebens Kontakt hatte, natürlich nicht alle erwähnen, sondern habe diejenigen ausgewählt, deren Persönlichkeit oder deren Handlungen auf Toda oder auf die Entwicklung der Soka Gakkai den größten Einfluß ausübten. Ihre Namen habe ich verändert, soweit sie nicht der Zeitgeschichte angehören. Außerdem habe ich mir die dichterische Freiheit genommen, manchmal eine ganze Anzahl von Personen in eine Figur zu verschmelzen oder umgekehrt, die Charakterzüge eines Menschen auf viele fiktive Figuren aufzuteilen. Dennoch folgt die Entwicklung im Roman im allgemeinen der wahren Geschichte der Soka Gakkai. Allerdings habe ich um der Erzählung willen, oder um bestimmte Dinge klarer zu machen, auch einige Vorkommnisse erfunden.

Dem Sechsundsechzigsten Hohepriester des Haupttempels der Nitschiren Schoschu, Nittatsu Hosoi, schulde ich tiefen Dank für die Führung und Hilfe, die er mir unermüdlich zuteil werden ließ, ebenso habe ich den älteren Mitgliedern der Soka Gakkai zu danken, die mich moralisch unterstützten und mir wichtige Informationen über die frühe Geschichte der Gesellschaft zukommen ließen. Außerdem danke ich allen, die mir geholfen haben, dieses Buch möglich zu machen.

In der vorliegenden deutschen Ausgabe, die eine gekürzte Fassung der Bände eins bis sechs der japanischen Originalausgabe darstellt, wurde versucht, die Geschichte möglichst zu vereinfachen, ohne daß sie an Substanz verliert; und auch das buddhistische Vokabular wurde derart begrenzt, so daß auch die Menschen, die mit dem Buddhismus nicht so vertraut sind, den Sinn der Lehren Nitschiren Daischonins und Josei Todas verstehen können. Zur näheren Erläuterung buddhistischer Ausdrücke

und von Persönlichkeiten des Buddhismus wurde ein Glossar angefügt.
Das Gesetz des Nitschiren Daischonin ist zwar universell; es überschreitet alle Grenzen von Rasse und Nation, aber dennoch ist die Verbreitung unserer Botschaft auf Übersetzungen angewiesen, die unsere Philosophie und unseren Glauben sorgfältig beschreiben. Ich setze große Hoffnungen in die Wirkung der vorliegenden Übersetzung meines Buches.

Daisaku Ikeda

* Dies ist eine Zusammenfassung der Vorworte der Bände 1–3 der amerikanischen Ausgabe. Ich habe an der entsprechenden Stelle das Wort »deutsch« eingesetzt. (A.d.Ü.)

** Der Titel der amerikanischen Ausgabe des Buches »Aufbruch in die Humanität«. (A.d.Ü.)

Erstes Buch

1. Erwachen

Krieg ist barbarisch und unmenschlich. Gibt es etwas Grausameres, etwas, das schrecklicher ist?

Im Juli 1945 befand Japan sich im achten Kriegsjahr und die Bevölkerung war der Verzweiflung nahe. Viele hatten ihre Eltern und Kinder verloren; die meisten hatten kein Dach mehr über dem Kopf und hungerten. Tagaus tagein lebte man in Angst vor den amerikanischen Bombern; dennoch ertrugen die Japaner ihr Schicksal schweigend. Als sich das Gerücht einer unmittelbar bevorstehenden Invasion des Feindes auszubreiten begann, wurde das ganze Land von tiefer Furcht und einer Vorahnung kommenden Unheils erfüllt.

Am 3. Juli 1945, gegen sieben Uhr abends, standen drei Menschen vor dem häßlichen, eisernen Tor des Toyotama-Gefängnisses und blickten starr auf das trostlose Gelände. Sie warteten bereits seit zwei Stunden, in ihren Gesichtern spiegelten sich Angst und Erwartung. Seit Einbruch der Dämmerung störten nur gelegentliche, gedämpfte Geräusche aus dem Innern der Haftanstalt die Stille. Im trüben Licht der verlassenen Straße waren die Umrisse der unheimlichen hohen Betonmauern nur zu ahnen. Die Luft war von Hitze und Feuchtigkeit erfüllt, doch mit fortschreitender Dunkelheit verhieß eine kühle Brise aus der Musaschino-Ebene Hoffnung auf baldiges Nachlassen der Regenzeit.

Ein großer, schlanker Mann trat aus einem Seitentor: Josei Toda, der eine wichtige Rolle in der Geschichte seiner Nation spielen sollte, aber jetzt nur einen äußerst unscheinbaren Anblick bot. Er war mit einem großen Bündel bepackt und schaute unsicher in die Dunkelheit, während sich hinter ihm das Tor schloß. Ungeachtet seines ausgezehrten, dünnen Körpers war seine Haltung ungebeugt, hinter den dicken Brillengläsern wirkten die Augen wach und durchdringend. Nach einigen Schritten erkannten ihn die Wartenden und liefen aufgeregt und laut rufend auf ihn zu. Als er stehenblieb, blitzten seine Brillengläser auf.

»Ikue!« sagte er. »Du bist gekommen.«

Er lächelte. Seine junge Frau konnte nur stumm nicken.

»Ich bin sehr froh«, sagte er. »Wie geht es euch?«

»Sehr gut«, antwortete Ikue, während sie die Tränen mühsam zurückzuhalten suchte.

»Und unser Haus, steht es noch?«

»Ja, Liebster.«

»Dem Himmel sei Dank! Diese ganze lange Zeit muß schwer für dich gewesen sein, aber jetzt brauchst du keine Angst mehr zu haben.« Tröstend und beruhigend legte er seine Hände auf ihre Schultern.

»Herzlich willkommen, Onkel.« Der Junge, der eine Weile abseits gestanden hatte, trat hinzu.

»Kasuo!« Toda streckte die Hand nach ihm aus und gab ihm einen leichten Klaps.

»Herzlich willkommen«, rief eine weibliche Stimme, der man die Rührung anmerkte.

Kurzsichtig starrte Toda ins Halbdunkel, um die Sprecherin auszumachen.

»Schwester, wie gut, dich zu sehen.«

Zwei endlose Jahre hatten Todas Frau, seine ältere Schwester und sein Neffe auf diesen Tag gewartet. So zerbrechlich und dünn er in seinem nicht mehr passenden Sommerkimono wirkte, schien er doch von einer Aura innerer Kraft umgeben. Doch dies war keine physische Kraft, als ein Windstoß Todas Kimono für einen Moment lüftete, erhaschte seine Frau einen Blick auf seine spindeldürren Beine. Bevor sie ihm sein Bündel abnehmen konnte, war Kasuo ihr schon zuvorgekommen und hatte es sich über die Schulter geworfen.

»Es ist schwerer, als es aussieht«, meinte er fröhlich.

Nach zweijähriger Trennung hätten sie sich viel zu sagen gehabt,

aber eine seltsame Befangenheit überlagerte die Wiedersehensfreude und machte Worte nutzlos. Schweigend gingen sie an der Mauer des Gefängnisses entlang.
Das Gewand des Mannes stand in scharfem Kontrast zu den Kleidern seiner Verwandten – der leichte Kimono hätte besser in ein Badehaus gepaßt, als in die Straßen einer Stadt im Krieg. Frau und Schwester trugen die schweren Pumphosen, die man *mompe* nannte, sowie die für jene Jahre typischen, japanischen Kapuzen. Der Junge hatte sich auf den fast sicheren Luftangriff vorbereitet und trug hohe Gamaschen sowie einen Stahlhelm auf dem Rücken.
Die kleine Gruppe erreichte das Ende der Gefängnismauer und wandte sich nach rechts in eine verlassene Straße. Eine Reihe verdunkelter Häuser und dann plötzlich nichts mehr, die Straße verlor sich einfach in öder Leere. Toda blieb stehen und starrte in die tiefe Dunkelheit, die den Horizont zu füllen schien. Hier und dort machte er undeutliche Schatten aus, zerbrochene Ruinen, gespaltene Pfeiler, zermalmte Dächer, gefallene Bäume. Ein stechender Schwefelgeruch verpestete die Luft. Wie betäubt setzte er seinen Weg fort.
Während zahlloser Nächte hatte er die roten Flammen des Holocaust durch das hohe, schmale Fenster seiner Gefängniszelle leuchten sehen. Er konnte das unheimliche Heulen der Sirenen hören, das Dröhnen der Flugzeuge und die explodierenden Bomben. Schrecken und Schmerz erfüllten sein Herz, und die Ungewißheit über das Schicksal seiner Frau, seiner Lieben, Tokyos, ganz Japans quälte ihn. War nun alles zerstört?
Im Gefängnis hatte er nur flackernde Lichter und undeutliche Schatten sehen können; nun war er mit der entsetzlichen Realität konfrontiert. Es traf ihn mitten ins Herz. Im November 1944 begannen amerikanische Flugzeuge von den Marianen aus wahllos japanische Städte zu bombardieren. Im Mai waren bereits große Teile von Tokyo, Osaka und anderen Hauptstädten zerstört und täglich wurden kleinere Provinzstädtchen angegriffen. Auf den Hauptinseln waren schätzungsweise drei Millionen

Wohnungen vernichtet und mehr als sechshunderttausend Menschen verwundet oder getötet. Zehn Millionen hatten mehr oder minder großen Schaden erlitten. Isoliert in seiner Zelle kannte Toda nicht das genaue Ausmaß der Zerstörung und der Verluste, aber er hatte gespürt, wie grausam das Land verwüstet wurde. Nun hörte er von seiner Frau, daß die Innenstadt von Tokyo so gut wie vollständig zerstört war, und daß mehr als die Hälfte seiner Freunde und Bekannten ausgebombt waren. Und noch immer wütete der Krieg. Voller Zorn und Entrüstung fragte er sich: »Wie lang wird dieser Irrsinn noch weitergehen?«

Während er sich einen Weg durch die schwarzen Trümmer bahnte, dachte er über die langen Zeitalter der Sehnsucht der Menschen nach Frieden und Glück nach, und wie diese Hoffnungen immer wieder durch Kriege zerstört worden waren. In seinem Herzen wußte er, daß Krieg immer böse ist, ganz gleich warum er geführt wurde: Zerstörung und Leid sind seine unabwendbaren Folgen. In moderner Zeit hatte Japan häufig Krieg geführt, als sei bewaffneter Konflikt und das Ertragen schwerer Leiden ein nationales Schicksal. Aber niemals zuvor hatte ein Krieg solch katastrophale Wirkungen gehabt. »Ist Japan zum ewigen Kampf verdammt?« fragte er sich. »Gibt es keinen Weg, Land und Leute vor diesem Horror zu schützen?« Allein meditierend und mit einem Gefühl der Ohnmacht angesichts schier unlösbarer Probleme, versuchte er die Stärke wiederzugewinnen, die er aus einer mystischen Vision in seiner Gefängniszelle geschöpft hatte. Und das Licht dieser Vision wuchs langsam zu einer strahlenden Sonne der Hoffnung.

Josei Toda war ein kräftiger und starker Mann gewesen, bevor die zweijährige Haft ihn zu einem dünnen, zerbrechlichen Fünfundvierzigjährigen gemacht hatte. Die Art und Weise seiner Entlassung war nichts Ungewöhnliches. Er war einfach nur einer der vielen Gefangenen dieser Zeit: ohne Gerichtsverhandlung eingesperrt und schließlich gegen Kaution entlassen. Das gestutzte Haar, der einfache Kimono und die unauffällige Art des Mannes verbargen die wahre Größe und Würde des späteren zweiten Führers der Soka Kyoiku Gakkai*, dieser Vereinigung, die später nur noch Soka Gakkai genannt wurde. Tsunesaburo Makigutschi, der Gründer und erste Präsident der Soka Kyoiku Gakkai und Todas verehrter Meister, war im Jahr zuvor im Gefängnis gestorben.

Nun war Toda frei. Der Tod seines Lehrers hatte ihn tief getroffen, aber der Glaube, den er mit Makigutschi teilte, hatte ihn nicht verzweifeln lassen. Dieser Glaube hatte es ihnen beiden ermöglicht, ihre Leiden zu ertragen. Vielen Menschen macht der Tod angst, aber Toda und Makigutschi konnten ihm ruhig ins Auge schauen, weil sie wußten, daß Leben und Tod eine untrennbare Einheit sind – nichts als Phasen im Wirken eines großen universellen Naturgesetzes. Diese zwei Männer bezogen ihre Kraft auch aus dem Bewußtsein ihrer wichtigen Mission des *koßen rufu*, der Verbreitung des wahren Buddhismus, und des Strebens nach *obutsu myogo*, der Verbindung zwischen Buddhismus und allen Stadien gesellschaftlicher Entwicklung. Als Toda in seiner Zelle von Makigutschis Dahinscheiden hörte, verzweifelte er keinesfalls, denn er wußte, daß er nun die große Aufgabe zu erfüllen hatte: eine große religiöse Revolution, das Vermächtnis seines geistigen Lehrers. Makigutschis Tod und sein eigenes Eingesperrtsein erfüllte ihn mit Rachedurst, aber nicht gegen das Militär, sondern gegen die unsichtbaren Kräfte des Bösen, das ungezählte Leben vernichtet und Japan an den Rand der totalen Zerstörung geführt hatte.

Nitschiren Daischonin, der Gründer der Nitschiren Schoschu, der Religion, der Toda und Makigutschi angehörten und deren Verbreitung sie ihr Leben gewidmet hatten, hatte bereits vor sieben Jahrhunderten postuliert, daß mißgeleitete und pervertierte Religionen und Philosophien der wirkliche Ursprung allen menschlichen Elends sind. Der Schintoismus der japanischen Militaristen und dessen Folgen waren der Beweis für Nitschiren Daischonins Weitblick. Da Toda die Ursachen der Leiden

* Siehe Glossar

kannte, war ihm das Weiterleben möglich; in der Hoffnung, daß er eines Tages als freier Mann etwas unternehmen konnte, eben diese Ursachen zu beseitigen.

Allerdings erlaubte sein augenblicklicher physischer Zustand keine großen Aktivitäten. Schon dieser kurze Gang stellte seine Kräfte auf eine harte Probe; plötzlich fühlte er einen stechenden Schmerz in der Brust und mußte stehenbleiben. Nach Luft ringend stand er in der Dunkelheit, es stank nach Verwesung und Verbranntem. Nachdem der Schmerz nachgelassen hatte, ging er weiter und bog in die Waseda-Avenue ein. Alle Häuser waren wegen der Luftangriffe verdunkelt und der blaßgraue Streifen des Gehwegs schien im Nachtdunkel zu schweben. Bald wandte sich die kleine Gruppe dem Nakano-Bahnhof zu, wo die schweren Schirme der Bahnsteiglampen das Dunkel der Nacht mit Lichtflecken übersäten. Müde, aber froh, daß der Bahnhof nicht mehr allzu weit war, ließ Toda sich auf einem mit Gras überwucherten Mäuerchen nieder.

»Laßt uns ausruhen«, meinte er zu den anderen.

Mit einem Seufzen ließ der junge Kasuo das Bündel heruntersinken.

»Uff!« sagte er. »Ein schweres Ding.«

»Alles Bücher.«

»Bücher?«

»Genau. Ich hatte eine Menge Zeit zum Lesen.«

»Du hast im Gefängnis gelesen, Onkel?«

Toda kratzte sich heftig. »Gefängnisse sind zum Lesen wie geschaffen, mein Junge.«

Ikue sah, daß ihr Mann schwitzte und holte ein kleines Tuch hervor, um seine Stirn zu wischen.

»Komm mir nicht zu nahe, sonst bekommst du ein paar von meinen kleinen ›Andenken‹ an das Gefängnis«, lachte Toda.

Ikue schaute ihn fragend an.

»Läuse, meine neuen Blutsverwandten. Ganz putzige Tierchen.«

Die anderen lachten, als Ikue erschrocken zurückwich.

Noch immer schwer atmend wischte sich Toda Stirn und Wangen; seine Frau trocknete ihm Nacken und Schultern. Endlich befreit aus der muffigen Zelle genoß er jetzt die frische Brise. Mit geschlossenen Augen atmete er die inzwischen süße, köstliche Luft ein und schwelgte in wiedergewonnener Freiheit. Nach zwei Jahren in der muffigen Einzelzelle tat ihm die frische Luft wirklich gut. Trotz der Dunkelheit ringsumher schien tief in seinem Innersten ein strahlendes Licht. Es war entzündet worden, während er allein in seiner Zelle saß und es hatte ihn all die Zeit mit seiner Wärme erfreut. Im Gefängnis gab es keine Möglichkeit, andere an diesem Leuchten teilhaben zu lassen, aber er war sicher, daß es niemals erlöschen könne. »Laßt uns gehen.« Er verscheuchte die Mücken, die Beine und Gesicht umschwärmten, und erhob sich.

Toda war erstaunt, daß jedermann auf dem Bahnsteig uniformartige Kleider trug, soweit er das im schwachen Licht erkennen konnte. Die Männer trugen Dienstmützen und hohe Gamaschen; einige hatten Helme oder irgendwelche Luftschutzhauben auf. Die wenigen Frauen trugen alle ziemlich die gleichen sackartigen Hosen und Kapuzen, die auch Ikue und seine Schwester anhatten. Zwischen all diesem Grau in Grau erregte Todas leichter Freizeitkimono einiges Mißtrauen. Die fortwährende Hysterie des Krieges hatte das Denken der Menschen schon derart vergiftet, daß ein Mann im sommerlichen Gewand unnormal wirkte, fehl am Platze, fast obszön. Ohne ihr eigenes seltsames Verhalten zu bemerken, starrten die Reisenden ungeniert auf den großen, dünnen, lächerlich gekleideten Fremdling. Ihre Gesichter verrieten Mißtrauen, ja schienen gar Verrat zu wittern.

Aber Toda blieb angesichts ihrer anklagenden Blicke gleichgültig und allein seine Gegenwart war eine Demonstration der großen Persönlichkeit des geborenen Führers, der mit jedermann zurechtkam. Nach kurzer Zeit begann Toda eine Unterhaltung mit seinem Nachbarn, einem vitalen Fünfzigjährigen, der eine uralte Bratpfanne und eine Waschschüssel auf eine Weise in seinem Schoße barg, daß man denken konnte, es handle sich um

einen Goldschatz. Von Todas Charme entwaffnet und beeindruckt erzählte er bald von einem heftigen Luftangriff, der in einer Mainacht stattgefunden hatte.
»Das Höllenfeuer kann nicht schrecklicher sein. Als der Morgen graute, war das ganze Gebiet niedergebrannt; nichts war übrig außer einigen Luftschutzbunkern hier und dort. Mein Haus war zerstört, aber der Keller hatte standgehalten. Ich und drei andere leben jetzt dort. Wir sind froh, daß wir wenigstens einen Platz haben.«
Während Toda zuhörte, erinnerte er sich des großen Kanto-Erdbebens, das Tokyo 1923 heimgesucht hatte. Er war damals 24 Jahre alt und erst drei Jahre vorher von Hokkaido gekommen. Die gesamte Innenstadt hatte zwei Tage lang gebrannt und eine Wolldecke oder ein Rettich waren ein Vermögen wert. Nun, als er mit seinem neuen Bekannten im Zug saß, lange nach jener frühen Katastrophe, erinnerte sich Toda an einen herrlichen Teller Suppe, die er damals gegessen hatte, seine erste Mahlzeit nach vier Tagen.
»War dieser Luftangriff so schlimm wie das Feuer nach dem Kanto-Erdbeben?« fragte Toda.
»Viel schlimmer«, sagte der Mann. »Dreimal so groß und fünfmal so schlimm.«
»Wie sieht es mit Essen aus?«
»Seit Tagen absolut nichts. Aber wo kommen Sie her?«
Toda zögerte kurz, bevor er beschloß, das Gefängnis zu verschweigen und statt dessen eine Geschichte zu erfinden.
»Ich bin nach Ome ausgesiedelt und komme erst jetzt nach Tokyo zurück.«
»Aha. Mein Haus war nach dem Kanto-Erdbeben ebenfalls niedergebrannt. Das ist jetzt das zweite Mal. In einem Leben zweimal sein Haus zu verlieren, ist das nicht ein bißchen zuviel? Was denken Sie? Das Erdbeben war wenigstens eine Naturkatastrophe, gegen die man nichts tun kann. Aber dies hier ist was anderes; es sind die Yankees. Nur darüber nachzudenken macht einen verrückt, diese Sinnlosigkeit, dieser ganze Krieg! Das

macht einen völlig fertig, nicht wahr? Ich frage mich wirklich, was das Militär überhaupt noch ausrichten soll, es ist, als ob Kinder gegen Erwachsene kämpfen, also wirklich...«
Der Mann verstummte plötzlich und preßte die Lippen zusammen. Ganz erschrocken sah er aus. Toda sprach weiter zu ihm, aber er antwortete nur noch einsilbig. Offensichtlich hatte er Angst, daß die Zivil- oder Militärpolizei ihn hörte – man sagte, ihre Spione seien überall.
Im Bahnhof Schinjuku stiegen Toda und seine Familie um; und wieder einmal nahm der große, dünne Mann die Anwesenden mit seinem offenen Charme gefangen. Wenn sie nach ihren Häusern und Familien gefragt wurden, waren viele zunächst irritiert oder gar alarmiert, aber unter dem Einfluß von Todas Herzlichkeit sprachen sie bald frei und offen über ihren jeweiligen Fall.
Als der Zug sich der Station Harajuku näherte, geschah etwas Seltsames: Alle Reisenden verstummten und verbeugten sich in Richtung eines kleinen, dunklen Wäldchens auf der rechten Seite. Toda war zunächst verwundert, aber dann fiel ihm ein, daß sich dort der Schrein des Kaisers Meidschi* befand, und die Leute zollten sogar von einem fahrenden Zug aus der Kaiser-Verehrungs-Doktrin der Militaristen den gebührenden Respekt.
»Diese Art religiöser Ignoranz hat unser Land kaputtgemacht«, murmelte Toda leise vor sich hin.
Die schützende Wirkung des Buddhismus konnte sich nicht entfalten, weil die Japaner den Buddhismus gegen die falschen Lehren des Schinto eingetauscht hatten. »Die buddhistischen Götter hören nicht auf falsche Gebete. Ohne Glauben an den wahren Buddhismus gewähren die buddhistischen Gottheiten keinen Schutz«, pflegte Nitschiren Daischonin zu sagen. Während Toda über das Elend und die Verzweiflung rings umher nachdachte, erinnerte er sich an die Ungerechtigkeit, die ihn sowohl ins Gefängnis gebracht, als auch seinen großen Lehrmei-

* Japanischer Kaiser, gilt als Begründer des modernen Japan. Die sog. Meidschi-Periode (1868–1918) trägt seinen Namen.

ster getötet hatte. Und er wußte, daß diese Ungerechtigkeit und die jetzige Lage der Nation auf die gleiche Wurzel zurückzuführen waren.

In einer Ecke des schäbigen Zugabteils neben dem zerschlagenen Fenster befanden sich vier oder fünf Arbeiter in einem heftigen Streit, der Todas Neugier erregte. Und zwar stritt man über den Stahl amerikanischer Brandbomben.

»Ich weiß nicht, was für eine Art Stahl es ist, aber er ist ausgezeichnet. Ich habe eine Schaufel damit hergestellt und es ist ein erstklassiges Material.«

»Ich habe ein gutes Küchenmesser daraus gemacht – du kannst aus einer Bombe zehn Messer herstellen, für Schaufeln ist der Stahl zu schade.«

»Du kannst keine zehn Messer aus einer Bombe machen, höchstens fünf oder sechs.«

»Ich kenne mich aus und ich sage zehn. Aus einer Bombe.«

Sowohl die Ironie, daß man Küchenutensilien aus den Bomben der Feinde machte, als auch die Kreativität der Leute amüsierte und erfreute Toda. Er erhob sich und ging zu den Männern. »Ihr habt die richtigen Ideen. Macht weiter viele Schaufeln und Küchenmesser.«

Zunächst waren sie erstaunt und schauten sich gegenseitig an, ob einer den Mann kannte. Nein, es war ein Fremder, aber sie lachten dennoch fröhlich. In Meguro stieg Toda aus, er winkte seinen neuen Freunden und wünschte ihnen viel Glück. Toda hatte den Männern während der kurzen Begegnung offensichtlich Mut gemacht.

Vor zwei Jahren hatte er die schmutzige, quietschende Treppe, die über die Eisenbahngeleise führte, noch leicht bewältigt, aber jetzt ermüdete sie seinen abgezehrten Körper. Bei jeder Stufe schwoll die Flut der Erinnerungen. Beim Fahrkartenschalter schöpfte Toda nach Luft; dabei stützte er sich auf seinen Neffen, während Ikue versuchte, ein Taxi aufzutreiben. Da sie aber keines fand, erkundigte sie sich nach der Abfahrtszeit eines leeren, verdunkelten Busses, den sie wartend stehen sah.

»Es gibt keine Taxis, nur einen Bus«, meinte sie, als sie zurückkam.
Sie wußte aus Erfahrung, daß die Busse völlig unregelmäßig fuhren, aber es war dennoch der sicherste Weg ans Ziel. Als sie gerade den Bahnhofsvorplatz überqueren wollten, wandte Toda sich plötzlich in die entgegengesetzte Richtung.
»Wollen wir nicht den Bus nehmen, Lieber?« fragte Ikue verwundert.
»Ich möchte nur schnell etwas nachschauen«, antwortete Toda und zeigte auf eine Gasse, die den Berg hinaufführte.
Ikue fühlte einen stechenden Schmerz, da sie wußte, welche traurige Enttäuschung ihren Mann nun erwartete. In dieser Gasse hatte sich nämlich die private Abendschule Dschischu Gakkan befunden, die Toda 1923 gegründet hatte. Vor zwei Monaten war sie niedergebrannt, nur ein paar schwarze Trümmer waren übriggeblieben. Hohl klangen die Schritte in der Dunkelheit dieses ihnen einst so vertrauten Stadtteils, der nun nichts mehr war, als ein verkohlter Schutthaufen. Als Toda die Ruine seiner Schule sah, überkam ihn ein Gefühl der Nutzlosigkeit. »Aufbau und Zerstörung, Aufbau und Zerstörung. Ist dies der Kreislauf des Irrsinns, zu dem der Mensch für immer verdammt ist? Sind Frieden und Harmonie für alle Völker eine Illusion?« Er lehnte sich gegen einen Stein und ließ seine Augen über die Trümmer schweifen, über die kahlen leblosen Bäume und musterte besonders eine große, alte, einst vertraute Platane, die nun entwurzelt und in bizarrer Schräglage wie ein gestrandetes Schiff wirkte.
»Habt ihr Zigaretten?« fragte er.
Ikue, die diese Schwäche ihres Mannes kannte, hatte größte Anstrengungen unternommen, um ihm den Luxus zu verschaffen, dies aber nun fast vergessen.
Sie reichte ihm eine Zigarette und gab ihm Feuer. Toda sog den blauen Rauch tief ein und stieß ihn als blasses Wölkchen wieder aus, das in der Dunkelheit schnell verflog.
Diese Ruinen waren einst Todas Burg gewesen, die Schule, die er

gegründet hatte, um die pädagogischen Theorien seines Lehrers Makigutschi in die Tat umzusetzen. 1922 hatte Toda seinen Lehrerposten in einer Volksschule aufgegeben, um sich ganz seiner privaten Abendschule widmen und dem werteschaffenden Erziehungssystem, *soka*, seines Lehrers Makigutschi. Sein Vertrauen in diese Methode rechtfertigte sich, denn die Schule wurde ein großer Erfolg. Todas Schüler machten rasche Fortschritte, weil er anders als normale Lehrer keine stupiden, langweiligen Lektionen herunterleierte, und weil er erkannt hatte, daß der wahre Sinn einer schulischen Erziehung darin bestand, die Individualität eines jeden Menschen zu kultivieren, anstatt ihn zu einem wohlerzogenen Automaten zu machen. Die Studienabgänger der Dschischu Gakkan waren so gut, daß viele Familien der Umgebung ihre Kinder lieber dorthin als in die staatlichen Schulen schickten und natürlich schauten deren Direktoren mit Argwohn auf Toda und seine Unternehmung.
Toda war ein überragender Lehrer, der sich in Kinderpsychologie auskannte. Er wußte, wie man die natürliche Neugier und den Wissensdurst der Kinder ausnutzte und wie man abstrakte Zusammenhänge anschaulich und verständlich erläutert. Aber das Wichtigste war: Er wußte das Interesse der Kinder wachzuhalten. Er kam bestens mit seinen Schülern aus. Obwohl er stets Wärme und Freundlichkeit ausstrahlte, forderte er doch Respekt und ungeteilte Aufmerksamkeit. Und die bekam er, sogar von den notorischen Lausbuben. Die Eigenart des chinesischen Schriftsystems erklärte er beispielsweise, indem er jedem, der einen Hund haben wollte, einen Hund versprach. Dann malte er das Zeichen für »Hund« an die Tafel. »Wer diesen Hund will, kann ihn haben.«
So verstanden die Jungen, daß ein Ideogramm, ein Begriffszeichen, in einer Weise den Gegenstand, den es bezeichnet, zwar repräsentiert, aber nicht dieser Gegenstand ist. In allen Bereichen war Toda ein guter Lehrer, aber sein größter Erfolg war eine neue Art, Arithmetik zu lehren. Zunächst verteilte er eine vervielfältigte Broschüre, die er später auf den Rat seiner Freunde

hin unter dem Titel: *A deductive Guide to Arithmetic** als Buch veröffentlichte. Es wurde sofort zum Bestseller, weil es originell war. In der Dschischu-Gakkan-Schule praktizierte Toda Makigutschis Pädagogik, aber im Privat- und Geschäftsleben folgte er der Lebensphilosophie Nitschiren Daischonins voll und ganz und auf kreative Weise. Er war der Meinung, daß alle auch noch so ausgefeilten Theorien absolut wertlos sind, wenn sie im wirklichen Leben nicht zur Schaffung echter Werte führen.

Seine Methode machte sich bezahlt. Er benutzte die Einnahmen aus seinem Buch als Kapital und errichtete eine Reihe von Verlagen, eine Kreditanstalt und eine Versicherung. Seine Unternehmen blühten und es wurden mehr und mehr, bis er um 1943 siebzehn Firmen besaß und kurz davor war, eine Kohlengrube in Kyuschu und eine Gesellschaft für Öle und Fette in Osaka zu erwerben. Doch am 6. Juli dieses Jahrs mußte er alle Hoffnungen begraben, denn an diesem Tag wurde Makigutschi verhaftet. Zwei Tage später wurden auch Toda und zwanzig weitere Leiter der Soka Kyoiku Gakkai ins Gefängnis geworfen. All die Unternehmungen, die mit der Schule angefangen hatten, brachen zusammen.

Und nun war er zu seiner zerstörten Burg zurückgekehrt. Obwohl alles zu Asche und Schutt geworden war, erinnerte er sich der lächelnden Gesichter, der harten Arbeit, des Erfolges und des Wohlstandes. Noch war er nicht besiegt. Etwas Unbezähmbares quoll aus den Tiefen seiner Seele und vermischte sich mit dem heiligen Licht, das durch die mystische Vision in seiner Gefängniszelle entzündet worden war. Er war zwar traurig, aber er fühlte sich stark. Er erhob sich, löschte die Zigarette und mit einem letzten Blick auf die dunkle, nur hier und da mit schwachen Lichtpünktchen erhellte Stadt, schritt er den Berg hinunter zum wartenden Bus.

Nach einer Fahrt durch vertraute Straßen und einem kurzen Gang war Toda schließlich zu Hause. Wunderbarerweise war

* Frei übersetzt: Der deduktive Zugang zur Arithmetik

sein Haus verschont geblieben. Das im westlichen Stil eingerichtete Wohnzimmer mit den Sofas, Uhren und den anderen vertrauten Gegenständen war unversehrt. Nachdem er für einige Minuten das besondere Gefühl genossen hatte, sich frei zwischen vertrauten und geliebten Dingen bewegen zu dürfen, sagte Toda plötzlich: »Bring mir bitte frische Kleider und koch diese hier aus. Ich habe genug von den Gefängnisläusen.«

Während sie ihrem Mann in frische Unterwäsche half, grämte sich Ikue über seine dünnen Beine und den geschwollenen Bauch, ein sicheres Zeichen für die fortgeschrittene Unterernährung. Aber was sie noch mehr rührte, war die Art, wie er seinen ausgezehrten Körper stolz und aufrecht hielt.

»Lieber, geh nach oben und ruhe dich aus«, sagte sie.

»Ja, das werde ich tun.«

Aber da öffnete sich die Wohnzimmertür und sein Schwiegervater, Seidschi Matsui trat ein. Toda stand auf, verbeugte sich ehrerbietig und sagte: »Es ist lange her, Vater. Ich fürchte, ich habe euch Sorge bereitet.«

»Wie geht's?« fragte der alte Mann und schaute ihn besorgt an.

»Alles in Ordnung.«

»Darüber bin ich froh«, sagte Matsui und legte seine Hand auf die Schulter des Schwiegersohnes. »Jetzt sind wir alle sicher. Du weißt, ich lebe seit dem Frühling in deinem Haus. Meines wurde durch einen Feuersturm zerstört und ich habe die Familie sicherheitshalber zur Schonan-Küste geschickt. Ich blieb hier, um in Tokyo zu arbeiten.«

Todas Haus in Schirogane war während seiner Abwesenheit zu einem geschäftigen Platz geworden, seine ältere Schwester, Tatsu Yamamura und ihr halbwüchsiger Sohn Kasuo hatten sich noch dazugesellt, nachdem sie selbst ausgebombt waren.

»Das Bad ist fertig«, sagte Matsui. Er hatte etwas Holz aufgetrieben und es selbst angezündet, während er auf Todas Heimkehr wartete.

»Nehmt ihr zuerst euer Bad, Vater«, sagte Toda.

»Nach dir«, war seine Antwort.
»Das ist nett von euch, aber ich will für ein paar Minuten nach oben gehen. Wartet bitte nicht auf mich. Ich werde in einer Weile wiederkommen.« Als Ikue ihm etwas später folgte, fand sie ihn lang ausgestreckt vor dem Familienaltar.

Als er auf den Gohonson* schaute, wurde er von Frieden erfüllt. Er war wie ein Kind, das nach langer Trennung zur Mutter zurückkehrt. Die barmherzige Gegenwart des Gohonson hüllte ihn ein, erquickte seinen Geist, linderte den Schmerz und löschte so die bitteren Erinnerungen an die Gefängniszeit. Er fühlte sich wieder wirklich und ganz, und so begann er das Daimoku** zu rezitieren. Ikue, die schweigend hinter ihm gesessen hatte, nahm ihre Gebetskette heraus, um daran teilzunehmen, aber der Anblick seines abgemagerten Körpers rührte sie so, daß sie keinen Ton herausbrachte. Stumm schickte sie ein glühendes Gebet zum Gohonson, daß Toda wieder gesund werde. Dieser betete mit fester und sonorer Stimme. Und als es ihr zu Bewußtsein kam, daß nach endloser Mühsal ihr sehnlichster Traum endlich erfüllt worden war, fiel Ikue in den Rhythmus ein.

Unten bereitete die Schwester das Essen und nachdem Toda sein Bad genommen hatte, setzten sich alle zu einem herrlichen Abendessen nieder. Es gab Köstlichkeiten, wie man sie in jener Zeit nur selten sah: gekochte grüne Sojabohnen, gesalzener Tintenfisch, gegrillter Kabeljau und – das allerbeste: Sake. Ikue schenkte ein, aber als Toda den ersten Schluck seit zwei Jahren nahm, murmelte er: »Es ist so bitter.«

»Ist der Sake schlecht?« fragte Ikue, die wußte, wie sehr er dieses Getränk liebte.

Nachdem Matsui gekostet hatte, meinte er, er sei recht gut; aber Toda drehte seine Tasse um, zum Zeichen, daß er nichts mehr wollte. »Es ist nicht der Sake, es ist mein Körper; er will keinen Sake.«

* Siehe Glossar
** Siehe Glossar

Toda war unterernährt und litt unter chronischer Tuberkulose, Asthma, Herzkrankheiten, Zuckerkrankheit, Hämorrhoiden und Rheumatismus. Aber nicht genug damit, durch die Unterernährung hatte er Durchfall und seine kurzsichtigen Augen ließen nach – ein Auge war fast blind. Dessenungeachtet hatte er gute Laune und ließ sich die Sojabohnen schmecken. Trotz seiner schweren Krankheiten und obwohl er nur noch ein Schatten seiner selbst war, hielt ihn seine geistige Lebendigkeit aufrecht. Die geheimnisvolle und unergründliche Lebenskraft kann nicht rein physikalisch erklärt werden. Daß er die schreckliche Prüfung überlebt hatte, war der Beweis für Nitschiren Daischonins Lehre, daß Körper und Geist eins sind.

Während des Essens begann er, von seinen Erlebnissen im Gefängnis zu erzählen. Obwohl es ein düsteres, elendes, manchmal sogar gespenstisches Leben war, erzählte Toda emotionslos und entspannte seine Zuhörer immer wieder durch witzige Bemerkungen. Man hing an seinen Lippen und das Haus, das lange Zeit so still gewesen war, hallte nun vom lauten Gelächter der kleinen Gruppe. Toda genoß das Abendessen und die glückliche Wiedervereinigung mit seiner Familie. Wie sehr hatte er dieses Gefühl während der letzten zwei Jahre vermißt.

Vier Tage vor seiner plötzlichen Entlassung war er aus unerfindlichen Gründen von der Tokyoter Haftanstalt zum Toyotama-Gefängnis überführt worden; dies war seltsam, aber noch überraschender war die Entlassung zu einem Zeitpunkt, wo er glaubte, bestimmt noch zwei oder drei Jahre eingesperrt zu bleiben.

»Alles ist gut. Ich kann nicht klagen. Es hätte schlimmer kommen können. Wir sind alle in Ordnung und Kyoitschi in Itschinoseki ist es auch.«

Ikue nickte und goß ihrem Mann neuen Tee ein. Aber er dachte jetzt intensiv an sein einziges Kind, Kyoitschi, der die vierte Klasse der Volksschule besuchte.

Als Toda interniert wurde, nahm eine seiner jüngeren Schwestern den Jungen auf ihren abgelegenen und demzufolge relativ sicheren Bauernhof im Nordosten Japans. Toda hatte ihm aus dem Gefängnis geschrieben: »Mein lieber Sohn Kyoitschi, ich habe gerade erfahren, daß Du jetzt in Itschinoseki bist und obwohl es Dir mit Deinen zehn Jahren vielleicht hart erscheint, so weit weg von zu Hause zu leben, so sollst Du doch wissen, daß Du dieser Prüfung gewachsen bist. Es wird Dir helfen, ein Mann zu werden. Sei edel und stark. Die Grundlage aller Selbstdisziplin ist die Stärke. Wenn Du stark werden willst, mußt Du immer zu Ende führen, was Du Dir vorgenommen hast. Deine geistigen Kräfte besorgen alles Weitere.

Ich werde Dich für eine Weile nicht sehen können, aber laß uns folgende Vereinbarung treffen: Ich möchte, daß Du jeden Morgen zu einer bestimmten Zeit hundertmal das Daimoku vor dem Gohonson betest. Ich werde zur selben Zeit das gleiche tun. Auf diese Weise verbinden sich unsere Seelen. Es kann sogar sein, daß wir miteinander sprechen werden. Und wir können Mutter, Großvater und Großmutter in diesen Pakt einbeziehen, wenn Du willst. Bitte schreibe mir, zu welcher Zeit Du beten möchtest.«

Toda schrieb seinem Sohn des öfteren ähnliche Briefe. Jeden Morgen und jeden Abend rezitierte er das Daimoku zweitausendmal und dann noch je einhundertmal für jedes Familienmitglied. Da er die unausweichliche japanische Niederlage voraussah, betete er inbrünstig zum Dai-Gohonson für die Sicherheit seiner Lieben und ganz besonders für den Erfolg seiner Mission. Natürlich gab es weder Kerzen, Räucherstäbchen oder gar einen Gohonson im Gefängnis und Toda mußte sich eine Gebetskette notdürftig herstellen, indem er Milchflaschendeckel zu Kugeln formte und zu einer Kette aufreihte.

In seinen Gebeten bat er den Dai-Gohonson um den Schutz seiner Familie. Wenn sie aber durch den Feind getötet oder Demütigungen erleiden sollte, so bat er darum, daß sie das Reich des Buddha betreten sollten als Frau und Kind des Josei Toda, einem Geweihten des Myoho*, und warm empfangen würden durch Nitschiren Daischonin. Er war auf seinen eigenen Tod und

* Das höchste Gesetz

den seiner Familie vorbereitet, aber tief drinnen wußte er, daß seine Gebete erhört würden. Er wußte, daß er die schwere Prüfung überstehen und vielleicht sogar eine große Kampagne für die Verbreitung seines Glaubens in Gang bringen würde.
Froh darüber, wieder frei und im Kreis seiner Familie zu sein, konnte er kaum seinen Redefluß bremsen: Es gab viel zuviel zu erzählen. Kasuo schlief schon, Matsui und Todas Schwester schwiegen und Ikue wagte nicht, ihn zu Bett zu schicken, obwohl sie fürchtete, daß er sich durch das viele Reden zu sehr anstrengte. Aber plötzlich, es war nach Mitternacht, störten heulende Sirenen die Ruhe.
»Bombenalarm!« flüsterte Ikue.
Ihr Gesicht war bleich, als sie ihren Mann ansah. Man zog die Vorhänge zu und stellte das Radio an. Es gab eine Nachricht, daß hundertzwanzig P 51 unter der Führung dreier B 29-Bomber sich über die Boso-Halbinsel dem Südosten von Tokyo näherten. Vor dem Radio zusammengekauert, erwartete man weitere Nachrichten, als die durchdringende Kakophonie der Sirenen erneut erklang.
»Wir müssen in den Luftschutzkeller«, sagte Ikue.
»Ich bleibe hier«, erwiderte ihr Mann.
»Das darfst du nicht.« Aber sogleich wußte sie, daß Toda nicht zu überreden war.
»Kümmere dich nicht um mich. Mir wird nichts passieren«, fügte er hinzu, als Ikue zögernd den anderen folgte. Ein paar Sekunden später ging Toda nach oben.
In dem stickigen, schäbigen Luftschutzraum wurde Ikue von der niemals bisher gefühlten Furcht befallen, daß ihnen etwas zustoßen würde. Bisher hatte diese tapfere Frau sich keinerlei Furcht erlaubt oder über Nahrungsmangel oder sonstige Entbehrungen geklagt. Zwei Jahre lang hatte sie nur an ihren eingesperrten Ehemann gedacht; ihre Hoffnungen und Wünsche waren nur um seine Entlassung gekreist; ohne ihn war ihr Leben sinnlos. Heute war die Leere wieder ausgefüllt worden. Voller Gefühl hatte er gesagt: »Sorge dich nicht. Ich bin wieder da. Alles wird wieder

gut werden.« Ikue wußte, daß ihr jahrelanger Kampf zu Ende war. Frieden und eine Art Freude darüber, daß sie wieder eine ganz gewöhnliche Frau war, hatten ihre ganze Welt verändert. Aber jetzt ließen die schrillen Sirenen sie schaudern. Wenn der Tod käme, hätte sie eine Menge zu verlieren.

In dem verdunkelten oberen Stock hockte Toda sich vor den Familienaltar, ein Schikimi-Blatt im Mund. Dann nahm er die Brille ab, ging ganz nahe an den Altar heran, und hing die Gohonson-Schriftrolle ab. Er führte sie ganz dicht an die Augen und prüfte jedes Schriftzeichen.

»Ja, ich wußte es. Es ist genauso, wie ich es im Gefängnis gesehen habe. Kein Zweifel.«

Eines Nachts hatte Toda in seiner kahlen Zelle eine Vision gehabt. Und zwar hatte er zusammen mit Visistacaritra und zahllosen anderen Buddhas, Bodhisattvas und Gottheiten an einer mystischen Zeremonie auf dem Geierberg* teilgenommen. Die Szene war geheimnisvoll und wunderbar gewesen, aber jetzt sah er, daß sie genauestens im Gohonson auf dem Familienaltar seines Hauses beschrieben war. In der Vision hatte er eine wunderbare Einheit der Substanz seines Lebens mit der kosmischen Lebenskraft gespürt, und das hatte eine unauslöschliche Flamme in seinem Herzen entzündet. Diese Flamme war ein leuchtendes Symbol für die verheißene Kraft, die weit größer war, als sie jemals hätte vom eigenen Körper oder Willen erzeugt werden können. In diesem Moment erwachte in Todas Seele der ewige Glanz seiner Bestimmung, den lebensspendenden Glauben allen Menschen zu bringen.

Endlich hing er die Schriftrolle in den Altar zurück. Ein Gefühl unendlicher Einsamkeit hüllte ihn ein, als er sich umschaute. In seiner Seele hörte er Dinge, die kein menschliches Wesen ihm hätte sagen können. »Laß dir Zeit. Sei geduldig und gründlich. Tu, was du tun mußt, ganz gleich was geschieht.« In der Dunkelheit dieser Nacht, ohne daß irgend jemand davon wußte, klangen

* Siehe Glossar

in diesem Mann die Morgenglocken eines neuen Zeitalters – nicht nur für ihn, sondern für ganz Japan. Es war dunkel, sehr dunkel. Dunkelheit umgab Toda und verschlang die ganze Nation, aber in seinem Herzen leuchtete hell das Licht des neuen Tages. Er dachte: »Je dunkler die Nacht, um so näher das Erwachen.«

Das Radio verkündete schrill, daß die Flugzeuge nach einigen Angriffen auf die Präfekturen Tschiba und Ibaraki wieder über dem Meer verschwunden waren.

Die Sirenen heulten Entwarnung.

2. Wiederaufbau

Am 3. Juli 1945, Todas Entlassungstag, verkündete die Regierung eine zehnprozentige Kürzung der Lebensmittelrationen. Längst dem Verhungern nahe, mußten die Menschen nun mit je 290 Gramm Reis am Tag auskommen. Die Zuteilungen an Kartoffeln, Süßkartoffeln, Sojabohnen, japanischem Kuchen*, Sorghum** (für Japaner ein Ersatz für das geliebte Körnerfrühstück), wurden jeweils von der Reisquote abgezogen. Fisch war nur noch alle vier Tage erlaubt: eine Sardine für jeden. Der durchschnittliche Japaner hatte vor dem Krieg 2160 Kalorien täglich zu sich genommen, nun waren es nur noch 1200. Der fürchterliche Nahrungsmangel wurde durch die Seeblockade der Alliierten noch verstärkt und nahm den Menschen ihre Kraft. Hohläugig und kurzatmig, abgemagert, stumpf und lethargisch entfremdeten sie sich in diesen entbehrungsreichen Monaten mehr und mehr vom Militär, das in ständig wiederholten Propagandasprüchen nach »der letzten entscheidenden Schlacht auf den Heimatinseln« rief, auf der idiotischen Voraussetzung beharrend, daß die Menschen lieber sterben als sich ergeben würden. Aber die erschöpften Japaner ließen sich nicht länger täuschen, ihre Kriegsmoral hatte sich in Nichts aufgelöst und ihr Vertrauen in die Regierung existierte nicht mehr. Für Friedensverhandlungen hatten weder Politiker noch Militärs irgendwelche sinnvollen Pläne. Durch die bedingungslose Kapitulation Deutschlands im Mai war Japans endgültige Niederlage besiegelt, aber man tat nichts, um die Katastrophe zu verhindern. Von Mai bis zum entscheidenden letzten Schlag im August befand sich das Land in einem Vakuum.

* Süßer gallertartiger Kuchen aus weißen Bohnen
** Hirseartiges Getreide

Amerikanische Flugzeuge bombardierten weiterhin Städte und Dörfer, von der Luftwaffe oder den Seestreitkräften kam nicht die geringste Gegenwehr. Neunzig Städte waren fast vollkommen zerstört und fast ein Drittel der städtischen Gegenden praktisch ausradiert. Doch die systematische Vernichtung ging weiter. Gewaltige Kriegsanstrengungen der Armee trieben das ganze Land tiefer und tiefer ins Verderben. Zwischen Februar und Mai mobilisierte die militärische Führung die sogenannten »Verteidigungssoldaten«: schlecht ausgerüstete Zivilisten, die man schnell in vielen Teilen des Landes für die letzte blutige Schlacht ausgebildet hatte. Die Seestreitkräfte versuchten mühsam, die Küsten zu verteidigen, sie besaßen kein einziges hochseetüchtiges Schiff mehr. 1944 waren neunundachtzig Prozent aller gesunden Männer einberufen; im folgenden Jahr wuchs diese Zahl auf neunzig Prozent. Nur kranke und Verkrüppelte wurden ausgespart. Viele dieser Soldaten bauten lediglich Luftschutzbunker und Gräben. Zahllose Jugendliche, die die Zukunft Japans hätten gestalten sollen, waren auf den Schlachtfeldern umgekommen, unzählige Häuser und Wohnungen waren zerstört. Schweigend hatten die Japaner das Unerträgliche ertragen, aber nun entwickelten sie Verachtung und Haß auf die fanatische Dummheit ihrer Staatsführung.
Die angeblich uneinnehmbare Festung Okinawa fiel nach einer der blutigsten und verlustreichsten Schlachten dieses pazifischen Krieges an Amerika. Die Japaner leisteten mutigen, aber sinnlosen Widerstand. Im Juni war alles vorbei, Okinawa ein Haufen Asche und verbrannte Erde. Ganze Schwadronen von Kamikazepiloten waren gegen amerikanische Kriegsschiffe in den flammenden Tod gestürzt. Mehrere hunderttausend japanische Soldaten waren gefallen; hundertfünfzigtausend weitere Männer, Frauen und Kinder und das tragische Lilienkorps – Schulmädchen, die als Krankenschwestern ins Feld gegangen waren – hatten ihr Leben verloren. Aber Okinawa war nur der Beginn der sich abzeichnenden gewaltigen Niederlage.
Japan war zum Alptraum geworden, das Land war physisch und

geistig ausgeblutet. Im flackernden Licht brennender Häuser versuchten Tausende von Menschen, die jämmerlichen Überreste ihrer Habe unter Trümmern hervorzuzerren. Die Hysterie des Schmerzes und der bevorstehenden Niederlage begleitete mit hohler Grabesstimme eine Art wahnwitzigen Todestanz.

»Mein Haus ist letzte Nacht verbrannt.«

»Ach nein, Ihres auch? Meines ist schon vor zehn Tagen verbrannt, mit allem, was ich besaß. Hahaha!«

Während sie den Ruß und den Schweiß von ihren Stirnen wischten, sprachen die Heimgesuchten über die Schrecknisse ihres Lebens, als wäre das alles nicht ihnen selbst passiert.

Während das Land sich ins Verderben stürzte, schlief Josei Toda zum ersten Mal seit zwei Jahren wieder zu Hause. Beim Erwachen am nächsten Morgen schaute er sich zwinkernd in der unvertrauten Vertrautheit seines Zimmers um und konnte sich nicht sofort erinnern, wo er sich befand. Erst ein zweiter Blick, ein zweiter Gedanke brachte ihm wieder zu Bewußtsein, daß er herrlich frei war. Er stand auf, öffnete das Fenster und atmete die kühle Morgenluft ein. Von unten stieg ein zarter Duft aus dem kleinen, sorgfältig gepflegten Gärtchen auf, eine fette Hortensie leuchtete purpurn. Ikue war eine gute Gärtnerin. Als er sich wieder ins Bett legte und dem Tschilpen der Spatzen lauschte, schien die Zeit einen friedlichen, fast magischen Augenblick lang stillzustehen.

Der Morgen war für Toda eine wichtige Tageszeit, weil in diesen frühen Stunden sein Geist am besten arbeitete und die Ideen ihm nur so zuflogen. An diesem Morgen war er von einem einzigen Gedanken beherrscht: dem Wiederaufbau der Soka Kyoiku Gakkai. Was tun? Wo beginnen? Zunächst müßten natürlich seine Firmen wieder belebt werden, denn ohne finanzielle Mittel wäre das Riesenprojekt des Wiederaufbaus der Gesellschaft nicht zu bewältigen. Persönliche Gefühle oder Unbequemlichkeiten durften nicht im Wege stehen. Im Gefängnis hatte er von seinen dahinsiechenden Geschäften gehört, aber noch wußte er nicht, wieviel er verloren hatte und wie die nationale wirtschaftliche

Situation genau war. Über beides mußte er genau Bescheid wissen, bevor er irgend etwas unternehmen konnte. Er entschied sich also, zunächst seinen Anwalt in Schibuya aufzusuchen, um herauszufinden, was zu retten war. Das war wenigstens ein erster Schritt.

Nach dem morgendlichen Gongyo* mit seiner Frau und dem Frühstück, bat er Ikue um seine Sommerkleider.

»Du willst doch nicht ausgehen?« fragte sie erschrocken.

»Doch, ich will«, antwortete er.

»Aber du bist zu krank.«

Wie es in Japan üblich ist, kniete sie vor ihm nieder und bat ihn, an seine geschwächte Gesundheit zu denken. Vom Gefängnis hierher hatten sie zwei Stunden gebraucht, ein gesunder Mann hätte das in der halben Zeit bewältigt. Außerdem herrschte eine drückende Hitze, es wäre wirklich leichtsinnig, diese Reise zu unternehmen. Könnte man nicht zwei oder drei Tage warten? Warum den Anwalt nicht bitten zu kommen? Keines ihrer Argumente hatte einen Einfluß; Toda ließ sich nicht umstimmen.

»Ich muß heute gehen. Es macht mir nichts aus. Ich kann ihn unmöglich bitten, kistenweise Papiere herzubringen. Ich weiß, was ich tue. Ikue, bring mir jetzt bitte meine Sommersachen.«

Sie preßte die Lippen zusammen, senkte den Kopf und rührte sich nicht von der Stelle.

Todas Schwiegervater versuchte zu vermitteln.

»Warum gehst du nicht mit ihm, Ikue?« fragte er lächelnd. »Wenn er schon gehen muß, kannst du dafür sorgen, daß er sich nicht überanstrengt. Und wenn er sich Zeit nimmt und sich ab und zu ausruht, wird er es schaffen.«

Nach kurzem Nachdenken erhob sich Ikue zögernd und öffnete einige Schubladen.

Laut lachend meinte Toda: »Ikue scheint, nachdem sie zwei Jahre lang die Stellung gehalten hat, ihren eigenen Kopf entwikkelt zu haben, wie, Vater?«

* Siehe Glossar

»Allerdings habe ich das«, unterbrach sie, »und das ist wohl nur natürlich. Schließlich bin ich eine Frau, die zwei Jahre lang allein zu Hause war.«
Toda lachte wieder.
»Ja, aber du hast die Heimat gehalten, während ich im Gefängnis war, nicht auf dem Schlachtfeld.«
Seine Sommerkleider hingen an ihm herunter, als wenn sie einem viel größeren Mann gehörten. Sogar der Panamahut rutschte ihm vor die Augen. Zwar hatte man ihm im Gefängnis den Kopf kahlgeschoren, aber auch so war der Hut viel zu groß. War es möglich, daß sein Kopf mit dem übrigen Körper geschrumpft war? Da die sengende Sonne ohne Kopfbedeckung unerträglich war, holte Ikue eine alte Jagdmütze hervor und wischte sorgfältig den Schimmel vom ledernen Schweißband.
Im Hausflur mußte Toda feststellen, daß auch seine Schuhe zu groß waren. »Darin kann ich nicht laufen«, sagte er, während er seine dünnen Füße in dem nun überdimensionierten Schuhwerk hin und her bewegte. Ikue zog die Schnürsenkel fester an.
»Ich fürchte, mehr kann ich nicht tun«, sagte sie nachdenklich.
»Ach, das ist schon gut so; ich werde ja kein Wettrennen veranstalten«, scherzte er und machte einen spielerischen Schritt.
Sein erster Ausflug seit zwei Jahren führte ihn über einen Hang vor seinem Haus zu einer nahe gelegenen Hauptstraße. Obwohl er selbst sich wie ein Kind auf einem Schulausflug fühlte, wirkte er eher wie ein Invalide in Begleitung seiner allerdings etwas unpassend in rauhe Baumwoll*mompe* gehüllte Krankenschwester. Nicht einen einzigen Tag der Ruhe gönnte er sich nach der langen Haft.
Sie mußten erst den Bus und dann in Meguro die Hochbahn nach Schibuya nehmen. Wohin Toda auch blickte, Tokyo bestand aus schwarzen Ruinen. Der Gang von der Station Schibuya zum Büro des Anwalts war mühsam, die Straßen waren voller Menschen und mit Schutt übersät. Mehrere Male mußte er anhalten, weil er keine Luft mehr bekam, oder weil ihm schwindelte, aber seine spirituelle Vitalität, sein Sendungsbe-

wußtsein und der feste Arm seiner Frau ließen ihn durchhalten.
Im Büro machte der Anwalt ihn mit düsteren Fakten vertraut: Alle siebzehn Firmen waren zahlungsunfähig.
»Es tut mir schrecklich leid, aber ich kann nichts tun. Die meisten Firmen in diesem Land sind pleite. Ich frage mich nur, was als nächstes kommt.«
Der Anwalt begann, über den Krieg und die nationalen Finanzen zu sprechen, aber Toda war daran jetzt nicht interessiert.
»Wie hoch ist mein Guthaben?« fragte er.
Der Anwalt reichte die Papiere einem Angestellten, der sofort auf einem Abakus zu rechnen begann. Nach kurzer Zeit schrieb der Mann einige Ziffern auf ein Fetzchen Papier, das der Anwalt schweigend weitergab. Toda nahm seine Brille ab und hielt es sich dicht vor die Augen. Da stand eine unglaubliche Zahl.
»Im Minus?«
»Im Minus!« war die Antwort.
»Mehr als zweieinhalb Millionen Defizit.« Toda seufzte.
Ikue erschauerte. Alle Firmen waren pleite. Nach einem langen, peinlichen Schweigen ging Toda.
Er bahnte sich einen Weg durch das Durcheinander der zerstörten Straßen. Alles war zu Asche geworden, die Straßen, seine Geschäfte... Aber noch viel schlimmer waren die kolossalen Schulden, die nun auf ihm lasteten. Man könnte den Mut verlieren, aber er gab diesem Impuls nicht nach. Er wußte, daß er wieder ganz von vorne anfangen mußte. Das Schicksal war hoffnungslos gegen ihn. Er hatte kein Geld, keine Beziehungen, keine Aussicht auf fremde Hilfe; aber irgend etwas würde geschehen, dessen war er sicher.
»Mach dir keine Sorgen, Ikue«, sagte er zu seiner beunruhigten Frau. »Laß dich nicht verdrießen, noch ist nicht aller Tage Abend.«
Tief in seinem Herzen wußte er, daß es einen Weg aus der scheinbar hoffnungslosen Situation gab. Obwohl seine ermutigenden Worte Ikue fast zum Weinen brachten, so beruhigte das

seltsame Leuchten in seinem Gesicht sie doch auf wunderbare Weise.

»Wie fühlst du dich, Lieber?« Sie schaute zu ihm auf. »Vielleicht solltest du dich ausruhen und eine Weile nicht an Geschäfte denken.«

Toda antwortete lächelnd: »Mach dir keine Sorgen um meine Gesundheit. Es kann doch nur besser werden, jetzt, wo ich wieder bei dir bin.«

Zu Hause hörten sie von weiteren Bombardements von Flugplätzen in den Präfekturen Ibaraki, Toschigi und Tschiba. Obwohl er am nächsten Tag müde war und im Bett blieb, war er doch geistig so aktiv wie immer. Er empfing ein paar Gäste, meist rat- und arbeitsuchende ältere Angestellte von früher, die belangloses Zeug redeten und dann wieder gingen. Auf diese Art Menschen konnte Toda in seiner Situation nicht zählen. Als er in der Nacht lange wach lag und dem endlosen Strom der Ideen und Gedanken folgte, hatte er plötzlich eine vielversprechende Geschäftsidee: Er würde eine Fernschule gründen.

Die Regierung hatte nämlich sämtliche Schulen geschlossen, um die ›letzte entscheidende Schlacht‹ besser vorbereiten zu können. Alle Grundschüler waren aus Tokyo evakuiert, die Gymnasiasten arbeiteten in den Munitionsfabriken. Toda wußte, daß die jungen Leute lernen wollten, gerade jetzt. Selbst in der Kapitulation mußten Ausbildungsmöglichkeiten geschaffen, mußte Wissensdurst gestillt werden. Eine Fernschule würde zwar nur wenig Personal, aber um so mehr Geld benötigen; Toda hatte Schulden, keinen Pfennig in der Tasche, schien die Idee also hoffnungslos? Aber dann erinnerte er sich einer Bemerkung seines Anwaltes:

»Hier sind die Policen Ihrer Feuerversicherungen. Es kann sein, daß wie nach dem Kanto-Erdbeben einige Schadensfälle erstattet werden, aber bestimmt nicht alle und keinesfalls sofort. Dennoch könnten diese Papiere nach einer entsprechenden Entscheidung der Regierung recht wertvoll sein.«

Toda hatte dem gestern keine große Aufmerksamkeit geschenkt, aber jetzt wurde ihm klar, daß viele seiner Häuser abgebrannt waren, daß die Versicherung zwar nicht würde zahlen wollen, daß aber die Regierung und die öffentliche Meinung sie wahrscheinlich zwingen würden, wenigstens einen gewissen Schadenersatz zu leisten. Es gab also Hoffnung, daß die Policen trotz ihres unsicheren zukünftigen Wertes ihm helfen könnten, Geld aufzutreiben. Er würde Kiyoschi Osawa, einen alten Freund und Rechtsanwalt um Rat und Hilfe bitten. Und mit diesem Gedanken schlief Toda ein.

Am nächsten Tag ließ er sich die Versicherungspapiere sofort schicken, denn er wollte so schnell wie möglich den Grundstein für die Wiederauferstehung von Soka Kyoiku Gakkai legen. In der schwülen Nachmittagshitze brachen er und Ikue zu Osawas Residenz auf. Der Teil der Stadt, den sie durchqueren mußten, war weniger zerstört, als der Schibuya-Distrikt, aber die Hitze und die Hügel verlangten von Toda mehr, als sein Körper zu geben imstande war. Während sie einen Berg hinaufstiegen, von dem er nicht einmal wußte, ob es der richtige war, mußte er eine Pause machen und sich niedersetzen. Sein Gesicht war totenbleich und Ikue, die auf sich selbst böse war, daß sie ihn überhaupt hatte gehen lassen, versuchte ihn mit ihrem Körper möglichst gegen die Sonne abzuschirmen und rezitierte dabei das Daimoku. Nach einigen Minuten bekam er wieder etwas Farbe und konnte weitergehen. Später schien es, als hätte er einen leichten Anfall von Blutleere im Gehirn gehabt.

Er trocknete sich die Stirn, stützte sich schwer auf Ikue, die selber müde und überhitzt war und stieg den Hügel hinauf zu Osawas eindrucksvollem Haus. Ikue läutete. Sofort öffnete Frau Osawa, begrüßte sie freundlich und führte sie in einen hohen, geräumigen Wohnraum, der auf den frisch bewässerten, gepflegten Garten hinausschaute. Eine Treppe aus großen Steinen führte vom allerdings trockenen Springbrunnen zur Veranda. Osawa trat ein und die alten Freunde begrüßten einander. Osawa versuchte nicht, den Schock über Todas Aussehen zu verbergen: »Du bist dünn geworden, bist du krank?«

»Ich habe abgenommen, im Gefängnis wird man nicht gemästet«, antwortete Toda lächelnd.
»Und du bist sicher, daß du in Ordnung bist?« fragte Osawa, Todas eingefallenes Gesicht musternd.
»Es war nur ein bißchen steil zu dir herauf.«
»Ja, ich weiß. Es ist aber gut dich zu sehen. Du hast wohl einiges mitmachen müssen«, sagte Osawa.
Toda hatte zwei Jahre lang keinerlei Nachrichten gehört und fürchtete nun, daß er nichts Gutes über die politische Situation erfahren würde, denn Osawa war ein Mann, der Einblick in die Denkweise der politischen Führung hatte. Einst Angehöriger einer Splittergruppe innerhalb der früher allmächtigen militärischen Hierarchie, hatte er einen erfolglosen Versuch unternommen, die Friedensbestrebungen zu unterstützen.
Nachdem er dem wohlinformierten Freund eine Weile zugehört hatte, fragte er: »Wann wird der Krieg zu Ende sein?«
»Schwer zu sagen«, antwortete Osawa stirnrunzelnd und zwirbelte seinen Schnurrbart.
»Es gibt immer noch Friedensbemühungen, aber jetzt hängt es mehr von der anderen Seite ab. Und außerdem muß die Regierung die Meinung des Volkes berücksichtigen.«
»Also der langsame Tod. Schrecklich.«
»Du bist so ungeduldig wie immer«, lachte Osawa.
»Mit meinen Problemen habe ich Grund genug, ungeduldig zu sein.«
Nach kurzer Pause sagte Osawa: »Es ist schwer zu sagen, aber ich gebe dem Krieg noch sechs Monate, höchstens ein Jahr.«
»So lange? Das kann nicht sein.«
»Für die Verzögerung kann ich nichts, weißt du.« Die Männer lachten leise.
»Und nun zu meinen Problemen.« Toda erzählte dem Freund vom Zusammenbruch seiner Firmen und seinem Plan, eine Fernschule zu gründen. Schließlich bat er um ein Darlehen von zehntausend Yen auf seine Feuerversicherungspolicen.
Osawa stimmte sofort zu und holte sein Scheckbuch aus dem

Arbeitszimmer. Er nahm einen Stift zur Hand, aber nachdem er eine Weile auf das Scheckbuch geschaut hatte, sagte er, daß seine Situation nur den halben Betrag erlauben würde. Toda zögerte, denn er wußte, daß zehntausend Yen das absolute Minimum darstellten. Aber dann sah er das besorgte Gesicht des Freundes und meinte fröhlich: »Es wird schon gehen. Den Rest werde ich schon zusammenkratzen.«

»Es tut mir leid«, sagte Osawa, während er den Scheck ausfüllte.

»Es muß dir nicht leid tun. Ich bin sehr dankbar. Danke dir.« Er nahm den Scheck und gab ihn seiner Frau.

Für Toda war es ganz natürlich gewesen, diesen Mann um Hilfe zu bitten; schließlich kannte man sich seit fünfundzwanzig Jahren.

Sie hatten sich zum ersten Mal 1920 getroffen, als sie sich in Abendkursen auf die Universität vorbereiteten. Beide waren Autodidakten, Toda war gerade aus Hokkaido, und Osawa aus der Präfektur Yamagata nach Tokyo gekommen. Da beide älter waren als ihre Klassenkameraden (Toda war fünfzehn Monate älter als Osawa), schlossen sie schnell Freundschaft. Der intelligente und lebendige Toda, der über so viele interessante Wissensgebiete sprechen konnte, versammelte schnell eine Gruppe von Anhängern, für die der ruhige und bedächtige Osawa eine Art Schutzfunktion übernahm. Toda wollte ein erfolgreicher Geschäftsmann werden, Osawa träumte von einer politischen Laufbahn, wenn er erst Anwalt sein würde.

Beide waren sehr fleißig. Der ehrgeizige Toda, der schon als Volksschullehrer in Hokkaido gearbeitet hatte, tat sich besonders in Mathematik und Japanisch hervor. Wenn er ein Problem mit Englisch hatte, fragte er einen beliebigen Studenten auf der Straße. Wenn er eine mathematische Lösung nicht fand, setzte er sich einfach in irgendein Klassenzimmer einer Schule und bat am Ende der Stunde den Lehrer um Hilfe. Wegen seiner offensichtlichen Lernbegierde wurde er niemals als Eindringling empfunden. Sein Eifer und seine Methoden erlaubten ihm rasche Fortschritte, was Osawa damals sehr beeindruckte. Aber Toda sollte bald jemanden treffen, der für seine Entwicklung wichtiger war.

Im Sommer 1920 traf er Tsunesaburo Makigutschi, der sein lebenslanger Lehrer und Mentor werden sollte. Makigutschi, damals Direktor der Nischimatschi-Volksschule, half Toda, dort einen Lehrerposten zu bekommen, was nicht nur seine finanziellen Probleme löste, sondern auch den ständigen Kontakt zu Makigutschi ermöglichte, dessen spirituelle und geistige Energie zu einer beständigen Quelle der Kraft wurden. Ein Mann, der einen solchen Ratgeber und Führer hat, ist vom Schicksal gesegnet. Ohne Mentor ist man einsam und verlassen, ganz gleich wie berühmt oder erfolgreich man wird. Osawa erkannte dies unglücklicherweise niemals, so daß er die Beziehung zwischen Toda und Makigutschi nicht verstand. Je tiefgreifender diese wurde, um so mehr entfernten sich die Freunde voneinander.

Toda arbeitete tagsüber in der Volksschule und besuchte abends die Abendschule. Er teilte sein Zimmer mit acht, manchmal neun anderen Schülern aus Hokkaido. Alle außer Toda mußten sich als Zeitschriftenausträger oder Rikschamann mühsam durchschlagen. Oft genug bezahlte Toda alle Rechnungen.

Wenn Osawa den unordentlichen Raum sah, in welchem alle schliefen und kochten, konnte er nicht verstehen, warum Toda dort überhaupt lebte und dann auch noch für all die anderen mit bezahlte. Auf eine entsprechende Frage antwortete Toda: »Wenn ich hier weggehe, fliegen sie früher oder später alle raus. Keiner von ihnen hat ein regelmäßiges Einkommen, aber ich habe fünfundfünfzig Yen im Monat. Davon spare ich fünf, und der Rest geht für Essen und Miete weg.«

»Zahlen denn die anderen nichts?« fragte Osawa eines Tages.

»Doch, aber sie haben nicht genug. Es ist verdammt teuer, acht oder neun Leute zu ernähren.«

»Ich kann immer noch nicht verstehen, warum du sie alle unterstützen mußt.«

»Bald werden sie auf eigenen Füßen stehen, aber bis dahin kann ich sie nicht im Stich lassen.«
Obwohl Osawa verblüfft und sprachlos war, bewunderte er Toda um so mehr. »Ich könnte das niemals tun; er ist besser als ich«, dachte er.
1922 schlossen beide mit guten Noten ab. Osawa begann an der Nihon-Universität Jura zu studieren und bestand die Anwaltsprüfung im nächsten Jahr. Dann kehrte er nach Yamagata zurück, wo er eine Kanzlei eröffnete und die Tochter eines reichen Mannes heiratete. Als Makigutschi an eine Schule in einem Slumdistrikt versetzt wurde, folgte Toda ihm dorthin. 1923 wechselte Makigutschi zur Schirogane-Volksschule und Toda gründete seine eigene Privatschule Dschischu Gakkan.
Die Verbindung zwischen Osawa und Toda war nie ganz abgerissen, aber die vielen Jahre hatten ihre Wirkung getan. Als Osawa nach Tokyo zurückging, um eine große Anwaltspraxis zu eröffnen, schien es, als würde er sein Leben nach einem bestimmten festgelegten Plan führen. Toda hingegen schien das Opfer ständiger Unsicherheit zu sein. Kurz nachdem er unter vielen Mühen Dschischu Gakkan gegründet hatte, verlor er schnell hintereinander eine kleine Tochter und seine erste Frau. Dann bekam er Tuberkulose. Dies alles erschütterte ihn zutiefst, und da er damals nichts von der Kraft und Ermutigung wußte, die von den Lehren Nitschiren Daischonins ausging, fand er keinen Weg aus der Dunkelheit dieser frühen Erlebnisse. Dessen ungeachtet war er nicht der Mann, der bei jeder Schwierigkeit sofort aufgab. Nachdem er wieder einigermaßen gesund war, begann er von neuem. Wegen dieser Wechselfälle des Lebens verglichen Osawa und andere Freunde ihn oft mit einer Lerche: »Du liegst im dunklen Unterholz und scheinst irgendwelche Wunden zu pflegen und plötzlich schwingst du dich in den Himmel hinauf, höher als wir anderen es je vermochten. Allerdings wissen wir auch, daß du dich demnächst wieder in einem Busch verstecken wirst.«
Toda pflegte zu antworten, daß das Leben einer Lerche bestimmt

nicht bequem und glücklich sei; und genauso waren auch seine Erfahrungen.

Und nun lag Toda wieder einmal am Boden. Er war zwar frei, aber sehr krank und mit niederschmetternden Problemen konfrontiert, vielleicht mit der größten Krise seines Lebens; Osawa sah verhängnisvolle Anzeichen im Gesicht seines Freundes. Von allen früheren Rückschlägen hatte er sich zwar erholt, aber war dies auch möglich, wenn die Nation am Rand des Verderbens stand? Osawa grübelte verdrossen, ob Toda sich je wieder wie eine Lerche emporschwingen könne und – was viel schlimmer war: Ob seine Anwesenheit im Haus Folgen haben würde, denn immerhin war er wegen Hochverrats und Landfriedensbruch angeklagt worden. Der Osawa-Familie war es bisher sehr gutgegangen; das Haus stand und alle waren gesund. Unter diesen Umständen war eine Verbindung mit Toda durchaus unerwünscht.

Jede Art von Freundschaft ist etwas Wertvolles, aber wirklich erhebend wird sie erst, wenn sie auf einer großen, gemeinsamen Sache beruht. Rein weltliche Freundschaft ist zwar schön und hat ihren Wert, aber sie geht meist nicht tief; im Angesicht von Schwierigkeiten und Problemen kann sie leicht zerbrechen. Doch Freundschaft zwischen Menschen gleichen Glaubens ist unzerstörbar und kann einen Menschen so begeistern, daß er bereit wäre, sein Leben im Kampf für das gemeinsame Ziel zu riskieren. Obwohl Toda und Osawa schon so lange befreundet waren, fehlte doch stets diese lebendige Basis des gemeinsamen Glaubens. Osawas Seele war in den frühen Tagen rein und unbefleckt, aber je älter er wurde, um so mehr interessierte er sich nur mehr für das Materielle. Nun saß er mit seinem besten und ältesten Freund in seinem Wohnzimmer und war im Hinterkopf ständig damit beschäftigt, den Nutzen oder Schaden einer längeren Verbindung mit diesem schwach und verbraucht wirkenden Mann abzuwägen. Was wäre, wenn die Polizei seine Verbindung zu einem Exhäftling herausfand? Würde das nicht seine zukünftige Position gefährden? Von diesem Tage an war es eine einseitige Freundschaft; Todas Aufrichtigkeit wurde nicht erwidert, weil Osawa ihn bereits in einem Abgrund des Verderbens sah, aus welchem er sich niemals wieder würde erheben können. Obwohl sie wie zwei alte Freunde wirkten, die sich nach langer Zeit wiedertrafen, bemerkte Toda doch während ihrer Unterhaltung eine feine Veränderung, die er allerdings als Täuschung abtat. Plötzlich sagte er:

»Was du wissen solltest: Das Lotos-Sutra war im Gefängnis eine ständige Quelle der Inspiration für mich.«

Osawa wußte von den religiösen Interessen des Freundes und seiner Verehrung für die Nitschiren Schoschu, aber er hörte nur halbherzig zu.

»Ich bin jetzt überzeugt, daß mein Glaube in das Lotos-Sutra wirklich tief und unerschütterlich ist.«

»Wirklich?«

Osawas oberflächliche Antworten und sein geistesabwesendes Nicken zeigten Toda, daß es keinen Sinn hatte, dem Freund von seiner Mission zu erzählen. Er würde niemals verstehen, wie wichtig die große Aufgabe der Verbreitung des wahren Glaubens war. Enttäuscht und von einem Gefühl der Einsamkeit bedrückt, brachte Toda das Gespräch auf seine Gefängniserlebnisse. Aber nach einigen Minuten geistreicher und spritziger Konversation kam er unvermeidlich wieder auf das ihm so viel wichtigere Thema.

»Dank der Zeit im Gefängnis kann ich das Lotos-Sutra jetzt leicht lesen; ich verstehe all die schwierigen chinesischen Wörter.«

»Du mußt eine Menge gelernt haben.«

»Lernen ist nicht genug. Ich glaube, ich begriff die Essenz des Sutra durch tiefes Leiden. Und dann war es plötzlich leicht, zu verstehen.«

Plötzlich erinnerte Toda sich des aufregenden Moments, als er schließlich wußte, was das letzte Kapitel des Lotos-Sutra bedeutet: »Wenn jemand sich zum Glauben an dieses Sutra bekennt

und ein Wort oder einen Satz vergißt, werde ich ihn lehren und mit ihm dieses Sutra rezitieren, zu seinem Besten.«
Toda hatte dies verstanden, aber er fürchtete, daß sein alter Freund nicht nur hierfür, sondern für alles, was sein Leben ausmachte, blind und taub war. In Osawas Augen war das Lotos-Sutra nichts als mystisches Gerede, aber Toda konnte den Wunsch nach Mitteilung seines Glaubens nicht unterdrücken.
»Jetzt weiß ich, was ich vollenden muß, bevor ich sterbe und ich werde es vollenden.«
Eine solche Gewißheit schwang in seiner Stimme, daß Osawa aufblickte. Obwohl er irgendwie ahnte, daß dieser Mann, dessen Augen vor Begeisterung leuchteten, nicht mehr der gleiche Toda war, den er seit fünfundzwanzig Jahren kannte, so war es ihm doch unmöglich, die wahre Natur und die Tiefe dieser Veränderung zu ergründen, ganz einfach, weil er selbst zu sehr auf die eigene weltliche Zukunft fixiert war.
Nach dem Zweiten Weltkrieg wurde Osawa von seinem Wahlbezirk Yamagata ins Repräsentantenhaus gewählt, aber die Erfüllung dieses seines Traumes währte nur kurz. Bei der nächsten Wahl wurde er nicht nur besiegt, sondern sogar einer Verletzung des Wahlrechts beschuldigt. Für längere Zeit war er kein Mitglied des Hauses mehr, weder reich noch berühmt und mehrere Jahre lang ging es bergab mit ihm. Später bat er Toda wiederholt um Geld und wurde niemals abgewiesen. Wenn Toda den Betrag aus seiner eigenen Tasche nicht aufbringen konnte, fand er einen anderen Weg und wenn er einen Angestellten anpumpen mußte. Diese Darlehen halfen Osawa wieder auf die Beine und er fühlte einen tiefen Respekt für den Mann, der soviel für ihn getan hatte; allerdings überbrückte das niemals die durch das Fehlen eines gemeinsamen Glaubens verursachte Kluft zwischen ihnen.
Dennoch, in diesen dunklen Tagen der bevorstehenden Kapitulation waren es Osawas fünftausend Yen, die zusammen mit anderem, mühsam zusammengekratzten Geld den Wiederaufbau ermöglichten. Aber noch waren die Zeiten ungünstig; Japan lag im Todeskampf. Nach Okinawa und dem Fall der Marianen

wurden weder die Bomber, noch die Kriegsschiffe der USA bei ihren heftigen, bis Juli andauernden Angriffen gestört. Langsam begriffen die Menschen, daß die japanische Luftwaffe nicht mehr existierte, ebensowenig wie man noch von einer Flotte sprechen konnte.

In dieser schweren Zeit begann Toda mit seiner Arbeit; Luftalarm und Trümmer konnten diesen Mann nicht aufhalten. Der Körper gehorchte zwar nicht immer seinem Willen, aber mit Hilfe eines Stocks erledigte er in der stickigen Hitze zwischen den zerfallenden Überresten der Großstadt seine Gänge. Niemals erschlaffende Anstrengungen und die Kraft des Glaubens brachten das Unmögliche schnell zustande: Bald hatte Toda ein Büro, Druckmaschinen und reichlich Papier. Jetzt ging es nur noch um den genauen Zeitpunkt der Eröffnung seiner Fernschule. Seiner Meinung nach sollte diese genau dann erfolgen, wenn der Krieg zu Ende war. Diesen Zeitpunkt mußte er genau kennen, und der einzige, der hierüber vielleicht etwas sagen konnte, war Kasuo Kodschima, ein erfahrener Politiker mit großem Einfluß, der trotz lange erfolgter Pensionierung immer wieder auf der Bildfläche erschien, wenn irgendwelche Umwälzungen bevorstanden. Toda entschloß sich, ihn zu besuchen.

In Kodschimas Haus fand Toda den älteren Herrn in seinem Wohnzimmer ins Go-Spiel vertieft, jene leidenschaftliche Sucht, für die er allgemein bekannt war. Toda grüßte herzlich, aber erntete nur ein kurzes Kopfnicken. Es schien, als hätte Kodschima seinen Gast vergessen. Von Zeit zu Zeit schaute er in ein Büchlein oder setzte einen Stein auf das Brett, ließ aber keinesfalls erkennen, daß er irgendwann sprechen würde. Ungeduldig und nervös erinnerte sich Toda an Geschichten von Besuchern, die stundenlang warten mußten, während der alte Mann Go-Strategien ausarbeitete. Außerdem wußte Toda, daß Kodschima sich etwas einbildete auf sein Spiel. Eine Dreiviertelstunde verstrich. Plötzlich hatte Toda eine Idee.

»Herr Kodschima, ich habe gehört, daß Sie ein sehr schlechter Go-Spieler sind.«

»Wie?« Immerhin hatte Kodschima gesprochen.
»Man sagt, daß Sie nicht so gut sind, wie Sie behaupten.« Auf diese Weise provoziert, schaute Kodschima seinen Gast zum ersten Mal an. Toda fuhr fort:
»Wie ist Ihre Spielstärke?«
»Meine Spielstärke ist wohl bekannt, junger Mann.«
»Und?«
»Natürlich eine der besten.« Kodschima senkte den Kopf und kicherte.
»Aber ich habe Gerüchte gehört...«
»Glauben Sie niemals an Gerüchte«, unterbrach Kodschima und räumte laut lachend das Go-Brett ab. Dann lehnte er sich zurück und musterte seinen Besucher, von dem er nur wußte, daß er verhaftet und nun wieder freigelassen worden war. Da er nicht glaubte, daß in diesen verrückten Zeiten die Meinung eines alten Mannes hierüber zählen würde, enthielt er sich aber eines Kommentars. Das uralte, faltige Gesicht hatte etwas Edles und erinnerte an gewisse No-Masken, die trotz ihrer Unbeweglichkeit oft den Ausdruck zu wechseln scheinen. Die Mühsal und die Wandlungen der drei Regierungen, an denen Kodschima beteiligt gewesen war, hatten ihre Spuren tief in dieses Gesicht gegraben.
»Auf welche Weise wird der Krieg enden?« fragte Toda.
»Jeder weiß es.«
»Also Niederlage?«
Kodschima zündete sich eine Zigarette an und starrte angestrengt in die sich drehenden Rauchschwaden.
»Wann?« stieß Toda hervor.
Mit halb geschlossenen Augen und einer Stimme, die persönliches Interesse verriet, erkundigte sich Kodschima nach dem Grund für diese Frage.
»Ich stehe vor einem Neubeginn, und der Zeitplan ist von entscheidender Bedeutung.«
»Ein Neubeginn? Ist es geschäftlich?«
»Ja.«

»Es wird Zeit für einen Neubeginn.«
Nachdem Toda sein Projekt erläutert hatte, bestätigte Kodschima: »Ja, ich sehe, wie essentiell ein Zeitplan für Sie ist.«
»Sechs Monate?«
Kodschima wandte sich kopfschüttelnd ab.
»Drei Monate?«
Abermals stumme Verneinung.
»Ein Monat?«
Kodschima schaufelte seufzend eine Handvoll Go-Steine auf sein Brett und deutete auf diese Weise sowohl seine Zustimmung, als auch das Ende des Gesprächs an.
Es gab also keine Zeit zu verlieren, der Krieg war fast zu Ende. Aufgeregt begann Toda mit den endgültigen Vorbereitungen. Werbung war das Allerwichtigste, aber woher das hierfür notwendige Geld nehmen? Die Aktien und Papiere, die er besaß, waren wertlos, niemand würde in solchen Zeiten in ein neues Geschäft investieren. Man war zum primitiven Tauschhandel zurückgekehrt, der einzigen noch funktionierenden Wirtschaftsform. Plötzlich erinnerte sich Toda an ein altes und sehr wertvolles Schwert, das er viele Jahre lang in einem Schrank aufbewahrt hatte. Er holte es hervor und entschloß sich schweren Herzens, zu versuchen, es zu verkaufen. Zu seiner großen Freude zahlte ein Raritätenhändler einen recht ansehnlichen Preis. So weit, so gut. Nun galt es, die Lehrbücher und den allgemeinen Lehrplan zu entwickeln.
Während der folgenden harten Schaffensperiode blieb Toda zu Hause, abgesehen von je einem Spaziergang morgens und abends, so daß sich auch sein Gesundheitszustand langsam wieder verbesserte. Bei diesen Spaziergängen kam er auch an einem Tempel vorbei, der zur Heimstatt zahlreicher Waisenkinder geworden war. Eines Abends hörte Ikue ihn rufen:
»Ikue, ich habe Gäste, komm einen Moment.«
Da stand ihr Mann im Flur, umgeben von fünf zerlumpten kleinen Gestalten.
»Wer ist das?«

»Das sind meine Freunde«, sagte er und lud sie ein, ihre schmutzigen Schuhe auszuziehen und ins Wohnzimmer zu kommen. Ikue war zunächst sehr irritiert, aber mit der Zeit empfand sie für diese Kinder eine Liebe, die sie ihrem eigenen Sohn damals nicht geben konnte. Sie verwöhnte sie oft mit Süßigkeiten, oder Toda schenkte ihnen ein paar Münzen. Sie sah die Reinheit und Unschuld in seinem Gesicht aufleuchten, wenn er mit diesen kleinen Gefährten plauderte und wußte, daß auch ihr Mann oft an den Sohn dachte, der nun so lange schon in der Ferne war. Die kleinen Besucher kamen immer öfter und zahlreicher – der von seiner Kinderschar umringte hagere Mann wurde langsam in der Nachbarschaft zu einem gewohnten Anblick. Die Freundschaft, die Toda mit diesen Kindern geschlossen hatte, dauerte viele Jahre – aber auch während dieses heiteren, ruhigen und belebenden Lebensabschnittes dachte Toda ständig an seine große Aufgabe: den Wiederaufbau der Soka Gakkai. Zerstörungen und die Schrecken des Krieges hatten die Mitgliederschaft in alle Winde zerstreut und ihren Glauben schwer erschüttert. Nicht einen Augenblick konnte er den Tod seines Lehrers Makigutschi vergessen und tief im Herzen trug er die Sorge über den Zustand des Taiseki-Dschi, des Haupttempels von Nitschiren Schoschu. Es gab viele Hindernisse auf seinem Weg und er war ungeduldig, sie alle beiseite zu räumen. Doch eine weise, innere Stimme warnte ihn auch, nicht vorschnell zu handeln – denn er war nur auf Kaution freigelassen worden. Über die meisten Führer der Gesellschaft wußte er nichts, es gab weder Nachricht von Mitgliedern an der Front, noch von jenen, die aufs Land gezogen waren. Wegen der Furcht vor der Polizei hatte auch niemand mit ihm Kontakt aufgenommen.

3. Waffenruhe

Der August 1945 war der schlimmste Alptraum der japanischen Geschichte: Während die amerikanischen Bomben pausenlos niederregneten, stritten Politiker und Militärs über die Bedingungen der Potsdamer Erklärung der Alliierten. Würde die Souveränität des Kaisers unangetastet bleiben, wenn das Land sich dem Feind ergab? Und dann war da immer noch die Furcht, daß die Sowjetunion den Neutralitätspakt mit Japan brechen würde und auf seiten des Feindes in den Krieg eintreten könnte. Deutschland hatte kapituliert, Italien war nicht mehr im Krieg. Die japanischen Streitkräfte waren offensichtlich besiegt und die Moral der Nation stand auf ihrem tiefsten Punkt. Präsident Trumans Motive werden vielleicht immer im dunkeln bleiben – er behauptet, seine Entscheidung um einer schnellen Beendigung der Feindseligkeiten willen getroffen zu haben, aber man kann politische Motive nicht ausschließen. Aber wie auch immer, am 6. August zog eine B 29 befehlsgemäß über dem wolkenlosen Himmel über Hiroschima ihre Bahn und öffnete die Bombenschächte. Wenige Sekunden später verwandelte eine weißglühende Wolke die Stadt in ein Inferno aus Schmerzen, Flammen und Tod. Ungefähr zweihunderttausend Menschen starben in diesem Holocaust. Die Japaner waren die ersten auf dieser Erde, die einen Atombombenangriff erlebten, ebenso, wie sie siebenhundert Jahre früher beim Angriff der Mongolen als erste mit dem Schießpulver konfrontiert worden waren. Aber trotz der unglaublichen Zerstörungen verkannte die japanische Regierung die Bedeutung dieser neuen Waffe. Am 9. August traten die Sowjets in den Krieg ein und um elf Uhr dieses Tages fiel eine zweite Atombombe auf Nagasaki. Am folgenden Tag sandte der Außenminister eine Erklärung an Schweden und die Schweiz mit der Bitte um Weiterleitung an die Alliierten. Sie besagte, daß Japan die Potsdamer Deklaration anerkennen würde unter der Bedingung, daß der Status des Kaisers unangetastet bliebe. Am 12. August traf eine Antwort der Alliierten ein, die überhaupt nicht hierauf einging. Im Kabinett herrschte Verwirrung. Am 14. berief der Kaiser persönlich eine außerordentliche Kabinettsitzung ein und befahl die sofortige Annahme der amerikanischen Forderung nach bedingungsloser Kapitulation. Während all dieser Tage befuhren zehn amerikanische Flugzeugträger die japanischen Gewässer und der Bombenregen hörte nicht eine Minute auf. Dennoch suchte Josei Toda niemals einen Luftschutzbunker auf, nicht aus Tapferkeit, sondern weil er vertraute, daß sein Schicksal ihm auf jeden Fall die Vollendung seiner großen Aufgabe erlauben würde. Er hatte für seine Fernschule ein nahe gelegenes Gebäude gemietet, das dem Geschäftsmann Kurikawa gehörte. Dieser Kurikawa, ein wohlwollender Mensch mittleren Alters, der immer häufiger bei Toda zu Gast war, unterbrach am Morgen des 15. August aufgeregt Ikues Frühstücksvorbereitungen:

»Es ist alles vorüber!« rief er.

Ikue trocknete sich die Hände und begrüßte ihn.

»Sie sind aber früh auf, Herr Kurikawa. Möchten Sie eine Tasse Tee? Warum sind Sie denn so aufgeregt?«

»Haben Sie denn kein Radio gehört?«

»Nein, warum?«

»Der Kaiser wird am Mittag eine wichtige Rede halten.«

»Seine Majestät? Worüber denn?«

»Ich sage ihnen, es ist vorbei.«

Toda kam die Treppe herunter, er hatte nur ein paar Gesprächsfetzen mitbekommen.

»Guten Morgen, Kurikawa. Sie sind aber heute früh auf den Beinen!«

»Wer kann an einem solchen Tag schlafen? Der Krieg ist vorbei, der Kaiser wird am Mittag eine Ansprache halten.«

»Ich weiß. Bedingungslose Kapitulation. Ein Zeitungsmann hat

es mir letzte Nacht gesagt«, Toda flüsterte fast. »Sie scheinen sich darüber zu freuen.«
»Natürlich. Endlich kein Krieg mehr.«
Die Männer lachten beide. Dann, nach einem kurzen Schweigen fragte Kurikawa: »Was wird das für uns bedeuten: bedingungslose Kapitulation?«
»Eine schwere Prüfung«, antwortete Toda. »Bestrafung für die Sünden, die dieses Land begangen hat. Aber Nitschiren Daischonins wahre Lehren werden uns retten.«
»Sie denken, wir können gerettet werden?« fragte Kurikawa zaghaft.
»Im Angesicht der Schwierigkeiten wird dies von unserer Stärke abhängen, aber vor allem von unserem Glauben.«
Da war plötzlich eine ungewöhnliche unterdrückte Entschlossenheit in Todas Stimme; Kurikawa begriff zwar nicht die volle Bedeutung der Worte, aber sie berührten ihn stark.
Nach Frühstück und Morgen-Gongyo wechselte Toda seine Kleider und sagte zu Ikue, daß er den ganzen Tag im Büro sein würde. Auf dem Weg dorthin schien die Sonne, und Toda sprach zu sich selbst: »Nun beginnt meine Schlacht.«
Am Mittag kauerte die gesamte Nation vor den Radios, um schweigend den bedeutungsschweren Worten ihres Kaisers zu lauschen. Die meisten verstanden sie nur teilweise, denn die Rede war von altertümlichen, chinesischen Wendungen durchsetzt, doch wurde allen klar, daß Japan sich zum ersten Mal in seiner Geschichte einer fremden Macht ergeben hatte. Die meisten hatten die Ankündigung der »letzten entscheidenden Schlacht« erwartet, so daß die erste Reaktion ein gewaltiger Schock war. Viele schluchzten, andere schrien in ohnmächtiger Wut. Niemand konnte sich den seltsam gemischten Gefühlen entziehen, die Schande der Niederlage verletzte den japanischen Stolz. Aber es war gut, daß das Morden und Brennen, daß die Bomben aufhörten. Viele feierten diesen Tag, andere, meist Soldaten, begingen Selbstmord.
Tod, Vergeudung, Nutzlosigkeit und wieder Tod. Am Ende des

Krieges war die gesamte Nation auf die eine oder andere Weise in einen Kampf verwickelt gewesen, der keinen Sieg zuließ. Insgesamt waren drei Millionen wertvolle Menschenleben verloren, Soldaten und Zivilisten. Aber auch die Überlebenden hatten gelitten: Bomben, Feuer oder Demontage hatten fünfzehn Millionen heimatlos gemacht. Drei Millionen waren arbeitslos, dreieinhalb Millionen Studenten hatten in Munitionsfabriken gearbeitet, drei Millionen junge Frauen waren gezwungen worden, fern ihrer Heimat in Fabriken und auf Bauernhöfen zu arbeiten. Der Krieg hatte das Unterste zuoberst gekehrt, aber kaum jemand hatte überhaupt verstanden, warum er geführt wurde. Der Kaiser hatte den Kampf befohlen, also kämpfte man, nun erklärte der Kaiser die Kapitulation und man kapitulierte. Die Hintergründe blieben jeweils im dunkeln. In der Nacht des 15. August brannten in ganz Japan trotz der noch immer angeordneten Verdunkelung die Lichter hell, aber in den Herzen der Menschen blieb es finster. Schande, fremde Besatzung und weitere schwere Prüfungen zeichneten sich ab. Die Ultranationalisten hatten die Kaiserverehrung für ihre eigenen Zwecke mißbraucht und den Menschen die Lehren des Schinto eingehämmert; wer ihnen ernsthaft geglaubt hatte, dem war jetzt jede Grundlage entzogen, deren Leben war sinnlos geworden.
In dieser Nacht schoben sich Menschenmassen über den Platz vor dem Palast des Kaisers. Viele schluchzten, als sie sich vor dem hölzernen Gebäude niederwarfen, dessen Bewohner sie als Gott verehrt hatten. Mehr als fünfhundert Soldaten, deren ganzes Sein sich auf den Glauben an den Gott-Kaiser gegründet hatte, schossen sich in den Tagen der Kapitulation nach einem letzten Gebet eine Kugel durch den Kopf. Aus Scham über die Niederlage begingen selbst hochgestellte Beamte zusammen mit ihren Ehefrauen Selbstmord. Zehn Rebellen versuchten, den Siegelbewahrer Fürst Koitschi Kido zu ermorden, aber dieser verbarg sich im Luftschutzkeller des Kaiserpalastes und nach einem weiteren vergeblichen Mordversuch an Premierminister Kantaro Susuki verschanzten sie sich im Tokyoter Distrikt

Schiba und sprengten sich schließlich mit Handgranaten selbst in die Luft, als sie sich von der Polizei eingekreist sahen. Andere fanatische Schinto-Anhänger handelten auf ähnlich drastische Weise. Warum hatten intelligente Männer eine pervertierte Version des Schintoismus als echte religiöse Wahrheit akzeptiert? Nur darum, weil es überhaupt eine Religion war, denn ein Mensch ohne Religion ist einsam und verletzbar, ein schwankendes Blatt, das dem Wind hilflos ausgesetzt ist. Falsche Religion aber bringt Unglück und stürzt ihre Anhänger mit tödlicher Sicherheit ins Verderben.

Gibt es für Japan eine Religion, der man sicher vertrauen kann? Ja. Vor siebenhundert Jahren verkündete Nitschiren Daischonin den einen reinen und wahren Glauben. Doch über all die Jahrhunderte haben sich die Menschen seinen Lehren gegenüber taub gestellt. Erst am Ende des Krieges, als die ganze Welt in dem traurigen Zustand war, den Nitschiren Daischonin vorausgesagt hatte, war das Zeitalter des Erwachens nahe herangekommen. Einem seiner Schüler hatte Nitschiren Daischonin einst geschrieben:

»Die Priester im heutigen Japan sind lasterhaft und sündig. Und weil die Menschen ihnen Respekt erweisen und Opfer bringen, wird dieses Land in eine ewige Hölle verwandelt werden, die von großen Hungersnöten und Seuchen heimgesucht werden wird, dergleichen es niemals in der Geschichte gab. Aber damit nicht genug, dieses Land wird von einer fremden Macht besetzt werden... Dies ist der göttliche Wille der buddhistischen Gottheiten. Nur ich, Nitschiren, weiß von diesem göttlichen Willen, und ihn zu enthüllen, zögerte ich zunächst.«

Diese Prophezeiung hatte sich nun erfüllt. Das dreitausendjährige Japan lag am Boden. Nitschiren Daischonins Vision war mit tödlicher Genauigkeit eingetroffen; Toda war überzeugt, daß nun der von ihrem Gründer vorhergesehene Aufstieg der Nitschiren Schoschu zu voller Größe folgen müßte. Scharen von Anhängern des wahren Buddhismus würden in dem zerstörten Land erscheinen und die Lehren verbreiten. Wenn der wahre Glaube auch den letzten Menschen erreicht haben würde, nur dann würde Japan in nie dagewesenem Glück erstrahlen.

Aber Toda sah sich vor ein ernstes Problem gestellt: Er hatte nicht einmal Freunde, die ihm halfen, das Unglück und die traurigen Lebensumstände in seiner näheren Umgebung zu mildern. Mit klarer Einsicht in die absonderlichen sozialen Phänomene einer Nachkriegsgesellschaft trieb es Toda, das Wort Nitschiren Daischonins zu lehren, aber er mußte erst abwarten, bis er einen kleinen Kreis von vertrauenswürdigen Gläubigen um sich versammelt hatte. Und er wußte, daß die Suche nach solchen Freunden vielleicht schwieriger sein würde, als die Bekehrung von Millionen. Ohne die sichere Basis einer Gruppe fleißiger und völlig zuverlässiger Mitstreiter konnte nichts erreicht werden. Er mußte geduldig sein, denn die Suche nach solchen Menschen konnte nur in Ruhe und mit der nötigen Vorsicht stattfinden.

In seinem *Schoho Dschisso Scho* hatte Nitschiren Daischonin geschrieben: »Ich, Nitschiren, rezitierte am Anfang Nam-myoho-renge-kyo*. Dann kamen sie einer nach dem anderen, erst rezitierten zwei mit mir, dann waren es drei, dann Hunderte. So wird es auch in Zukunft sein, denn das Lotos-Sutra hat prophezeit, daß eine unendliche Zahl von Bodhisattvas auferstehen wird, um den Buddhismus zu verbreiten. So wie ein Pfeil, den man zur Erde zielt, diese niemals verfehlen kann, so wird der Glaube schließlich alle erreichen und ganz Japan wird Nam-myoho-renge-kyo rezitieren.«

Toda empfand, diese Passage sei speziell für ihn geschrieben worden. Er verstand, wie Nitschiren Daischonin sich gefühlt haben mußte, als er seine Lehre zum ersten Mal verkündete. So, wie er es vorhergesehen hatte, lag die Nation am Boden und es reifte die Zeit, den Glauben zu verbreiten. Die Hüter des wahren Buddhismus mußten nun in großen Scharen auferstehen. Der Wille des Buddha ist wahrlich unergründlich. »Erst rezitierten zwei das Gebet, dann drei, dann Hunderte.« Der Gesang eines

* Siehe Glossar

einsamen Rufers würde ungehört verhallen, aber zu warten, bis die Gläubigen sich nach und nach versammelten und zu Tausenden oder gar Millionen wurden, das war der Weg, Rettung und Erlösung zu den Zahllosen zu bringen, die jetzt unglaubliche Demütigungen, Sorgen und Not erleiden mußten.

Am Tag, als der Krieg vorbei war, ging Toda nach dem Abendessen hinauf in sein Zimmer und entwarf eine Zeitungsanzeige mit folgendem Text:

Der richtige Weg zu Studium und Problemlösung in Mathematik und Physik (Fernstudium) für Studenten der ersten sechs Semester. Zweimal monatlich werden die Hauptthemen ausführlich erläutert. Prüfungen monatlich. Anmerkungen und Erläuterungen werden gesammelt und ergeben ein unentbehrliches Nachschlagewerk. Dauer der Kurse: sechs Monate. Gebühr: 25 Yen, zahlbar im voraus. Wegen Papiermangels begrenzte Teilnehmerzahl. Keine Probelektionen.

Diese Anzeige erschien in der *Asahi Schimbun*, einer größeren Tageszeitung, die wie alle Zeitungen damals nur aus zwei Seiten bestand. Es war das einzige Inserat in dieser Ausgabe vom 23. August.

Von dieser Zeit an hielt sich Toda ständig im Büro auf, obwohl er immer noch nicht ganz wiederhergestellt war und an einer Neuralgie litt, die ihn ein wenig humpeln ließ. Er stellte ein paar Leute ein, und die Dinge entwickelten sich nach Plan. Nur eines machte ihn traurig: Er vermißte einen brillanten, jungen Mann namens Sumida, der während seiner Haft fleißig für ihn gearbeitet hatte. Zunächst hatte er gehofft, daß er noch auftauchen würde, aber dann mußte er sich wohl damit abfinden, daß der Junge ihn wie so viele seiner früheren Freunde im Stich gelassen hatte. Sicher, er war krank und in diesen schweren Zeiten war es praktisch unmöglich, ein neues Geschäft zu beginnen, aber es schmerzte Toda, von einem Freund und Vertrauten vergessen und verlassen zu sein.

Aber dies konnte die Stimmung im Büro nicht trüben: Toda hatte den ältlichen Herrn Okumura sowie einige junge Mädchen eingestellt. Der Kontrast zu den weiträumigen, reich ausgestatteten Büros, deren er sich früher erfreut hatte, war groß, aber trotz abgenutzter Schreibtische und fehlender Dekoration war man bester Dinge. Denn nur fünf Tage nach dem Ende des Krieges, und nur neunzehn Tage nach Todas Entlassung, sah die Zukunft des neugegründeten Unternehmens sehr vielversprechend aus.

Zahllose Anfragen und dreißig bis fünfzig Anmeldungen täglich brachten Arbeit bis zum Mittag, doch nach dem Essen ging es entspannt zu. An einem solchen Nachmittag, eine Zigarette rauchend, fragte Toda: »Was würdet ihr von einer Sukyaki-Party halten – wenn wir an einem einzigen Tag für 10 000 Yen Anmeldungen bekommen?«

Niemand antwortete. Für Leute, die seit Jahren kein Fleisch gegessen hatten, war Sukyaki ein unvorstellbarer Luxus. Aber 10 000 Yen an einem Tag? 100 Anmeldungen brachten 2500 Yen – der Chef beliebte zu scherzen.

Aber Okumura lief das Wasser im Mund zusammen. Er beeilte sich zu sagen:

»Könnte das Fest nicht schon jetzt stattfinden? Wir würden damit den erfolgreichen Beginn feiern und bekämen Mut, uns immer mehr zu verbessern.«

Die Angestellten lachten, Toda kicherte. Er hatte zwar dieses Vertrauen, aber er war auch ein geduldiger und schlauer Geschäftsmann.

»Vielleicht haben Sie recht, aber vielleicht sollten wir doch noch etwas warten«, meinte er zu dem niedergeschlagenen Okumura, der an der Möglichkeit einer solchen Party wohl doch zweifelte.

Die Nation war wegen der bevorstehenden Ankunft der Besatzungstruppen in Aufruhr. Außerdem waren Millionen japanischer Soldaten auf dem Weg in die Heimat. Die Tokyoter Bahnhöfe Schinjuku, Ueno und Schinagawa wimmelten von entlasse-

nen, bündeltragenden Matrosen und Soldaten. Sie quetschten sich in die überfüllten Zugabteile oder hingen gar von den Lokomotiven.
Das Büro der Nihon Schogakkan, wie sich Todas Firma nannte, war zwar bescheiden, aber es bildete einen ruhenden Pol in all dem Chaos draußen; Todas herzliches Wesen spornte die Angestellten an, und deren Engagement trug zu jedermanns Überraschung schnell Früchte: Die zehntausend Yen wurden sogar überschritten. An diesem Morgen brachte der Postbote zwei Riesenbündel mit Briefen, allein das Unterzeichnen der eingeschriebenen Briefe war Schwerstarbeit. Als man sie dann öffnete und las, überschlugen sich die Erfolgsmeldungen, selbst aus entferntesten Provinzen waren Anmeldungen eingetroffen.
»Ich habe schon vierhundertundfünfzig Anmeldungen, und das ist noch lange nicht alles«, rief ein Mädchen aufgeregt und Okumura fügte hinzu:
»Toll! Damit sind wir über die Zehntausend-Yen-Marke.«
Toda lachte laut: »Prima, Okumura, Sie können die Jagd auf ein gutes Stück Fleisch eröffnen. Ich weiß nicht wie und wo, aber es ist Ihr Job.«
»Und wenn ich mein Leben aufs Spiel setzen muß, ich werde etwas auftreiben, überlassen Sie das nur mir.«
»Und vergessen Sie nicht den Sake«, fügte Toda hinzu, »versuchen Sie ein paar gute Flaschen Sake zu bekommen.«
»Wo wird die Party stattfinden?«
»Oben bei mir zu Hause«, antwortete Toda, denn es gab zu dieser Zeit keine Sukyaki-Häuser mehr in Tokyo.
»Wir werden auch Kurikawa einladen. Laßt uns heute früh Schluß machen und feiern«, sagte Toda, als Okumura das Haus verließ, um einzukaufen. »Und bringen Sie auch Kuchen und Früchte und ein paar Getränke für die Damen mit!« rief er hinterher. Trotz seiner Freude dachte er auch an die Kleinigkeiten.
An diesem Abend versammelten sich alle in Todas Haus. Oku-

muras Einkaufstrip war ein voller Erfolg gewesen und er half in der Küche. Für Kurikawa hatte man eine Nachricht hinterlassen. Oben brutzelte das saftige Fleisch in der gußeisernen Kasserolle; allein das Geräusch ließ einem das Wasser im Mund zusammenlaufen. Als Ikue die Saketäßchen gefüllt hatte, trank man auf die Firma.
Toda nahm einen Schluck und sagte mit einem Blick auf den klaren, warmen Wein:
»Okumura, dies ist ein hervorragender Tropfen, woher haben Sie den?«
»Gut, nicht wahr? Aber das muß leider mein Geheimnis bleiben.«
»Na gut.« Toda lächelte. »Jeder Mensch hat ein besonderes Talent, das Ihre ist es, den besten Sake der ganzen Stadt aufzutreiben.«
Schweigend genoß man den seltenen Luxus gebratenen Fleisches. Nach einer langen Pause drückte Okumura strahlend seine Freude über den Erfolg aus, und in diesem Moment erschien auch Kurikawa und gratulierte.
Toda dankte und bat den Gast, Platz zu nehmen.
Kurikawa schaute sich unter den Gästen um und sagte: »Ich war wirklich erstaunt, als ich von meiner Frau hörte, daß Sie zu einer Zeit, da die Nation in Scherben liegt, an einem Tage zehntausend Yen Umsatz machen. Das ist geradezu phantastisch.«
»Sind Sie neidisch?« fragte Toda.
»Natürlich bin ich neidisch. Der einzige Kostenfaktor in Ihrem Geschäft ist das Papier, nicht wahr? Und Papier ist billig. An einem Tag zehntausend; über Nacht sind Sie ein reicher Mann. Jeder würde Sie beneiden.«
»Aber nicht jeder hätte dies tun können«, meinte Toda, als er die Tassen nachfüllte.
»Genau. Ich beneide Ihre Ideen und Ihre Findigkeit.«
Nach kurzem Schweigen bemerkte Toda: »Sie verstehen nicht. Unser Erfolg ist kein Zufall und er ist nicht allein mir zu verdanken. Er ist eine Belohnung des Gohonson für meine zwei-

jährigen Leiden im Gefängnis. Talent allein genügt nicht. Es war der Wunsch des vollkommenen und wunderbaren Gohonson.«

Als Toda dies sagte, blitzten seine Augen voller Glück.

4. Besatzung

Die 302. Luftwaffengruppe der Marine, deren Basis sich in Atsugi befand, hatte sich trotz der Verkündung des Kriegsendes durch den Kaiser entschlossen, Widerstand zu leisten. Dessenungeachtet hatten die Alliierten sich dafür entschieden, genau dort zu landen, weil es sich um den einzigen intakten Flugplatz dieser Gegend handelte. Dies war gegen die Einwände des japanischen Militärs geschehen, das fürchtete, daß das Personal der Basis bis aufs Messer gegen die Besetzer kämpfen würde. Zwei Tage vorher kam ein Kommandotrupp von 150 Amerikanern an und am 30. August um 14.05 Uhr traf General Douglas MacArthur mit einem Flugzeug namens *Bataan* ein.
Die Ankunft geschah ruhig und ohne Zwischenfälle, da das auseinanderfallende Militär sich auf die Sicherung der Ordnung geeinigt hatte. Voller Wut über den kaiserlichen Erlaß vom 15. August hatten widerspenstige Elemente in Atsugi und anderswo dem Generalhauptquartier der Marine gekabelt, daß sie alle Befehle ignorieren würden. Am 15. und 16. August verbreiteten sie Flugblätter, in denen folgendes zu lesen war: »Es gibt keine Kapitulation der kaiserlichen Truppen. Die Annahme der Kapitulationsbedingungen der Potsdamer Deklaration sind gleichbedeutend mit Hochverrat.« Damit identifizierten sich auch andere Rebellen. Das Marinehauptquartier war mit seiner Weisheit am Ende und versuchte die Rebellen von ihren Plänen abzubringen, aber das Ergebnis zeigte lediglich die Kraft- und Machtlosigkeit der japanischen Militärorganisationen.
Siebzehn Repräsentanten aus Militär und Politik erfuhren am 19. August in Manila, daß die USA die Entsendung eines Vortrupps um den 23. August nach Atsugi planten. Die Befehlshaber hatten keine Wahl, als Gewalt gegen die Rebellen anzuwenden.

Ein mit speziellen Waffen ausgerüstetes Bataillon unter dem Befehl des Flottenkommandanten leerte am 21. August alle Benzintanks und entfernte die Propeller von den Flugzeugen. Dennoch schafften es die Aufrührer, sich in den Besitz von 23 Flugzeugen zu bringen, sie irgendwie zu reparieren und zu den Luftwaffenstützpunkten Sayama und Kodama zu fliegen, wo sie allerdings sofort verhaftet wurden. Während eines heftigen Sturms am 22. August begann die Auflösung der Marineschwadron in Atsugi. Piloten, die mit den Rebellen sympathisiert hatten, wurden entwaffnet und nach Hause geschickt. Dann wurden ihre Kameraden entlassen. Kaum war das geschehen, drangen Zivilisten aus der Nachbarschaft in die Militärbasis ein und plünderten die Lagerhäuser. Der große Hunger und die Armut trieb die Menschen, niemand hätte sie zurückhalten können. Doch derartige Vorkommnisse waren selten. Es gab zwar rebellisierende Gruppen in anderen Teilen des Landes, aber ihr Elan hatte sich verflüchtigt. Es machte keine großen Probleme, sie im Zaum zu halten, und nachdem das Atsugi-Komitee einige Vorbereitungen getroffen hatte, herrschte absolute Ruhe, als die *Bataan* landete.

Die Motoren stoppten und MacArthur erschien lässig und selbstsicher in der Tür. Er trug sein gewöhnliches Khaki und die bekannte Sonnenbrille und hielt fesch eine Maiskolbenpfeife in der Hand. Als er für die Photographen posierte, konnte man sofort sehen, daß er keine Waffe trug. Dann setzte er den Fuß auf den Boden des Landes, das er besiegt hatte. General Robert Eichelberger, Kommandeur der achten Armee, begrüßte ihn.

Als der modisch-elegante MacArthur oben auf der Gangway stand, mußte er den Stolz des Siegers empfunden haben; dies war das Land, dessen Schicksal er nun in Händen hielt. Aber – der Krieg war vorbei, er trug keine Waffe, er war gekommen, um Frieden zu bringen. Er wollte sich darstellen als der mächtige Mann mit dem Olivenzweig. Zur Presse sagte er, der Flug von Melbourne sei lang und ermüdend gewesen, er lobte die Entschlossenheit der Japaner, mit der sie gefährliche Elemente beseitigt hätten und drückte die Hoffnung aus, daß die Besatzung ohne Zwischenfälle vonstatten gehen könne. Seine Worte waren keinesfalls hochmütig oder arrogant, wie man es von einem Sieger hätte erwarten können.

Als die Autokolonne des Generals von Atsugi nach Yokohama fuhr, bot sich ihm ein Schaupsiel, über das er sich gewundert haben dürfte: Entlang der Straße standen 30 000 zu seinem Schutz beorderte, bewaffnete Soldaten, die ihm den Rücken zukehrten. Ohne Zweifel wußten die Amerikaner nicht, daß es sich um eine Geste der Ehrerbietung handelte, die für den Kaiser üblich war. MacArthur fuhr in einem Lincoln von unbestimmtem Alter, den ihm die japanische Regierung zur Verfügung gestellt hatte und beobachtete das Schauspiel mit kühlem Blick. Yokohama war zu fünfundneunzig Prozent zerstört, aber man hatte dreitausend Studenten rekrutiert, die das ansonsten unzerstörte New Grand Hotel aufgeräumt und als Quartier für den General hergerichtet hatten. Im Zollamt von Yokohama hatte man das Generalhauptquartier provisorisch untergebracht, das dann später ins Gebäude der Dai-Itschi-Lebensversicherung nach Tokyo umzog, genau gegenüber dem kaiserlichen Palast. Der erste Tag der Besetzung Japans endete friedvoll. Eine große Zahl alliierter Kriegsschiffe machten auf ihrem Weg zur Tokyo-Bay in der Sagami-Bucht fest.

MacArthur hatte nichts von der Fertigstellung oder gar vom beabsichtigten Gebrauch der Atombombe gewußt. Er hatte gedacht, daß der Krieg noch mindestens ein Jahr dauern würde und sich demzufolge darauf vorbereitet, an zwei Stellen gleichzeitig zu landen und die Japaner in die Zange zu nehmen. Demzufolge war er sehr erstaunt, als alles mit der Tragödie von Hiroschima und Nagasaki endete. Damals wußte er nicht allzuviel über die militärische Regierung des besiegten Landes. Obwohl er als Sieger kam, war ihm klar, daß die größte Schlacht erst noch geschlagen und gewonnen werden mußte, denn in jedem Sieg steckt auch der Keim zu einer Niederlage. Während des Fluges von Manila nach Atsugi hatte er sich einiges ausgedacht, wie das Land zu regieren sei. In der Kabine des Flugzeugs auf und ab gehend, diktierte er General Whitney, der ihn begleitete, seine Ideen, wie zum Beispiel die folgenden: »Japans militärische Möglichkeiten zerstören, dann ein parlamentarisches System errichten. Wahlrecht für die Frauen. Die Bauern befreien. Freie Gewerkschaften errichten. Hilfe für liberale und verantwortungsvolle Zeitungen. Politische Unterdrückung abschaffen. Erziehung liberalisieren. Politische Macht dezentralisieren.«

Die Menschen riefen überall nach Frieden; auch MacArthur teilte diesen Wunsch, denn der Krieg hatte nicht nur bei den Besiegten, sondern auch bei den Siegern tiefe Narben hinterlassen. England lag schwach und verwundet. Weite Teile Rußlands waren zerstört. Und sogar Amerikas Ressourcen waren durch die Anstrengungen langer Kriegführung angegriffen. Aber die Not der besiegten Nationen war offensichtlich schlimmer. Italien, Deutschland und Japan lagen wie Bettler in ihren Ruinen. Und dann hatte dieses Nebenprodukt der Verzweiflung, die Atombombe, die Natur des Krieges von einem zwar grimmigen, aber doch relativ begrenzten Gemetzel, in dem vergleichsweise wenige Menschen sterben, in etwas verwandelt, das die Vernichtung der gesamten Menschheit in den Bereich des Möglichen rückte. Selbst wenn ein paar arme Teufel den nuklearen Krieg überleben würden, so wären sie verurteilt, wie Tiere über zerstörte Berge und durch verseuchte Täler zu wandern.

Inmitten von Ruinen hegte MacArthur die Hoffnung, das kriegslustige Japan in eine Nation wahrer Pazifisten zu verwandeln. Nach der Unterzeichnung der Kapitulation an Bord des US-Schlachtschiffes *Missouri* am 2. September gab er die folgende Erklärung ab:

»Wir stehen am Beginn einer neuen Zeit. Sogar im Sieg müssen wir uns Sorgen sowohl um die Sicherheit in der Zukunft als auch um das Überleben der Zivilisation überhaupt machen. Das durch die Entdeckung der Wissenschaft immer größere zerstörerische Potential des Krieges hat nun ein Ausmaß erreicht, wel-

ches das traditionelle Konzept des Krieges an sich in Frage stellt.
Seit Beginn aller Zeiten haben die Menschen den Frieden gesucht. Man hat viele Methoden ersonnen, um Streitigkeiten zwischen Nationen beizulegen oder überhaupt zu verhindern. Insofern es sich um einzelne Bürger handelte, wurden schnell Wege gefunden, aber im größeren internationalen Bereich versagte das Instrumentarium. Der Reihe nach gingen militärische Bündnisse, Völkerbündnisse fehl, das Gleichgewicht der Kräfte versagte und ließ nur die Feuerprobe eines Krieges als einzigen Weg übrig ... Wir haben eine letzte Chance. Wenn wir keine besseren und gerechteren Systeme ersinnen, steht Armageddon vor der Tür. Dies ist hauptsächlich ein religiöses Problem und erfordert ein geistiges Wiedererwachen und eine Verbesserung des menschlichen Charakters, der mit dem fast beispiellosen Fortschritt in Wissenschaft, Kunst, Literatur und allen materiellen und kulturellen Entwicklungen der letzten zweitausend Jahre Schritt halten muß. Wir müssen den Geist erneuern, um den Körper zu retten.«

Man hatte die Menschen in Japan gelehrt, daß die Amerikaner Teufel seien, und so fürchteten sie sich vor der Besetzung und den Demütigungen, die sie bringen würde, aber MacArthurs Worte und die nachfolgenden Taten belehrten sie eines Besseren. Nachdem klargeworden war, daß die Besetzer in Frieden kamen und die Nation in neuer Form wieder aufbauen wollten, waren die Japaner zunächst erleichtert, daß das Blutvergießen vorüber war, und später hegten sie auch langsam wieder mehr Hoffnung für die Zukunft. Allerdings, angesichts der lahmgelegten Wirtschaft und einer zerschlagenen sozialen Ordnung machten sich die meisten Leute hauptsächlich darüber Gedanken, wie man Essen auftreiben könnte, um dem Verhungern zu entgehen.
Während der ersten, folgenschweren Tage der Besatzung verfolgte Toda genauestens die Pläne und Aktivitäten der neuen Machthaber, von denen ja die Zukunft Japans abhing. Wenn er so über die allgemeinen Bedingungen und die Taktiken des Generals

nachdachte, fiel ihm eine Stelle aus der *Goscho** ein, in der gesagt wird, daß eine Nation, die den wahren Buddhismus verfolgt, in die Irre gehen muß. In solchen Zeiten sendet der Buddha die Schutzgötter Bonten und Taischaku, die Ungläubigen zu bestrafen. Es wurde Toda ganz plötzlich klar, daß MacArthur in seiner Rolle als Bonten zum Richter über diejenigen wurde, die den wahren Glauben mißachtet und Japan ins Verderben geführt hatten. Es konnte nicht anders sein. Und MacArthur-Bonten hatte mehr als genug zu tun.

Todas Aufgabe hingegen war die Errichtung des wahren Buddhismus von Nitschiren Daischonin; aber um dies zu erreichen, brauchte er mehr Geld. Welches war der Weg, mit seinem Unternehmen zu expandieren? Als er immer mehr amerikanische Soldaten in Tokyos Straßen sah, hatte er eine Idee. Eines Tages fragte er während der Arbeit eines der Mädchen im Büro, was es über die Massen amerikanischer Soldaten in und um die Stadt dächte. Da es nicht wußte, worauf er hinauswollte, senkte es schweigend den Kopf. Toda blieb hartnäckig.

»Was würdest du tun, wenn einer der Soldaten dich nach dem Weg fragen würde?« Er rauchte und die Mädchen, die sein entspanntes Gesicht registriert hatten, ahnten jetzt, daß das Gespräch auf den Gebrauch der englischen Sprache hinauslaufen sollte.

»Ich würde so machen«, sagte ein molliges Mädchen mit rosigem Gesicht und zeigte mit den Fingern.

Okumura hatte verstanden: »Das ist die Idee, laßt uns ein Buch mit englischen Redewendungen herausgeben«, rief er.

»Toll.«

»Eine gute Idee.«

Aber Toda unterbrach das fröhliche Geschnatter: »Jeder Verlag in dieser Stadt dürfte mittlerweile die gleiche Idee gehabt haben, wahrscheinlich werden in dieser Minute zahllose Bücher über englische Konversation gedruckt.«

* Siehe Glossar

Ein enthusiastischer junger Mann rief: »Dann sollten wir noch schneller sein und den anderen zuvorkommen.«
Toda antwortete: »Vielleicht wäre das möglich, aber wir sollten lieber einen Schritt weiter gehen. In Zukunft werden die Leute mehr lernen wollen als nur ›Guten Morgen‹, oder ›Wo ist der Bahnhof?‹ Was wir brauchen, ist ein durchgehender Text über das gesprochene und geschriebene Englisch. Vielleicht gibt es ein solches Buch schon und wir müssen nur einen Fernkurs darum herum bauen. Und deswegen sollten wir sofort damit beginnen, die besten verfügbaren Englischlehrer aufzutreiben.«
Nicht jeder im Büro war überzeugt. Wo sollten diese Lehrer herkommen? Alle Universitäten waren geschlossen und die Fakultäten waren in alle Winde zerstreut. Sollte es ein Anfänger- oder ein Fortgeschrittenenkurs sein? Ein einfaches Konversationsbuch erschien viel einfacher und lukrativer.
Ein Angestellter warf schüchtern ein: »Ich denke, es ist sehr schwer, einen solchen Kurs zu organisieren.« Alle anderen nickten zustimmend.
»Das ist wohl wahr, aber jedes wirklich wertvolle Projekt erfordert Arbeit und Anstrengungen. Man erreicht nichts mit einer negativen Einstellung, schon gar nicht in Zeiten wie diesen. Setzt euch schwierig zu erreichende Ziele und erreicht sie. Nur Schwächlinge fürchten sich vor Schwierigkeiten, aber ich weiß, wir haben keine Schwächlinge in diesem Büro. Und im übrigen: Ich übernehme die Verantwortung, habe ich euch jemals Vorwürfe gemacht, wenn etwas schiefging?«
»Nein, Sir; ich denke, ich verstehe«, sagte Okumura schuldbewußt.
»Ich glaube nicht, daß Sie verstehen«, erhielt er zur Antwort.
Durch Todas offensichtliche Mißstimmung angespornt, begannen Okumura und die anderen eifrig durch Pädagogikzeitschriften zu blättern, auf der Suche nach Universitäten mit guten Englischabteilungen. Ein Mädchen brachte Toda ein Telefonverzeichnis, in dem er intensiv herumstöberte und sich von Zeit zu Zeit Notizen machte. Bald hatte man brauchbare Informatio-

nen. Die meisten Universitätsprofessoren waren entweder aufs Land umgesiedelt oder waren noch nicht von der Front zurückgekehrt. Dennoch hatte man innerhalb weniger Stunden ein paar von ihnen aufgestöbert und mit den am Projekt Interessierten Treffen verabredet. Auch die Skeptischsten waren nun vom schnellen Fortschritt beeindruckt.

»Wenn wir alle an einem Strang ziehen, können wir alles erreichen«, sagte Toda lächelnd. »Und selbst wenn wir Fehler machen; jeder Fehler öffnet die Tür für einen neuen Weg, eine neue Sicht der Dinge. Wenn wir zusammenarbeiten, dann gibt es immer einen Weg. Diese Kräfte stehen dem Gläubigen des wahren Buddhismus zur Verfügung.«

Am nächsten Tag begannen die Verhandlungen mit den Lehrern. Weil alle Schulen geschlossen waren und sie quasi in der Luft hingen, wollten die meisten von ihnen sehr gerne für den Kurs arbeiten, insbesondere, da niemand wußte, wann die Universitäten wieder eröffnet würden. Das Büro begann vor Aktivität zu summen. Man war nun von der Idee überzeugt, die Leute arbeiteten mit neuer Kraft. Die stetig anwachsenden Einkünfte aus dem Fernstudium waren ein weiterer Ansporn. Der Englischkurs war in kurzer Zeit fertig und in der *Asahi Schimbun* erschien am 25. September, nur 40 Tage nach Kriegsende, die Anzeige. Zusätzlich zu seinen Geschäften arbeitete Toda an den Grundlagen seines Planes zur Verbreitung des wahren Glaubens, dem er sich verschworen hatte. Er schaute auf Japans Zukunft.

Die Gegenwart allerdings war voller Not. Heimkehrer, entlassene Soldaten und amerikanisches Militärpersonal drängten sich auf den Straßen. MacArthur schaffte es in weniger als zwei Monaten, vier Millionen japanische Soldaten als Zivilisten nach Hause zu schicken, und das ohne einen einzigen blutigen Zwischenfall. Die politische Neugestaltung allerdings verlief nicht so reibungslos wie die Entmilitarisierung.

Am 17. August hatte Prinz Higaschikuni ein Kabinett unter dem lächerlichen Motto »Die Nation tut Buße« geformt. Dieser

Slogan stammte vom Führer der christlichen Sozialisten Toyohiko Kagawa und machte viele wütend, die meinten, die Regierung und das Militär sollten für all das Schlimme Buße tun, nicht das Volk. Dieses erste Nachkriegskabinett war zwar bei der Befriedung und Entwaffnung des Militärs erfolgreich, übersah aber das drängende Hungerproblem. Statt dessen konzentrierte man sich auf relativ unwichtige Dinge wie die Erhaltung des kaiserlichen Status und der alten politischen Struktur. Zwei Tage nach Unterzeichnung der Kapitulationsurkunde an Bord der *Missouri* nahm das Parlament einstimmig die Resolution »Gehorsam den kaiserlichen Befehlen« an. Es formten sich neue politische Parteien.

Anstatt wie in Deutschland eine direkte Militärregierung zu errichten, wählte MacArthur in Japan den Weg des indirekten Einflusses, indem er Verwaltung, Legislative und Exekutive der Regierung seinem Büro unterstellte. Nur knapp entgingen die Japaner dem Kriegsrecht, Militärtribunalen und dem Ersatz der japanischen Währung durch Besatzungsgeld, obwohl ein solcher Plan am 3. September in Kraft treten sollte. Aber dies erzeugte so viel Unruhe und Verwirrung, daß der Außenminister und sein Stellvertreter MacArthur schließlich überzeugen konnten, daß es besser wäre, wenn er indirekt über die Regierung handeln würde, die sich jeweils mit dem Büro des SCAP* abstimmen würde. Dieser Schritt half dem Kabinett in gewisser Weise, sein Gesicht zu wahren. Weitere Versuche, die Schande des Besiegtseins zu lindern, waren Sprachregelungen, die »Kriegsende« statt »Niederlage« und »in Japan stationierte Kräfte«, statt »Besatzungsmacht« benutzten.

Am 10. September gab das amerikanische Generalhauptquartier seine Verwaltungspläne bekannt. Am nächsten Tag wurde Hideki Tojo und andere Kriegsverbrecher verhaftet. Während die Besatzungsmacht ihre Intentionen bezüglich der Verfahrens-

* Supreme Commander of the Allied Powers – Der Oberkommandierende der Alliierten Kräfte – MacArthurs offizielle Dienstbezeichnung in Japan.

weise gegen Kriegsverbrecher genauestens offenbarte, herrschte in bezug auf das dem Kaiser zugedachte Schicksal ein rätselhaftes Schweigen, obwohl dieser auf der sowjetischen und der britischen Liste der Kriegsverbrecher ganz oben stand. Da die japanische Regierung sich über eine mögliche Verurteilung Seiner Majestät die allergrößten Sorgen machte, arrangierte man ein Treffen zwischen dem Kaiser und dem General, das am 27. September im Gebäude der Dai-Itschi-Lebensversicherung stattfand.

Nachdem der General den Kaiser in der Halle begrüßt und bis auf den Übersetzer alle Anwesenden weggeschickt hatte, bot er seinem königlichen Gast eine Zigarette an. Die Hände des Kaisers zitterten, als er sie anzündete. Dies offenbarte MacArthur, wie groß die Demütigung für diesen Mann sein mußte. Die ersten Worte Seiner Majestät machten ihn schließlich vollends sprachlos:

»General MacArthur, ich komme zu Ihnen, um mich dem Urteil der Kräfte auszuliefern, die Sie repräsentieren, als jemand, der die alleinige Verantwortung für jede politische oder militärische Entscheidung oder Aktion trägt, die mein Volk im Verlauf des Kriegs getroffen oder vollführt hat.«

Der japanische Kaiser war nicht gekommen, um sein Leben zu bitten, sondern um die Verantwortung für einen von den Militaristen angestifteten Krieg zu übernehmen. Dies überraschte MacArthur, der Mut des Mannes beeindruckte ihn. Am Ende des Gesprächs sagte der General: »Bitte kommen Sie jederzeit zu mir, wenn Sie ein Problem haben.«

MacArthur warnte Washington davor, dem unerbittlichen Drängen der Briten nachzugeben, die den Kaiser vor das Kriegsgericht bringen wollten. Denn ihm wurde klar, daß zwischen dem japanischen Volk und dem kaiserlichen Thron solch eine enge historische Bindung bestand, daß man tausend Armeen brauchen würde, um die Nation zu beruhigen, falls die Alliierten Hand an den Kaiser legen würden. Die Führer der japanischen Regierung seufzten vor Erleichterung, als sie hörten, daß das

Treffen der beiden Männer erfolgreich gewesen war, aber sie waren von einem Foto schockiert, auf dem der kleine, scheu blickende Kaiser neben dem viel größeren amerikanischen Helden stand; einen stärkeren Kontrast konnte man sich nicht vorstellen. Sie fürchteten, daß es Reaktionen in der Öffentlichkeit geben könnte und verboten den Verkauf der Zeitungen, auf denen es abgebildet war. Doch die Alliierten forderten augenblicklich die Aufhebung des Verbots, was für die Regierung wiederum Gesichtsverlust bedeutete.

MacArthur bemängelte bald einige Fehler des Higaschikuni-Kabinetts, welches versuchte, die kaiserliche Garde zu erhalten, die verhaßte Militärpolizei in eine Zivilpolizei zu verwandeln und entlassene Soldaten als Polizisten wieder zu rekrutieren. SCAP war damit absolut nicht einverstanden. Aber es kam noch schlimmer für diese grundsätzlich konservative Regierung. Und zwar wurde bekannt, daß der liberale Philosoph Kiyoschi Miki plötzlich in einem Gefängnis gestorben war. Er war im Krieg verhaftet worden, weil er einem Kommunisten Unterschlupf gewährt hatte. Erst hierdurch wurde die Öffentlichkeit darauf aufmerksam, daß mehr als einen Monat nach Kriegsende zahllose unter dem infamen Gesetz zur Erhaltung des öffentlichen Friedens verhaftete politische »Übeltäter« noch immer im Gefängnis saßen. Aber der Schock wurde noch größer, als man hörte, daß dieses Gesetz noch immer in Kraft war, denn es hatte den Militaristen dazu gedient, jedermann zum Schweigen zu bringen, der nicht mit ihnen konform ging. Ausländische Korrespondenten waren immer auf der Suche nach solchen Nachrichten und interviewten daraufhin den Innenminister Yamasaki, der folgende Stellungnahme abgab:

»Unsere Geheimpolizei arbeitet und wird weiterhin jeden Kommunisten verhaften, der antikaiserlich denkt... Jeder, der die Abschaffung des Kaisers fordert, und damit die Basis unserer politischen Struktur in Frage stellt, wird als Kommunist betrachtet und aufgrund des Gesetzes zur Erhaltung des öffentlichen Friedens verhaftet.«

Befremdet über die Unverfrorenheit dieser skandalösen Erklärung, informierten die Korrespondenten sofort die Öffentlichkeit. Bald war sie in *Stars und Stripes* zu lesen, dem amerikanischen Militärmagazin.

Obwohl die japanische Regierung mit der Besatzungsmacht bezüglich der Entmilitarisierung kooperierte, gab es doch Bestrebungen, das alte System möglichst beizubehalten, besonders natürlich das Feudalsystem, und das zu einer Zeit, als die Weltöffentlichkeit sich besonders mit der Verantwortung des Kaisers für den Krieg beschäftigte. Doch solche Bestrebungen wurden am 4. Oktober durch ein Memorandum des SCAP durchkreuzt, das die Aufhebung sämtlicher Restriktionen und die Wiederherstellung des politischen Friedens und der Menschenrechte sowie der religiösen Freiheit befahl. Das bedeutete die Abschaffung des Gesetzes zur Erhaltung des öffentlichen Friedens, die Legalisierung der kommunistischen Partei und die Freilassung aller politischen Gefangenen. Außerdem verlangte die Besatzungsmacht die Entlassung des Innenministers und führender Beamter der nationalen Polizei sowie die Auflösung der Militärpolizei. Obwohl Teil der Demokratisierung, waren all diese Schritte durch die Dummheit eines Ministers ausgelöst worden, der fremden Korrespondenten schockierende Erklärungen abgab und damit die Weltöffentlichkeit aufrüttelte.

Am 5. Oktober, nach weniger als 50 Tagen Regierungszeit, trat das sogenannte »Bußekabinett« unter Higaschikuni geschlossen zurück, indem es geltend machte, daß die Erhaltung des öffentlichen Friedens unmöglich sei, falls die Forderungen in die Tat umgesetzt würden. Niemand trauerte über diesen Rücktritt, man konnte nun ernsthaft mit den Nachkriegsreformen beginnen. Am 9. Oktober bildete Kidschuro Schidehara ein neues Kabinett, das Skandalgesetz wurde abgeschafft, fünfhundert politische Gefangene freigelassen; viele, die auf Kaution in Freiheit waren, unter ihnen Josei Toda, erhielten nun offiziell die volle Freiheit zurück. Über das SCAP-Memorandum vom 4. Oktober freute sich Toda nicht nur deshalb, sondern auch weil es ebenfalls die

freie Religionsausübung garantierte. An diesem schönen Herbsttag schaute Toda auf dem Weg ins Büro zum Himmel und sagte: »Herr MacArthur-Bonten, Sie machen Ihre Arbeit sehr gut.« Ein fremder Eroberer hatte Japan die religiöse Freiheit gegeben, die es seit den Tagen Nitschiren Daischonins nicht gekannt hatte. Dies war der Wendepunkt, auf den Toda gewartet hatte, denn er wußte, daß er ohne diese Freiheit den Menschen die Glaubenslehren niemals wirklich hätte mitteilen können.
Dankbar sog er die reine Luft ein, die Herbstsonne wärmte sein Gesicht. Leicht und voller Spannkraft war sein Schritt, Gesundheit und Stärke strömten durch seinen Körper. Schweigend erneuerte er seinen Schwur, seine große Mission zu erfüllen. Nicht ein Japaner, sondern ein fremder Eroberer hatte sie ermöglicht. Aber natürlich war das Bontens Werk, so wie es in der *Goscho* prophezeit ist. Die Regierung durfte religiöse Aktivitäten nicht länger behindern; die Japaner würden gerettet werden. Mehr noch als die politischen Gefangenen, die nach langer Haft in die Freiheit entlassen wurden, hatte Toda Grund, diesen Tag zu feiern. Aber seine Lebenserfahrung riet ihm, seinen Enthusiasmus zu mäßigen, und so strich er seinen in neuer Üppigkeit sprießenden Schnurrbart und dachte: »Dies soll fürs erste genügen.«
Trotz seiner guten Zukunftsaussichten bedrückte ihn das Elend ringsumher. Die Regierung war absolut unfähig, mit den großen Schwierigkeiten umzugehen. Wer weiß, ohne die Besatzung wären wohl schwerste Unruhen ausgebrochen. Die Massen hatten nichts und niemand, an den sie sich in ihrer Not wenden konnten. Die Regierung konnte selbst den Verhungernden nicht einmal einen Scheffel Reis besorgen. Ebenso hatte es wenig Sinn, sich gegen die Besatzungsmacht aufzulehnen, da dies lediglich wieder Kampf bedeuten würde, und man haßte mittlerweile den Kampf. Achtzig Millionen unzufriedener Japaner hatten keine Hoffnung und sahen keinen Ausweg, Pessimismus und Verzweiflung wurden ihnen zur zweiten Natur. Die schrecklichen Bedingungen taten dem empfindsamen Toda in der Seele weh und

verletzten seinen Sinn für Gerechtigkeit. Wenn er durch die überfüllten Straßen ging, hätte er am liebsten laut gerufen: »Es ist nicht eure Schuld. Falsche Religion hat uns in dieses Verderben geführt. Jetzt versteht ihr es vielleicht noch nicht, aber ihr werdet verstehen.«

An einer Ecke wurde Toda von einem anämischen jungen Mann angerempelt, der ohne Entschuldigung weiterhastete. Eine alte Frau stieß ihn mit ihrem großen Lumpenbündel, auch sie sagte nichts. Ganz Tokyo war unterernährt, heruntergekommen, unglücklich, die Leute rannten von Ort zu Ort, immer auf der Suche nach irgend etwas, von dem sie nicht wußten, was es war. Und in seinem Herzen sprach Toda weiter zu ihnen:

»So ergeht es einem Land, das den wahren Buddhismus verunglimpft und verfolgt. Nitschiren Daischonin hat dieses Unglück vorhergesehen. Damals glaubte ihm niemand, aber nun ist die Zeit gekommen, da jedermann seinen Lehren vertrauen muß. Ganz gleich, was es mich kostet, ich werde euch diese Lehren bringen. Ein neues Leben beginnt für euch, wenn ihr sie versteht. Neue Horizonte werden sich eröffnen. Und in der Zwischenzeit? Ich glaube, Herr MacArthur-Bonten wird uns bei den nächsten Schritten helfen. Das ist seine Aufgabe und Bestimmung.«

Obwohl Toda den großen Soldaten niemals getroffen hatte, so war er vielleicht doch der einzige, der dessen Rolle in der Geschichte Japans richtig einschätzte. Es war zwar tragisch, daß Japan besiegt war und nun von Fremden regiert wurde, aber viel schlimmer war die Tatsache, daß die Menschen eines ganzen Landes sich von Haß, Wut und tierischen Instinkten leiten ließen und daß eine ganze Gesellschaft von gefährlichen Philosophien bestimmt wurde. Allerdings im Licht buddhistischer Prinzipien betrachtet hat jedes historische Phänomen seine Bedeutung. Japan hatte große Schmach erlitten, aber der Tag kam herbei, da es zur Welt des Buddha erwachen würde. Eine Nation, die sich den wahren Buddhismus zu eigen macht, kann Gift in Lebenselixier verwandeln und Armut und Elend in Reichtum und Glück.

5. Alleine stehen

Die Amerikaner waren zunächst über die Sanftmut verblüfft, mit dem ihre Politik akzeptiert wurde, da man sich doch lebhaft sowohl des verbissenen Kampfes der japanischen Truppen auf den Philippinen, in Okinawa und den anderen pazifischen Inseln, als auch des todesmutigen Einsatzes der Kamikazepiloten erinnerte. Wo war die gewaltige Energie und der Heldenmut der japanischen Soldaten geblieben? Das Kriegsende selbst und die ersten Maßnahmen der amerikanischen Führung schufen ein günstiges Klima für die Besatzungsmacht. Als die Amerikaner dies begriffen hatten, fühlten sie sich ermutigt, den Demokratisierungsprozeß zu beschleunigen.

Während die Nation sich veränderte, verfolgte Toda ruhig und stetig seine eigenen Ziele. Nur anderthalb Monate nach Eröffnung seiner Fernschule hörte er, daß in West-Kanda ein Gebäude zu verkaufen sei, ganz in der Nähe der großen Zeitungen und Verlage. Die geschäftige Hauptstraße des Distrikts mit ihren Buslinien war nicht weit, die lärmende Hochbahn führte in größerer Entfernung vorbei. Er entschloß sich schnell zum Kauf des dreistöckigen Gebäudes und man zog aus dem beengten Büro in Meguro in die viel weiträumigere, allerdings kaum neue oder besonders schöne Umgebung. Toda erinnerte sich an seine geliebte Dschischu Gakkan und erkannte, daß man sich von jedem Schicksalsschlag erholen konnte, ganz gleich wie schwer er auch sein mochte. Eines Tages saß er am Südfenster seines neuen Büros im zweiten Stock und sprach zu seinen Angestellten.

»Ich hoffe, daß keiner von euch denkt, es sei pures Glück gewesen, das es uns erlaubte von Meguro in das Herz Tokyos zu ziehen«, sagte er.

Alle nickten mechanisch, die Freude über den Umzug war zu

groß, als daß man seinen Worten allzuviel Aufmerksamkeit schenkte. Okumura war von der neuen Wirkungsstätte beeindruckt und meinte: »Sie haben einen wundervollen Platz gefunden; vor allem auch bestens gelegen.«

»Das ist ein Zeichen dafür, daß unser neues Nihon Schogakkan besser laufen wird, als vor dem Krieg«, sagte Toda, eine Zigarette rauchend.

»Dies sind die Wohltaten des Gohonson«, sagte Okumura, schnell den Gedanken seines Chefs aufgreifend.

»Jawohl, denkt daran. In ihrem Mittagessen scheinen allerdings nicht allzu viele Wohltaten zu stecken«, scherzte Toda, als er Okumura beim Auspacken einiger in Zeitungspapier gewickelter Kartoffeln zuschaute.

»Aber Spaß beiseite«, fuhr er fort, »dieses Büro ist wirklich eine Belohnung des Gohonson. Vor zwei Monaten haben wir mit buchstäblich nichts angefangen. Jetzt schaut einmal: Ist das alles nicht unglaublich? Dieses Haus? Es ist ein Geschenk des Gohonson, und es wird in der Zukunft eine wichtige Rolle spielen. Wir müssen es gut behandeln.«

Obwohl sie ihn nicht wirklich verstanden, stimmten die Angestellten ihm zu, weil sie dankbar waren, in einer angenehmen Umgebung arbeiten zu dürfen, und weil Toda ihnen in einer Zeit großer Arbeitslosigkeit und großen Elends ein Leben ermöglichte.

Toda war sehr mit seiner täglichen Arbeit beschäftigt, aber gelegentlich erlaubte ihm ein freier Moment, sich zurückzulehnen und sich die Zukunft auszumalen: nicht nur die Zukunft der Firma, sondern das zukünftige Wachstum der neuen Soka Kyoiku Gakkai. Er hatte sich dazu entschlossen, den Namen zu ändern. Soka Kyoiku Gakkai, »werteschaffende Bildungsgesellschaft«, war für die neue Zeit zu begrenzt. Er würde vorschlagen: Soka Gakkai, »die Gesellschaft, die wahre Werte schafft«, und ihre Aktivitäten dürften nicht nur Bildung umfassen, sondern müßten auf das politische, kulturelle, ökonomische und soziale Feld ausgedehnt werden. Auf diese Weise könnte die ewig währende Philosophie und Wahrheit der Drei Großen Esoterischen Gesetze* des Nitschiren Daischonin in alle Lebensbereiche der Nation fließen und die Menschen wieder mit Leben erfüllen. Dieses Gebäude in West-Kanda würde die Wiege der neuen Organisation sein. Am Tage war es Todas geschäftliches Hauptquartier; abends würde es der Treffpunkt der Anhänger des wahren Buddhismus sein. Die Zeit würde kommen, wenn seine rußigen Mauern und narbigen, hölzernen Säulen widerhallen würden vom Aufruf zum wahren Glauben, der an alle Menschen gerichtet war.

Wann immer er über diese Dinge nachdachte, erinnerte er sich an eine Schule namens Schoka Sonjuku, die im neunzehnten Jahrhundert von dem großen konfuzianischen Gelehrten Yoschida Schoin gegründet worden war. Aus dieser Institution war eine Reihe brillanter junger Leute hervorgegangen, die später während der Meidschi-Restauration eine wichtige Rolle gespielt hatten. Auch sie war aus bescheidenen Anfängen hervorgegangen, nicht eindrucksvoller als Todas Kanda-Büro, aber sie war die geistige Wiege vieler wichtiger Führer, wie Kusaka Gensui, Takasugi Schinsaku und Premierminister Hirobumi Ito. Toda war sicher, daß aus genau den Räumen, in denen er sich jetzt befand, eines Tages brillante Männer und Frauen hervorgehen würden. Die Ära der Konfuzianer hatte zwar schlecht geendet, aber jetzt brach ein neues Zeitalter an, eine neue Welt junger Menschen, die in einer unendlich viel größeren Philosophie geschult sein würden, als dem nur weltlichen Gedankengebäude des Konfuzius. Toda setzte all seine Hoffnungen in die Jugend, er war vom Egoismus, von der Verantwortungslosigkeit und dem Mangel an Integrität der älteren Generation enttäuscht. Fortwährend ermahnte er die jungen Leute in seinem Büro, sich eifrig zu bemühen, da die wahre Schlacht ihres Lebens erst begann.

»Was ihr bis jetzt gesehen habt, war nur ein Kinderspiel. Arbei-

* Siehe Glossar

tet, studiert, schult euch für die wirkliche Schlacht der Zukunft«, pflegte er zu sagen.

Obwohl die Angestellten unfähig waren, die innere Bedeutung solcher Worte zu verstehen, so waren sie doch glücklich, ihm folgen zu dürfen, weil sie ein unbestimmtes Gefühl für seine Vision der Zukunft hatten. Alle arbeiteten hart und die Atmosphäre im Büro war fröhlich und anregend.

Diese Aura glücklicher Schaffensfreude muß die Besucher beeindruckt haben, die in täglich größerer Anzahl hereinströmten. Meist waren es Geschäftsleute; aber auch die Mitglieder der auseinanderfallenden Soka Kyoiku Gakkai begannen einer nach dem anderen Toda zu besuchen. Er versuchte nicht, seine Freude hierüber zu verbergen, denn dies waren die tapferen Leute, die in der Hölle des Krieges ausgeharrt hatten. Sie waren nicht wie viele andere aufs Land geflohen, sondern in der brennenden, zerfallenden Hauptstadt geblieben. Viele von ihnen lebten immer noch in Furcht und Unruhe, obwohl der Alptraum des Krieges zu Ende war. In den alten Tagen hatten sie stets Tsunesaburo Makigutschis Rat erbitten dürfen und sein Tod hatte sie sehr getroffen. Sie hofften, daß die Gesellschaft eines Tages wieder aktiv werden würde, sie brauchten Hilfe, aber sie wußten nicht, an wen sie sich wenden sollten. Doch einige erinnerten sich an Josei Toda, den früheren Generaldirektor, und obwohl sie ihn nicht persönlich kannten, wußten sie doch, daß Makigutschi großes Vertrauen zu ihm gehabt hatte. Sie fühlten, daß er der Mann war, dem man seine Schwierigkeiten anvertrauen könnte.

Jung und alt, Männer in fadenscheinigen Uniformen und mit zerdrückten Mützen oder Frauen in der plumpen Baumwoll-*mompe*, alle in offensichtlich ärmlichen Verhältnissen, fragten Todas Rezeptionist schüchtern, ob eine Unterredung möglich wäre.

»Herr Toda weiß vielleicht nicht meinen Namen, aber er wird sich an mein Gesicht erinnern«, sagten einige.

Der Rezeptionist, wegen der schäbigen Kleidung ein wenig verle-

gen und mißtrauisch, fragte dann nach dem Anliegen und bekam meist zur Antwort, daß man nur guten Tag sagen und sich als ehemaliges Mitglied der Gesellschaft vorstellen wolle.
Toda erübrigte immer ein paar Minuten für diese Unglücklichen. Und obwohl diese Gespräche gewöhnlich mit alten Erinnerungen an frühere Aktivitäten unter Makigutschis Präsidentschaft begannen, so endeten sie doch unweigerlich mit Diskussionen über irgendeinen Verlust und mit der Bitte um Rat und Hilfe. Toda wußte, daß diejenigen, die ihren Gohonson auf fahrlässige Weise verloren hatten, viel mehr erleiden mußten, als diejenigen, die ihn sorgfältig behüteten. Er erhielt immer wieder den Beweis für die unvermeidbare Strenge des Gesetzes von Ursache und Wirkung, welches Vergeltung forderte für die Vernachlässigung des Gohonson. Unter besseren Umständen hätte er jene, die nicht für ihren Gohonson gesorgt hatten, strengstens verwarnt, aber die Leute waren zu schwach und elend, als daß sie einen scharfen Verweis ertragen hätten. Im übrigen wußten sie um ihre Verfehlungen und daß sie dafür bestraft worden waren. Da er dies spürte, unterdrückte er den Wunsch, auf das den menschlichen Handlungen innewohnende Prinzip des Gesetzes von Ursache und Wirkung hinzuweisen und erteilte statt dessen gütigen Rat. Er sagte ihnen, daß die großen, unantastbaren Gaben des Gohonson nur jenen verliehen werden, die dem wahren Buddhismus folgen. Toda entzündete erneut die Flamme der Hoffnung und des Vertrauens in den Herzen dieser Gequälten. Er benutzte die unendliche Kraft des Gohonson, um tödliches Gift in Lebenselixier zu verwandeln. Er bat sie, sich nicht von der augenblicklichen Krise in die Verzweiflung treiben zu lassen, sondern den unfehlbaren Lehren Nitschiren Daischonins zu vertrauen. Um dies zu illustrieren, zitierte er oft den Gründer ihrer Religion, der einmal sagte: »Ich und meine Schüler werden die Buddhaschaft mit zwingender Notwendigkeit erlangen, auch im Angesicht schwerster Prüfungen, sofern wir den Glauben ohne den geringsten Zweifel praktizieren.« Toda schloß gewöhnlich mit der Ermahnung, trotz der jetzigen Probleme am Glauben

festzuhalten, weil ein gläubiger Anhänger Nitschiren Daischonins nicht nur mit Stärke, sondern auch unzerstörbarem Glück gesegnet wird. Alle, die ihn hörten, waren bewegt und ermutigt. Einige weinten, manche lächelten strahlend. Beim Gehen dankten sie Toda mit hoffnungsvoll leuchtenden Augen und dieser versicherte ihnen, daß sie jederzeit mit ihren Problemen zu ihm kommen könnten.

Diese Art von Besuchern machten Toda Freude; aber es gab andere, die ihm eine Last waren: Geschäftsleute, die ehemals hohe Positionen in der Soka Kyoiku Gakkai bekleidet hatten und jahrelang eng mit Toda zusammengearbeitet hatten. Etwa zwanzig von ihnen hatten eine Organisation gebildet, den ökonomischen Reformklub, dessen Kern Toda gewesen war. Und wie dieser waren sie wegen ihrer Aktivitäten verfolgt und inhaftiert worden, aber sie hatten sich mit den Autoritäten arrangiert und ihren Glauben verleugnet. Einige hatten ihren Gohonson an den Tempel zurückgegeben; andere waren unter der Bedingung entlassen worden, daß sie die Verbindung zur Gesellschaft lösen und in den Militärdienst eintreten würden. Einige andere entgingen der Verhaftung und lösten sich von der Gesellschaft aus Angst, eines Tages doch noch eingesperrt zu werden. Diese Leute hatten ihren Glauben betrogen und an den Lehren Nitschiren Daischonins gezweifelt; als der Krieg endete, befanden sie sich zur Strafe in ernsten finanziellen und emotionalen Schwierigkeiten.

Sogar nach seiner Entlassung hatten sie Toda gemieden, weil sie fürchteten, daß ihr Ruf bei den Militaristen wegen der Verbindung zu ihm leiden könne. Aber nun, als clevere Geschäftsleute mußten sie finanziell schnell wieder auf die Beine kommen und so eilten sie durch die Stadt, immer auf der Suche nach schnellem und leichtem Profit. Als sie von Todas erstem Erfolg hörten, waren sie zunächst überrascht und als dieser andauerte, platzten sie fast vor Neid, denn ihre eigenen Unternehmungen waren und blieben aussichtslos. So riefen sie nach und nach in Todas Büro an, in der Hoffnung, sich von seinem Kuchen etwas abschneiden zu können. Toda schickte sie niemals weg, obwohl er wußte, daß dies keine wahren Gefährten im Glauben waren; aber in ihren Gesichtern, die einst so selbstsicher und stolz schienen, sah er ihre Leiden. Das blasse Lächeln konnte nicht ihre Ängste verbergen und Toda empfing sie herzlich. Allerdings war er doch erstaunt, sie zu sehen; im Gefängnis hatte der Staatsanwalt versucht, ihn mit einem Köder zu locken, indem er ihm die Zahl derer vorhielt, die ihrem Glauben abgeschworen und die Gesellschaft verlassen hatten, um freizukommen. Damals kochte er vor Wut über den Verrat. Aber jetzt fühlte er nur Mitleid angesichts dieses Elends. Seine Büroangestellten, die diese Art Leute und Todas aufbrausendes Temperament kannten, wunderten sich über die Ruhe, die Toda während dieser Besuche bewahrte. Einmal kritisierte ein Angestellter Todas Haltung gegenüber diesen Männern, die ihn verleumdet und gar geschäftlichen Schaden angerichtet hatten zu einer Zeit, wo sie hätten helfen müssen. Toda sagte dazu:

»Sie sind zu hart. Denken Sie immer daran, daß ihnen Gefängnis und Folter drohte. Natürlich, wer niemals die Schrecken des Gefängnisses erlebt hat, kann nicht verstehen, daß viele unter der Behandlung zusammenbrachen und die Gesellschaft verließen, mich aber überrascht es nicht. Wichtig ist doch nur, daß alle Menschen gerettet werden, sogar jene, die im Glauben schwanken und den Gohonson verlassen. Nitschiren Daischonin hat unendliches Mitleid und vergibt allen, die um Vergebung bitten. Das Urteil der Menschen ist gegenüber der strengen Gerechtigkeit des Gohonson bedeutungslos. Der Mensch ist manchmal töricht, aber unter den unbestechlichen Augen des Gohonson erkennt und bereut er seine Fehler. Diese Männer haben im Glauben versagt und leben jetzt im Elend, aber ohne den Gohonson würden sie nicht mehr leben. Jetzt sehen sie, daß ihre einzige Hoffnung darin besteht, den Gohonson zu verehren und zu bewahren.«

Unter den Geschäftsleuten, die am häufigsten kamen, schienen besonders einige Mitglieder des ökonomischen Reformklubs beflissen, die Freundschaft mit Toda wiederaufleben zu lassen:

Yoitschi Fudschisaki, Naosaku Kitagawa, Kiso Iwamori und Yoitschiro Honda. Im Spätherbst hatte sich Todas Gesundheit erheblich verbessert und damit auch seine Freude an Sake und Whisky. So trank er häufig mit seinen früheren Freunden, von denen einige aufgrund ihrer Kontakte zum Schwarzmarkt guten Whisky mitbringen konnten. Ende Oktober durften auch Bars, Restaurants und Teehäuser wieder öffnen. Eines Tages aßen Toda und einige dieser Männer eine Kleinigkeit in einem Suschi-Lokal und bei einem Täßchen Feierabendsake kam die Sprache auf die früheren Aktivitäten der Gesellschaft und auf die Notwendigkeit, sie wieder zu beleben, da dies der erste Schritt zur Verbreitung des wahren Glaubens sei. Die Männer sprachen in einer leichtfertigen Art, als ob das große Ziel leicht zu erreichen sei. Toda, der den Wiederaufbau der Gesellschaft und die Verbreitung der wahren Religion als Angelegenheit von größter Wichtigkeit betrachtete, mißfiel diese Haltung.
Kitagawa, Eigentümer einer Druckerei, verkündete dogmatisch: »Unser erster Schritt ist ganz einfach, wir müssen nur die alte Gesellschaft wiederaufleben lassen.«
»Wer muß das tun?«, fragte Toda.
»Wir, wir alle. Oder gibt es noch jemand anderen?« antwortete Iwamori, der Eigentümer einer optischen Fabrik, zaghaft. Im Krieg war er mit knapper Not dem Gefängnis entgangen.
»Ich denke, wir können das Ganze Iwamori überlassen«, meinte Toda ironisch. »Doch der Weg zur Verbreitung des Glaubens ist steinig und lang. Selbst mit Iwamoris bestem Teleskop könntest du kein Ende absehen.«
Alle lachten.
Iwamori ließ nicht locker: »Aber wir müssen etwas unternehmem!«
Plötzlich wurde Todas Blick finster.
»Ihr sprecht wie Papageien, als handle es sich um die einfachste Sache der Welt. Aber die Verbreitung des wahren Glaubens ist eine gewaltige Aufgabe, die aufopfernde Männer braucht – einen großen Führer und treue Anhänger.«

Ernst wog Toda jedes Wort; die Gruppe schwieg. Nach einiger Zeit brach Yoitschiro Honda, Eigentümer einer kürzlich bankrott gegangenen Lebensmittelhandlung und Schulfreund Todas das Schweigen.

»Gut, Sie sind der Generaldirektor und Sie sollten die Führung übernehmen«, sagte er.

Toda trank langsam seinen Sake und sagte nichts.

Fudschisaki, ein guter Geschäftsmann, meinte: »Es gibt keinen besseren Nachfolger Makigutschis als Sie es sind. Wenn Sie der Führer wären, ich würde Ihnen folgen, so gut ich kann. Dazu bin ich fest entschlossen.«

Wieder ein kurzes Schweigen. Toda sagte leise: »Und die Gesellschaft wird nie mehr zerbrechen.«

Kitagawa antwortete: »Die Zeiten haben sich geändert, wir leben in einer neuen Welt und wir werden nicht noch einmal den gleichen Fehler machen.«

»Die *Zeiten* haben sich geändert, aber nicht die Menschen. Der Mensch zählt. Solange wir keine treuen und starken Männer haben, die bereit sind, ihr Leben für den wahren Buddhismus hinzugeben, kann alles wieder ganz genauso kommen«, sagte Toda ganz ruhig und leise.

»Aber die Militaristen sind weg, der Feind ist zerstört. Jetzt geht es doch nur um den Wiederaufbau.«

Toda starrte Kitagawa an und sagte: »Der Zusammenbruch der Militaristen gibt uns eine größere Handlungsfreiheit, aber bedenken Sie, daß Zehntausende von mißgeleiteten Religionen, die bisher geschlummert haben, nun wieder erwachen und die augenblickliche, wirre, soziale Lage ausnutzen werden. In kürzester Zeit werden wir mit falschen Religionen überschwemmt sein. Die Bedingungen haben sich zwar verändert, aber nicht notwendigerweise verbessert. Die Verbreitung des wahren Glaubens wird schwierig sein, weil die Menschen nicht unterscheiden können zwischen dem, was wirklich wertvoll ist und den Tausenden von schwammigen Sekten, die wie Pilze aus dem Boden schießen werden. Darum denke ich, daß die alte Soka-Kyoiku-

Gakkai-Organisation im neuen Japan nicht funktionieren wird.«
»Müssen wir ganz von vorne anfangen?« fragte Fudschisaki.
»Das meine ich nicht. Aber wenn wir den rettenden Glauben verbreiten wollen, brauchen wir ganz neue Konzepte und eine ganz neue Politik.« Aber er sah augenblicklich, daß die Freunde ihn nicht so recht verstanden. Ernüchtert schwieg er und als Fudschisaki ihn fragte, wie man zu neuen Konzepten käme, meinte er nur: »Laßt es für heute genug sein.«
Während Toda zahlte, verließen die anderen das Restaurant und sprachen darüber, wie gut das *suschi* gewesen sei, das sie seit langem zum ersten Mal wieder gegessen hatten. Sofort machte man Pläne für ein gerade neu eröffnetes *tempura*-Lokal in Schinjuku. Als Toda wieder zu ihnen stieß, sprach man gerade über die relativen Vorzüge verschiedener Arten leckerer Speisen. Und ihm wurde klar, daß das Bewußtsein dieser Männer nicht von den großen Aufgaben der Zukunft, sondern von gutem Essen erfüllt war. An einer Ecke trennte man sich.
Während er desillusioniert durch die Straßen ging, dachte er darüber nach, daß diese oberflächlichen, seichten Freunde nicht die loyalen Kameraden sein könnten, die er suchte. Sie hatten keinesfalls ihren im Krieg begangenen Verrat bereut und waren stumpf und weltlich geblieben. Er fühlte sich sehr allein, als er zum samtenen Herbsthimmel mit seinen glitzernden Sternen hinaufschaute. Aber in diesem Moment sah er das lächelnde Gesicht Tsunesaburo Makigutschis, das so lebendig war, daß er beinahe zu seinem Meister aufgeschrien hätte. Diese Vision erhob ihn und stärkte seinen Glauben, und während ihm die Tränen kamen, rezitierte er ein Gedicht, das er im Gefängnis geschrieben hatte:

»Mein Meister ging von dieser Welt,
und opferte sein Leben,
aber ich, allein wie ich bin,
wie kann ich dem Willen Buddhas dienen?

Die nackte Blume des Lebens,
ist alles, was diesem schwachen Körper blieb;
aber ich werde sie pflücken
für meine Freunde und mein Land.

Ein Sturm tobt in den östlichen Himmeln,
voller Teufel, zügellos und wild.
Menschen werden von Schatten gejagt,
vor dem Bösen muß ich sie retten.

Denn ich besitze das mystische Juwel,
voller unendlicher Kraft.
Ich rufe: ›Rettung der Menschheit!‹
Und beifällig lächelt der Meister.«

Beruhigt setzte Toda seinen Weg fort, aber er war sich auch seines Alleinseins bewußt, er fühlte, daß er nur ein Pünktchen im unendlichen leuchtenden Universum war. Das helle, klare Sternenlicht reinigte sein Herz, eine Welle der Kraft wogte in ihm und schenkte ihm Vertrauen und ein Gefühl der Freiheit.

Am 18. November 1945 jährte sich Präsident Makigutschis Todestag zum ersten Mal und aus diesem Anlaß fand im Kankyrio-Tempel in Nakano eine Feier statt. An diesem Tage verließ Toda sein Büro früher, und während er im kühlen Wind frierend unter den herbstlichen Bäumen den weiten Weg von der Bahnstation Nakano zum Tempel ging, erinnerte er sich an die Zeit, als er diesen gleichen Weg schon einmal gegangen war. Es war in der Hitze des Juli gewesen, zwei Tage nach der Entlassung aus dem Gefängnis.

An diesem Tag war er die meiste Zeit im Bett geblieben, aber am späten Nachmittag stand er auf, um den Priester Horigome im Kankyrio-Tempel zu besuchen. Ikue war sehr gegen diesen Ausflug gewesen, aber dann hatte sie nachgegeben, da sie wußte, wie sehr ihrem Gemahl neue Nachrichten über den Zustand des Haupttempels, Taiseki-Dschi, am Herzen lagen. So begleitete sie

ihn auf dem anstrengenden Weg. Gegen sechs Uhr erreichten sie Kankyrio. Das Gelände wirkte verlassen; nur das Zirpen der Zikaden brach die Ruhe. Auf Ikue gestützt erstieg Toda langsam die Stufen des Tempels, kniete sich vor dem Gohonson und begann hingebungsvoll das Daimoku zu rezitieren. Er blickte erst wieder auf, als Horigomes vertraute Gestalt erschien; doch dessen Begrüßungsworte erstarben ihm auf den Lippen, als er den verfallenen Körper des Freundes wahrnahm. Dieser Mann, der später zum fünfundsechzigsten Hohepriester der Nitschiren Schoschu ernannt wurde, war während des Krieges die Stütze des Haupttempels gewesen. Nicht nur, daß er mutig für seinen Glauben kämpfte, er riskierte sogar sein Leben, indem er sich gegen die Unterdrückungsversuche der Regierung gegen seine Religion wandte. Toda und er hatten viel gemeinsam. Beide hatten für ihren Glauben gelitten; beide waren verfolgt worden, aber das wichtigste waren die Bande der gemeinsamen Religion. Natürlich hatte der Krieg ihre Beziehung unterbrochen, und einige Mitglieder der Gesellschaft, die auf Todas raschen Aufstieg neidisch waren, hatten versucht, Mißgunst zwischen ihnen zu säen. Aber nun war der Krieg zu Ende und die Mißverständnisse waren ausgeräumt. Im Angesicht grausamer religiöser Verfolgungen hatten diese beiden Männer den Strom des wahren Buddhismus rein und unbefleckt erhalten. Die Nitschiren Schoschu, deren Bestimmung die Rettung der Menschheit war, hatte den wildesten Sturm ihrer siebenhundertjährigen Geschichte überlebt, weil sie von so starken Männern wie Horigome als Vertreter der Priesterschaft und Makigutschi und später Toda als Vertreter der Laiengesellschaft repräsentiert wurde.
Jetzt, da die Zukunftsaussichten wieder besser geworden waren, trafen diese beiden Männer nach langer Trennung zusammen. Toda warf sich vor dem Priester nieder, dieser nahm seine Hand, um ihm aufzuhelfen. Beide standen vor dem Gohonson.
»Herr Toda, ich habe lange auf diesen Augenblick gewartet. Sie glauben nicht, wie glücklich ich bin, Sie zu sehen. Aber Sie sehen krank aus, Sie müssen einiges durchgemacht haben.«

»Auf jeden Fall hatte ich reichlich Zeit«, lachte Toda herzlich. Ikue, durch das lang ersehnte Treffen gerührt, tupfte sich schweigend mit dem Taschentuch die Augen.
»Wann sind Sie entlassen worden?«
»Vorgestern abend, auf Kaution.«
Der Priester lächelte freundlich und führte seine Gäste zu seinem neben dem Tempel gelegenen Haus. »Im Haus ist es kühler«, sagte er. Dann lud er beide ein, zum Essen zu bleiben.
Später begaben sich die Männer in sein Arbeitszimmer und sprachen zwischen Stapeln von Büchern über alles mögliche, als wollten sie die zwei Jahre nachholen, die seit ihrem letzten Treffen vergangen waren. Toda erzählte vom Elend des Gefängnislebens, erklärte aber auch, wie er die Zeit mit dem Studium des Lotos-Sutra genutzt hatte. Auch versuchte er zu erklären, welche gemischten Gefühle aus Wut und Trauer Makigutschis Tod in ihm ausgelöst hatte. Horigome hörte schweigend zu, auf seinem Gesicht spiegelte sich die tiefe Sympathie zu Josei Toda. Dann erzählte er seinerseits, was mit dem Haupttempel geschehen war. Die Militärs hatten das wunderschöne große Tempelgelände beschlagnahmt, und kurz darauf waren Vandalen eingebrochen und hatten die Gärten zertrampelt. Am 17. Juni 1945 hatte ein Feuer die Empfangshalle zerstört. Toda weinte vor Entrüstung und Trauer, denn der Zustand des Haupttempels illustrierte plastisch den Zerfall der Soka Kyoiku Gakkai. Zur Zeit dieses Treffens war der Krieg noch nicht zu Ende, die Mappo-Ära, der prophezeite »Späte Tag des Gesetzes«, hatte in der Tat begonnen.
Als der Priester geendet hatte, sagte Toda: »Meine Erfahrungen im Gefängnis waren schrecklich, aber sie lehrten mich Disziplin und Seelenstärke. Ich bin sicher, daß der Gohonson mich prüfen wollte. Die Gesellschaft mag am Boden liegen, aber ich werde nicht aufgeben. Mit der Hilfe des Gohonson werde ich all meine Kraft dafür einsetzen, sie wiederaufzubauen. Bitte helfen Sie mir dabei.«
Der Priester antwortete: »Die Nitschiren Schoschu befindet sich

in einer schweren Krise, aber ich interpretiere dies als Zeichen für den bevorstehenden, noch nie dagewesenen Aufschwung unserer Religion.«

»Ich bete dafür«, sagte Toda.

»Überlassen Sie mir den Haupttempel«, fuhr Horigome fort, »aber bezüglich der Laienorganisation bin ich von Ihnen abhängig.«

Der Priester hatte mit einem eindringlichen, beschwörenden Tonfall gesprochen und Toda ging darauf ein, indem er sagte: »Ich gelobe hiermit, den Haupttempel zu schützen, solange ich lebe. Sie können auf mich zählen. Aber ich komme gerade aus dem Gefängnis und die Aussichten meiner Geschäfte sind ungewiß. Ich brauche etwas Zeit.«

Nachdem Toda geschworen hatte, seine Firma aufzubauen, um der Verbreitung des wahren Glaubens dienen zu können, rezitierte er noch einmal mit Horigome das Daimoku, dann verließ er den Tempel. Das dreistündige Treffen hatte das Band des Vertrauens zwischen den beiden Männern aufs Neue geknüpft. Nach zweijähriger Pause war damit der Zusammenhalt zwischen Priesterschaft und Laienorganisation erneuert und der Zeitpunkt des Heraufdämmerns einer neuen Ära für die Nitschiren Schoschu gekennzeichnet.

In den hundert Tagen, die seit diesem Treffen vergangen waren, hatte Toda seine Gesundheit wiedergewonnen und bedeutende Schritte beim Wiederaufbau seiner Firmen getan. Als er nun wieder die gleiche Straße nach Kankyrio ging, hatte er plötzlich das Gefühl, daß er nunmehr die Mission seines Lebens schneller vorantreiben müsse. Der 18. November 1945 wird man als den Tag bezeichnen, an welchem er aktiv die Rolle eines Initiators für die Reform und den Wiederaufbau der Gesellschaft übernahm.

Nachdem er vor dem Gohonson das Daimoku rezitiert hatte, traf er im Haus des Priesters einige Mitglieder der Familie Makigutschis, die er seit langem nicht gesehen hatte. Horigome beglückwünschte Toda zu seiner schnellen Genesung, aber keiner der

Männer sprach über das Gelöbnis, das vor hundert Tagen gemacht worden war. Dessen ungeachtet stand es lebendig im Raum und sie wußten, daß sie in ihrem unentwegten Streben nach dem höchsten Ziel untrennbar vereint waren.
An dieser Gedenkfeier zu Ehren von Makigutschis erstem Todestag nahmen neben engsten Verwandten höchstens zwanzig seiner Anhänger teil. Traurig dachte Toda an die frühere Mitgliederzahl von dreitausend. Zwar waren noch nicht alle vom Land nach Tokyo zurückgekehrt, aber dennoch hätte es mehr Teilnehmer an dieser Feier geben müssen. Auf dem Weg zum Tempel hatte Toda heimlich für eine große Versammlung gläubiger Anhänger gebetet, die helfen würden, den Weg zum Wiederaufbau der Gesellschaft zu pflastern, aber er unterdrückte seine Enttäuschung und plauderte mit jenen, die gekommen waren, um ihnen Respekt zu erweisen. Aber bald erstarb das Gespräch und Toda erwartete schweigend den Beginn der Zeremonie zum Gedenken seines großen Meisters.
Tsunesaburo Makigutschi war ein Jahr und vier Monate im Gefängnis gewesen, als er dreiundsiebzigjährig in der Tokyoter Haftanstalt in Sugamo starb. Bis zum letzten Tag kämpfte er gegen ungerechten Polizeiterror und verteidigte die Lehren der Nitschiren Schoschu. Trotz rücksichtsloser Verhöre, wiederholter Quälereien und einer entwürdigenden Behandlung, die grundlegendste Menschenrechte verletzte, gab er nicht einen Zoll nach. Jedoch schwächten Unterernährung und Alter seinen zerbrechlichen Körper, so daß er schließlich ernsthaft erkrankte und die Gefängnisleitung ihn in die Krankenabteilung schicken wollte. Dies lehnte er strikt ab. Am 17. November aber willigte er plötzlich ein. Bevor er ging, wechselte er seine Unterwäsche, kleidete sich in klassischer japanischer Manier, rasierte und kämmte sich, als würde er sich auf ein feierliches Ritual vorbereiten. Als der Wärter ihn abholen kam, wartete er bereits geduldig, lehnte es aber ab, getragen zu werden. Trotz seiner geschwächten Konstitution zog er es vor, auf eigenen Beinen ins Hospital zu gehen. Ein Arzt untersuchte ihn und verschrieb eine Medizin, die

er aber nicht nahm. Am Abend bemerkte ein Aufseher, daß er in einen tiefen Schlaf gefallen war. Am frühen Morgen des 18. November starb er friedlich. Seine Wangen waren rosig, der Schatten des Todes war ihm ferngeblieben. Ein Arzt nahm immer wieder seinen Puls, da er nicht glauben konnte, daß Makigutschi wirklich tot war. Sein edles Gesicht war heiter und friedlich, das seltsame Lächeln des Buddha selbst war auf ihm zu sehen. Aber sein Herz schlug nicht mehr, die Hände waren kalt. Ein junger Mann trug den Körper zum Haus seiner Familie und man gab ihm das letzte Geleit.
Nun jährte sich dieser Tag und Todas Herz war schwer über den tragischen Verlust seines geliebten Meisters. Der Priester Horigome hatte zwei Assistenten: Hoki Tschigusa und Seido Hosoi, der später der sechsundsechzigste Hohepriester der Nitschiren Schoschu werden sollte und Horigome während des Krieges in seinem Kampf gegen die Repressalien der Militärs unterstützt hatte. Die Zeremonie begann mit dem Daimoku, es folgten Rezitationen aus dem Lotos-Sutra, ein weiteres gemeinsames Daimoku und endete mit einem Weihrauchopfer. Während des gesamten Rituals war Toda im Geiste bei seinem Meister und dem Kampf, den dieser so lange und so gut geführt hatte.
Als die Militaristen an der Macht waren, versuchten sie, die Anhänger der Nitschiren Schoschu zu zwingen, an die Sonnengottheit Amaterasu zu glauben. Makigutschi hingegen hielt es als Präsident der Soka Kyoiku Gakkai für eine Pflicht der Gesellschaft, die religiös blinde Nation zu lehren, was wahre Religion sei. Er glaubte, dies sei der einzige Weg, um das Land vor dem Ruin zu erretten.
Die Anhänger der Nitschiren Schoschu stimmten in vielen Punkten nicht mit der etablierten Theologie der Militaristen überein. Da diese den Kaiser zu glorifizieren suchten, unterstützten sie natürlich dessen Göttlichkeitsanspruch, der sich auch daraus herleitete, daß Amaterasu traditionell als Ahnherrin der kaiserlichen Familie angesehen wurde. Die Militaristen glaubten, daß die Fürbitte der Sonnengöttin Amaterasu Japan vor dem Einfall

der Mongolen im dreizehnten Jahrhundert bewahrt hatte. Nachdem sie ein solches Wunder vollbracht hatte, könne sie etwas Vergleichbares jederzeit wiederholen, argumentierten die Schinto-Militaristen. Aber die Gläubigen der Nitschiren Schoschu wehrten sich standhaft gegen diese vorgefertigte Lehre und weigerten sich, vor den *kamifuda*, den Votivtafeln der Sonnengöttin, die in jedem japanischen Hausaltar zu stehen hatten, niederzuknien. Wer der Sonnengöttin nicht seine Reverenz erweisen wollte, wurde von der Regierung als Verräter betrachtet. Die Buddhisten der Nitschiren Schoschu wissen, daß Amaterasu nur eine unbedeutende Schutzgöttin des Gohonson ist und waren deshalb nicht bereit, in diesem Punkt nachzugeben. Dies aber erregte das Mißfallen der Militaristen in einem solchen Maße, daß sie die Verschmelzung mit der Minobu Nitschiren Schu* und die Unterordnung unter deren Führerschaft befahlen. Einige Priester gaben dem nach, die meisten aber hielten stand, so daß die Militaristen die Verfolgungen intensivierten.

Unter dem Druck der Regierung wurde Makigutschi im Juni 1943 von einem führenden Priester des Taiseki-Dschi vorgeladen und man legte ihm nahe, die *kamifudas* als Mittel zur Beruhigung der Militaristen zu akzeptieren. Makigutschi wußte, daß eine Ablehnung sein Schicksal und das von dreitausend Mitgliedern der Gesellschaft ungewiß machen würde. Er zögerte, aber nur für einen Moment. Dann erinnerte er sich einer Passage aus den Schriften des zweiten Hohepriesters der Nitschiren Schoschu und Gründer des Taiseki-Dschi, Nikko Schonin, der sagte: »Du sollst keine dogmatischen Auslegungen akzeptieren, die sich gegen den wahren Buddhismus wenden, auch wenn sie von einem Hohepriester stammen.«

Das Anerkennen der *kamifuda*-Tafeln kam also nicht in Frage. Er hob den Kopf und sagte: »Niemals werden wir uns vor der Sonnengöttin verbeugen.« Damit kehrte er dem Priester den Rücken zu und verließ das Taiseki-Dschi zum letzten Mal.

* Eine andere buddhistische Nitschiren-Sekte

Auf dem Nachhauseweg zitterte Makigutschi vor Wut über das Unrecht, das die Regierung von ihm verlangte und sagte zu Toda: »Den Fall einer Sekte fürchte ich nicht so sehr, wie die Zerstörung einer Nation. Einen solchen Kummer dürfen wir Nitschiren Daischonin nicht bereiten. Meinen Sie nicht auch, daß es Zeit ist, die Regierung zur Ordnung zu rufen, Toda? Wovor fürchtet sich die Priesterschaft? Was meinen Sie, Toda?«
Toda wußte keine Antwort, er war um die zerbrechliche Gesundheit des alten Mannes besorgt. Mit nunmehr ruhigerer Stimme wiederholte Makigutschi seine Frage.
Toda schaute zum Himmel und sagte ruhig, aber nachdrücklich: »Ich werde euch gläubig folgen, solange ich lebe. Ich bin bereit, für unseren Glauben zu sterben.«
Makigutschi lächelte und nickte zufrieden mit dem Kopf. Und so schritten sie in der Nachmittagshitze auf dieser von der Sonne ausgedörrten Straße, und über ihnen thronte majestätisch und heiter der Fudschijama. Weniger als einen Monat später wurden beide verhaftet und eingekerkert.
Das letzte Echo des Daimoku verklang und brachte Toda wieder in die Gegenwart zurück. Horigome wandte sich an die Versammlung:
»Ich bin glücklich, daß Sie hier alle zusammengekommen sind, um dem verstorbenen Tsunesaburo Makigutschi, für dessen ewiges Leben wir gerade gebetet haben, die Ehre zu erweisen. Er war ein außergewöhnlicher, ein edler Mensch, ein Märtyrer für den wahren Buddhismus, für das Lotos-Sutra. Schon die Erinnerung an ihn löst tiefe Gefühle in uns allen aus.« In dieser gütigen, gefühlvollen Art fuhr Horigome fort. Makigutschis Witwe, die Schwiegertochter – der Sohn war im Krieg gefallen – und eine siebenjährige Enkelin hörten schweigend zu. Toda empfand diese Menschen wie seine eigenen Verwandten; später, als die mutige und unerschütterliche Frau Makigutschi achtzigjährig starb, richtete er eine großartige Begräbnisfeier in Tokyos Josai-Dschi aus, einem Tempel der Nitschiren Schoschu.
Nachdem Horigome geendet hatte, bat der selbstzufriedene Yoso

Terakawa ums Wort. Er war früher in hoher Position bei der Lehrergruppe der Soka Kyoiku Gakkai gewesen und ein guter Redner. Obwohl er sich stets als Makigutschis Lieblingsschüler bezeichnet hatte, wurde er augenblicklich abtrünnig, nachdem man ihn verhaftet und ins Gefängnis geworfen hatte. Nun zog dieser aalglatte Mensch mit dem Verständnis eines Feierabendpolitikers gegen die Militaristen vom Leder, die Japan, indem sie Makigutschis Tod verursachten, eines großen Schatzes beraubt haben. Toda hörte genau zu – wenn man von Terakawas Verrat wußte, bemerkte man die seichten Falschheiten seiner Worte. Terakawa stand nackt vor dem klaren Spiegel des Myoho, des höchsten Gesetzes, und trotz seiner verzweifelten Versuche, Fehler zu verbergen, traten diese nur noch schärfer hervor. Kurz danach verließ er abermals die Gesellschaft und lebte zehn Jahre lang unglücklich im Elend. Ein Jahr bevor Toda starb, kam Terakawa zu ihm und bat wegen seines Verrats um Vergebung. Später starb er allein und verlassen.

Bei der Gedenkfeier sprach Terakawa viele große, aber nutzlose Worte. Dann kam Tatsudschi Miyadschima. Wie so viele frühere Führer der Gesellschaft, hatte auch er im Gefängnis seinem Glauben abgeschworen. Nun beklagte er laut die üblen Taten der Militaristen, die Meidschi-Verfassung, das ganze kaiserliche System. Weinerlich sprach er über Makigutschis Tod und daß er des seligen Präsidenten vertrautester Schüler gewesen sei. Tatsache war, daß auch er als führendes Mitglied der Lehrergruppe der Gesellschaft als Theoretiker gedient hatte, aber sein Glaube konnte größeren Anfechtungen nicht widerstehen.

Beide Männer prangerten die Missetaten der Militaristen und die Verfolgung der Anhänger Nitschiren Daischonins an, aber über das drängendste Problem der Gesellschaft, über deren Wiederaufbau verloren sie kein Wort. Toda schien es, als ginge es ihnen nur darum, sich selbst reinzuwaschen. Nun erhob sich Toda und begann leise zu sprechen:

»In meiner kalten Einzelzelle habe ich gebetet, daß ich alles, was man Präsident Makigutschi vorwarf, auf mich würde nehmen können. Ich war jung und stark; mit seinen dreiundsiebzig Jahren war er für die Härte des Gefängnislebens zu alt. Als ich von seinem Tod hörte, fühlte ich einen so unerträglichen Schmerz in mir, wie ich es niemals für möglich gehalten hätte. Makigutschi mußte sterben, ich aber blieb am Leben. Mir bleibt nur eines zu tun.«

Einige weinten leise, aber andere schienen Toda feindselig gesonnen. Da er dies fühlte, war er einen Augenblick lang versucht, nichts mehr zu sagen, aber dann konnte er die Botschaft, die er verkünden mußte, nicht mehr zurückhalten.

»Als Präsident Makigutschi noch unter uns weilte, ermahnte er seine Anhänger oft, mit größerer Hingabe an der Verbreitung des wahren Glaubens zu arbeiten. Wir aber verstanden ihn nicht, und unsere Schwerfälligkeit bereitete ihm Kummer und Sorge. Nur durch die zwei Jahre im Gefängnis kam ich zum Verständnis dessen, was er meinte. Ich sage euch, heute weiß ich, was Makigutschi von uns forderte und ich erkläre hiermit, daß ich Besserung für die Fehler der Vergangenheit gelobe.

Unser Leben ist ewig, es gibt keinen Anfang und kein Ende. Und wir sind auf dieser Welt nur aus einem einzigen Grund: Wir müssen allen Menschen den wahren Glauben des Myoho bringen und die Wohltaten der sieben Schriftzeichen der heiligen Rezitation von Nam-myoho-renge-kyo. Der ›Späte Tag des Gesetzes‹ ist gekommen, und wir – Sie und ich – sind die Bodhisattvas, die im Lotos-Sutra geweissagt wurden, um die Welt zu retten. In einem seiner großen Werke sagt Nitschiren Daischonin:

›Du sollst meine Anhänger nicht gering achten, denn von ihrem wahren Ursprung her sind sie die Bodhisattvas, die dem Buddha seit achtzig Billionen Zeitaltern gedient haben. Sie werden größere Verdienste erwerben, als jene, die Schakyamuni in den achtzig Jahren seines irdischen Lebens dienten. Ihr Wert ist so groß und wunderbar wie der von reich gekleideten Königskindern oder der eines gewaltigen Drachens, der sich zum ersten Mal in die Lüfte erhebt.‹

Wir sind diese Bodhisattvas, und weil ich dies weiß, gelobe ich hiermit feierlich, daß ich mein Leben der Verbreitung des Glaubens widmen will, ganz gleich, was es mich kostet.
Mein Meister, der Ihr nun in der anderen Welt weilt, vergebt mir. Als Euer geweihter Schüler schwöre ich, der Menschheit den wahren Glauben zu bringen. Vom heutigen Tage an sollt Ihr in Frieden ruhen, denn ich werde Eure Arbeit weiterführen.«
Als er geendet hatte, herrschte für einen Augenblick Totenstille, dann setzte ein allgemeines Raunen ein. Einige flüsterten mit ihren Nachbarn, andere verdrehten angesichts von Todas Unverschämtheit mit höhnischer Verachtung die Augen. Auf vielen Gesichtern sah man Mißtrauen und Angewidertsein, eine Zeitlang spiegelte sich in den Gesichtern die wahre Identität der Zuhörer. Man hatte Todas feierliche Erklärung übelgenommen.
Nach dem letzten Weihrauchopfer löste sich die Versammlung auf. Toda kümmerte sich noch um Makigutschis Familie, dann wechselte er ein paar Worte mit Horigome, der ihm gute Wünsche für seine Gesundheit mitgab, und schließlich brach er auf. Einsam und verlassen fühlte er sich angesichts der Tatsache, daß man die Offenbarung seines innersten Anliegen, seiner Lebensaufgabe, so kühl aufgenommen hatte. In der Dunkelheit gesellte er sich zu ein paar Freunden, die zur Bahnstation gingen. Der frische Herbstwind blies, und er sprach seinen Kameraden Mut zu:
»Euer Glaube wird euch vor späterer Reue schützen. Die Arbeit der nächsten zwei oder drei Jahre wird darüber urteilen, ob eure Namen in den Geschichtsbüchern des wahren Buddhismus verzeichnet sein werden. Wie Nitschiren Daischonin einst sagte: ›Glaube ist die wahre Natur, das Leben ist seine Manifestation.‹ Laßt uns für das Wiedererstarken der Gesellschaft kämpfen und für den Erfolg unserer Geschäfte ebenso.«
Und während sie durch die dunkle Nacht schritten, rezitierte Toda eines seiner Gedichte:

»Der Buddha selbst gab mir den Auftrag,
allen zu geben das höchste Gesetz.
Ich steh allein und halte die Fahne,
der Freunde sind wenig, der Feinde gibt's viel.
Und keine Hilfe in dieser Schlacht,
doch wie der Wind auch heulen mag,
mein Herz ist stark und tapfer.
Und hab ich auch nur dies Leben,
kann es ohne Bedauern geben;
Doch ruf ich die jungen Bannerträger:
Wo seid ihr? Kommt herbei!
Und seht den klaren hellen Gipfel
des erhabenen Berges Fudschijama.«

Todas Herz wurde wieder von tiefem Vertrauen erfüllt, und Tränen der Dankbarkeit flossen ihm über die Wangen, als er sich eines alten Sprichworts erinnerte: »Der Löwe sucht keine Mitstreiter.« Plötzlich wurde ihm klar, daß die Einsamkeit, die er so oft fühlte, lediglich einer Sehnsucht nach Freundschaft entsprang. Aber nun gab es eine erhabene und edle Aufgabe zu erfüllen, eine Aufgabe, die eines Königs wert war. Daher war es nötig, allein zu kämpfen, so wie der König der Tiere. Der Zweifel verließ ihn, er wußte in seinem Herzen, daß er der Führer war, daß er dem edlen Löwen gleichen mußte, wenn er genügend Gläubige anziehen wollte, um dieser Welt das Gesetz zu schenken.

Als die kleine Gruppe sich der Bahnstation näherte, wandte Toda sich den Freunden zu und sagte mit absolut unerschütterlicher Überzeugung: »Nächstes Jahr werden wir eine große Gedenkfeier für Präsident Makigutschi halten. Das kommende Jahr wird viel harte Arbeit bringen und wir werden eine Generalversammlung der Gesellschaft abhalten.«

Die Freunde schauten etwas verwirrt, niemand bemerkte, welche gewaltige Veränderung in diesem Mann vor sich gegangen war. Dann trennte man sich.

Toda ging in dieser kalten, sternklaren Nacht mit festem, sicherem Schritt nach Hause.
So endete dieser 18. November 1945, der Tag seiner historischen Erklärung, den wahren Buddhismus um jeden Preis zu verbreiten.
Schiller sagte einmal, daß nur jener, welcher auch im Alleinsein stark bleibt, ein wahrer Held ist.

6. Eine Reise von tausend Meilen

Als Tatmensch beschloß Toda, die große Aufgabe sofort in Angriff zu nehmen. Er wußte, das Lotos-Sutra war die Quelle der Kraft für die dringend nötige religiöse Revolution, die das japanische Volk von Elend und erlittenem Mühsal erlösen würde. Deshalb plante er eine Vortragsreihe über das Sutra. General MacArthur hatte den Boden bereitet, indem er verfügte, daß Religion und Staat absolut getrennt werden müßten. Damit war der Shintoismus eine Religion wie jede andere, was Toda die Freiheit gab für ein erfolgreiches Arbeiten.

Es fehlten ihm die Zuhörer. Die meisten Freunde und Bekannten waren vollauf mit den Problemen des täglichen Lebens beschäftigt. Wer sollte an religiösen Vorträgen interessiert sein, wenn man dem Verhungern nahe war? Toda entschloß sich, sein Glück bei den vier Geschäftsleuten zu versuchen, die ihn regelmäßig besuchten und die es liebten, mit ihm trinken zu gehen. Sie waren nicht unbemittelt und würden vielleicht interessiert sein; auf jeden Fall hatten sie vier Paar exzellente Ohren.

Eines Abends, nachdem sie ein paar Täßchen Sake getrunken hatten, bemerkte Toda: »Warum verschwenden wir unsere Zeit beim Trinken? Laßt uns einen Kursus über das Lotos-Sutra veranstalten.«

»Was? Das Lotos... Sutra?« stammelte Honda mit schwerer Zunge.

»Ja, das Lotos-Sutra, alle achtundzwanzig Kapitel«, antwortete Toda. »Es bringt gar nichts, Worte wie ›wahrer Buddhismus‹ oder ›Verbreitung des wahren Glaubens‹ ohne das Verständnis der alten Schriften wie ein Papagei zu wiederholen. Ihr solltet also das Buch kennen, es ist ein großes Werk.«

Die Männer lauschten fasziniert, als Toda ihnen erzählte, wie ernsthaft er das Lotos-Sutra während seiner Haft studiert hatte, und wie es ihm Erleuchtung und Glück geschenkt hatte.

»Warum kann Toda uns nicht Vorlesungen geben?« fragte Iwamori den Kitagawa.

»Eine sehr gute Idee. Ich wollte es immer schon lesen, aber all diese schwierigen chinesischen Worte! Toda scheint eine Menge darüber zu wissen, ich würde gerne hören, was er darüber zu sagen hat.«

Nach einem kurzen Schweigen sagte Toda: »Ich weiß, daß man mich strafen wird, sollte ich euch etwas Falsches lehren.«

»Keine Angst«, meinte Fudschisaki. »Keiner zweifelt an Ihrer Intelligenz oder Ihrem Wissen. Es ist sowieso Zeit, etwas Konstruktives für die Gesellschaft zu tun. Ich bin bereit, Ihr Schüler zu werden.«

Sie hatten alle etwas getrunken und Toda war nicht sicher, daß sie auch meinten, was sie sagten; aber es waren nun einmal die einzigen Leute, die ihm zuhören mochten. »Ich werde mit ihnen beginnen«, dachte er.

Und dann füllte er die Saketassen neu und sagte: »Trinken wir auf die neue Vortragsreihe über das Lotos-Sutra.«

Nachdem sie ihre Tassen geleert hatten, fragte Fudschisaki: »Wann fangen wir an?«

»Morgen«, platzte der etwas betrunkene Kitagawa heraus.

Honda meinte: »Ich habe gar kein Exemplar des Lotos-Sutra.«

»Ich auch nicht«, meinte Iwamori, »ich muß mir eines besorgen.«

»Das Jahr geht zu Ende, bald haben wir Neujahr. Laßt uns am Neujahrstag den Taiseki-Dschi besuchen und dort mit unseren Vorlesungen beginnen. Bis dahin habt ihr alle eure Bücher«, sagte Toda. Man stimmte ihm zu und ging in bester Laune nach Hause.

Auf dem Heimweg bemerkte Toda, daß viele keinen Mantel trugen; wahrscheinlich hatten sie ihn gegen etwas Reis getauscht. Die Nation war dem Verhungern näher als jemals zuvor.

Mehr als zehn Millionen waren arbeitslos. Viele betätigten sich auf dem Schwarzmarkt, und fast jeder lebte praktisch von der Hand in den Mund. Der Neujahrstag, Japans wichtigster Feiertag, drohte sehr traurig zu werden, da es nicht genug Reis gab, um die beliebten traditionellen Reiskuchen zu backen. Trotz der Reformen der Besatzungsmacht galoppierte die für die Nachkriegszeit symptomatische Inflation. Für die hungrigen, verwirrten Massen wurde der Neujahrstag nicht schöner.

Toda aber arbeitete unverwandt auf seine Ziele hin. Sein ganzes Wesen war tief von der Lebensphilosophie Nitschiren Daischonins erfüllt, und dies feuerte ihn an, seinen Glauben mit allen Menschen zu teilen. Er war überzeugt, daß diese Lebensphilosophie die einzig mögliche Grundlage für ein wahrhaft demokratisches Japan sein könne.

Am Neujahrstag 1946 stieg Toda in Begleitung von Fudschisaki, Kitagawa und Iwamori an der Station Fudschi aus der Bahn nach Tokaido. In dem vollen Zug hatten sie die ganze Zeit stehen müssen und dann mußten sie hören, daß der Bimmelzug zum Taiseki-Dschi erst in zweieinhalb Stunden fahren würde. Müde versuchten sie, ein Taxi zu finden. Es war ein schöner Tag, und wenn auch die Häuser vorm Bahnhof ohne die traditionellen Gitterornamente aus Pinienholz sehr traurig aussahen, hoch über der Stadt thronte majestätisch der Fudschijama.

Während des Krieges hatten die amerikanischen Bomberpiloten den berühmten Berg als Orientierungspunkt benutzt, aber nun sollte er als Standort des Taiseki-Dschi mit seinen monumentalen Zedern, das Zentrum werden, von welchem aus die Botschaft des Buddhismus und des Weltfriedens und der Kultur in alle Welt verbreitet werden würde. Der Fudschijama ist den Japanern heilig und wegen seiner einmaligen, klaren Schönheit in der Welt berühmt; man nennt ihn auch Taho-Fudschi Dai-Nitschirenge-zan, ein wundervoller Titel, weil er prophetisch den Namen Nitschiren Daischonins enthält. Sein Gipfel hat die Form von acht Blättern, was ein Symbol des achtblättrigen Lotos und der acht Teile des Lotos-Sutra ist. Während Toda den heiligen

Berg bewunderte, erinnerte er sich daran, wie sehr er der erhabenen Persönlichkeit Nitschiren Daischonins glich.

Aber noch befanden sie sich dreizehn Meilen von ihrem Ziel entfernt und es gab weder Bus noch Taxi zum Taiseki-Dschi. Sollten sie laufen? Doch dann erinnerten sie sich einer kleinen Taxifirma in der Nähe, die sie in der Vergangenheit des öfteren benutzt hatten. Die Firma war geschlossen, aber sie entdeckten zwei zerbeulte, offensichtlich ewig nicht benutzte Fahrzeuge in der Garage. Auf Kitagawas Klopfen erschien der Eigentümer.

»Könnten Sie uns bitte zum Taiseki-Dschi fahren?«

»Zum Taiseki-Dschi? Ich fürchte, nein. Heute geht es nicht.«

»Funktionieren Ihre Autos nicht?« fragte Kitagawa.

»Nicht direkt, aber ob sie diese Entfernung schaffen? Und im übrigen haben wir Neujahr.«

»Wir haben einen Kranken«, sagte Fudschisaki, womit er Toda meinte. »Wir wären Ihnen sehr dankbar, wenn Sie uns zum Tempel fahren würden.«

Und Kitagawa fügte diskret hinzu: »Wir würden auch etwas extra zahlen.«

Der Eigentümer sagte nichts und drehte den Kopf etwas zur Seite, ohne zu zeigen, daß er sich würde erweichen lassen; aber ausweglos schien die Lage nicht. Kitagawa nahm seine Brieftasche heraus.

»Wir wären äußerst dankbar«, meinte er und öffnete sie.

Der Taxiunternehmer nannte eine ungeheuerliche Summe, aber Todas Gruppe meinte, zahlen sei besser als laufen. Der Fahrer fügte hinzu: »Wenn der Wagen zusammenbricht, müssen Sie zu Fuß weiter gehen.« Nachdem er Arbeitskleidung angelegt hatte, begann er mit umständlichen Vorbereitungen, um den mit Holzgas getriebenen Motor zu starten. Solche nicht immer besonders zuverlässigen Apparate waren während des Krieges von allen Zivilisten benutzt worden. Das knappe Benzin war dem Militär vorbehalten. Niemand liebte die Holzgasmaschinen, weil sie schwer in Gang zu bringen waren und häufig versagten. Vierzig Minuten lang hantierte der Fahrer mit der Holzkohle und einem

Fächer, um die schwächliche Glut anzuregen, aber dann puffte weißer Rauch aus dem Motor und der mit schwarzem Ruß bedeckte Fahrer bat einzusteigen.
Die Straße ging die ganze Zeit bergauf und der Fahrer schien wenig Vertrauen zu seinem Gefährt zu haben. Dann ging die Sonne unter, und der große Berg hob sich rötlich gegen die kahle Winterlandschaft ab. Das launische Fahrzeug keuchte, schluckte und holperte, so daß die Köpfe der Passagiere mehrmals gegen das Dach krachten. Doch man hatte gute Laune, Iwamori hielt zwei große Flaschen Sake im Schoß und meinte während mehrerer heftiger Stöße scherzhaft: »Das ist ja harte Arbeit.«
Zeitweise schien es, als wolle der Wagen aufgeben, atemlos fürchteten die vier, die Reise sei vorüber; doch erlöst atmeten sie auf, als die riesigen Zedern des Tempels zu sehen waren.
»Wir haben's geschafft«, sagte Toda, als sie das Taxi am Eingang des Tempels wegschickten.
Das stattliche Tor war in der Tokugawa-Periode erbaut worden, Tennei-in, die Frau des sechsten Tokugawa-Schogun Ienobu hatte es dem Taiseki-Dschi geschenkt. Jahrhundertelang haben Schnee und Wind die ehemals rote Farbe abgescheuert; es ist umrahmt von Bäumen, deren Alter man auf sechs- bis siebenhundert Jahre schätzt und gehört zu den nationalen Denkmälern; ein majestätisches Bauwerk, wert, als Eingang zum Haupttempel der Nitschiren Schoschu zu dienen.
Die Gruppe rezitierte das Daimoku, bevor man schweigend eintrat und den mit Steinen gepflasterten Weg zum Mieido-Tempel hinaufging. Rechts und links von diesem Weg liegen zwölf Unterkünfte für die Pilger. Das Gelände wirkte verlassen. Das dem Tempel am nächsten gelegene Gästehaus, genannt Rikyobo, liegt etwas abseits und ist den Mitgliedern der Soka Kyoiku Gakkai vorbehalten. Toda und seine Freunde ließen ihr Gepäck in der Halle und grüßten einen freundlichen Priester, der ihnen beim Tee ausschenken all die Vorkommnisse aufzählte, die zum augenblicklichen schlechten Zustand des Tempelgeländes geführt hatten. Toda war entsetzt, als er die näheren Umstände erfuhr,

die mit dem Brand der Empfangshalle zusammenhingen; nach dem Tee ging er mit den anderen über den Fluß hinter dem Rikyobo-Gästehaus zu dem Platz, wo sich das schöne Gebäude befunden hatte. Nur verkohlte Ruinen waren davon übriggeblieben. Ein weiterer Rundgang zeigte auch die anderen Zerstörungen. Das Dach des Mieido-Tempels, in dem sich eine lebensgroße Statue Nitschiren Daischonins befindet, war baufällig, der Glockenturm neigte sich bedenklich zur Seite. Der kalte Wind blies Wellenmuster über die Gräser, die das einst so gepflegte Gelände bedeckten. Aber viel schlimmer als der physische Zerfall war die Abwesenheit von Pilgern. Noch am Neujahrstag 1942 hatte der Platz von den Gebeten der über hundert Gläubigen widergehallt, unter ihnen Präsident Makigutschi. Im Gegensatz hierzu hatten im ganzen Jahr 1945 nicht mehr als hundert Pilger den Tempel aufgesucht. Taiei Horigome hatte versucht, Toda auf diese öde Leere vorzubereiten, aber so schlimm hatte er es sich nicht vorgestellt. Alle Gebäude zerfielen und der Tempel war in größten finanziellen Schwierigkeiten. Während des Brandes der Empfangshalle hatte auch der Getreidespeicher Feuer gefangen und eine große Menge Reis war vernichtet worden. Damit nicht genug: Im Rahmen der Landreform der Besatzungsmacht hatte die Regierung die Beschlagnahme einer ausgedehnten Fläche Land verfügt sowie den Zwangsverkauf von weiterem Wald und Ackerland zu einem sehr niedrigen Preis. Sogar mitten im Tempelgelände hatte ein kommunistisches Mitglied des örtlichen Agrarkomitees ein Stück Land beschlagnahmt. Die ganze Situation war trostlos und bedrückend. Toda erinnerte sich an eine Passage in der *Goscho*, die den Niedergang des Buddhismus vorhersagt, den Verlust seiner erlösenden Kraft und andauernde mühsame Probleme während des »Späten Tages des Gesetzes«. Der Krieg im Pazifik war der Beweis für die Richtigkeit dieser Prophezeiung. So lange, bis der wahre Buddhismus überall verbreitet ist, müssen die Menschen weiterhin sinnlose Kämpfe und Auseinandersetzungen ertragen. Aber Todas fester Entschluß, unbeirrt sein Ziel zu verwirklichen, blieb unerschütterlich. Angesichts der Ruinen der Empfangshalle erneuerte er seinen Schwur, den Haupttempel wiederaufzubauen. Als er mit seinen Leuten zum Gästehaus zurückkam, stellte sich heraus, daß die Priester ihretwegen die Zeremonie ein wenig verschoben hatten. Toda war sehr glücklich hierüber, weil dies für ihn das erste Gongyo seit zwei Jahren war. Später beim Essen, als sie alle um eine Holzkohlenpfanne herumsaßen, nahm Iwamori eine der Sakeflaschen heraus und wollte sie öffnen. Aber Toda unterbrach ihn und sagte: »Laßt uns das für später aufheben, ich denke wir sollten erst ein wenig das Lotos-Sutra studieren, nicht wahr?«

»Ach ja, das Lotos-Sutra; gut, ich denke, ich kann ein wenig warten«, sagte Iwamori errötend und schaute sehnsüchtig auf die Flasche.

»Ich bin ebenso durstig wie Sie, aber nach der Lektion wird der Sake um so besser schmecken«, meinte Toda lächelnd.

»Richtig«, warf Kitagawa ein, »vor dem Sake kommt das Studium.«

Auf einem kleinen Tisch lag das Lotos-Sutra und die *Goscho*. Wegen des schwachen elektrischen Lichtes mußte Toda das Buch ganz dicht vor die Augen halten. »Ich möchte mit dem Einführungskapitel anfangen, aber meine Augen sind zu schlecht für dieses Licht. Laßt uns reihum lesen, Fudschisaki, Sie fangen an.«

Wegen der schwierigen Sprache gab Fudschisaki bald wieder auf. »Ich verstehe kein Wort«, meinte er stirnrunzelnd.

»Das macht nichts«, tröstete Toda ihn, »lesen Sie die moderne japanische Übersetzung, die werden Sie besser verstehen.«

Fudschisaki las: »Folgendes habe ich gehört: Als der Buddha sich auf dem Geierberg befand, war er von zwölftausend Mönchen umgeben, und alle waren Arhats*.«

Nur gelegentlich unterbrachen Windstöße vom Fudschijama die Stille der eisigen Winternacht, und je größer das Verständ-

* Siehe Glossar

nis der Männer wurde, um so heller leuchteten die Gesichter im trüben Schein der Lampe. Toda sprach:
»Der historische Buddha Schakyamuni war ein Prinz, er entsagte mit neunzehn Jahren dem weltlichen Leben und erlangte mit dreißig die Erleuchtung. Fünfzig Jahre lang, bis zu seinem Tod, predigte er. Seine Werke werden gemeinhin in ›Fünf Perioden und Acht Lehren‹ unterteilt. Sein Lotos-Sutra steht über allem anderen – es ist sowohl die Basis, als auch die Essenz des Buddhismus. Ohne die genaue Kenntnis ihrer achtundzwanzig Kapitel ist ein wirkliches Verständnis des Buddhismus nicht möglich. Obwohl Schakyamuni selbst das Lotos-Sutra als wichtigstes seiner zahllosen Sutras bezeichnet hat, haben andere buddhistische Sekten es in der Vergangenheit ignoriert, was traurige Konsequenzen hatte.«
Toda fuhr dann fort: »Das Lotos-Sutra des Nitschiren Daischonin, das in den sieben Schriftzeichen von Nam-myoho-renge-kyo verkörpert ist, repräsentiert ebenso wie Schakyamunis Lotos-Sutra eine der zwei großen Strömungen des Buddhismus, und man darf die beiden nicht verwechseln, weil es eine wichtige Unterscheidung gibt: Schakyamunis achtundzwanzig Kapitel enthalten die Essenz von dessen Buddhismus, wohingegen das Lotos-Sutra von ›Nam-myoho-renge-kyo‹ das Herz des Buddhismus von Nitschiren Daischonin ist. Schakyamuni gab der Welt sein Lotos-Sutra als Weg der Errettung für die ersten zweitausend Jahre nach seinem Tod; mit anderen Worten, für den ›Frühen Tag des Gesetzes‹ und den ›Mittleren Tag des Gesetzes‹. Schakyamuni prophezeite, daß sein eigener Buddhismus nach zweitausend Jahren wertlos werden würde, daß aber dann ein großer Verkünder des Lotos-Sutra erscheinen würde, um den wahren Buddhismus für die folgende Zeit, nämlich die Ära des ›Späten Tages des Gesetzes‹ zu lehren. Dieser große Verkünder war Nitschiren Daischonin. Er destillierte die Essenz aus Schakyamunis Lotos-Sutra in das ›Nam-myoho-renge-kyo‹ und erhob es zum höchsten Gesetz für den ›Späten Tag des Gesetzes‹.
Dies müssen Sie immer im Gedächtnis behalten: Nam-myoho-

renge-kyo ist das höchste Gesetz und es ist die endgültige und höchste Lehre des Nitschiren Daischonin, der eine und einzige Weg zur Erlösung.«
Nachdem er einen Schluck Wasser getrunken hatte, fuhr er fort:
»Als nächstes wollen wir die Substanz von Nam-myoho-renge-kyo untersuchen. Nitschiren Daischonin spricht hierüber in seinem wichtigsten Werk *Ongi Kuden**. Das Zeichen ›myo‹ bedeutet höchste Erleuchtung, ›ho‹ hingegen bedeutet Unwissenheit und Verworrenheit. ›Myoho‹, oder ›das mystische Gesetz‹ ist die Vereinigung dieser beiden Gegensätze. ›Renge‹ steht für die zwei Gesetze von Ursache und Wirkung, die hier wiederum zu einer einzigen Substanz verschmolzen worden sind. ›Kyo‹ repräsentiert alle Sprachen der Menschheit. Aber diese Interpretation ist nicht die einzig mögliche. Tschang-an sagt: ›Kyo‹ bedeutet ewiges Leben; Vergangenheit, Gegenwart und Zukunft. Wenn man dieser Interpretation folgt, dann repräsentiert ›myoho‹ hier das Universum, woraus dann wiederum folgt, daß alles, was existiert, Gegenstand der Gesetze von Ursache und Wirkung ist. Damit ist ›myoho-renge-kyo‹ das fundamentale Gesetz, welches alle ständig in Bewegung befindlichen Erscheinungen in diesem Universum beherrscht. In neuzeitlicher Sprache ausgedrückt: Es ist die kosmische Lebenskraft.«
Kitagawa fragte: »In welcher Beziehung zu diesem Gesetz steht der Mensch?«
»Nitschiren Daischonin sagt in seinem Aufsatz *Totaigi Scho*** ›Was ist die Substanz von myoho-renge-kyo? Es ist die Totalität aller lebenden Wesen, aller Erscheinungen sowie der zehn Stadien des Lebens. Wenn dies so ist, sind wir selbst dann auch Teil von myoho-renge-kyo, der kosmischen Lebenskraft? Die Antwort lautet: Ja.‹

* Siehe Glossar

** (561–632). Ein Schüler von T'ien-t'ai dem Großen, dessen Schriften er sammelte.

Die zehn Stadien des Lebens repräsentieren alle Formen und Wege des Lebens von der Hölle bis zur Buddhaschaft. Sie decken alle Sphären des Lebens im Universum ab, das subjektive Leben ebenso, wie die objektiven Erscheinungen.«

Um Nitschiren Daischonins Lebensphilosophie weiter verständlich zu machen, zitierte Toda auch andere große buddhistische Denker.

»Sowohl T'ien-t'ai als auch Nan-yueh haben uns versichert, daß wir normalen Sterblichen zu dem werden können, was die Substanz von myoho-renge-kyo ist, denn es ist die Verkörperung des Mystischen in allem Leben. Es ist die Quelle unserer Lebenskraft. In einer Passage von Nitschiren Daischonins *Ongi Kuden* wird dies absolut klar.«

Toda fand die Stelle und gab das Buch an Fudschisaki weiter, damit dieser sie vorlese:

»Nyorai*, der Tathagata** ist Buddha, der in einer Ewigkeit von Raum und Zeit lebt. Er ist Nitschiren, die Dreieinigkeit von Leben, Weisheit und Körper, die im Universum existiert, ohne Anfang und Ende. Nyorai sind auch die Schüler des Nitschiren und die Mönche des wahren Buddhismus.«

»Das ist genug«, sagte Toda. »Nitschiren Daischonin macht uns anschließend klar, daß wir gewöhnlichen Sterblichen zu Nyorai werden können und somit die Verkörperung von myoho-renge-kyo. Wegen unserer Beschränktheit und unserem Mangel an Vertrauen mögen wir dies nicht glauben. Und weil wir es nicht glauben, werden wir durch das karmische Rad fortwährend gequält und können niemals wirklich und immer glücklich sein. Nitschiren Daischonin lehrte uns, daß Nam-myoho-renge-kyo das verehrenswerte Wort ist, welches dem Anhänger des Lotos-Sutra für den ›Späten Tag des Gesetzes‹ gegeben wurde. Das heißt, daß Nitschiren Daischonin sowohl der wahre Buddha des ›Späten Tages des Gesetzes‹, als auch Nam-myoho-renge-kyo

* Siehe Glossar

** Ein weiterer Name für Buddha; wörtlich: Der Vollendete

selbst ist. Mit anderen Worten, die Essenz von ›myoho-renge-kyo‹ ist die kosmische Lebenskraft, die wiederum unser eigenes Leben ist. Daher können wir sagen, daß die Buddha-Natur in uns allen ist.«

Die Lektion hatte die drei Männer inspiriert. Sie hatten intensiv zugehört, aber Toda spürte, daß es für diesen Abend genug war. »Zuviel auf einmal würde unser kleines Gehirn zu sehr belasten. Unsere erste Lektion ist also beendet. Und da wir heute Neujahrstag haben, laßt uns mit ein wenig Sake feiern.«

Nur zu gerne öffnete Iwamori nun die Flasche und man goß sich ein. Der Wein war hervorragend und für diesen wichtigen Anlaß genau richtig. Sie stießen an und wünschten sich Glück zum neuen Jahr; später sprachen sie über einige Punkte in der Lektion, die sie noch nicht wirklich verstanden hatten, Iwamori fragte: »Können gewöhnliche Menschen wirklich Buddhas werden?«

Kitagawa spottete: »Irgend so einen Buddha werden Sie schon schaffen.«

»Und was ist mit Ihnen, Kitagawa?« fragte Fudschisaki, »Sie werden ein Verschwenderbuddha werden.«

Alle lachten und Toda meinte: »Was wir sind, ist eine Versammlung von Drittewahlbuddhas.«

Wieder lachten alle, außer Iwamori, der ganz ernst blieb: »Aber ich kann mir mich selbst einfach nicht als Buddha vorstellen.«

Die anderen brachen in heftiges Gelächter aus.

»Machen Sie sich keine Sorgen. Man nennt uns gewöhnliche Sterbliche, weil wir kein Vertrauen in die Lehren Nitschiren Daischonins haben. Aber wenn wir auf den Gohonson vertrauen und unsere Religion in voller Überzeugung praktizieren, können wir die Buddhaschaft erlangen. Versuchen Sie nicht, das alles in einer Nacht zu verstehen. Nach und nach wird es Ihnen klar werden.«

Die Unterhaltung wandte sich wieder dem Lotos-Sutra zu und die Stunden verstrichen in angeregter Atmosphäre.

Am nächsten Morgen hatten sie eine Audienz beim dreiundsechzigsten Hohepriester Nitschiman Akyama. Danach nahmen sie an der Zeremonie der Öffnung des Tempels der Kostbarkeiten teil, wo der Dai-Gohonson in seinem Schrein aufbewahrt wird. Sie waren überwältigt von seiner Gegenwart. Während der ganzen Zeremonie dachte Toda nur an den Dai-Gohonson und seine Freude, ihn zum ersten Mal seit zweieinhalb Jahren wieder sehen zu dürfen. Er dankte für den Schutz, der ihm in dunklen Stunden gewährt worden war, er rezitierte das Daimoku und erneuerte abermals seinen Schwur, alles in seinen Kräften stehende zu tun, damit der wahre Glaube allen Menschen zugänglich werde. Während er betete, bemerkte er nicht, wie die Zeit verging; er hatte das Gefühl, als hätte er Vergangenheit und Zukunft abgeschüttelt. Er spürte nur noch den Dai-Gohonson, sich selbst und ein Gefühl von ewigem Leben. Dann wurde ihm blitzartig klar, daß die Ewigkeit aus einer Abfolge von Momenten besteht, und daß sowohl der Ursprung, als auch die Substanz jener Momente nichts anderes als Nam-myoho-renge-kyo ist. Als sich am Ende die großen Türen schlossen und die *selige Vereinigung* mit dem Dai-Gohonson endete, war Toda voller Freude und fühlte sich wie neu geboren. Er war bereit, den Kursus am Abend dieses wunderbaren, sonnigen Tages fortzusetzen.

Am Abend erschien Yoitschiro Honda und brachte die Lehrerin Fräulein Katsu Kyohara sowie Frau Tamé Isumida mit, beides ehemalige Schülerinnen von Präsident Makigutschi. Frau Isumidas Mann, ein Karrieresoldat, war noch nicht in die Heimat zurückgekehrt; Tatsache war, daß man nicht wußte, ob er überhaupt noch lebte. Die Gruppe hatte laufen müssen, da es an der Fudschinomya-Station kein Transportmittel gab, alle drei schwitzten und waren recht müde, aber ihre Ankunft hob die Stimmung im Rikyobo-Gästehaus. Beim Essen erzählten Kitagawa, Iwamori und Fudschisaki den Neuankömmlingen fröhlich von der gestrigen Vorlesung.

»Wir hatten viel Spaß beim Studium, wissen Sie, das Lotos-Sutra kann Ihr ganzes Leben verändern«, sagte Kitagawa.

»Und ganz sicher kann es den Appetit steigern, ich habe gegessen wie ein Scheunendrescher«, fiel Iwamori ein.
»Und sogar der Sake schmeckt besser. Da sind Sie baff, wie?« scherzte Fudschisaki.
Als Toda am dritten Januar seine Lektion vor einem nun größeren Kreis fortsetzte, regnete es. Aber der vierte Januar war ein wunderschöner Tag. Die Hörer hatten das zweite Kapitel des Lotos-Sutra, Hobenpon, beendet und waren nun beim dritten Kapitel, Hiyubon, angelangt. Alle waren sehr vertieft und glücklich über ihre Fortschritte, während die Sonne durch die geöffneten, papiernen Schiebetüren schien und die frische Gebirgsluft hereinströmte. Mit glühenden Wangen realisierten die Schüler, daß man das Lotos-Sutra letztendlich doch verstehen konnte, und Toda schwor sich, daß er die Vortragsserie bis zum Ende fortsetzen würde, ganz gleich, wie viele neue Leute dazukommen oder wie viele vorzeitig wegbleiben würden. Wichtig war für ihn nur, mit den Lektionen über den ehrwürdigen Text fortzufahren.
Am letzten Tag, dem fünften Januar, schlenderte die kleine Gruppe über das Gelände des Taiseki-Dschi. Man betete vor dem höchsten Heiligtum, besuchte den Mieido-Tempel, überquerte dann den Oto-Fluß und stieg den Hügel hinauf zu der fünfstöckigen baufälligen Pagode. Von dort ging es weiter zur zerstörten Empfangshalle. Nur die Grundmauern waren geblieben, aber in der Ferne schwebte der heilige Berg Fudschijama, klar und rein wie eine Lotosblüte.
Die im Jahre 1465 erbaute und durch den zweiundfünfzigsten Hohepriester Nitten erneuerte, historisch wichtige Empfangshalle war mit ihrer weiträumigen Architektur, mit ihrem Altar und der Halle einst der Ort der wichtigsten religiösen Rituale und der regelmäßigen mitternächtlichen Gebetszeremonien gewesen. Während des Krieges hatten die Militärs sofort ihre Hände nach den Gebäuden des Tempelgeländes ausgestreckt und mißbrauchten sie als Unterkünfte für Zwangsarbeiter. Im Juli 1943 wurde die unter dem Namen Daibo bekannte Biblio-

thek, die sich in einem der Priesterhäuser befand, vom Tschubu-Trainingszentrum beschlagnahmt und zum Hauptquartier für die Ausbildung von Arbeitern in Munitionsfabriken umfunktioniert. Die Leitung dieses Unternehmens ging gar soweit, dort einen Schrein der Sonnengöttin aufzustellen und anzubeten. Die Tempelleitung reichte sofort Klage ein, da dies eine schwere Verletzung des Heiligtums darstellte, aber die Autoritäten wiesen die Klage wegen Geringfügigkeit ab. Die Verantwortlichen des Trainingszentrums beschimpften die Priester als unpatriotische Verräter.

Die Schüler des Trainingszentrums, unter ihnen viele zwangsverpflichtete Grundschüler, verwüsteten die Gebäude und das Gelände des Tempels. Als die Arbeiter die Bibliothek im Jahre 1944 verließen, wurden dort sofort über zweihundert zwangsverpflichtete koreanische Rekruten einquartiert, deren respektloses Verhalten noch größere Schäden verursachte. Aber die wahren Übeltäter waren die japanischen Offiziere und Unteroffiziere, die sich wie Feudalherren aufführten und sowohl die Priester, als auch die Bauern der Umgebung mit Verachtung behandelten. Niemand kennt die Ursache des Feuers, das die Empfangshalle am 17. Juni 1945 zerstörte – zwei Monate vor der Kapitulation – aber sicher ist, daß der Brandherd im Empfangsraum des Daibo, der Bibliothek lag, dort, wo die japanischen Offiziere einquartiert waren. Als die Priester das Feuer entdeckten, brannte bereits der Dachstuhl der Empfangshalle. Die eine Gruppe der Priester versuchte zu retten, was zu retten war, die andere eilte zum Tempel der Kostbarkeiten, um den Dai-Gohonson zu schützen. Aber diese Priester waren entweder noch Kinder oder sehr alte Männer, da man die Gesunden und Kräftigen zum Militärdienst eingezogen hatte. In der Empfangshalle gab es einen Gohonson, der vom zweiten Hohepriester der Nitschiren Schoschu, Nikko Schonin eingeschrieben worden war. Im brüllenden Inferno der Flammen kämpften die Priester, den schweren Gegenstand von der Wand zu reißen, und nachdem sie endlich Erfolg gehabt hatten, transportierten sie ihn zu einem nahen

Wäldchen, wo sie zwei Wächter zurückließen. Die übrigen rannten zurück zur Empfangshalle, um die dort in einem Schrein befindlichen lebensgroßen Statuen von Nitschiren Daischonin und Nikko Schonin zu retten. In der Zwischenzeit traf ein klappriger Feuerwehrwagen samt seiner schwächlichen Mannschaft ein. Zusammen mit ein paar Kindern aus den Quartieren der Priester machte sich diese traurige Gesellschaft jetzt daran, das Feuer mit Eimern zu bekämpfen. Da die japanischen Offiziere fürchteten, daß die koreanischen Zwangssoldaten massenweise fliehen würden, erlaubten sie nicht, daß diese bei der Bekämpfung des Brandes halfen. Plötzlich erinnerte sich einer der in dem Wäldchen zurückgelassenen Wächter, daß er den Hohepriester zuletzt gar nicht mehr gesehen hatte. Der andere meinte: »Ich sah ihn noch auf der Veranda, aber dann war er weg.«

Die hilflosen Priester rezitierten das Daimoku, die Perlen ihrer Gebetsketten glänzten im Licht der wabernden, züngelnden Flammen und vom Gebirge klang das Echo des im Feuer berstenden und krachenden Holzes. Laute Schreie verkündeten, daß nicht nur der Dai-Gohonson und die Statuen von Nitschiren Daischonin und Nikko Schonin, sondern auch andere wichtige Kostbarkeiten gerettet worden waren. Hierüber war man erleichtert, aber die Empfangshalle war unrettbar verloren. Gnadenlos wütete das Feuer weiter.

Als nach dieser höllischen Nacht der Morgen graute, rannte einer der Priester zwischen den rauchenden Trümmern umher und schrie: »Wo ist der Hohepriester? Wer hat den Hohepriester gesehen?«

Andere gesellten sich dazu und die Rufe schallten durcheinander:

»Wo ist er?«

»Hat ihn jemand gesehen?«

»Er war noch auf der Veranda!«

»Vielleicht in einer der kleinen Tempel oder in den Quartieren der Priester?«

»Vielleicht im Mieido?«

Trotz hektischer Durchsuchung des ganzen Geländes fand sich nicht die geringste Spur des alten Mannes. Das Grau des Morgens wurde zu Rosa. Das Feuer hatte sich gelegt, nur die Überreste glimmten weiter. Das innere Zimmer des zweiten Stockes der Empfangshalle hatte zwar nicht gebrannt, aber es schimmerte schwarz über einem verkohlten Teil des Gebäudes. Die Furcht der Priester über das Schicksal ihres Hohepriesters steigerte sich, doch dann wagten sie es, durch den Qualm bis zu dem beschädigten inneren Raum durchzudringen. Ein Priester rannte zu der Treppe und prüfte die Stufen einzeln mit einem Stock, um sicherzugehen, daß sie ihn tragen würde. Die anderen schauten voller Besorgnis zu. Nachdem er schließlich in das innere Zimmer eingedrungen war, hörte man einen schrecklichen Schrei. Zwei oder drei Priester folgten ihm.

Der Hohepriester des Taiseki-Dschi, des Haupttempels der Nitschiren Schoschu war verbrannt. Er trug seine Festgewänder, das Gesicht zum Tempel der Kostbarkeiten gewandt, dorthin, wo der Schrein des Dai-Gohonson war. Er war der einzige Tote und niemand weiß mit Sicherheit, warum er sich selbst geopfert hatte, aber eine Bemerkung, die er einige Tage zuvor seinen Freunden gegenüber gemacht hatte, warf etwas Licht auf dieses Geheimnis:

»Dieses Land kann jetzt jeden Augenblick zugrunde gehen. Ich könnte jeden Moment sterben. Aber falls mir etwas passiert, macht euch keine Sorgen. Die beiden pensionierten Hohepriester Nitschiko Hori und Nisscho Misutani sind immer noch bei bester Gesundheit.«

Einige Tage vorher hatte der Hohepriester das Erziehungsministerium aufgesucht, um – ganz im Stil Nitschiren Daischonins – einen nachdrücklichen Protest gegen die geplante Verschmelzung der Nitschiren Schoschu mit der Minobu-Nitschiren-Schu-Sekte anzumelden. Er hatte sogar dem Minister gedroht: »Sogar, wenn man mich enthaupten wollte, würde ich mich gegen eine Vereinigung mit Minobu oder irgendeiner der anderen mißgeleiteten Sekten zur Wehr setzen.«

Der Anblick der Ruinen der Empfangshalle und die Erinnerung an den tragischen Tod des Hohepriesters sowie der Verlust Tsunesaburo Makigutschis enthüllten die Rücksichtslosigkeit, mit welcher der wahre Buddhismus verfolgt wurde. Aber das gnadenlose Gesetz des Karma hatte Japan aufgrund dieser Verfolgung zugrunde gehen lassen. Als Toda von den schwarzen Narben auf dieser Erde hinauf blickte zum makellos blauen Himmel zwischen den Wipfeln der Zedern, rezitierte er ein Gesicht aus der *Goscha*.

»Alle Leiden der Menschheit
sind die Leiden des Buddha«,
sagt das Nirvana Sutra.
Und ich, Nitschiren Daischonin,
erkläre hiermit:
»Alle Leiden der Menschheit,
sind auch meine Leiden.«

Nitschiren Daischonin hat auch gesagt, daß jedes große Unglück auch ein großes Glück nach sich ziehen wird.

Die Nitschiren Schoschu war nun durch eine sehr schwere Prüfung hindurchgegangen. Nun mußte ein niemals dagewesener Aufschwung sowie die prophezeite universelle Verbreitung des wahren Glaubens kommen. Der Weg aufwärts war steil und dornenreich, aber der Horizont war weit und klar. Als Toda weiterging, flüsterte er: »Dies ist der Anfang.«

Am frühen Abend verließ er mit den Freunden den Tempel und nach zweistündiger Wartezeit auf dem Bahnhof Fudschinomya und weiteren vier Stunden auf dem Bahnhof Fudschi kam man endlich weit nach Mitternacht in der Kälte und Dunkelheit des verlassenen Tokyoter Bahnhofes an.

7. Auftakt

Am Neujahrstag 1946, als Toda seine erste Lektion über das Lotos-Sutra gab, erschien ein kaiserlicher Erlaß, der folgende Passage enthielt:

»Wir stehen auf der Seite des Volkes und wir möchten sowohl seine Sorgen, als auch seine Freuden teilen. Stets waren wir durch das Band gegenseitigen Vertrauens und gegenseitiger Zuneigung verbunden. Diese Verbindung hängt nicht von Legenden und Mythen ab. Sie beruht nicht auf der falschen Voraussetzung, daß der Kaiser göttlich sei oder daß das japanische Volk anderen Rassen überlegen ist und die Welt regieren soll.«

Später wurde dieses Dokument als historisch sehr bedeutsam angesehen; Premierminister Kidschuro Schidehara hatte es in Übereinstimmung mit General MacArthurs Richtlinien, die die Trennung von Staat und Schintoismus forderten, entworfen.

Als Toda spät in der Nacht des 5. Januar nach Hause kam, erwartete ihn eine freudige Überraschung. Sein Sohn Kyoitschi hatte darauf bestanden, den Neujahrstag mit seinen Eltern zu verbringen und war aus Japans Nordosten nach Tokyo gekommen. Nun lag er in seinem Bett und schlief tief und fest. Toda kniete nieder und betrachtete voller Liebe das junge, von Sonne und Schnee gebräunte Gesicht. »Wie gesund du aussiehst«, flüsterte er leise. Er unterdrückte den Impuls, das Kind zu wecken und in seinen Armen zu halten und streichelte statt dessen seine Wangen und Stirn. Als der Viertkläßler zusammen mit seiner Tante ankam, war er über die Abwesenheit des Vaters sehr enttäuscht, aber dieser hatte ja nicht wissen können, daß der Junge aus Heimweh die Tante so lange gequält hatte, bis sie ihre Zustimmung zu der Reise gab. Schon war Kyoitschi kein Kind

mehr; der starke Körper, der klare Teint und das kurzgeschnittene Haar ließen das Herz des Vaters höherschlagen.
Toda kniete sich vor den Familienaltar, auf welchem bereits von Kyoitschi mitgebrachter Reiskuchen als Opfergabe lag und dankte dem Gohonson mit einem Gongyo für das Wohlergehen des Sohnes.
Sowie Kyoitschi am nächsten Morgen erwachte, stürmte er in den Raum des Vaters und warf sich in dessen Arme. Wohin Toda auch immer ging, Kyoitschi folgte ihm den ganzen Tag wie ein Schatten, sogar zur Toilette. Nicht eine Sekunde mochte er vom Vater getrennt sein. Am Frühstückstisch erzählte er mit dem schweren Akzent des Nordostens von seinen Erlebnissen. »Der Krieg hat mir nichts ausgemacht, aber die Lawine im Schneegebiet war furchtbar.« Ikue und Toda amüsierten sich über den ländlichen Akzent ihres Sohnes, später konnten sie das Lachen nicht unterdrücken. Wie sehr hatte ihr Sohn sich in den zwei Jahren verändert.
Der Junge verstand den Grund des Gelächters nicht, er fragte: »Was ist denn so lustig?«
»Es scheint, als hättest du ein bißchen die Sprache der Leute aus dem Nordosten angenommen«, antwortete der Vater.
»Wat meinste denn, ick habe doch nischt lustiges jesagt«, protestierte Kyoitschi.
Der Sohn sollte ruhig die Verwüstungen des Krieges sehen und daraus lernen, den Frieden zu schätzen, und so wollte Toda ihn an diesem Morgen mit in sein Büro nehmen. Kyoitschis Freude und Neugier waren grenzenlos. Da er die friedliche Landschaft des Nordostens gewöhnt war, verwirrten ihn die häßlichen Ruinen der Tokyoter Innenstadt.
»Sie haben eine Menge Bomben geworfen, Vater. Kaum ein Haus ist übriggeblieben. Aber wir haben Glück. Unsres hat nicht gebrannt. Hast du dich gefürchtet, Vater?«
»Ich war nicht zu Hause, als es passierte.«
»Arme Mutter. Du weg und ich auch. Sie muß sich schrecklich allein gefühlt haben.«

»Ja, Kyoitschi«, sagte Toda und legte die Hand auf die Schulter seines Sohnes. »Deine Mutter war sehr tapfer und der Gohonson paßte auf sie auf und auf unser Haus und uns alle.«
Der Junge lächelte und sagte stolz: »Ich habe in Itschinoseki das Daimoku rezitiert, Vater.«
»Also hast du meinen Brief bekommen.«
»Ja, unseren Vater-Sohn-Vertrag. Die Tante hat ihn in eine Schublade des Familienaltars gelegt.«
Nach einem halben Tag im Büro und inmitten der zerfallenden Ruinen der Stadt war Kyoitschi sehr müde und ging allein nach Hause. Die Verwüstungen hatten seine zarten jungen Nerven zu sehr belastet.
Als Toda spät in der Nacht nach Hause kam, betrachtete er neugierig das Gesicht des Schlafenden und fragte sich, was man mit ihm tun sollte. Ikue wollte ihn zurück aufs Land schicken, während Toda ihn gerne in Tokyo behalten hätte. Es kam zum Streit darüber – beide waren unnachgiebig, so daß man schließlich beschloß, Kyoitschi die Entscheidung zu überlassen. Am folgenden Morgen baten sie ihn, zu wählen. Er überlegte für einen Moment und sagte dann: »Ich mag Itschinoseki mehr.«
Toda war zwar enttäuscht, aber Ikue tröstete ihn damit, daß der Junge dort sicherer war. Tokyo war noch kein geeigneter Platz für ein Kind. Am Ende der Neujahrsferien kehrte Kyoitschi also in den schneebedeckten Nordosten zurück.
An zwei Abenden in der Woche fanden in Todas Büro im zweiten Stock der Nihon Schogakkan die Vorlesungen über das Lotos-Sutra statt und er legte all seine Energie und seine Begeisterung hinein. Manchmal gab es kleine Schwierigkeiten, so fiel zum Beispiel von Zeit zu Zeit das Licht aus, denn die Stromversorgung war in jenen Tagen sehr unzuverlässig. Schlimmer waren Todas schwache Augen, so daß er nicht selbst aus dem Sutra oder aus den Schriften Nitschiren Daischonins lesen konnte. Andere lasen laut vor und er interpretierte und kommentierte. Er schien die *Goscho* und das Lotos-Sutra auswendig zu können und schaffte es, auch die unverständlichsten Passagen verständlich

zu machen. Seine Zuhörer waren stets über sein Wissen und seinen Scharfblick überrascht.
Bei einer Gelegenheit konnte Iwamori seine Neugier nicht mehr zügeln. Er fragte Toda: »Wie und wo haben Sie es fertiggebracht, diese Werke so zu beherrschen? Allein schon das Auswendiglernen des Sutra und des *Goscho* ist doch ein gewaltiges Unterfangen, aber wie Sie all das auch noch vollständig verstehen, ist uns allen ein Geheimnis.«
»Ich weiß nicht, was ich darauf antworten soll. Während ich im Gefängnis das Daimoku rezitierte und das Sutra studierte, erinnerte ich mich nach und nach an die Schriften Schakyamunis, die ja allesamt unser Leben betreffen. Vor dieser Zeit war ich einfach zu sehr damit beschäftigt gewesen, Geld zu verdienen.«
Diese Erklärung war irgendwie unbefriedigend; viele schüttelten den Kopf.
»Sagten Sie, Sie ›erinnerten‹ sich?« Honda war Todas Klassenkamerad gewesen. »Ich dachte immer, ich würde Sie ganz gut kennen, aber ich hätte nie geglaubt, daß Sie solche wunderbaren Vorlesungen halten könnten. Für mich ist das fast übermenschlich. Ab sofort möchte ich zu Ihrem Kreis gehören, Toda.«
»Nichts daran ist übermenschlich. Ich kann das Sutra und die Schriften Nitschiren Daischonins so leicht verstehen, weil ich glaube. Wenn ihr den Glauben habt, wird es euch ebenso gehen«, antwortete Toda.
Er zündete sich eine Zigarette an und fuhr fort: »Nitschiren Daischonin lehrte uns, daß wir in diesen ›Späten Tagen des Gesetzes‹ automatisch Bodhisattvas werden, wenn wir Nam-myoho-renge-kyo rezitieren. Und er sagt weiter: ›Überhaupt nur Bodhisattvas sind fähig, dies zu tun.‹ Vielleicht denkt ihr, dies klänge zu schön, um wahr zu sein, aber wenn wir den Gohonson tief verehren und das Daimoku rezitieren, werden wir jene Bodhisattvas sein, die sich über die Erde erheben, um diese Welt zu retten. Wir haben eine große Mission zu erfüllen: die Rettung unserer Mitmenschen und die Verbreitung des wahren Buddhismus. Nitschiren Daischonins Lehren sind unfehlbar. Um diese

unsere Pflicht zu erfüllen, brauchen wir nichts weiter als Glaube, Willen und gute Gesundheit.«

Anschließend gab Toda seiner Überzeugung Ausdruck, daß Nam-myoho-renge-kyo nicht nur die Essenz des wahren Buddhismus darstellt, sondern auch zu einer großen treibenden Kraft werden kann, um sowohl den Reichtum des Landes wiederherzustellen, als auch die kulturelle Entwicklung auf kreative Weise voranzutreiben. Er erinnerte an Beispiele aus dem alten Japan, an Indien und China, als das Lotos-Sutra großen Einfluß in diesen Ländern hatte. Während sich der Buddhismus im dritten und letzten Zeitalter seines allmählichen Abstiegs, dem »Späten Tag des Gesetzes« befindet, verliert das Lotos-Sutra des Schakyamuni seine erlösende Kraft, wenn auch nicht seinen großartigen Aufbau. Nam-myoho-renge-kyo, das Lotos-Sutra des Nitschiren Daischonin hingegen muß nun neue Horizonte eröffnen und den Aufstieg einer neuen Kultur und Zivilisation ermöglichen. In diesem Licht betrachtet, wird Nam-myoho-renge-kyo zu einem Ausweg aus dem Konflikt zwischen Spiritualismus und Materialismus.

Die Vorlesungen wurden nicht zuletzt durch Todas Charme zu einem Erfolg; die Gruppe, die sonst eher an ihren Geschäften interessiert war, fand mehr und mehr Geschmack daran, die schwer verständliche buddhistische Terminologie und Philosophie zu bewältigen. Ganz offensichtlich glühten ihre Gesichter, wenn sie das Lotos-Sutra und die *Goscho* studierten; und nach und nach betrachteten sie diese Stunden des Studiums und Todas erhellende Erklärungen als die schönsten ihres Lebens. Bald waren die Schriften allen verständlich, aber das Erstaunlichste war die Verwandlung, die mit Toda während dieser Vorlesungsserie vonstatten zu gehen schien. Er war für sie plötzlich nicht mehr der Mann, den sie vor dem Krieg gekannt hatten. Wenn er darauf angesprochen wurde, antwortete er stets, daß der Glaube und die Anwendung des Myoho Nitschiren Daischonins im Alltag diese Veränderung bewirkt hatte. Er sagte auch, daß er eben auf diese Weise seine eigene menschliche Revolution sein Leben und sein Karma verändert habe, ohne die menschliche Würde oder Individualität zu verletzen. Er fügte hinzu, daß der beste Weg zur Erneuerung der Kultur, der Politik, der Wissenschaft, der Erziehung, überhaupt der ganzen Gesellschaft die Erzeugung und Weitergabe von Lebenskraft durch den einzelnen sei.

In der Zeit nach dem Krieg war die japanische Gesellschaft weit von jeglichem Aufschwung entfernt. Am 17. Februar 1946 traf die Regierung eine Reihe von Maßnahmen, um die Inflation zu stoppen und so die Wirtschaft des Landes aus ihrer schweren Krise herauszuführen. Alle Bankguthaben wurden eingefroren, man schuf eine neue Währung und begrenzte den Betrag, der aus der alten in die neue Währung umgetauscht werden konnte. Der Höchstverdienst, der bar ausgezahlt werden durfte, betrug 500 Yen. Das bedeutete, daß die meisten Menschen, ausgenommen natürlich einige Bürokraten und Regierungsmitglieder, praktisch über Nacht gezwungen waren, mit einem viel zu geringen Betrag auszukommen. In einer gewissen Weise nahm die japanische Nationalökonomie leicht kommunistische Züge an. Doch alle Sparmaßnahmen gingen fehl, die Inflation wurde nicht gebremst und die Menschen litten demzufolge weiter. Darüber hinaus verzögerte sich die Lieferung der Grundnahrungsmittel so oft, daß man gezwungen war, sich zu horrenden Preisen auf dem Schwarzmarkt zu versorgen. Letztendlich nutzten die Maßnahmen der Regierung nur dem Großkapital.

Die ökonomische Krise erschütterte die Nation und Todas Geschäft bekam dies ebenfalls zu spüren. Die Fernschüler bezahlten ihre Kursgebühren regelmäßig im voraus, aber die Inflation trieb die Papierpreise und Druckkosten derart in die Höhe, daß Toda oft nicht mithalten konnte. Er mochte die Studiengebühren weder anheben, noch zusätzliche Gebühren nachträglich aufschlagen, und er hatte kein großes Warenlager, das er, wie die großen Firmen, als Polster benutzen konnte. Dennoch schaffte er es mit seinem Unternehmungsgeist immer wieder, genügend Papier zu beschaffen und nutzte es besser aus als in der Vergangenheit. Außerdem beschloß er, einige der Novellen, die seine Firma vor dem Krieg verlangt hatte und deren Rechte er noch besaß, erneut herauszubringen. Während er damit beschäftigt war, hatte er eine weitere gute Idee. Jederman sprach in diesen Tagen von Demokratie, aber die wenigsten kannten überhaupt die Bedeutung des Wortes. Warum also nicht jemanden beauftragen, einen Spezialkurs über dieses Thema zu schreiben? Sofort organisierte er eine Gruppe von Intellektuellen und politischen Wissenschaftlern, die zusammen mit einer Redaktion einen fünfteiligen Kursus über Demokratie herausbringen sollten. Toda ernannte Yoschiso Mischima, einen der einundzwanzig Führer der Soka Kyoiku Gakkai, die im Krieg interniert waren, zum Herausgeber und gab ihm eine Gruppe von jungen Redakteuren, unter ihnen Tschuhei Yamadaira, der schon vor dem Krieg in Todas Abendschule gelehrt hatte, bevor er zum Militär ging, um Pilot zu werden. Nach dem Krieg war er zurück nach Tokyo gekommen, hatte Todas Adresse aufgespürt und arbeitete auf Teilzeitbasis als Redakteur. Alle waren sehr fleißig, und als das Buch herauskam, freuten sie sich sehr, daß es sofort zu einem Bestseller wurde.

Bücher waren in jenen Tagen etwas Seltenes. Sowie es etwas Neues gab, war es auch schon ausverkauft. Aber die Verlage hatten zwei große Probleme: Papierknappheit und ständig steigende Papierpreise. Auf die eine oder andere Art schaffte es Toda stets, diese Klippen zu umschiffen. Er arbeitete sehr hart und besorgte unter Einsatz all seiner Fähigkeiten fast immer ausreichend Papier. Er sah sogar zu, daß kleinere Firmen immer etwas abbekamen, wenn er es entbehren konnte. Dies hob natürlich sein Ansehen in Verlegerkreisen, wo er schnell viele Anhänger gewann. Die Verbindungen, die er durch diese Aktivitäten schuf, kamen ihm später bei der Gründung einer Kreditanstalt zustatten.

Eine von Todas Methoden, um an Papier heranzukommen, war das Gebet. Einmal, als ein sehr wichtiges Projekt wegen Papiermangels zu scheitern drohte, setzte er sich eines Nachts in seinem

Bett auf und beschwor die buddhistischen Gottheiten. »Wir brauchen Papier für unsere Arbeit, die die Grundlage für die Verbreitung des wahren Glaubens bilden soll. Warum helft Ihr uns nicht?« fragte er vorwurfsvoll. Am folgenden Tag lieferte eine Firma, mit der er lange keinen Kontakt gehabt hatte, das benötigte Papier.

Zwei Dinge in Todas Wesen machten ihn zu einem überwältigend erfolgreichen Geschäftsmann: Erstens setzte er all seine Kraft für die Lösung eines Problems ein; wenn es aber gelöst war, vergaß er es vollständig. Zweitens wurde er trotz seiner angegriffenen Gesundheit niemals müde; ganz gleich, wie lange er abends noch gearbeitet hatte oder ob er mit Freunden ausgegangen war, morgens war er stets pünktlich und blieb nicht einen Tag zu Hause.

Nach und nach wurde sein Büro, welches bei Tage ein wahres geschäftliches Schlachtfeld darstellte, zu einem Zentrum großen spirituellen Fortschritts, denn dort setzte er seine erleuchtenden Vorlesungen über das Lotos-Sutra fort. Mittags, mittwochs und freitags erschienen von Zeit zu Zeit zu den Studienabenden neue Gesichter unter den ursprünglichen vier Geschäftsleuten. Unter ihnen waren auch Katsu Kiyohara und Tamé Isumida, die auch bei den Lektionen im Taiseki-Dschi teilgenommen hatten. Am 28. März 1946, nach drei Monaten, endete die Vorlesungsreihe.

»Dies ist der Abschluß unserer Vorlesungsreihe zum Lotos-Sutra. Ich danke euch für eure Geduld, eure Aufmerksamkeit und euer Vertrauen und daß ihr daran teilgenommen habt.«

Die Hörer waren überrascht, daß Toda ihnen auf diese Weise dankte; sie fühlten, daß es an ihnen sei, ihm zu danken und Iwamori drückte dies in Worten aus. Alle anderen stimmten ihm zu und fügten hinzu, daß sie hofften, das gewonnene Wissen auch benutzen zu können, um bei der Verbreitung des wahren Glaubens mitzuhelfen.

»Ich habe am Schluß noch eine kleine Überraschung für euch«, sagte Toda und zog einen Tuschepinsel und Papier hervor. »Ihr wart hervorragende Studenten.« Dann schrieb er vier Zeugnisse aus, die besagten, daß der Unterzeichner einen Kursus über das Lotos-Sutra erfolgreich beendet habe und ließ die vier Gläubigen unterschreiben. Danach sagte er: »Unsere kleine Zeremonie geht damit zu Ende. Eigentlich sollten wir nun das Lied ›Die gute alte Zeit‹ singen, aber da wir alle keine besonders guten Sänger sind, werden wir statt dessen eine kleine Erfrischung zu uns nehmen.« Und damit ging er zu einem Schrank und nahm eine Flasche Whisky heraus, die er Kitagawa zum Öffnen gab.

»Toll«, rief dieser, während er glücklich die fünf Gläser füllte.

»Dann Prost«, sagte Toda. »Ihr müßt wissen, daß ich diese Flasche speziell für heute abend aufgehoben habe.«

Aber die anderen zögerten. Todas Aufmerksamkeit und Großzügigkeit beschämte sie ein wenig.

Einfältig meinte einer von ihnen: »Was können wir antworten? Drei Monate lang haben Sie uns unterrichtet, ohne einen Pfennig dafür zu nehmen und nun veranstalten Sie eine Party für uns. Eigentlich sollten wir uns ja irgendwie erkenntlich zeigen.«

»Keinesfalls, ihr wart geduldige Zuhörer und ich bin euch sehr dankbar«, sagte Toda und senkte den Kopf.

Dies erstaunte die anderen; und sie verstanden auch nicht, daß er nun aus dem Lotos-Sutra zitierte:

»Nach meinem Nirwana wird ein Mann erscheinen, der das Lotos-Sutra des ›Späten Tages des Gesetzes‹ predigen wird, und sei es auch nur im Geheimen und sei es auch nur zu einer einzigen Person. Dieser Mann sollte als Botschafter des Buddha anerkannt werden. Als Abgesandter des Buddha übt er dessen Funktion aus und wird das Lotos-Sutra unter den Menschen verbreiten.«

Der Ausdruck »Nach meinem Nirwana« spielt auf den ›Späten Tag des Gesetzes‹ an, jenes Zeitalter, in welchem Toda lebte. Weil er vier aufmerksame Zuhörer hatte, war er zu einem Botschafter des wahren Buddha geworden. Und da er diese Seligkeit spürte und diese Ehre, fühlte er eine tiefe Dankbarkeit gegenüber seinen Freunden.

»So laßt uns trinken«, sagte Toda. »Warum seid ihr so still?«
»Wir trinken auf Sie«, antwortete Fudschisaki und alle erhoben ihre Gläser.
Die Vorlesungsreihe war zu Ende, aber das bedeutete keinesfalls das Ende. Eines Morgens rief Fräulein Katsu Kiyohara bei Toda an. Sie hatte gehört, daß die Lektionen abgeschlossen waren und fragte, ob Toda für eine weitere Gruppe abermals Vorlesungen halten wolle. Toda spürte, daß es ihr damit ernst war und stimmte unter der Bedingung zu, daß sich genügend ernsthaft Interessierte finden würden.
»Wunderbar!« rief die junge Frau, aber natürlich wußte sie noch keinen der zukünftigen Studenten zu nennen.
»Aber ich werde sofort eine Gruppe zusammentrommeln«, sagte sie. »Als ich das letzte Mal an einer Vorlesung bei Ihnen teilnahm, war ich so stark berührt und ich dachte, daß wirklich viel mehr Leute Sie hören sollten. Wann immer Sie beginnen wollen, werde ich genügend Hörer bringen.«
»In Ordnung, dann beginnen wir Mitte April«, sagte Toda.
Fräulein Kiyohara war begeistert über Todas Zustimmung, aber nun beschlichen sie Zweifel, ob sie im zerstörten Tokyo genügend Teilnehmer auftreiben könnte. Sie begann, alle alten Freunde anzurufen, die Mitglieder der Soka Kyoiku Gakkai gewesen waren und bestürmte sie, an den Vorlesungen teilzunehmen, da diese, wie sie sagte, der Auftakt zur Wiederbelebung der Gesellschaft seien. Außerdem betete sie für den Erfolg. Sie strengte sich sehr an, da sie glaubte, daß die Gesellschaft nun nach drei Jahren der Verfolgung wieder ihren alten Glanz zurückgewinnen würde.
Die meisten der zehn Leute, die am Abend des 12. April zur Vorlesung kamen, waren Fremde für Toda. Ohne besondere Formalitäten begann er sofort:
»Was wir hier tun, nennen wir bequemerweise Vorlesungen über das Lotos-Sutra, aber in Wirklichkeit geht es hauptsächlich darum, daß Sie Nam-myoho-renge-kyo verstehen, so wie Nitschiren Daischonin es uns gelehrt hat. Deshalb werde ich mit

Erläuterungen hierzu beginnen. Als Allererstes dürfen Sie sich durch die chinesischen Schriftzeichen für das Wort ›Namu‹ nicht irritieren lassen. Sie sind nämlich lediglich eine Transkription aus dem Sanskrit und bedeuten ›Hingabe‹ oder ›mit Körper und Seele glauben‹. Das erste Wort des Lotus ist ›Namu‹, das heißt, wir geben uns einer Sache hin. Dieses Etwas ist der Gehorsam. Wenn wir uns dem Gohonson unterwerfen, werden wir eins mit dem großen kosmischen Gesetz, dem höchsten Gesetz oder ›Myoho‹. Der Buddha, den wir verehren, ist demzufolge die Personifizierung von Nam-myoho-renge-kyo, oder Nitschiren Daischonin, der wahre Buddha. Jedes der Worte ›myoho‹, ›renge‹ und ›kyo‹ steht für eine wichtige philosophische Lehre.«

Als er sich eine Zigarette anzündete, sah er, daß die Zuhörer sehr gespannt waren.

»Wenn diese Gedanken Ihnen seltsam vorkommen, so liegt das daran, daß man Ihnen in der Schule die westliche, induktive Methode des logischen Denkens beigebracht hat; und zwar vom Besonderen auf das Allgemeine zu schließen. Die östliche Methode, die wir hier anwenden, geht umgekehrt vor, sie schließt vom Allgemeinen auf das Besondere, auf das Vereinzelte, das nennen wir die deduktive Methode. Behalten Sie weiter im Sinn, daß die induktive Methode hier nicht anwendbar ist.

Zurück zu ›myoho-renge-kyo.‹ Diese Worte sind eine Übersetzung der Sanskritworte *Saddharma Pundarika Sutra** ins Chinesische. Einfach ausgedrückt enthalten diese drei Elemente die Substanz der kosmischen Lebenskraft.«

Todas Vorlesung fesselte die Zuhörerschaft immer mehr und – wie das oft geschieht – war mehr und mehr von der Kraft seiner Persönlichkeit fasziniert. Gespannt folgte man seinen lebendigen Schilderungen.

»Über den Buddhismus sagte er, daß die meisten Menschen glaubten, daß er sowohl schwer zu verstehen, als auch zu sehr

* Der Sanskritname für Buddhas Lotus-Sutra (Anm. d. Ü.)

abgehoben vom täglichen Leben sei. Wahre Religion sollte aber nicht nur ein reines Gedankengebäude sein. Der wahre Buddhismus ist demzufolge untrennbar mit dem Leben in seinen Myriaden von Manifestationen verbunden. Sein Ziel ist, den Menschen zu Erleuchtung und Glücklichsein zu verhelfen, indem sie den Glauben praktizieren. Des weiteren sprach er über den Unterschied zwischen Religion und Wissenschaft und machte deren Ziele und Funktionen klar. Endlich vertiefte er das Konzept von der Einheit von Materie und Bewußtsein, einer der grundlegenden Lehren der Nitschiren Schoschu. Seele und Körper sind untrennbar, und ihre perfekte Verschmelzung ist der letztendliche Zustand des Lebens, den der Mensch erreichen kann. Dieser heilige Zustand ist auch das Objekt von ›namu‹, oder Verehrung.«
Die Vorlesung dauerte über zwei Stunden, und Fräulein Kyohara freute sich heimlich über ihre Leute, denn niemand war unaufmerksam gewesen.
Allerdings kamen beim nächsten Mal nur zwei: Fräulein Kyohara selbst und Frau Isumida. Toda sagte nichts, aber Fräulein Kyohara machte sich so klein als möglich und betete, daß die Vorlesung bald zu Ende sein würde. Sie war äußerst verlegen. Als Toda endlich sein Buch schloß, kündigte er an, daß er aus geschäftlichen Gründen das nächste Treffen nicht wahrnehmen könne, aber daß er am Neunzehnten wieder zur Verfügung stehe.
Auf der Straße ergriff Fräulein Kyohara Frau Isumidas Hand und fragte, was in aller Welt sie tun könne; nur zwei Leute in der Vorlesung!
»Meine Liebe, machen Sie sich keine Sorgen, das nächste Mal werden mehr Leute kommen«, sagte sie wenig überzeugend.
»Aber wo sollen die herkommen?« jammerte Fräulein Kyohara. »Ich habe mich so geschämt. Und denken Sie, es war ja alles meine Idee.«
Die beiden Frauen stimmten überein, daß etwas getan werden müsse und beschlossen, Einladungen an alle Leute zu senden, die

sie kannten. Aber die meisten Briefe kamen zurück, weil der Empfänger unbekannt verzogen war, oder weil das Haus abgebrannt war, oder weil der Betreffende entweder noch nicht repatriiert war oder sich irgendwo anders aufhielt. Fräulein Kyohara war also sehr entmutigt, als sie eines Abends durch Zufall mit Takeo Konischi zusammenstieß, einem früheren Schüler von Tsunesaburo Makigutschi.

»Hallo, Fräulein Kyohara, was für eine Überraschung!« Der gesund wirkende, gebräunte Konischi lachte strahlend.

»Herr Konischi. Sie nach all diesen Jahren wiederzusehen. Wie ist es Ihnen ergangen?«

Nach dem Austausch einiger Neuigkeiten und einem Geplänkel über gemeinsame Bekannte fiel Fräulein Kyohara plötzlich ein, daß sie Konischi ja zu Todas Vorlesung einladen könnte.

»Praktizieren Sie noch Ihren Glauben?« fragte sie gespannt.

»Oh, ja«, war die Antwort. »Mein Haus steht noch, Harayama und Seki – Sie erinnern sich – leben mit mir zusammen. Wir haben zwar kein Geld und keinen Wein, aber wir verbringen eine Menge Zeit mit dem Studium der *Goscho*. Neulich hatten wir eine Diskussionsrunde, aber die jungen Leute, die daran teilnahmen, waren ganz Überschlaue.«

Hierdurch ermutigt fragte Fräulein Kyohara: »Haben Sie Toda schon getroffen?«

»Nein, ich hörte, er soll sehr krank gewesen sein, als er aus dem Gefängnis entlassen wurde.«

Oh, nein, es geht ihm hervorragend. Er hat einen Verlag in Kanda. Er hat sogar mit Vorlesungen über das Lotos-Sutra begonnen. Ich gehe hin, haben Sie nicht auch Lust dazu?«

»Aber natürlich. Sagen Sie mir nur, wie ich Kontakt mit ihm aufnehmen kann.«

Konischi war Grundschullehrer und im Krieg mit seinen Schülern in einen Tempel im Gebirge im Nordosten des Landes geflohen. Seine Freunde Harayama und Seki hatte ihre Schüler ebenfalls in Sicherheit gebracht, allerdings in einem anderen Teil des Landes. Bei ihrer Rückkehr stellte sich heraus, daß ihre

Häuser verbrannt waren und so zogen sie zu Konischi, dessen Haus in Kamata stehengeblieben war. Während des Krieges hatte man alle drei wegen ihrer buddhistischen Aktivitäten schlecht behandelt, aber weil sie keine hohen Positionen in der Gesellschaft bekleideten, hatte man sie laufen lassen. Während der Luftangriffe hatten diese drei Freunde jeweils in Nitschiren Daischonins *Kaimoku Scho** gelesen.
Die Vorlesung am Neunzehnten fand also vor einer lebendigen Zuhörerschaft statt. Zu den drei Lehrern aus Kamata nahmen noch drei Leute aus Todas Büro teil: die Herausgeber Mischima und Yamadaira sowie der Buchhalter Okumura. Die meisten waren jung und demzufolge lebendig und lernbegierig. Die Atmosphäre war viel lebendiger als bei der ersten Vorlesungsreihe. Stolz und aufmerksam saß Fräulein Kyohara in der ersten Reihe und betrachtete Toda schon als den neuen Führer der Soka Kyoiku Gakkai.
Während der Vorlesung spürte Toda die Aufmerksamkeit seiner Hörer: Dies war etwas Neues, Lebendiges und stellte eine seltsame Herausforderung für ihn dar. Mitten in der Vorlesung wurde ihm plötzlich bewußt, daß er gerade dabei war, hingebungsvolle Anhänger zu gewinnen; und im Hinterkopf wußte er, daß dies die Wiedergeburt der Gesellschaft war. Das Auditorium spürte in ihm eine neue Leidenschaft, eine Inbrunst und eine ganz ungewöhnliche Bestimmtheit. Und obwohl niemand wußte, welchen Weg die Gesellschaft in der Zukunft gehen würde, so spürte man doch, daß Toda der Mann war, um sie auf neue Wege zu führen.
Als er geendet hatte, klappte er sein Buch zu und schaute in die leuchtenden Augen. Dies war der Auftakt zur Vollendung einer überragenden Mission.

* Siehe Glossar

8. Zahnräder

Die Gesellschaft erhielt nun den neuen Namen Soka Gakkai. Die Vorlesungen über das Lotos-Sutra fanden regelmäßig montags, mittwochs und freitags statt und erfreuten sich ständig wachsender Beliebtheit. Toda hatte den ernsthaften Wunsch, seinen Schülern ein unerschütterliches Wissen vom Kanon des Lotos-Sutra und ein grundsätzliches Verständnis der Essenz des Buddhismus zu vermitteln und hielt seine Vorlesungen mit feurigem Eifer. Zu dieser Zeit beschloß er auch, die Diskussionsrunden wiederaufleben zu lassen, die früher dienstags, donnerstags, samstags und sonntags von Präsident Makigutschi gehalten wurden. Toda präsidierte oder nahm zumindest an den meisten dieser Treffen teil, die abwechselnd in Fräulein Kyoharas und Konischis Haus und manchmal auch bei Morikawa in Tsurumi stattfanden.

Sowohl die Vorlesungen, als auch die Diskussionsrunden waren im großen und ganzen sehr erfolgreich, aber Toda fühlte mehr und mehr eine Diskrepanz in den grundsätzlichen Auffassungen zwischen ihm selbst und den ehemaligen Makigutschi-Schülern. Diese mochten nicht, daß Toda offensichtlich kein Interesse an der Philosophie der Werte des ehemaligen Präsidenten hatte. Er versuchte seine Gefühle folgendermaßen zu erklären: So wichtig die Philosophie der Werte auch sein mag, sie kann nur als Voraussetzung für das Studium der Lebensphilosophie Nitschiren Daischonins betrachtet werden, welche das wahre Thema ist. Demzufolge legte Toda das Hauptgewicht auf Nitschiren Daischonins Lehre von der Einheit von Geist und Materie und auf die Theorie von den drei Existenzen des Lebens: Vergangenheit, Gegenwart und Zukunft. Manche, die die Philosophie der Werte sehr wohl verstanden, hatten aber mit Nitschiren Daischonins Lebensphilosophie Probleme.

»Sie müssen an die Existenz von drei Lehren glauben, weil es eines der kardinalen Prinzipien des Mahayana-Buddhismus ist«, sagte Toda. »Wenn sie glauben, werden sich ihnen neue Horizonte eröffnen. Die Philosophie der Werte, die ich im übrigen sehr bewundere, ist nur eine Treppe zum größeren Gebäude des Buddhismus.«

Der Gegensatz zwischen Toda und seinen Studenten ergab sich durch ihre Unfähigkeit, die Beziehung zwischen Nitschiren Schoschu und Makigutschis Philosophie der Werte zu verstehen. Makigutschi hatte geglaubt, daß Streben und die Schaffung wahrer Werte der endgültige Zweck des Lebens sind, und er etablierte Güte, Schönheit und Gewinn als die drei größten Werte. Er leugnete, daß der Wahrheit der Platz gebührte, den Immanuel Kant ihr gab, weil er meinte, daß Wahrheit nur erfahren oder erkannt, aber nicht erschaffen werden kann. Und damit der Mensch ein Leben voller Güte, Schönheit und Gewinn führen konnte, brauche er die Religion. Makigutschi fand in Nitschiren Schoschu diese Religion ebenso, wie ein Objekt der Verehrung; er glaubte, daß der Dai-Gohonson den größten und höchsten der in dieser Welt möglichen Werte darstellte.

Toda erkannte sehr wohl die Originalität und das Verdienst der Philosophie seines Lehrers, aber er weigerte sich, den Dai-Gohonson und die Lehren Nitschiren Daischonins nur unter dem Gesichtspunkt der Philosophie der wahren Werte zu betrachten, da jene ungeachtet aller Theorien existieren und existieren werden. Folgerichtig unterließ er jede Diskussion über Makigutschis Philosophie und konzentrierte sich auf das Lotos-Sutra, von welchem er glaubte, daß es der legitime Weg zu einem Verständnis von Nam-myoho-renge-kyo sei. Obwohl einige seiner Zuhörer an der Wertephilosophie festhielten, hatte er doch die Hoffnung, daß sie ihm über ihr Interesse am Lotos-Sutra eines Tages Gelegenheit gäben, die Mißverständnisse zu beseitigen.

Je länger er diese Treffen und Vorlesungen veranstaltete, um so mehr verfestigte sich seine Überzeugung, daß es an der Zeit war, die Gesellschaft neu zu organisieren. Nach den Vorlesungen

glühten die Zuhörer von Enthusiasmus und diskutierten die neue Organisation oder tauschten Neuigkeiten über ehemalige Mitglieder aus. Einige meinten, man solle Bereiche in den ländlichen Gegenden gründen, dort, wo immer noch eine Menge ehemaliger Mitglieder lebten. Am 1. Mai fand das erste Nachkriegstreffen der leitenden Mitglieder statt. Es waren weniger als ein Dutzend, aber dies war der historische Beginn des Wiederauflebens der Vereinigung, die sich jetzt um Josei Toda organisierte. In der Diskussion ging es um die Erneuerung der offensichtlich zerstörten Struktur, die Errichtung neuer Abteilungen und die Vorbereitung der Diskussionstreffen in den vier Hauptbereichen Tokyos. Alle Teilnehmer freuten sich sehr über den Neubeginn, aber in seiner Schlußrede sprach Toda über die Gefahren auf dem Weg. »Ich danke Ihnen für Ihre heutige Teilnahme. Endlich hat unsere Gesellschaft neu begonnen. Dies ist ein Neuanfang. Aber ich warne vor den Hindernissen, die vor uns liegen und vor der augenblicklichen Strömung unserer Zeit, die über uns hinweggehen wird, wenn wir unsere Aufgabe nicht mit festem Glauben und unerschütterlicher Überzeugung erfüllen.
Wir leben in einer der turbulentesten Zeiten in der Geschichte Japans. Heute beteiligten sich eine halbe Million Arbeiter an der Mai-Demonstration auf dem Platz vor dem kaiserlichen Palast. Sie forderten mehr Nahrung, die Abschaffung des Feudalismus, und die Errichtung einer demokratischen Regierung. Die Nachwirkungen des Krieges und der Niederlage belasten die Nation schwer, aber wir müssen uns daran erinnern, daß wir den Gohonson und unseren Glauben haben. Wo Glaube ist, da ist Frieden, lehrt das Lotos-Sutra. In der festen Überzeugung, unsere Herzen und Körper zu stärken, können wir dem hohen Ziel entgegen marschieren, allen Menschen den wahren Glauben zu bringen.«
Nach dieser inspirierenden Botschaft sangen alle den »Gesang der Kameraden«. Sie sangen ihn zweimal, dreimal. Die Gesichter leuchtend und die Augen voller glitzernder Tränen des Glükkes, gingen sie auf die Straße und unterhielten sich fröhlich. Als

man sich am Bahnhof trennte, meinte Toda scherzhaft, daß sie nun ihre eigene Demonstration gehabt hatten und daß sie alle ihren Freunden und Familien davon erzählen sollten.

Am 22. Mai, dem zweiten Treffen der Leiter, setzte der Vorsitzende Toda zusätzlich zu seinen vier ursprünglichen Schülern Iwamori, Honda, Fudschisaki und Kitagawa noch drei weitere Direktoren ein: Harayama, Konischi und Seki. Seit dem ersten Nachkriegstreffen der Gesellschaft war weniger als ein Monat vergangen; und obwohl zahlenmäßig nicht groß, so waren beide Konferenzen doch von grundlegender Bedeutung für die religiöse Bewegung, die sich in den kommenden Jahren entfalten sollte.

Die Aussichten der Vereinigung waren gut, aber Japans politische und soziale Bedingungen wollten sich nicht verbessern. Am 12. Mai demonstrierten die Einwohner von Setagaya (im Westen Tokyos) im kaiserlichen Palast, forderten mehr Reis und verlangten Auskunft über das Essen des Kaisers. Bei den Wahlen am 10. April erhielt die von Itschiro Hatoyama geführte liberale Partei eine Mehrheit. Die progressive Partei unter Schidehara wurde zweite, aber Kommunisten und Sozialisten bekamen zusammen zehn Millionen Stimmen. Dennoch einigten sich Liberale und Sozialisten auf eine Koalition, aber gerade als Hatoyama sein Kabinett bilden wollte, unterwarf ihn die Besatzungsmacht einer Säuberungsaktion*. Auf diese Weise geriet die Politik wieder einmal in Aufruhr. Verschiedene Leute waren als mögliche Premierminister im Gespräch, unter ihnen Kasuo Kodschima, den Toda kurz vor dem Ende des Krieges besucht hatte, aber am 13. Mai wurde der ehemalige Außenminister Schigeru Yoschida mit der Regierungsbildung beauftragt. Doch es gab viele Hindernisse auf dem Weg zur Bildung eines Kabinetts.

* Ähnlich wie in Deutschland die Entnazifizierung, gab es in Japan eine »Säuberung« von Leuten, die im vorhergehenden Regime eine Rolle bespielt hatten. (Anm. d. Ü.)

Am 19. Mai benutzten die Kommunisten den Hunger der Menschen auf ihre Weise, indem sie einen Krawall im Kaiserpalast anzettelten. Dort verlangten 250 000 Arbeiter mit ihrem Führer Kyuitschi Tokuda mehr Essen und eine Unterredung mit dem Kaiser. In ihrer Hysterie verloren diese Leute all ihren Stolz. Sie verursachten einen Aufruhr der Massen, der praktisch zu einem Stadium moralischer Anarchie führte. Einige Demonstranten trugen Plakate mit beleidigenden Sprüchen von denen der berüchtigste lautete: »Ich esse herzhaft – Du stirbst vor Hunger«, unterzeichnet: »Der Kaiser«. Der Verfasser dieses Slogans wurde später zu einem Arbeiterhelden. Die Demonstranten wurden auch von Organisationen außerhalb ihrer eigenen unmittelbaren Verbündeten unterstützt. Zum Beispiel wurden die Mitglieder der nationalen Eisenbahnergewerkschaft angewiesen, alle Demonstranten umsonst fahren zu lassen. Eine randalierende Menge überflutete die Straßen. Eine Gruppe unter Tokuda vollführte vor dem Hauptquartier der Liberalen einen Sitzstreik, dort, wo Schigeru Yoschida gerade vergeblich ein Kabinett zu bilden versuchte. Unter dem Druck der Volksfront schwanden Yoschidas Hoffnungen so sehr, daß er um sieben Uhr abends sein Scheitern verkündete. Am folgenden Tag jedoch drohte General MacArthur mit strengen Maßnahmen, falls man Gewalt und Aufruhr nicht in den Griff bekäme. Dies zerstörte jäh die Träume von einem Sturz der Regierung und erlaubte es Schigeru Yoschida zwei Tage später die Bildung seines Kabinetts zu vollenden.

Am 11. Juni fand ein für die Gesellschaft wichtiges Ereignis statt: das Wiederaufleben des Monatsmagazins Katschi Soso, »Erschaffung wahrer Werte«. Es war im Juli 1941 gegründet worden und bis zum Verbot durch das militärische Regime waren neun Ausgaben erschienen. Papier und Druck in den ersten Nachkriegsmonaten waren von minderer Qualität, aber Toda und seine Freunde freuten sich, diesen weiteren Schritt zum Wiedererwachen ihrer lang erwarteten religiösen Kampagne zu tun.

Weitere wichtige Entwicklungen folgten. Am 22. Juni organi-

sierte Toda die Jugendabteilung der Gesellschaft; am 3. Juli, dem ersten Jahrestag seiner Entlassung aus dem Gefängnis berief er eine Versammlung der Leiter und Direktoren ein. Am 20. Juli begann die Frauenabteilung mit ihren Treffen, am 24. Juli begannen die Diskussionstreffen der jungen Männer.
Obwohl die riesige Maschinerie, die Toda sich vorstellte, noch nicht begonnen hatte zu arbeiten, die Zahnräder der Organisation drehten sich bereits. Aber es wurde ihm etwas sehr Wichtiges klar: Jedes Zahnrad, jedes kleinste Teil der Maschine mußte die ganze Zeit in hundertprozentiger Betriebsbereitschaft gehalten werden, damit das Ganze funktionieren konnte. Aus diesem Grund achtete er sehr auf die kleinsten Einzelheiten. Die Diskussionsrunden waren freundlich, aber ernsthaft. Toda erlaubte keinerlei Kompromisse mit anderen religiösen Dogmen. Er bestand darauf, daß jedes Mitglied einen festen Hintergrund an Wissen über die Lehren der Nitschiren Schoschu besaß.
In diesem Sinne änderte er auch die Methoden, mit denen vor dem Krieg neue Mitglieder der Gesellschaft geworben worden waren, als die Philosophie der Werte noch der erste Schritt für die neuen Mitglieder gewesen war. Er bestand auf der Wichtigkeit der Lehren Nitschiren Daischonins und dem Lotos-Sutra als Hilfsmittel, die alles andere ausschlossen. Einmal sagte er seinen Zuhörern: »Dieses Zeitalter braucht ein kraftvolles, leitendes Prinzip, eine kraftvolle Religion. Ohne dies werden wir nicht fähig sein als glückliche Menschen zu überleben. Diese Religion muß eine Religion sein, die Glück und Erfolg bringt. Jeder wünscht sich solch einen Glauben, aber nichts ist katastrophaler als der Glaube an die falsche Religion. Es kann nur eine Sonne an diesem Himmel geben und so gibt es auch nur eine Religion für dieses Zeitalter und für diese Welt: die Religion, die von Schakyamuni prophezeit und von Nitschiren Daischonin erklärt wurde. Was auf diesem Treffen bezeugt wurde, belegt, daß das Myoho eine universelle Doktrin ist, die auf jeden Menschen angewendet werden kann, auf jede Familie und jede Nation. Obwohl es Ihnen vielleicht schwerfallen wird, diese Dinge zu verstehen, halten Sie

an folgendem fest: Nitschiren Schoschu ist eine große Religion und wird Sie glücklich machen, wenn Sie sie akzeptieren und daran glauben.«

Todas Methode der Mitgliederwerbung war wesentlich anders, als jene, die Anhänger Makigutschis vor dem Krieg angewandt hatten und die auf der Philosophie der Werte und dem Konzept der Vergeltung beruht hatte; die neue Methode basierte auf dem Konzept von göttlichem Nutzen und göttlicher Belohnung und er machte hierin keinerlei Zugeständnisse. Er war sicher, daß seine Mitglieder besser gerüstet waren, neue Anhänger zu gewinnen, wenn sie eine gute Schulung in Nitschiren Daischonins Lebensphilosophie hinter sich hatten.

Die Schlacht seines Lebens wurde jeden Tag intensiver, insbesondere weil die Trennung von Staat und Schinto und das Abgehen des Kaisers vom Anspruch der Göttlichkeit ein religiöses Vakuum im Land zurückgelassen hatten, welches das Aufkeimen betrügerischer, profitorientierter Religionen begünstigte. Toda und seine Anhänger mußten mit diesen kämpfen, um all die Millionen Unwissender zu retten, die auf den falschen Weg geführt wurden. Toda verdoppelte seine Anstrengungen, die Laienorganisation aufzubauen und zu stärken. Während er junge Mitglieder trainierte, hatte er nur eines im Sinn: die Verbreitung des wahren Buddhismus. Er wußte, daß er die Menschen Japans zur kosmischen Philosophie und den allumfassenden, rettenden Kräften Nitschiren Daischonins hinführen mußte. Er mußte denen, die noch unwissend waren, beweisen, daß sie nur durch die Anerkennung von Nitschiren Daischonin Erleuchtung und Rettung erfahren würden.

Ein Teil dieser Kampagne war die Wiederaufnahme des Trainingskurses, der früher einmal im Jahr Taiseki-Dschi gehalten wurde, der aber seit 1943 nicht mehr durchgeführt werden konnte. Am 7. August 1946 reiste er mit neunundzwanzig anderen, unter ihnen sieben neue Mitglieder, zum Fuße des Fudschijama, um in der wundervollen Umgebung dort Erholung zu finden und zu studieren. Der erste Sommerkurs bestand aus

Diskussionen über die *Goscho*, Frage-und-Antwort-Stunden, Diskussionsrunden und Exkursionen zu den entfernten Schiraito-Wasserfällen. Die wichtigste Aktivität war die Rezitation des Daimoku, hierfür veranstaltete Josei Toda morgens und abends zwei- oder dreistündige Sitzungen, bei denen sich viele in der klassischen japanischen, knienden Haltung verkrampfte Beine holten. Aber der viertägige Kurs lohnte sich. Man war erholt und als es durch das Haupttor heimwärts ging, waren alle durch die religiöse Freude und die gewonnene Sicherheit wie verwandelt.

Gekräftigt, gereinigt, glücklich, und durch gemeinsame Gedanken und die gemeinsame Aufgabe vereinigt, zogen diese jungen Leute über die sonnengedörrte Straße dem Bahnhof und ihrer großen Aufgabe entgegen. Während er mit seinen Freunden dort entlangschritt, empfing Toda eine Vision der Gruppe, in welcher er sie wie ein Bündel heiliger Flammen in einer dunklen Wildnis wahrnahm: ein Feuer, das dazu bestimmt war, seine reinigende Kraft weiterzugeben.

Zweites Buch

1. Gegen Ende September

Josei Toda und eine Gruppe von sieben Leuten hatten das Dorf Kurobane am frühen, klaren Herbstmorgen verlassen und befanden sich nun auf dem alten Riku-u-Paß, bewegten sich entlang den sich windenden Flüssen Schirakawa und Nakagawa hinauf zu dem kleinen Dorf Ryogo, wo sie eine Vorlesung halten wollten. Diese Reise war der Beginn einer Kampagne, mit der man auf dem Lande Mitglieder werben wollte. Die kleine Gruppe verließ bald die Straße, um dem ungepflasterten steinübersäten Bergpfad zu folgen, der trotz mäßiger Steigung recht schwierig zu begehen war.

Die hoch aufragenden, bunten Ketten der strahlenden Nasu-Hochlandberge beherrschten die Landschaft und eine Säule von weißem Rauch stieg spiralförmig aus dem Krater des Tschausu-Vulkans in den klaren Himmel empor. Die friedliche Landschaft versetzte Toda in freudige Erregung, und er erinnerte sich an das Gedicht »Die Frühlingsaussicht« des chinesischen Dichters Tu Fu:

Auch wenn die Nation gefallen ist,
Die Hügel und Flüsse siegen,
Denn zum Feldlager kam der Frühling,
Inmitten saftiger Bäume und Gras.

Toda fühlte sich mit diesen poetischen Bildern des Grases und der Bäume in Einklang, auch wenn es kein Feldlager gab und dies eine andere Zeit und ein anderer Ort war. Wenn er zu seinen Kameraden zurückschaute, wußte er, daß auch sie sich über die Schönheit der friedlichen Landschaft mit ihren Amarant-Gewächsen, Dahlien und China-Astern freuten, sie, die sich so an die verheerenden Auswirkungen des Krieges im zerstörten Tokyo hatten gewöhnen müssen. In einem Tal, von dem aus man die Berge nicht mehr sehen konnte, jauchzten diese beglückten Menschen und zeigten auf die goldenen Dattelpflaumen und die klettenähnlichen Kastanien, als seien es große Neuentdeckungen. Die Reisenden waren keinesfalls angemessen bekleidet: Toda selbst trug einen Sommeranzug, ein Hemd mit offenem Kragen und seine schlechtsitzende Jagdmütze; die anderen waren mit einem wilden Sammelsurium von fadenscheinigen Uniformen und abgeschabten, feierlichen, schwarzen Mänteln angetan, die auf bizarre Weise mit den khakifarbenen Beamtenhosen konstrastieren. Die seltsamen Kombinationen der Frauen bestanden aus den *mompe* und riesigen Jacken, aus deren Ärmel die Fingerspitzen nur gelegentlich hervorlugten. Die fünf Meilen lange Bergstraße hatte Toda ermüdet und er rief zu Takeo Konischi, der die Gruppe führte: »Es war ein langer Marsch. Sind wir noch immer nicht da?«

»Fast«, antwortete Konischi über die Schulter.

»Das sagst du schon den ganzen Morgen, aber noch immer kommen wir unserem Ziel nicht näher«, murrte Fräulein Katsu Kiyohara, das sich auf einen der anderen stützte.

»Konischis Auffassung von Entfernungen scheint sich von der unseren zu unterscheiden«, sagte Toda lächelnd. »Bist du sicher, daß wir auf dem richtigen Weg sind?« »Natürlich«, antwortete Konischi. »Es gibt nur einen und den kann man nicht verfehlen. Ich sage euch, wir sind fast da.« Toda und seine Gruppe hatten Tokyo am Tag vorher um zwölf Uhr mittags verlassen, um ein dreitägiges Programm zu leiten, welches vom 21. bis zum 23. September während der wichtigen Feiern der Tagundnachtgleiche in den Provinzen abgehalten werden sollte. Hierzu hatte die Leitung von Soka Gakkai das Dorf Ryogo, in der Präfektur Totschigi und Kiryu in der Präfektur Gumma ausgewählt. In beiden Orten hatten die Gesellschaft und eine andere Nitschiren Schoschu-Gruppe im letzten Jahr Mitgliederwerbung betrieben.

In diesen Tagen fuhren wenige Züge und an allen Bahnhöfen wurde kontrolliert. Toda und seine Freunde mußten fast zwölf Stunden lang am Ueno-Bahnhof Schlange stehen, um überhaupt Fahrkarten zu bekommen. Und danach standen sie fast während der ganzen Fahrt, denn die Züge waren vollgepackt mit Schwarzmarkthändlern und Leuten, die auf der Suche nach Lebensmitteln waren, denn auf dem Land waren diese leichter zu bekommen. Eine seltsame Ansammlung von Menschen, darunter viele repatriierte Soldaten, füllten die Waggons, hingen an den Geländern und klammerten sich am Vorderteil der Lokomotive fest. Damit die Menschenmassen in den Bahnhöfen überhaupt ein- und aussteigen konnten, mußten die Züge lange halten. Und während dieser Aufenthalte wurde der strenge Geruch von Schweiß, Atem und zu vielen zusammengedrängten Menschen unerträglich. Die dunklen, verzweifelten Gesichter der Reisenden spiegelten die ganze Düsternis Japans nach dem Krieg.
Obwohl Toda von der Reise sehr erschöpft war, betete er für seine Gruppe und dankte den Freunden dafür, daß sie so lebendig und fröhlich blieben. Fräulein Kiyohara lächelte errötend. Yoschiso Mischima sprach angeregt mit einem Fremden und Konischi und Seki waren über die Köpfe anderer Reisenden hinweg in eine Unterhaltung vertieft. Todas Herz war voller Zuneigung für diese tapferen Menschen, besonders seit er wußte, daß sie sich das Geld für die Reise vom Munde abgespart hatten. Noch war die Gesellschaft nicht in der Lage, solche Expeditionen zu finanzieren. Toda dachte: »Wir sehen zwar aus wie Straßenkehrer und Lumpensammler, aber wir sind die Vorhut der Heerscharen des Buddha.«
In der Abenddämmerung stiegen sie am Nischi-nasuno-Bahnhof in einen Nahverkehrszug um, der sie nach Kurobane brachte. Dort blieben sie in einem Gasthaus, wo sie sich ausruhen und das Rauschen des klaren Nakagawa-Flusses und die wunderbare Frische der Bergluft genießen konnten.
Nach dem Abendessen brachte das Mädchen einen besonderen Leckerbissen, einen großen Teller mit gedünstetem Mais. Als

Toda in einen der goldenen Maiskolben biß, erinnerte er sich lächelnd an den zarten, süßen Mais seiner Kindheit im heimatlichen Hokkaido. Wie oft hatte er ihn geknabbert, während er die Werke Byrons, Napoleons, des berühmten Erziehers Yukitschi Fukusawa und des Staatsmannes Taisuke Itagaki las, Bücher, die seinen jungen Geist mitgeformt hatten, genauso wie die salzige Luft und die bleiernen Himmel in der kalten Bucht des Otaru das Blut seines jungen Körper gekühlt hatten. Der Mais ließ die Erinnerung an sein Fischerdorf zu Hause in Atsuta so klar wieder erstehen, daß er begann, es seinen Freunden zu beschreiben. Obwohl die Bevölkerungszahl gewöhnlich bei zehntausend lag, stieg sie während der Heringssaison zwischen April und Juli auf dreißigtausend. Dann schwammen Millionen von silbernen Fischen an den Strand, um zu laichen, und die Wellen erglänzten in strahlendem Weiß. Wer auch immer sich von seiner gewöhnlichen Arbeit freimachen konnte, beteiligte sich am Fang. Todas Vater, der mit Meeresfrüchten handelte, ließ sich in keinem Jahr davon abbringen. Und wie köstlich die frischen Heringe waren! Toda schwelgte erregt in der Erinnerung und steigerte sich besonders in das nostalgische Wiedererleben des Genusses von frischem, gebackenem Fisch, bis er sich plötzlich wieder fing. »Wir landen immer wieder beim Essen«, bemerkte er voller Ironie und zum Vergnügen seiner Begleiter.
Als die kleine Gruppe in Ryogo ankam, hielten die Dorfbewohner sie fälschlich für Hamsterer aus der Stadt. Später, nachdem sie gemerkt hatten, daß Toda und seine Freunde weder die Säcke noch die verzweifelten, habgierigen Gesichter der meisten Städter trugen, sondern fröhlich und diszipliniert waren, fragten sich die Leute im Ort, was denn das für Besucher sein könnten. Doch man hatte sie bereits angekündigt, wie Konischi stolz bemerkte, als er das einfache Plakat sah, das man an einen Strommast genagelt hatte.
»Seht euch das an«, rief er. »Nun weiß ich, daß wir hier sind.«

HERR JOSEI TODA KOMMT! ER WIRD AM 22. SEPTEMBER UM 2 UHR NACHMITTAGS IN DER VOLKSSCHULE VON RYOGO EINE VORLESUNG ÜBER DAS LOTOS-SUTRA HALTEN.

»Das ist das Werk der Familie Masuda«, sagte Fräulein Kiyohara. »Wir müssen ihnen soviel Hilfe und moralische Unterstützung geben, wie wir können. Sie sind unser erstes ländliches Führungsteam seit dem Krieg.«

Toda amüsierte sich über die Kühnheit des Plakates und sagte grinsend: »Ich wette, sie haben hier in der Gegend noch nie von Josei Toda gehört, doch ich hoffe, daß sie in rauhen Mengen kommen werden, und sei es nur aus reiner Neugier.«

Die Gruppe ging weiter und als sie in die Nähe des Bauernhauses der Masudas kamen, verkündete Konischi: »Hier sind wir. Ich habe euch ja gesagt, daß es nicht weit ist.«

»Ich bin wirklich froh«, sagte Toda. »Ich hätte nie gedacht, daß wir es schaffen.«

»Tatsächlich nur fünf Meilen«, scherzte einer.

»Eher fünfzig, wenn ihr mich fragt«, schaltete ein anderer sich ein.

Familie Masuda hatte die Stimmen gehört und kam heraus, um Toda und seine Gruppe zu begrüßen.

Kyuitschiro Masuda, ein ehemaliger Tokyoter Polizeibeamter, war schon während Makigutschis Präsidentschaft der Soka Kyoiku Gakkai beigetreten. Vor Kriegsbeginn verließ er die Polizei und arbeitete in Tokyo als Geschäftsmann, bis die Bombardierungen die Stadt unbewohnbar machten. Er kaufte in seinem Geburtsort Ryogo ein Haus und brachte im Mai 1944 seine Frau, zwei Töchter und den Ehemann seiner älteren Tochter dorthin. Beide Töchter unterrichteten an der Grundschule des Dorfes. Sein Schwiegersohn wurde Bauer. Nach Kriegsende verließ auch Masuda selbst Tokyo, um ihm auf seiner kleinen Farm bei der Arbeit zu helfen. Weil er und sein Schwiegersohn keine Erfahrung hatten, lachten die Dorfbewohner über ihre ungeschickten Bemühungen. Viele Hindernisse machten ihnen

ihre Aufgabe sehr schwer. Doch sie beteten morgens und abends zum Gohonson, der ihnen Stärke und Entschlossenheit gewährte, so daß sie nicht aufgaben.
Bevor eine Besserung eintrat, verschlimmerten sich die Dinge. Im Sommer 1946 drohte eine Dürre selbst die erfahrenen Bauern zu vernichten. Was würde erst mit dem armen, sechzigjährigen Masuda und seiner Städterfamilie geschehen? Dennoch waren diese Menschen sicher, daß sie mit der Hilfe ihres Glaubens – sie waren die einzigen Nitschiren-Schoschu-Anhänger dieser Gegend – eine gute Ernte haben würden, selbst unter offensichtlich hoffnungslosen Umständen. Kyuitschiro betete Tag und Nacht. Er rezitierte das Daimoku selbst beim Holzhacken und mit einer solchen Intensität, als wollte er aus feuchtem Holz Feuer schlagen und Wasser aus trockener Erde. Die spöttischen Dorfbewohner hielten ihn für verrückt, doch eines Tages wurden seine Gebete in Form eines lebenspendenden Regens erhört. Überglücklich und im Glauben bestätigt, begannen die Masudas, allen in der Umgebung die wunderwirkende Kraft des Gohonson nahezubringen und bald wurden sie wegen ihres unerschütterlichen Glaubens von den Nachbarn respektiert. Ihre Geschichte spiegelt die Lehre Nitschiren Daischonins: »Das Myoho verbreitet sich nicht von selbst, doch wenn seine Gläubigen es verkünden, strahlen sowohl das Gesetz als auch seine Anhänger Größe und Ruhm aus.«
Im späten Juli 1946 erfuhren die Masudas zu ihrer Freude, daß die Gesellschaft unter Josei Todas Führung einen neuen Start gewagt hatte. Konischi, damals ein Direktor der Gesellschaft, traf Masudas Tochter Naoe auf dem Weg zur Schule. Sie hatten sich vor dem Krieg in Tokyo kennengelernt, und sie erinnerte sich sofort an ihn. Glücklich, einen Glaubensbruder in ihrem entlegenen Dorf zu sehen, sagte Naoe: »Sie sind Herr Konischi, nicht wahr?« Konischi erkannte sie nicht sofort. Doch dann erinnerte er sich an sie und die Wiederschensfreude war groß. Am Abend berichtete Naoe begeistert ihrer Familie von dem Treffen und was sie über die derzeitigen Aktivitäten der Gesellschaft und den Sommertrainingskurs gehört hatte.

Sowie die Sommerferien begannen, fuhren Naoe und ihre Schwester Masako nach Tokyo, da sie auf alles neugierig waren, was die Gesellschaft betraf. Sie besuchten andere Mitglieder sowie Todas Vorlesungen über das Lotus-Sutra, die tiefen Eindruck auf sie machten. Als Naoe ihm vorgestellt wurde, gab er ihr persönliche Ratschläge. Sie erzählte ihm, daß es in ihrem Dorf keine anderen Menschen gab, die an Nitschiren Schoschu glaubten, und daß es ihnen trotz aller Anstrengungen bisher nicht gelungen war, neue Mitglieder zu werben. Toda erkannte, daß sie sich um ihre Nachbarn sorgte und versprach, sie zu besuchen, um zu helfen. Überglücklich fuhren die Schwestern Masuda nach Hause, um ihren Eltern die aufregende Neuigkeit zu verkünden, daß Ryogo das erste Dorf sein sollte, das Toda bei seiner neuen Mitgliedschaftskampagne auf dem Lande besuchen wollte. Ihr Dorf könnte zum Kern einer heiligen Flamme werden, die den wahren Buddhismus ins ganze Land tragen würde.

Voller Eifer gingen die beiden Schwestern von Tür zu Tür, um die Nachbarn zu bekehren. Die meisten hörten zwar aus Höflichkeit zu, aber nur wenige verstanden die Botschaft und nicht ein einziger entschloß sich, dem Weg des Nitschiren Daischonin zu folgen. Den Dorfbewohnern war das Thema zu schwierig, obwohl sie spürten, daß die Schwestern in ihrem Glauben aufrichtig waren. Als die Familie Masuda erfuhr, daß Toda und seine Gruppe am 22. September in Ryogo ankommen würde, waren sie zwar stolz, der Leitung der Gesellschaft ihr Heim anbieten zu können, doch daß es ihnen bis dahin nicht gelungen war, im Dorf ein einziges neues Mitglied zu gewinnen, beschämte sie. Die jüngere Masako freute sich auf die Vorlesungen, doch Naoe war besorgt:

»Ich dachte, es wären nur ein paar leitende Mitglieder, doch jetzt kommt eine ganze Gruppe. Was soll ich nur tun?«

Kyuitschiro, der die Diskussion der beiden Frauen verfolgt hatte, sagte: »Dies ist eine großartige Gelegenheit und wir müssen dankbar sein, anstatt uns Sorgen zu machen.«

Die skeptische Naoe sagte: »Nehmen wir einmal an, daß niemand zu den Vorlesungen kommt. Diese wichtigen Leute kommen den ganzen Weg von Tokyo hierher.«

»Wir haben unser Bestes getan«, sagte Masako, »aber keiner hat sich von uns einladen lassen, Vater, ich fürchte, du verstehst nicht unsere Situation.«

»Ich verstehe schon«, meinte Kyuitschiro gelassen, »wenn wir nämlich aufrichtig zum Gohonson beten, werden die Dorfbewohner schon reagieren.«

Durch die Worte des Vaters ermutigt, setzten die Mädchen ihre Bemühungen mit neuer Kraft fort und die ganze Familie versprach zu helfen. Die Schwestern beteten ständig und hängten nicht nur in Ryogo, sondern auch in anderen, weiter entfernten Dörfern Plakate auf.

Die Vorlesung über das Lotos-Sutra begann pünktlich um zwei Uhr nachmittags in dem mit Tatami ausgelegten Zimmer der Nähklasse in der Volksschule des Dorfes. Achtzig Zuhörer waren anwesend. Kyuitschiro Masuda eröffnete die Veranstaltung. Groß und aufrecht stand er zwischen den auf dem Boden Sitzenden und sagte, daß er die Zerstörung Japans bedauere und daß nur mit dem Glauben an die Lehren Nitschiren Daischonins das Land und seine Menschen gerettet werden könnten. Sein leidenschaftlicher Ton überraschte die Zuhörer, von denen einige lässig geschwatzt oder geraucht hatten. Doch er sprach nur kurz und stellte dann die Redner des Tages vor. Es gab vereinzelten Applaus. Konischi war der erste mit dem Thema »Erkenntnis und Beurteilung«. Zur Einführung erzählte er, wie er, der Bauernsohn, durch eine seltsame Laune des Schicksals Lehrer geworden war. Dann fuhr er fort: »Wir werden oft gefragt, was der Sinn des Lebens ist. Gelehrte und Akademiker meinen, der Sinn des Lebens ist das Streben nach Wahrheit, womit sie wahrscheinlich an so etwas denken, wie die Entdeckung, daß die Erde um die Sonne kreist. Doch manch anderer möchte wissen: ›Welchen praktischen Wert hat ein solches Wissen für mich?‹ Diese Frage deutet schon an, daß menschliche Wesen ständig nach einem wirklichen

Wert suchen und daß abstrakte Wahrheiten in sich selbst wertlos sind.

Das Ziel des Lebens ist das Streben nach Glück oder die Suche nach einem Wert. Erkenntnis und Beurteilung werden oft verwechselt, weil wir dazu neigen, die Wahrheit und ihren Wert als ebenbürtig anzusehen. Der erste Mensch, der diesen Denkfehler erkannte und der daraufhin ein philosophisches System der Werte schuf, war der verstorbene Tsunesaburo Makigutschi, der erste Präsident unserer Gesellschaft. Er machte uns klar, daß die Dinge einen wirklichen Wert nur annehmen, wenn sie unser tägliches Leben und unsere sinnlichen Wahrnehmungen beeinflussen oder mit ihnen in Beziehung stehen. Er warnte uns jedoch auch vor einer Beurteilung der Dinge, bevor wir sie vollständig erkannt oder verstanden haben. Mit anderen Worten: Richtiges Erkennen ist eine Voraussetzung für richtige Beurteilung. Ich habe dieses Thema gewählt, um Sie für die Diskussion der Lehren Nitschiren Daischonins vorzubereiten, die mein Kollege Josei Toda später vorstellen wird.«

Nachdem Konischi gesprochen hatte, erhob sich Hisao Seki: »Das menschliche Glück hängt sowohl von der Quantität als auch von der Qualität der durch uns geschaffenen Werte ab. Kant sagt, daß die höchsten Werte Wahrheit, Güte und Schönheit sind. Doch unser Mentor Herr Makigutschi zeigte, daß dieses Konzept falsch ist. Wahrheit kann zwar erkannt, jedoch nicht geschaffen werden, sie besitzt keinen unabhängigen Wert in sich selbst. Herrn Makigutschis revolutionäres System führte Güte, Schönheit und Gewinn als die drei höchsten Werte des menschlichen Lebens ein. Außerdem lehrte er, daß die Werte nur in des Menschen subjektiven Beziehungen zu seiner Umgebung entstehen. Es ist zum Beispiel eine gute Sache zu wissen, wie man Reis anbaut, doch dieses Wissen wird die Qualen des Hungers nicht auf die gleiche Weise verhindern, wie es der Reis selbst tut.

Herr Makigutschi lehrte uns auch, daß es drei negative Werte gibt. Das sind Häßlichkeit, das Böse und der Verlust. Die positi-

ven Werte machen das Leben glücklich. Die negativen machen es unglücklich. Werte entstehen nur in den Beziehungen zwischen dem Menschen und seiner äußeren Umgebung. Aus diesem Grunde läßt ein Leben, das die positiven Werte zeigt, Harmonie mit der äußeren Welt erkennen. Umgekehrt ist ein Leben, das von negativen Werten gekennzeichnet ist, in Disharmonie mit der Umgebung. Die wichtigste Frage ist also, welche Art von Leben führt ein Mensch? Hier kommt die Religion ins Spiel, denn die grundlegende Fragestellung und das Ziel der Religion ist die Erforschung der Rätsel des menschlichen Lebens.
Nun gibt es sowohl wahre als auch falsche Religionen, und es versteht sich von selbst, daß die Wahl der Religion das menschliche Schicksal entscheidend bestimmt; nur eine wahre Religion kann Glück bringen. Nitschiren Daischonins erklärte, daß falsche Religionen die Wurzel allen Unglücks sind und daß dies für alle Menschen, alle Familien und alle Nationen gilt. Japans Niederlage und unser jetziges schweres Los stehen in direktem Zusammenhang mit der Falschheit des Schintoismus.
Die gewaltige Aufgabe des Wiederaufbaus, vor der wir gerade jetzt stehen, kann nur erfolgreich durchgeführt werden, wenn wir die grundlegende Problematik des menschlichen Lebens berücksichtigen. Nur der Glaube an eine wahre Religion kann uns helfen, unsere Probleme zu lösen. Unsere Kollegin Fräulein Kiyohara wird in ihrem nun folgenden Vortrag ›Die Reinigung des Lebens‹ erklären, was wahre Religion ist und wie wir sie ausüben können.«
Die Zuhörer applaudierten höflich, als Seki das Podium verließ. Fräulein Kiyohara war klein und nicht besonders attraktiv und die Dorfbewohner waren erstaunt, daß eine Frau zu ihnen sprechen sollte. Viele weibliche Zuhörer tauschten argwöhnische und mißbilligende Blicke. Dennoch begann Fräulein Kiyohara:
»Ich bin nervös und außerdem bin ich keine gute Rednerin. Aber ich möchte zunächst meine Schlußfolgerungen darlegen, damit es am Ende keine Mißverständnisse gibt.«

Sie lächelte und die Zuhörer lachten leise.
»Wir können Glück nur erlangen, wenn wir ein reines Leben führen.« Nachdem sie ihr anfängliches Lampenfieber überwunden hatte, gewann Fräulein Kiyohara in dem Maße, wie ihr Thema sie selbst bewegte, auch mehr Vertrauen. Ihre wachsende Sicherheit spiegelte sich in ihrer Stimme und ihrem Verhalten.
»Echte Reinigung kann nur das Ergebnis von Glauben sein, und Glaube kann nur durch Praxis und Erfahrung wachsen, denn Glaube ist mehr als nur eine Idee. Nur die Ausübung des wahren Glaubens kann das menschliche Leben reinigen, doch was ist wahre Religion?«
Hier erklärte sie kurz die Geschichte des Buddhismus. Sie betonte die überragende Bedeutung des Lotos-Sutra in der Hierarchie der Lehren Schakyamunis, des historischen Buddha. Dann sprach sie über den Zustand des Buddhismus in seiner letzten absteigenden Phase, dem »Späten Tag des Gesetzes«, und schließlich kam sie zu den Lehren Nitschiren Daischonins und der Bedeutung des Nam-myoho-renge-kyo, dem wichtigsten Glaubenssatz unserer Zeit.
»Viele Menschen geben sich heutzutage der Illusion hin, daß nur die Lehren des Schakyamuni den wahren Buddhismus verkörpern. Für sie ist der wahre Glaube tot. Sie denken nur bei Begräbnissen und religiösen Feiern an den Glauben. Sie versuchen nicht einmal, das Myoho des Nitschiren Daischonin zu verstehen. Das größte Unglück des modernen Menschen besteht in seiner Weigerung, die Bedeutung dieses wahren Gesetzes anzuerkennen. So, wie es am Himmel keine zwei Sonnen gibt, so gibt es auch nur einen einzigen wahren Buddhismus, die drei großen esoterischen Gesetze der Nitschiren Schoschu, und es gibt auch nur eine einzige orthodoxe Sekte, die die wahre Essenz des Buddhismus so bewahrt hat, wie sie sie vor fast siebenhundert Jahren überliefert bekamen.
Einst war ich eine bittere, unglückliche und desillusionierte Frau – vielleicht mehr als Sie es jemals sein könnten –, doch heute bin ich glücklich aufgrund meines Glaubens. Und solange

ich lebe, werde ich glücklich bleiben. Jeder von uns kann die Reinigung seines Lebens erlangen, die uns das Glück bringt, wenn wir an den Gohonson glauben, der die Essenz des Buddhismus darstellt.«

Obwohl die Leute wegen Fräulein Kiyoharas offensichtlicher Hingabe an ihren Glauben laut applaudierten, gab es noch immer einige skeptische Gesichter, als sie das Podium verließ. Frau Také Sakata war die nächste Rednerin, eine rundliche Hausfrau mittleren Alters, die schüchtern zum Podium ging und sich tief vor dem Publikum verbeugte. Toda spürte ihre Ängstlichkeit und applaudierte herzlich, um sie zu ermutigen. Die anderen folgten seinem Beispiel. Doch nach einem stockenden Anfang verfiel Frau Sakata aus Verlegenheit und Furcht in Schweigen.

»Immer sachte«, flüsterte Toda. Sie faßte sich ein Herz und begann wieder:

»Ich möchte Ihnen von meinen Erfahrungen erzählen. Meine Familie leitete eine kleine Stahlfirma. Während des Krieges stellten wir Munition her. Als ich zur Nitschiren Schoschu konvertierte, war meine ganze Familie sehr dagegen. Mein Mann drohte sogar, sich von mir scheiden zu lassen. Ich war eine Waise und mein ganzes Leben lang unglücklich gewesen, doch mein neuer Glaube gab mir Frieden und Glück. Aber zu Hause konnte ich mit niemandem darüber reden. Obwohl ich viel zu erdulden hatte und unter der geistigen Verfolgung litt, hielt ich an meinem Glauben fest. Acht der Menschen, die gegen meine Bekehrung gewesen waren, starben innerhalb eines Jahres verarmt und unglücklich. Als mein Dienstmädchen sah, welch schreckliche Folgen es hatte, wenn man sich über den wahren Buddhismus lustig machte, bekam sie Angst. So konvertierte auch sie bald zum Glauben, nicht jedoch mein Mann. Er war weiterhin gegen meine Religion, und es ging ihm schlechter und schlechter, bis er sehr unglücklich wurde. Ich wollte ihn und unsere Ehe retten, so daß ich ernsthaft für ihn betete. Doch dies mußte ich schweigend tun. Schließlich hatte mein Mann im Juni 1942 ein Einsehen und akzeptierte Nitschiren Schoschu. Ich war so überglücklich, daß

ich vor dem Gohonson weinte. Dies war der unvergeßlichste Tag meines Lebens.«
Frau Sakata machte eine Pause, um ihre Augen zu tupfen. Die Dörfler waren offensichtlich von der einfachen Leidensgeschichte der Frau und ihrem siegreichen Glauben bewegt. Sie fuhr fort:
»Ich bin keine Rednerin, doch ich werde mein Bestes versuchen. So wie ich es erwartet hatte, begann unsere Fabrik zu florieren, nachdem mein Mann den Glauben angenommen hatte. Bald begannen die Bombenangriffe. Oft fielen Bomben auf unser Stadtviertel und verwandelten alles in ein Meer von Flammen. Dennoch knieten wir alle nieder und beteten vor dem Gohonson, und manchmal, wenn es zu gefährlich war, zu Hause zu bleiben, suchten wir woanders Zuflucht, doch wir nahmen immer unseren Gohonson mit. Früher war ich sehr ängstlich und leicht aus der Fassung zu bringen, doch während dieser ganzen häßlichen Zeit gab mir mein Glauben Mut, für meine Familie zu sorgen und dabei noch zu einem Menschen zu werden, zu dem die Nachbarn kamen und auf Hilfe rechnen konnten. Gemeinsam bekämpften wir die Brände, von denen es nur allzu viele gab. Tatsächlich war Kamata, wo ich lebe, am Ende des Krieges eine einzige verkohlte Ruine. Doch unser Haus und sechs Nachbarhäuser kamen ohne Schaden davon. In dieser ganzen Gegend standen nur noch unsere wenigen Häuser. Und dies hatten wir nur dem Gohonson zu verdanken.
Aber nicht nur das, denn nach dem Krieg florierte unsere Fabrik weiterhin. Wir benutzten unser Haus für Diskussionen mit Leuten, die an Nitschiren Schoschu glaubten. Nun weiß ich in meinem Herzen, daß der Gohonson uns beschützt, wo immer wir auch sind und was auch immer passieren mag. Ich glaube, daß alle Menschen, die sich nicht auf den Gohonson verlassen können, sehr unglücklich sind.«
Mit einer schnellen Verbeugung verließ die schüchterne Frau Sakata das Podium, doch die Zuhörer applaudierten herzlich. Anscheinend glaubtens sie an die unschuldige Ehrlichkeit ihrer

Geschichte und an die Weisheit, die sie durch ihre bescheidene Hingabe und ihren stetigen Glauben erlangt hatte. Sie theoretisierte nicht, sie sprach über ihre tägliche Erfahrung. Dies ist es, was die Menschen wirklich bewegt.
Toda sah, daß menschliche Erfahrung das mächtigste Werkzeug ist, um Menschen zum Glauben zu bekehren. An Theorien, angelernten Argumenten und Doktrinen sind vielleicht die Gelehrten interessiert, aber nicht die Massen. Er begann zu verstehen, daß es ein Fehler war, zu viele anspruchsvolle Dogmen in den Reden an Nichteingeweihte zu benutzen. Die wohltuende Kraft des Gohonson kann nicht durch Theorie allein verstanden werden. Sie muß durch die Ausübung des Glaubens erfahren werden. Ebenso ist der Glaube an die Lehren Nitschiren Daischonins vor allem eine echte Erfahrung und keine leere Theorie. Der wahre Buddhismus kann nur dann allgemein verbreitet werden, wenn die Massen die tägliche Gnade der Lehren Nitschiren Daischonins vor Augen haben. Toda spürte tief im Inneren, daß es Zeit war, die Methoden der Mitgliederwerbung zu verändern.
Als nächstes sprach Koitschi Harayama darüber, wie man Vertrauen gewinnt, und Yoschiso Mischima erzählte von seinen Bemühungen um die Erlangung wahrer Werte. Beide hatten eine turbulente Vergangenheit und betonten, daß sie ohne das Myoho beim Überlebenskampf besiegt worden wären. Schließlich kündigte der Diskussionsleiter an, daß Josei Toda über das Thema »Es gibt keinen Buddhismus in Japan« sprechen werde.
Der Lärm der vor dem Haus spielenden Kinder war lange verstummt. Stille erfüllte die Luft und die untergehende Sonne warf goldene Strahlen ins Zimmer, als sich die Zuhörer auf den hochgewachsenen, schlanken Mann konzentrierten, der seine Hände auf das Pult stützte und folgendermaßen begann:
»Zu jeder gegebenen Zeit lebt der Mensch in einem der zehn Zustände, *dschikkai*, welche von der Hölle als unterste Stufe über Hölle, Hunger, Animalität, Ärger, Ruhe, Entzücken, Lernen, Teilerleuchtung, Bodhisattva bis zur Buddhaschaft reichen.

Die Hölle ist der Zustand teuflischen Leidens, sowohl des Geistes als auch des Körpers. Hunger ist der Zustand, in welchem man von vielen Wünschen beherrscht wird. Im Zustand der Animalität ignoriert man die grundlegenden moralischen Prinzipien und läßt sich von tierischen Trieben leiten. Ärger ist der Zustand, in dem man streitlustig, erregt und erbittert ist. Ruhe ist ein friedlicher, ruhiger und meditativer Zustand. Entzücken ist der Zustand des Glücks und der Freude, die man erfährt, wenn hohe Ziele erreicht und Wünsche erfüllt worden sind. Lernen ist der Zustand des geistigen Strebens und der Freude. In der Teilerleuchtung erkennt man die Wahrheit intuitiv in den natürlichen Phänomenen. Im Zustand der Bodhisattva ist man von Mitgefühl, Weisheit, Ehrlichkeit und dem Streben nach Glück und Erleuchtung für andere erfüllt. Die Buddhaschaft ist der höchste Zustand der Erleuchtung.«
Toda fuhr fort: »Das ganze Universum und alle seine Phänomene befinden sich ständig in einem dieser Zustände. Offensichtlich wünscht sich jeder einen glücklichen Zustand – doch Wünsche allein reichen nicht aus, um uns glücklich zu machen. Andererseits kann wahre Religion uns Energie geben und uns auf den richtigen Weg bringen. Trotz Gefahr für sein eigenes Leben lehrte uns Nitschiren Daischonin, daß wir dauerhaftes Glück nicht ganz ohne fremde Hilfe erlangen können. Wir brauchen ein Objekt, das stark genug ist, die in allen Menschen wohnende Buddhanatur in Bewegung zu setzen. Das einzige Objekt, das dies vollbringen kann, ist der Dai-Gohonson, welcher durch die Kraft des Myoho Häßlichkeit in Schönheit, Böses in Gutes und Verlust in Gewinn verwandeln kann. Nur der Dai-Gohonson selbst kann unser Leben mit ewiger Buddhaschaft erfüllen. Dies ist die wahre Bedeutung der Ankunft Nitschiren Daischonins auf dieser Welt, dieses wahren Buddhas des ›Späten Tages des Gesetzes‹, der Zeit, in der wir jetzt leben.«
Toda war aufrichtig und von der Wahrheit seines Glaubens überzeugt und bewegte dadurch seine Zuhörer, besonders als er sagte, daß die höllischen Bedingungen, unter denen Japan so

sehr litt, auf die siebenhundert Jahre währende Verleumdung von Nitschiren Daischonins Buddhismus zurückzuführen waren. Er fuhr fort:

»Ich bin tief betrübt über den Zustand, in dem sich unser Land jetzt befindet; wenn wir uns von den erdrückenden Schickschalschlägen erholen wollen, brauchen wir eine wirklich praktische Philosophie. Eine Philosophie, die man nicht praktisch anwenden kann, ist nur ein Spiel mit Ideen. Heute müssen wir Japaner uns einen wahren Glauben auserwählen, denn der Glaube an Schinto hat uns offensichtlich ins Verderben geführt.

Jetzt, in der Zeit, in der falsche Kultbewegungen und zerstörerische, kommunistische Ideen das Volk irreführen, bemüht sich Soka Gakkai durch die Ausübung der Philsophie Nitschiren Daischonins zum Wiederaufbau beizutragen. Damit wir als friedliebendes Land wieder auferstehen könnten, benötigt Japan eine wahre Religion und eine vernünftige Philosophie, die auf allen Gebieten Gutes bewirkt: in Politik, Wirtschaft und Kultur. Nitschiren Daischonins Buddhismus entspricht genau dem dringenden spirituellen Bedürfnis des Landes und der Gohonson ist die Basis, auf der dieser Buddhismus gründet.

Obwohl der Dai-Gohonson während der letzten siebenhundert Jahre im Taiseki-Dschi, dem Haupttempel der Nitschiren Schoschu aufbewahrt wurde, haben die meisten Japaner diese Tatsache entweder ignoriert oder sich geweigert, ihr Aufmerksamkeit zu widmen. Ich bin sicher, daß die meisten von Ihnen jetzt zum ersten Mal vom Dai-Gohonson hören, aber es ist mein inbrünstiger Wunsch, daß Sie daran glauben und an seinem Erbarmen und seinem Segen teilhaben mögen, um des Landes, Ihrer selbst und Ihrer Familien willen.«

Diese Botschaft und die Kraft, mit welcher Toda sie verkündet hatte, ließ die Zuhörer lange schweigen, bis der Diskussionsleiter ankündigte, daß man nun Fragen stellen könne.

»Mein Herr, würden Sie bitte die Beziehung zwischen Lotos-Sutra und Demokratie erläutern?« fragte ein junger Mann.

»Dies ist eine sehr gute Frage«, erklärte Toda. »Das Kriegsende hat uns die Demokratie gebracht und wir sollten so häufig wie möglich über sie diskutieren. Die Erkenntnis, daß die Souveränität beim Volke liegen muß, fällt uns jetzt leicht, da wir unter der totalitären Militärdiktatur so bitter gelitten haben. Die drei demokratischen Prinzipien Freiheit, Gleichheit und Brüderlichkeit sind gut. Ich bin absolut dafür. Doch im Lichte von Nitschiren Daischonins Philosophie betrachtet, ist Demokratie allein nicht genug, da sie nur einen Teil der Wahrheit verkörpert. Obwohl die Demokratie ursprünglich eine Idee der Griechen war, ist sie stark von der christlichen Philosophie beeinflußt, welche das lebenswichtige Gesetz des Karma und der drei Existenzen Vergangenheit, Gegenwart und Zukunft ignoriert. Die Demokratie beschäftigt sich nur mit der Gegenwart. Natürlich sind Gesellschaftssysteme und politische Strukturen wichtig für die Menschheit, doch sie verblassen im Angesicht der Fragen über unser endgültiges Schicksal und die wahre spirituelle Freiheit. Die westliche Demokratie begrenzt sich selbst, indem sie diese Dinge nicht in Betracht zu ziehen vermag.

Nur der Buddhismus Nitschiren Daischonins hat die Macht, unser jetziges Leben zu reinigen und die Probleme der Vergangenheit und Zukunft zu lösen; und wahre Demokratie ist unmöglich, bis diese Probleme geklärt sind. Die westliche Demokratie ist wegen ihres starken Hangs zum Christentum geistig und idealistisch orientiert. Sogenannte Volksdemokratien sind andererseits nur gewöhnlich materialistisch. Es versteht sich von selbst, daß beide Arten von Demokratie nur Stückwerk sein können. Die buddhistische Demokratie, die auf der Philosophie Nitschiren Daischonins basiert, ist vollkommen, da sie weder idealistisch noch materialistisch orientiert ist, sondern die Einheit von Geist und Materie, von Körper und Seele lehrt; daher kann die absolute Demokratie nur mit Hilfe der Lehren Nitschiren Daischonins hergestellt werden. Vielleicht werden Sie besser verstehen, wenn Sie diese Fragen einmal selbst für einige Zeit studieren.«

»Ich glaube, ich verstehe jetzt«, sagte der junge Mann. Toda antwortete lächelnd: »Das würde mich wundern. Wenn Sie es verstehen, dann sind Sie ein ganz Schneller!« Die Zuhörer lachten.

Nun folgte eine Frage nach der anderen, alle waren ernst, einige von ihnen kritisch. Toda antwortete überzeugend und manchmal witzig. Die Diskussion hätte noch lange andauern können, doch der Diskussionsleiter unterbrach sie um fünf Uhr und kündigte an, daß Toda im Haus der Masudas eine weitere, ähnliche Veranstaltung abhalten würde, die um sieben Uhr abends beginnen sollte. Nachdem er den Dorfbewohnern für ihre Anwesenheit und ihr Interesse gedankt hatte, gingen Toda und seine Gruppe hinaus in die kühle Herbstluft. Die Sonne versank rotglühend.

Nach einem fröhlichen Abendessen und dem Abendgongyo im Haus der Masudas unterhielt man sich vergnügt bei Tee und gedünstetem Mais, den Toda so gern mochte. Dann kamen die ersten Dorfbewohner zum Diskussionstreffen. Nach etlichen lebhaften Fragen und Antworten und einigen ruhigen Gesprächen von Mensch zu Mensch, stellte man Toda den ersten Bekehrten vor. Es war der junge Mann – ein zwanzigjähriger Lehrer – der Toda die Frage über Demokratie gestellt hatte. Zwei alte Bauern schienen Nitschiren Schoschu beitreten zu wollen, zögerten aber noch. Die Vorstellung, andere fest verankerte traditionelle Formen der Verehrung aufgeben zu müssen, machte ihnen Sorgen. Bald jedoch waren sie gewonnen. Schließlich meldete sich ein siebzehnjähriges Mädchen, das den Glauben annehmen wollte. Diese vier ermutigten Toda und seine Gruppe und machten den alten Masuda überglücklich. Mit vor Freude geröteten Wangen bat er seine Frau das beste Essen zu bringen, das sie im Hause hatte. Zur Feier des Tages sollte es ein Festmahl geben. Er selbst begab sich sofort in die Scheune, um eine Flasche vom selbstgebrauten Sake zu holen.

Bald plauderte man glücklich an einem, mit ländlichen Leckerbissen, beladenen Tisch: Es gab gedünsteten Kürbis und Kartoffeln, geröstete Auberginen, wilde Trauben, Kastanien, eingelegtes Gemüse, in einer köstlichen Soja- und Sesamsoße geschmorte

Klettenwurzeln, frischen Fisch aus dem Fluß und Sake. Toda schlug vor, daß jemand ein Lied singen solle, und dann begann ein richtiges Fest. Es gab Tänze, Volkslieder und viel Gelächter. Toda tanzte einen vornehmen und anmutigen traditionellen Tanz. Mit Singen und Gelächter zog sich der Abend hin. Es war ziemlich nach Mitternacht, als Toda schließlich widerstrebend gute Nacht sagte, da er und seine Gruppe sich am nächsten Morgen um vier Uhr dreißig auf den Weg machen mußte. Nachdem die neuen Mitglieder und ihre Freunde gegangen waren, störte nur das Zirpen der Grillen die Ruhe der Nacht.

Der Morgen war kühl, als Toda mit seiner Gruppe nach Kurobane aufbrach. Die Masuda-Schwestern begleiteten sie. Wegen seiner schlechten Augen war der holprige Weg in der Dunkelheit für Toda besonders anstrengend; bald glitt er aus und rutschte bis zu den Oberschenkeln in einen Bach. Besorgt eilten ihm Fräulein Kiyohara und Frau Sakata zu Hilfe, doch er beruhigte sie: »Ein Glück, daß es keine Jauchegrube war.« Als man sich endlich dem Ziel näherte, dämmerte der Morgen perlgrau. Die jüngere der Masuda-Schwestern, Masako, näherte sich Toda und flüsterte: »Herr Toda!«

Sie wollte etwas sagen, zögerte aber.

»Was gibt es?«

»Herr Toda. Ich möchte nach Tokyo zurückgehen.«

»Aber warum? Oh, ich glaube ich verstehe. Es hat etwas mit heiraten zu tun, nicht wahr?«

Überrascht, daß Toda so leicht ihre Gedanken las, errötete Masako und nickte.

»Seien Sie nicht ungeduldig, Masako. Es ist nicht immer nötig, das Glück in der Ferne zu suchen.«

»Aber, Herr Toda, ich bin jetzt drei Jahre lang in diesem Dorf gewesen. Oh, ich habe mehrere Heiratsanträge erhalten, doch es war kein passender darunter. Ich fürchte, ich werde auf dem Land nie einen Ehemann finden. Dazu muß ich nach Tokyo gehen.«

Wie viele Mädchen ihrer Generation, war Masako während der

dunklen Kriegsjahre volljährig geworden. Nun war sie beunruhigt, weil sie glaubte, daß ihre Chancen schwanden, besonders in den abgelegenen Nasu-Bergen.
»Und Sie glauben, daß Sie den richtigen Mann in Tokyo finden können?«
»Ich denke, ja!«
»Sie haben unrecht. Wenn man etwas so Wichtiges wie die Ehe überstürzt, kann nichts Gutes daraus entstehen.« Toda sprach mit entschlossener Stimme und die enttäuschte Masako ließ den Kopf hängen. Toda fuhr fort: »Wenden Sie Ihr ganzes Herz Ihrem Glauben zu und eines Tages – ich kann nicht sagen wann oder wie – wird der ideale Mann für Sie kommen. Wo Sie sind, spielt dann keine Rolle. Der Glaube, nicht der Ort bestimmt, was geschehen wird. Wenn dem nicht so wäre, würde der Gohonson uns betrügen. Ist es nicht so?«
Toda wußte, daß das Myoho am besten geeignet war, Trost zu spenden und bei persönlichen Problemen zu helfen, aus diesem Grund nahm er die Hand des Mädchens und sagte freundlich: »Seien Sie mutig. Ihre Heimat ist da, wo Sie jetzt gebraucht werden. Widmen Sie sich Ihrem Glauben und alles wird gut werden.« Das junge Mädchen sagte nichts mehr, doch Todas Rat hatte etwas in ihr ausgelöst, das warme Tränen zart hervorquellen ließ.
Der Himmel wurde heller, je höher die Sonne stieg. Die kleine Gruppe erreichte den Bahnhof von Kurobane gerade rechtzeitig für den Sechsuhrzug. Hastig verabschiedete man sich und stieg ein. Als der Zug aus dem Bahnhof fuhr, winkten Fräulein Kiyohara und Frau Sakata mit ihren Taschentüchern aus dem Fenster, bis die Masuda-Mädchen außer Sicht waren. Daraufhin fiel die ganze Gruppe in einen tiefen Schlaf. Nur Toda beoachtete die Bergketten, die eine nach der anderen den nördlichen Horizont füllten und das Flachland mit seinen silbernen schwingenden Pampasgräsern, hier und da durch goldene Herbstbäume unterbrochen. Und als er diese Schönheit in sich aufnahm, verfiel er in Meditation und dachte:

»Wenn ich beständig und ohne Zögern voranschreite, dann gibt es keinen physischen Berg, ganz gleich wie hoch, den ich nicht besteigen kann. Doch wie ist es mit den Bergen der Sorgen, diesen großen Hindernissen, die der Verbreitung des wahren Glaubens im Wege stehen? Wie sehen wohl diese Berge aus? Wie viele reißende Flüsse der Schwierigkeiten und des Unfriedens müssen wir durchwaten, bevor wir unser Ziel erreichen? Welche Dämonen hausen in diesen Bergen? An diesem Wochenende haben wir unsere ersten Schritte gemacht, doch die Straße vor uns ist lang und voller Hindernisse. Das Böse lauert überall.«
Toda wußte um die Schwierigkeiten seiner Aufgabe, aber er hatte keine Angst. Er erinnerte sich daran, wie Nitschiren Daischonin ihm erschienen war und ihm Vertrauen gegeben hatte. Leise rezitierte er das Daimoku.
Nach mehrfachem Umsteigen erreichte die kleine Gruppe endlich die Stadt Kiryu, wo einige Freunde sie begrüßten und sie zum Haus von Herrn Miyata brachten, der ein alter und unerschütterlicher Anhänger der Nitschiren Schoschu war. Während des Krieges war Miyatas nahe der Hauptstraße gelegenes Haus der Ort häufiger Diskussionstreffen gewesen. Diese halfen den Menschen, die dunklen Zeiten mit einem leuchtenden Glauben zu erhellen. Es gab auch einen kleinen Nitschiren-Schoschu-Tempel; deshalb hatte Toda sich den Empfang besser vorgestellt. Als er in Miyatas Haus mit dem Gongyo begann, erfuhr er, daß nur wenige der leitenden Mitglieder im Ort das Sutra lesen konnten. Nach einem anschließenden Diskussionstreffen im Hause eines neuen Mitglieds der Gesellschaft namens Misuta wußte Toda, daß mit dem Glauben in Kiryu etwas nicht stimmte. Hierüber sprach er mit Yoschiso Mischima und schlug vor, daß man Kiryu einige Jahre lang häufig besuchen und mit fester Hand führen müsse. Zum Abschluß des Diskussionstreffens verkündete Toda seine persönliche Absicht, die universelle Verbreitung des wahren Buddhismus erreichen zu wollen und appellierte an alle Anwesenden, ihm bei dieser höchsten Aufgabe zu folgen. Viele, die erkannten, wie lebenswichtig dies war, be-

gannen zu spüren, welche Rolle sie dabei zu spielen hatten. Ein Neuling entschloß sich, den Glauben anzunehmen.

Dies war das Ende der ersten Führungstour, die nach dem Krieg auf dem Lande stattfand. Es war ein bescheidenes Unternehmen, doch die Ergebnisse ließen hoffen. Der Weg für eine weite Verbreitung des Glaubens im ganzen ländlichen Japan war vorbereitet. Doch Todas Gruppe hatte noch eine weitere anstengende Prüfung zu bestehen, bevor man den Kopf auf die bequemen häuslichen Kissen betten konnte.

Der Tag in Kiryu war auf die herbstliche Tagundnachtgleiche gefallen, einen Feiertag, und die Züge waren zum Platzen gefüllt mit Hamsterern aus der Stadt, die ihre kurze Freizeit nutzten, um ihre kärgliche Nahrung aufzubessern, womit auch immer. Der Zug war so überfüllt, daß selbst wütende und frustrierte Typen, die gerne mit irgend jemandem einen Streit über Belanglosigkeiten vom Zaun gebrochen hätten, dies nicht tun konnten, weil es für einen Kampf einfach zu eng war. Als der Zug sich in den Tokyoter Asakusa-Bahnhof quälte, waren Todas Beine taub vor Müdigkeit.

2. Vorspiel

Die Zeiten der Menschheit ändern sich ständig, so wie ein großer Fluß fließt. Am 3. November 1946 wurde eine neue Verfassung verkündet, in welcher man den Kaiser zu einem Symbol des Staates und der Einheit des Landes erklärte, dessen Stellung allein dem Willen des Volkes zu verdanken ist. Damit war der Kaiser seiner Göttlichkeit enthoben, aber ein noch bedeutungsvollerer Schritt lag darin, daß das japanische Volk für immer sowohl auf den Krieg als souveränes Recht der Nation verzichtete, als auch darauf, internationalen Konflikten mit Kriegsdrohungen zu begegnen. So ist es im Artikel neun festgelegt. Dieser besagt weiterhin, daß Heer, Marine und Luftwaffe aufgelöst werden, und daß es kein Recht des Staates gibt, einen Krieg anzuzetteln. Es ist zweifelhaft, ob Premierminister Schidehara oder gar General Douglas MacArthur die wahre Bedeutung der neuen Verfassung ahnten; Josei Toda jedenfalls lag eines Morgens in seinem Bett, genoß die klaren Gedanken dieser Morgenstunde, und während er mit Vergnügen die Ratten über sich entlanghuschen hörte – ihre Anwesenheit bedeutete, daß die Speisekammer wohlgefüllt war –, dachte er über das Dokument nach und erkannte intuitiv dessen Bedeutung für ihn selbst, für jene, die mit ihm waren und für das ganze Land

Diese Verfassung war eindeutig idealistisch. Schidehara und seine Gruppe wollten um jeden Preis die Stellung der kaiserlichen Familie aufrechterhalten. Um eine echte Demokratisierung Japans machten sie sich wenig Gedanken, für sie war die Verfassung ein Kompromiß auf Zeit. Doch Toda sah sofort, daß sie für Japan den Beginn einer neuen Ära bedeutete, wenn man ein System fand, sie in wirkliche Praxis umzusetzen.

Eines ist klar: Der im Artikel neun versprochene, echte Pazifismus wurde nie verwirklicht, doch dessenungeachtet war Friede der heißersehnte Wunsch eines Volkes, das unter dem Grauen des Krieges so sehr gelitten hatte. Die Erfüllung dieser großen Hoffnung war eine Aufgabe von gewaltiger Bedeutung. Doch hierzu brauchte das Land ein vollständig neues, politisches Konzept. Weder kommunistische, noch kapitalistische Ideen, noch eine theoretische Synthese von Kapitalismus und Kommunismus würden dieser Aufgabe gerecht werden. Man braucht ein Konzept, das auf der Lebensphilosophie Nitschiren Daischonins beruht. Toda war davon überzeugt, daß nur mit einer solchen Politik echter Pazifismus möglich war. In einem von der Philosophie Daischonins geprägten politischen Klima wäre gar der Weg für eine weltweite Verbreitung des wahren buddhistischen Glaubens geebnet, der Buddhismus könnte mit allen gesellschaftlichen Aspekten verschmelzen und die Rettung der Menschheit wäre gewährleistet.

Toda erkannte, daß die Zeit reif war für kühne Taten und erneuerte sein Gelübde, unermüdlich an der Verbreitung des Glaubens zu arbeiten, eingedenk der Lehre Daischonins: »Der wahre Glaube wird sich so sicher verbreiten, so wie ein Pfeil, den man auf die Erde zielt, diese niemals verfehlen kann.«

Zu jener Zeit war Toda der einzige, der dieses klare Wissen besaß. Und um das große und vielleicht noch sehr weit entfernte Ziel zu erreichen, gab es nur eine Möglichkeit, nämlich die sofortige Beschäftigung mit den Problemen der Gegenwart; und in dieser Gegenwart hatte Toda etliche Probleme. Zunächst einmal stand die Zeremonie zum Gedenken an Tsunesaburo Makigutschis dritten Todestag unmittelbar bevor sowie die ebenso wichtige erste Generalversammlung der Gesellschaft nach dem Kriege. Man vermutete, daß Hunderte von Menschen aus ganz Japan an diesem Treffen teilnehmen würden. Toda lag im Bett, überdachte alles sorgfältig und bereitete sich so auf den großen Tag vor.

Am siebzehnten November fand im alten Autitorium des Bildungshauses in Kanda die dritte Gedenkfeier zu Ehren des verstorbenen Tsunesaburo Makigutschi statt. Das Bild des großen Mannes, das über dem Podest hing, rührte viele im Zuschauerraum zu Tränen, insbesondere als die Feier Erinnerungen an den Führer und sein Martyrium wachrief. Am Ende des feierlichen Zermoniells, als der berauschende Duft des Weihrauchs schwer in der Luft hing, kündigte Toda den ersten Redner an, den pensionierten, neunundsiebzigjährigen Hohepriester Nitschiko Nori, einen kleinen, kräftigen Mann mit buschigen, weißen Augenbrauen, der auch die Leitung der gesamten Feier innehatte.

»Als ich hörte, daß die gläubigen Anhänger des seligen Tsunesaburo Makigutschi eine Gedenkfeier planten, um seines tragischen Todes zu gedenken, habe ich trotz meines Alters die lange Reise nach Tokyo ohne Zögern angetreten. Ihre Aufrichtigkeit und Hingabe an sein Gedenken bewegen mich tief.

Obwohl die Zeit es mir verbietet, lange über meine persönlichen Beziehungen mit Herrn Makigutschi und meine Verbindung zur Soka Gakkai zu sprechen, so fühle ich mich doch genötigt, dies zu sagen: Voller Mitgefühl und Mut lehnte sich Nitschiren Daischonin gegen die Vernachlässigung des wahren Buddhismus auf und ließ nicht nach, die Wohltaten des Gohonson zu preisen. Ich bin überzeugt, daß Herr Makigutschi bis zu seinem Ende die Lehren Nitschirens befolgte und niemals an seiner Bestimmung zweifelte, den Glauben an den wahren Buddhismus zu verbreiten.

Ich denke, der Kommentar von Tschang-an*, einem Schüler von T'ien-t'ai dem Großen, über die im Lotos-Sutra niedergelegten Lehren der letzten Predigt des Schakyamuni läßt sich auch auf Herrn Makigutschi anwenden, denn er behandelt den Glauben der Schüler des historischen Buddha, nachdem dieser von der Erde in den gesegneten Zustand hinüberglitt. ›Ein Freund ohne Mitgefühl ist ein Feind, doch einen Menschen vom Bösen zu reinigen ist die Tat eines Vaters oder einer Mutter.‹ Dies bedeutet, daß diejenigen falsche Schüler sind, denen die Verleumdung

* Siehe Glossar

des wahren Buddhismus gleichgültig bleibt. Von Herrn Makugutschi hätte dies keiner behaupten können. Obwohl er ein Laie war, bemühte er sich mehr als viele Priester um die Verbreitung des Glaubens und die Verwirklichung der Vorstellungen Nitschiren Daischonins. Doch in den Händen einer feindlichen Obrigkeit starb er den Tod eines Märtyrers. Dies ist nichts Ungewöhnliches, zu allen Zeiten werden jene gehaßt und von den Mächtigen verfolgt, die die Menschheit mit reinem Geist und wahrem Mitgefühl lieben. In der Geschichte des Buddhismus Nitschiren Daischonins gab es viele Martyrien, etliche davon habe ich in einem Bericht über die religiösen Verfolgungen in Atsuhara und in einem späteren Buch über das Thema ›die Prozesse der Anhänger des Nitschiren Daischonin‹ beschrieben. Der Vorfall in Atsuhara, bei dem in frühen Jahren drei Bauernbrüder in Kamakura barbarisch geköpft wurden, weil sie versucht hatten, Menschen zum Glauben zu bekehren, ist nur einer in einer langen Liste. Tausende von Laien und Priestern in allen Teilen Japans haben ein ähnliches Schicksal erlitten. Nun sind wir alle aufgerufen, das Beste für unseren Glauben zu geben, diesen Punkt kann ich nicht stärker betonen. Tsunesaburo Makigutschi und die Märtyrer der Vergangenheit haben das höchste Opfer gebracht. Unsere Aufgabe ist es, uns um unsere Gesellschaft, unseres Landes und der ganzen Menschheit willen, der Verbreitung des wahren Glaubens zu widmen. Jeder von Ihnen, der dies versucht, wird seinen Namen im heiligen Meer des wahren Buddhismus verewigen.«

Während Nitschiko Hori wieder zu seinem Platz zurückkehrte, erinnerten sich viele der älteren Zuhörer der Lebensgeschichte und der Werke dieses berühmten Gelehrten und großen Mannes des Glaubens. Hori wurde im Jahre 1867 in Kyuschu geboren und trat schon als Achtzehnjähriger der Nitschiren Schoschu bei. Später verfaßte er die monumentale, einhundertvierunddreißigbändige »Vollständige Ausgabe der Studien über Nitschiren Schoschu« welche sämtliche existierenden Lehren, Dogmen und Interpretationen der Gedanken des wahren Buddhas behandelt.

In diesem Werk ist überzeugend dargelegt, daß Nitschiren Schoschu über jeden Zweifel hinaus das Recht hat, sich als einzigen wahrhaft orthodoxen Zweig des Buddhismus zu bezeichnen. Nicht nur, daß dieses Buch Hori als meisterhaften Gelehrten etablierte, es bestimmte auch unwiderlegbar die Position Nitschiren Daischonins und gab der Soka Gakkai eine feste theoretische Grundlage für die große Aufgabe der universellen Verbreitung des Glaubens. Ohne Hori und seine Gelehrsamkeit hätte die Bewegung gut um fünfzig Jahre verzögert werden können.
Dann sprach ein ehemaliger Vertrauter Makigutschis, der Priester Taiei Horigome, über seine Gefühle während der Zeremonie. Er erinnerte sich einiger Erlebnisse mit Makigutschi während sie beide buddhistische Literatur studierten und sagte, daß Makigutschi mit seiner Untersuchung über die menschlichen Werte tief zum Kern der lebenswichtigen Fragen vorgedrunken sei.
Nach Horigome sprach Seido Hosoi über die antibuddhistischen Aktivitäten der radikalen Vertreter des Schintoismus – zum Beispiel Moto-ori Norinaga und Hirata Atsutane – und über die wuchernden Vorurteile, die aus deren Haltung gegenüber Nitschiren Daischonin erwuchsen. Zum Schluß bemerkte er beißend: »Japan wurde durch den Schintoismus besiegt, und die Gedanken der Schintogelehrten vergiften noch immer das Land. Es ist jetzt Ihre und meine Aufgabe, sich auf die weite Verbreitung des Glaubens vorzubereiten, indem Sie den Buddhismus studieren und über seine wahre Bedeutung nachdenken und so den Fußstapfen Präsident Makigutschis folgen.«
Nachdem drei der berühmtesten Priester der gesamten Nitschiren Schoschu gesprochen hatten, erhoben sich viele Gläubige, um dem verstorbenen Führer ihre Reverenz zu erweisen. Dann sprachen jene, die während der grausamen Kriegsjahre abtrünnig geworden waren, über die furchtbaren Folgen, die das für sie gehabt hatte. Schließlich erhob sich Josei Toda, aber er wandte sich nicht zum Auditorium, sondern zu Makigutschis Bildnis und sprach so vertraut wie zu einem engen Freund:
»Als ich dich das letzte Mal im September 1943 sah, während

man dich vom städtischen Polizeibüro zum Sugamo-Gefängnis brachte, war ich zu wütend über diese Ungerechtigkeit, als daß ich mehr sagen konnte, als ›Paß auf dich auf!‹ Du nicktest schweigend, doch in deinem Gesicht sah ich grenzenlosen Mut und grenzenloses Mitleid. Nicht lange danach, als ich dir ins Gefängnis folgte, betete ich Tag und Nacht, daß du freigelassen werden würdest. Ich wußte, daß du alt und krank warst. Du konntest der Härte des Gefängnislebens nicht standhalten.
Dann, als sie mir am 8. Januar 1945 sagten, daß du von uns gegangen seist, erschütterte mich der Schock und der Kummer. Du, der du so lange das Licht meines Lebens warst, existiertest nicht mehr.«
Toda schluchzte leise und mit ihm viele in der Zuhörerschaft. Dann beherrschte er sich und fuhr mit fester Stimme fort:
»Du warst nicht mehr auf dieser Erde, doch deine Liebe lebte weiter, um in vielen Herzen Wunder zu wirken. Dein unendliches Mitleid hatte es mir erlaubt, dich ins Gefängnis zu begleiten und dort, inspiriert vom Konzept der Untrennbarkeit von Meister und Schüler, wie das Lotos-Sutra es lehrt, las ich das Sutra wieder und wieder, bis mir nach und nach seine tiefe Bedeutung klarwurde.
Ich bin mir meiner Unwürdigkeit und meines mangelnden Talentes bewußt, und so habe ich lange gezögert, dein Nachfolger zu werden. Aber nun verpflichte ich mich aufs Neue dem höchsten Ziel, für welches du gestorben bist: der universellen Verbreitung unseres Glaubens. Ich bin entschlossen, dies zu erreichen, bevor ich dich eines Tages im Land des Buddha wiedersehen werden.«
Wie auf einer Woge wurden die Zuhörer von Todas Enthusiasmus mitgerissen und die Stimmung freudiger Erregung hielt noch immer an, als nach einer einstündigen Pause die erste Generalversammlung der Gesellschaft mit dem neuen Namen Soka Gakkai begann. Kein Neuanfang nach Kriegsende war glänzender als dieser, keiner hatte eine tiefere menschliche Bedeutung, da er sich, von selbstsüchtigen Motiven völlig unbe-

rührt, der Entwicklung einer harmonischen Einheit zwischen Priesterschaft und Laien, zwischen Meistern und Schülern widmete. Nach einer kurzen Eröffnungsrede und einem längeren Bericht von Naosaku Kitagawa über die neuesten Aktivitäten der Gesellschaft wurde die neue organisatorische Struktur erläutert. Neun Abteilungen waren eingerichtet worden, darunter die Ressorts »Allgemeine Angelegenheiten« und »Studium«. Ihre Vorsteher wurden der Versammlung vorgestellt. Daraufhin folgte die Mitteilung, daß fünfzehn Bereiche gebildet worden waren, zehn in der Hauptstadt Tokyo und fünf in ländlichen Gebieten. Toda und seine Mitarbeiter hatten während ihrer Mitgliederwerbung zweihundert Menschen bekehrt. Kurz, nur ein Jahr nach Ende des Krieges war die Gesellschaft im Begriff, sich zu erholen und zu verjüngen.

Die guten Nachrichten begeisterten die Zuhörer. Jeder Fortschritt wurde mit Applaus begrüßt. Doch Toda hatte Angst, daß dieser Enthusiasmus abkühlen konnte, wenn die Mitglieder nicht mehr unter dem direkten Einfluß der Führung der Gesellschaft standen. Denn schließlich lehrt die *Goscho*, daß man in der unmittelbaren Nähe des Buddha vor Glauben brennt, doch in der Entfernung dazu neigt, seine Lehre zu vernachlässigen. Unerschütterlicher Glaube sollte wie Wasser ständig fließen. Im Bewußtsein seiner Verantwortung für das Wachstum der Gesellschaft, und dem Wissen, daß er loyale Helfer brauchte, betete Toda dafür, daß er geführt werden würde und die Mitglieder standhaft bleiben würden.

Der allgemeine Verwaltungsbericht war zu Ende, und die Mitglieder bezeugten einer nach dem anderen die große Kraft des wahren Glaubens. Sie erzählten, wie allein der Gohonson ihnen in der Verzweiflung und Armut der Kriegsjahre Hoffnung gegeben hatte. Von großen Erfahrungen wurde berichtet. Und die Zuhörer, tief davon überzeugt, daß der wahre Buddhismus das Gesetz von Ursache und Wirkung durchschaubar macht, hatten keine Schwierigkeiten, äußerst wunderbare Begebenheiten als absolute Tatsachen anzuerkennen. Von den Erfahrungen ihrer

Kameraden berührt und durch die Fortschritte der Gesellschaft ermutigt, waren alle auf dem Höhepunkt glücklicher Erregung und Erwartung, als Toda zu ihnen sprach.

Mit einfachsten Worten breitete er vor ihnen die brennende Wahrheit aus: »Heute streiten die verschiedensten Gottheiten und Buddhas miteinander, wer Lohn und Strafe an die Menschheit verteilen darf, aber nicht nur sie tun das. Alle Aspekte des Lebens werden von den Gesetzen der Bestrafung und Belohnung regiert. Die Hochfinanz unterscheidet sich vom, sagen wir, Fischereigeschäft nur durch die Art und das Ausmaß von Lohn und Strafe. Aber genau da liegt die Problematik, denn je ausgedehnter eine Sache ist, um so reicher sind die Belohungen und um so grausamer die Strafen.

Das Myoho ist die allumfassendste Doktrin des Universums. Deshalb ist der Glaube an seine Lehre die größtmögliche Tat der Menschheit. Es ist offensichtlich, daß eine Handlung von dieser Größe auch die unbeschreiblichsten Belohnungen nach sich zieht. Aber gemäß dem Kausalitätsgesetz sind ebenso die Bestrafungen schrecklicher, als der Mensch es sich vorstellen kann.

Unser geliebter Meister litt im Namen des Glaubens unter der Verfolgung auf dieser Erde, doch nun singen Buddhas und Bodhisattvas zu seinem Lob. Auf der anderen Seite warten auf jene, die das Gesetz des Myoho oder die Gesellschaft, die ihm und seiner Verbreitung geweiht ist, verleumden oder mißbrauchen die allerschlimmsten Höllenqualen. Im übrigen haben die *Goscho* und das Lotos-Sutra sie vor ihrem Schicksal gewarnt.« Begeistert war er darüber, daß der Name der Gesellschaft nun nicht mehr Soka Kyoiku Gakkai, »Werteschaffende Bildungsgesellschaft«, sondern nur noch Soka Gakkai lautete, »Werteschaffende Gesellschaft«. Dieser umfassendere Begriff symbolisierte für ihn eine neue, umfangreichere Grundlage, auf die seine zukünftigen Anstrengungen aufgebaut werden mußten. Von nun an könnte für Millionen Bedrängte die Rettung direkt vom Myoho fließen, ohne Zwischenschaltung der Wertephilosophie.

Ein Jahr nach dem Ende der Feinseligkeiten befand sich Japan mit seiner ersten wahren Verfassung auf dem neuen Pfad des Wachstums, und die Soka Gakkai hatte ihren ersten erstaunlichen Fortschritt gemacht. Beide Ereignisse ließen Todas Herz freudig erzittern. Er verließ mit einer Gruppe junger Leute den Saal und ging hinaus in die kühle Abenddämmerung, erwärmt von der Bestätigung, die in diesem Neuanfang lag. Im grauen Licht flatterten goldene Blätter eines nahen Paulonia-Baumes zu Boden. Glücklich über die Begleitung seiner jungen Anhänger, sang er mit ihnen während sie zum Bahnhof schlenderten:

»Die Wolken des Ruhmes ziehen vorbei,
Die Feiern des Ehrgeizes sind zu Ende,
Die falschen Religionen verschwinden,
Doch glühend ist Buddhas Kraft.
Die Zeit ist gekommen,
den Glauben zu bringen,
Die ganze Welt hat diesen Wunsch.
Entrollt die Banner,
Junge Soldaten, auf zum Streit!«

3. Licht und Schatten

Da die Empfangshalle des Taiseki-Dschi bis auf die Grundmauern niedergebrannt war, mußte man für die Mitternachtsgebete das Rensobo-Gästehaus benutzen. In der Nacht des 15. November 1946 war dieses Gebäude ebenso wie die Haupthalle des Tempels hell erleuchtet, denn es fanden Zeremonien für den neuen Hohepriester der Nitschiren Schoschu statt. Tiefe Dunkelheit und Schweigen umhüllten den Rest des Tempelgeländes. Der Gohonson war für diesen wichtigen Anlaß aus dem Tempel der Kostbarkeiten in die Haupthalle verlegt worden. Alle Priester standen als symbolische Wächter in den vier Ecken des Gebäudes. Einige Tage zuvor war der dreiundsechzigste Hohepriester Nitschiman Akiyama nach nur einem Jahr aus gesundheitlichen Gründen von seinem Amt zurückgetreten; nach einer Sondersitzung der Ratsmitglieder wurde Nisscho Misutani zum Nachfolger vorgeschlagen.

Die Lehren Nitschiren Daischonins sind durch eine ununterbrochene Reihe auserwählter Schüler weitergegeben worden. Nikko Schonin, der noch von Nitschiren Daischonin selbst bestimmt wurde, war der erste von ihnen. Das Wesen des wahren Buddhismus wurde auf fast die gleiche Art überliefert, wie man Wasser in endloser Folge von einem Gefäß in ein anderes gießen kann. Daher war das Wasser des Myoho, das nun an den vierundsechzigsten Hohepriester weitergegeben wurde, noch immer das gleiche, welches siebenhundert Jahre zuvor von Nitschiren Daischonin ausgeschenkt worden war. Seine Reinheit, seine Klarheit und sein Geschmack waren unverändert. Und zweitausend Jahre vor Nitschiren hatte auch Schakyamuni diese Art der Überlieferung gewählt, indem er die Hinayana-

Lehren* an Maha-Kasyapa und Ananda weitergab und die Lehren des Mahayana an Manjusri. Doch die Essenz des Lotus-Sutra gab er an Visistacaritra weiter und an keinen anderen. Natürlich geschieht eine so hochrangige Zeremonie, wie es die Einsetzung eines neuen Hohepriesters in eine solch ehrwürdige Tradition ist, mit gehörigem Pomp. Der zurückgetretene Hohepriester und sein Nachfolger verbringen viele Stunden hinter riesigen, vergoldeten Wandschirmen. Während der Zeremonien steigt die Spannung im Tempel stetig, und erreicht einen Höhepunkt, wenn der symbolisch neugeborene Hohepriester sein erstes Mitternachtsgongyo abhält, und damit die siebenhundertjährige Tradition fortführt, in der Nacht zwischen zwei und vier Uhr für die endgültige universelle Verbreitung des wahren Buddhismus und für den Frieden und das Glück der Menschheit zu beten. So wie seit siebenhundert Jahren klangen auch in dieser Nacht die Gebete laut, stark und klar in die Nachtluft hinaus, und der Mann, der sie anstimmte, sollte zu einer treibenden Kraft bei der Wiederherstellung der Nitschiren Schoschu und besonders beim Wiederaufbau ihres großen Haupttempels werden.

Die Probleme, denen der Hohepriester Nisscho Misutani gegenüberstand, als er im Alter von achtundsechzig Jahren das Amt übernahm, schienen unüberwindlich. Die Empfangshalle war so schnell wie möglich wieder aufzubauen. Aber noch dringender mußten etwa zwanzig Nitschiren-Schoschu-Tempel wieder errichtet werden, die während des Krieges in allen Teilen Japans abgebrannt waren. Doch selbst im Angesicht derartiger Probleme begann der unerschrockene Nisscho sofort mit der Arbeit. Sein erster Schritt war die Organisation eines besonderen Tempelwiederaufbau-Komitees, welches konkrete Pläne für die Verwendung von Bauholz aus dem tempeleigenen Forst sowie für eine Spendenaktion unter den reichen Gläubigen ausarbeiten sollte.

* Siehe Glossar

Dies alles wurde allerdings zunächst durch eine von den Besatzungsbehörden unterstützte, zweiphasige Agrarreform behindert, wonach ein Landeigentümer nicht mehr als zwölfeinviertel Morgen besitzen durfte. Alles, was hierüber hinausging, hatte er an die Leute zu verkaufen, die das Land bisher als Pächter bebaut hatten. Ein Grundeigentümer, welcher selbst nichts anbaute, durfte nicht mehr als zweieinhalb Morgen besitzen und religiösen Institutionen war der Besitz von landwirtschaftlicher Nutzfläche überhaupt gänzlich verboten. Dies war also ein ernstes Problem für den Taiseki-Dschi als religiöser Organsiation, die zudem keine Landwirtschaft betrieb. Hinzu kam noch, daß eine örtliche Agrarkommission, die von einem Kommunisten geleitet wurde, den Tempel zwang, zweihundertfünfundvierzig Morgen Land zu einem lächerlich niedrigen Preis zu verkaufen. Davon waren einhundertsiebenundvierzig Morgen Ackerland, der Rest war Wald. Dieser Verlust behinderte das Wiederaufbauprogramm des Hohepriesters Nisscho ganz entscheidend, doch es gab keine Alternative.
Und da den Priestern trotz ihrer Unerfahrenheit mit weltlichen Dingen absolut klar war, daß die Agrarkommission weitere Landverkäufe erzwingen könnte, fanden sie sofort die einzig mögliche Lösung: Sie mußten selbst Bauern werden. Um den Taiseki-Dschi zu halten, waren sie bereit, ihre priesterlichen Gewänder abzulegen und die fünf Morgen des Tempelgeländes zu bebauen. Ihre Hände waren grobe Arbeit gewiß nicht gewöhnt, aber sie machten sich mit Spaten und Hacken an die Arbcit, um den Haupttempel zu schützen und gleichzeitig für die eigene Nahrung zu sorgen.
Sie pflügten, jäteten Unkraut und allmählich wurde diesen frommen Männern die bäuerliche Tätigkeit zur täglichen Routine. Nur etwa einmal im Monat, wenn wegen der Pilger Zeremonien vor dem Dai-Gohonson stattfanden, kehrten sie für kurze Zeit zu ihrer alten Lebensweise zurück, die ihnen nun allerdings reichlich fremd erschien. Als die aus dem Kriegsdienst entlassenen Mönche nach und nach zum Taiseki-Dschi zurückkehrten,

waren einige von ihnen über die Veränderungen so schockiert, daß sie sich nicht überwinden mochten, bei diesen sonderbaren Bauernmönchen zu bleiben. Diesen Titel behielten die Priester vom Taiseki-Dschi dann bei, ähnlich, wie die Kriegermönche der späten Heian-Periode, die zu Schwert und Lanze gegriffen hatten, um sich vor tyrannischer Herrschaft zu schützen. Obwohl es auch hier und da Unzufriedenheit gab, sorgte die weise Politik Nisscho Misutanis für Nahrung auf den Tischen des Tempels in einer Zeit, in der das ganze Land die Gürtel wegen der schrecklichen Lebensmittelknappheit immer enger und enger schnallen mußte.

Nisscho Misutani war jedoch nicht der einzige, der bestrebt war, den Glauben in einem vom Krieg zermürbten Land wieder aufzubauen, und auch seine verdrossenen, aus dem Kriegsdienst entlassenen Mönche waren nicht die einzigen, die ihre Unzufriedenheit über die damaligen Zustände ausdrückten. Josei Toda fuhr mit seinen Lesungen über das Lotos-Sutra und die *Goscho* fort. Nach der ersten erfolgreichen, allgemeinen Tagung der Soka Gakkai waren die Teilnehmerzahlen so gestiegen, daß zusätzliche Versammlungen notwendig wurden. Gelegentlich, besonders wenn unzufriedene junge Menschen teilnahmen, gab es hitzige Wortwechsel. Der Zeitplan war sehr anstrengend für Toda, aber er bemühte sich um den Vorsitz bei allen Versammlungen, weil er erkannte, daß viele seiner treuesten Anhänger zwar sowohl theoretisch, als auch philosophisch überzeugend argumentieren konnten, es ihnen aber doch manchmal an der Wärme mangelte, die man brauchte, um den fordernden Appellen an die Menschlichkeit Substanz zu verleihen. Mit seinem Charme und seinem echten Interesse am Wohlergehen der Menschen, die zum Lernen gekommen waren, war Toda genau der richtige Mann, um den Diskussionen diese menschliche Wärme zu geben.

Die Bedingungen, unter denen die Versammlungen in jenen Tagen stattfanden, waren keinesfalls luxuriös. Die Straßen waren selten beleuchtet und der kurzsichtige Toda stolperte oft, wenn er sich des Nachts seinen Weg durch abgelegende Stadtviertel zu den Speicherräumen der verfallenen Häuser suchte, in denen sich die Gläubigen versammelten. Bei schwachem Licht wurde das Lesen zur Qual, die Tatamimatten waren unweigerlich verschmutzt und zerschlissen, und manchmal waren die hölzernen Gebäude während des Krieges auf eine solche bizarre Weise krumm und schief geworden, daß die Zuhörer einen beträchtlichen Teil ihrer Aufmerksamkeit darauf verwenden mußten, auch nur einigermaßen aufrecht zu sitzen. Und die Dielen quietschten, wenn man auch nur einen Schritt machte. Doch diese kleinen Unannehmlichkeiten wurden sofort unwichtig, wenn Toda eintrat und die Menschen fröhlich begrüßte.

Da er die geistig lähmende Wirkung von Formalien haßte, bestand Toda darauf, daß die Treffen nicht regelmäßig sondern gelegentlich spontan stattfanden. Meist konnten sich nur ungefähr zwanzig oder dreißig Menschen in diese Räume quetschen, doch selten kamen weniger. Jeder hatte eine Menge Fragen, und Toda hörte stets bereitwillig und aufmerksam zu. Nachdem er geantwortet hatte, stellte er meist selbst einige Fragen über die Geschichte des Buddhismus, den wahren Sinn des Lebens, die Bedeutung des Glücks und über gewisse buddhistische Doktrinen, wie zum Beispiel über die zehn Zustände des Lebens. Er tat dies, um Diskussionen anzuregen und um die versteckten Zweifel der Zuhörer ans Licht zu bringen. Toda fürchtete sich niemals vor dem ehrlichen Zweifel, denn er glaubte, daß echtes Verständnis stets aus dem Zweifel kommt, bevor dieser durch Glauben aufgelöst wird.

Diese Versammlungen waren offen für Menschen jeden Alters, jeder Klasse und jeder Art. Alle hatten das gleiche Recht, ja wurden sogar dazu ermutigt, an der Diskussion teilzunehmen, ganz gleich, ob es sich um ein altes erfahrenes Mitgleid der Gesellschaft handelte, oder um einen grünen Neuankömmling. Es herrschte ein Geist der Demokratie, in dem hohes Alter oder Rang keine Bedeutung hatten. Toda sah in den Diskussionsveranstaltungen eine der wichtigsten Aktivitäten der Gesellschaft und um zwischen den Massen und einer kleinen Gruppe von sogenannten Führern keine Barriere zu errichten, vermied er einstudierte Vorlesungen, die Sprecher und Zuhörer meist trennen. Das Diskussionstreffen war ein Ort, wo Menschen, die auf der Suche nach Wahrheit und Erlösung waren, aufrichtig miteinander sprechen konnten.

Manchmal stellten Leute mit begrenzten geistigen Fähigkeiten recht dumme Fragen, doch niemand wurde je zurückgewiesen. Toda behandelte jedermann mit der Würde, die einem menschlichem Individuum zusteht, und schenkte allen seine höchste Aufmerksamkeit. Die größten Herausforderungen kamen von den entmutigten jungen Männern, die gerade als Soldaten entlassen worden waren. Meist physisch geschwächt, waren sie in eine Welt zurückgekehrt, die sie nicht verstanden und in der sie versuchten, dem Leben irgendeine Bedeutung zu geben. Mit eingefallenen Wangen und tiefliegenden Augen forderten sie Toda oft heraus, seine Behauptungen zu beweisen. Bei einem Treffen, als man gerade darüber diskutierte, welches große Versprechen dem Glauben an den wahren Buddhismus innewohnt, erhob sich ein junger Mann und unterbrach Toda:

»O nein, Sie versuchen, mich hereinzulegen, doch das lasse ich nicht zu. Was Sie sagen, ist zu schön, um wahr zu sein. Es ist ein Betrug und von Betrügereien habe ich die Nase voll.«

Die Freunde des jungen Mannes sprangen verlegen auf und versuchten, ihn dazu zu bringen, sich wieder hinzusetzen und zu schweigen, doch Toda wollte den jungen Mann zu Ende sprechen lassen. Er kannte die Leere und Hoffnungslosigkeit in den Herzen dieser jungen Menschen. Er wußte, daß sie emotionale Ausbrüche brauchten, um ihre Spannung loszuwerden. Für einen Moment überraschte Todas Nachgiebigkeit den jungen Mann, doch dann steigerte er sich wieder in seine Wut hinein und rief:

»Ich lasse micht von Ihren Reden über den Aufbau eines friedlichen buddhistischen Landes nicht ins Bockshorn jagen. Wie können Sie von mir erwarten, so etwas zu glauben? So lange ich mich erinnern kann, hat man uns die Ohren mit geschwollenen Reden über die kaiserliche Armee, die unbesiegbare Marine, den heiligen Krieg und die universelle Harmonie vollposaunt. Alles leere Worte! Doch damals wußte ich das nicht. Ich glaubte ihnen und ging zu einer Kamikazeschwadron, weil ich wahrhaftig dachte, daß ich durch den Tod fürs Vaterlang zum ewigen Wohlstand aller Menschen beitragen würde. Wir alle haben diesen Blödsinn geschluckt, doch als der Alptraum vorbei war und ich wieder klar denken konnte, sah ich, daß es lauter Lügen waren. Oh, sicher, wir wurden von Schurken hereingelegt, aber was waren wir erst für Idioten! Ich habe mir damals geschworen, daß solch edles Geschwätz mich niemals wieder täuschen sollte und ich lasse mich auch von Ihnen nicht hereinlegen.«

Während der junge Mann mit bösem Gesicht seine Schimpftirade losgelassen hatte und die Hände gegen die ausgebeulten Khakihosen preßte, die ihm aus den Tages seiner Kamikazezeit geblieben war, hatte Toda ihn angesehen. Dann stand er schweigend eine Minute lang und starrte in die Luft: Toda dachte: »Dieser Mann steht entweder unter einem sehr starken Willen oder er ist einfach nur ein Dickkopf.« Doch treu seinem Grundsatz gleichbleibender Höflichkeit und Interesses für jedermann, begann er ruhig zu sprechen:

»Vielleicht haben Sie recht. Sie kennen Ihre eigene Erfahrung und Erfahrung ist immer wahr. Sie haben eine unbezahlbare Lektion gelernt, daß man sich nie hereinlegen lassen soll. Doch Sie sind immer noch sehr unglücklich!«

»Woher wollen Sie das wissen?« schnauzte ihn der junge Mann an. »Man kann mich nicht unglücklich nennen. Ich bin gar nichts. Weder glücklich, noch unglücklich.«

»Was würden Sie sagen, in welchem Zustand Sie sind?«

»In keinem Zustand. Das ist alles«, meinte der junge Mann höhnisch lachend. Toda fühlte die nihilistische Verzweiflung in dem schnarrenden Gelächter und empfand plötzlich aufkeimendes Mitleid und Zuneigung. Er bat ihn näher zu sich und lud ihn ein, sein Problem ernsthafter zu besprechen. Der junge Mann

zögerte zunächst, doch da seine Wut verraucht war, folgte er dieser Einladung.
»Nun also«, lächelte Toda, »Sie sind über eineinhalb Jahre wütend gewesen. Glauben Sie nicht, daß es Zeit wird, daß Sie sich beruhigen?«
Einige Zuhörer kicherten, doch der immer noch bittere Ausdruck auf dem Gesicht des jungen Mannes ließ ihre vorwitzige Heiterkeit schnell wieder verebben. Toda fuhr fort:
»Sie sagen, Sie sind hereingelegt worden, doch bevor Sie den Betrug erkannten, glaubten Sie wirklich an die Dinge, die Ihnen beigebracht wurden. Oder nicht?«
»Mit meinem ganzen Herzen. Das ist es, was mich jetzt so wütend macht.«
»Dann haben Sie keine Schuld.« Toda nickte, als ob er ein eigensinniges Kind beruhigen würde. »Sie glaubten, weil Sie nicht wußten, daß das, was Ihnen beigebracht wurde, falsch war. Wie Sie jetzt erkennen, ist nichts schrecklicher, nichts fürchterlicher als blinder Glaube. Er kann Sie in die Tiefen des Unglücks stürzen. Dies ist ein Gesetz, dem wir alle unterliegen, ganz gleich, wie groß oder bescheiden wir auch sein mögen. Haben Sie es jemals so gesehen?«
Der junge Mann antwortete nicht und senkte den Kopf.
»Dies ist nicht nur meine Idee«, fuhr Toda fort. »Als Nitschiren Daischonin vor ungefähr 700 Jahren vor dem gefährlichen Glauben an falsche Religionen warnte, machte er dies bereits so klar wie Kristall. Sehen Sie es einmal so: Seit Ihrer Kindheit hat man Sie gelehrt, daß der Militarismus und all seine Mittel rechtschaffen sind. Ihr Glaube ließ Sie so handeln, wie Sie es taten und brachte Sie schließlich in den Zustand, in dem Sie sich heute befinden. Offensichtlich sind die Leute schuld, die Ihnen diese Ideen beibrachten, doch auch sie waren sich ihrer Fehler nicht bewußt. Nun befinden sich diese in einem ebenso großen Dilemma wie Sie. Wie Sie sagen, sind Sie weder glücklich noch unglücklich. Weil Sie einmal in der Vergangenheit betrogen worden sind, verschließen Sie sich jetzt allem, das

nach Religion oder religiöser Hingabe riecht. Das ist verständlich.«
Überrascht, wie genau Toda seine Gedanken kannte, schaute der junge Mann auf. Toda zündete sich eine Zigarette an und nach einigen ruhigen Zügen fuhr er fort:
»Sie müssen jetzt ernsthaft darüber nachdenken, ob es in dieser Welt noch etwas gibt, das es wert ist, daß man daran glaubt. Ich habe einen Vorschlag und ich denke, Sie wissen, wie er aussieht.
Trotz schwerer Verfolgung wagte es Nitschiren Daischonin zu seiner Zeit, alle Menschen am Myoho des Nam-myoho-renge-kyo teilhaben zu lassen, die dazu bereit waren. Aus seinem tiefen Mitgefühl heraus und mit dem Wissen über die Sorgen, von denen die Menschen am ›Späten Tag des Gesetzes‹ – unserer jetzigen Zeit befallen werden würden, gab er dem Myoho im Gohonson eine konkrete Form, die wir alle verehren. Das Gesetz ist keine leere Theorie und unsere Verehrung für den Gohonson ist kein Götzenkult. Das Gesetz des Myoho ist eine wahre Religion, die uns hilft, unser Leben zu erneuern und unser Schicksal und unsere Bestimmung zu revolutionieren. Der Gohonson ist der Vermittler, durch den wir für unser letztes Ziel der Buddhaschaft trainieren können.
Vielleicht erscheint Ihnen diese Denkweise unlogisch, doch das kommt daher, daß Sie immer noch nicht den Unterschied zwischen echtem und falschem Buddhismus verstehen. Auf keinem Gebiet kann man die höheren Aspekte verstehen, wenn man die Grundlagen nicht kennt. Wenn Sie unsere buddhistische Philosophie studieren, werden Ihnen die ungeheuren Unterschiede zwischen einer echten und einer falschen Religion bewußt werden. Im Augenblick wäre es Verschwendung Ihrer und meiner Zeit, wenn wir jetzt versuchen wollten, komplizierte philosophische Probleme zu lösen. Doch das Myoho existiert, ob die Menschen sich dessen bewußt sind oder nicht. Aber ich möchte, daß Sie sich dessen bewußt sind, denn in Ihrem gegenwärtigen Zustand müssen Sie den rechten Weg verfehlen. Andererseits

öffnet sich Ihnen mit dem Wissen um das Gesetz und mit der Hilfe des Gohonson ein ganz neues Universum. Sie erkennen sicher, daß ich nicht versuche, Sie zu täuschen, oder denken Sie, daß ich Ihnen all das zu meinen eigenen Nutzen erzähle?«
»Natürlich nicht.«
»Sie mögen es jetzt noch nicht wissen, doch vor Ihnen liegt eine glänzende Zukunft. Sie werden jedoch die Unterstützung und Führung einer wahren Religion brauchen. Vergessen Sie nicht: Wenn Sie die Nitschiren Schoschu und den Gohonson annehmen, wird Ihr Leben voller Segnungen und Errungenschaften sein. Wenn Sie ihn aber zurückweisen, werden eine falsche Freiheit und Dunkelheit Sie erwarten. Die Wahl liegt natürlich bei Ihnen.«
»Vielleicht haben Sie recht, aber ich bin heute abend zu konfus, um ein Urteil zu fällen. Lassen Sie mich später darüber nachdenken, wenn ich wieder einen klareren Kopf habe.«
Die Verwirrung im Herzen dieses jungen Menschen gab es millionenfach im ganzen Land, wo die Lebensbedingungen sich mit der steigenden Inflation immer weiter verschlechterten. Die gewöhnlichen Symptome derartiger gesellschaftlicher Mißstände – feindliche Arbeiterbewegungen und verstärkte Streiks breiteten sich wie ein Lauffeuer aus. Im Oktober streikten Arbeiter aller Industriezweige, im Zeitungswesen, beim Rundfunk, bei Film und Theater für höhere Löhne. Man gab diesem Druck nach, doch wurde hierdurch nur wieder die Inflation gesteigert, so daß die Arbeiter außer dem Gefühl des Sieges keinerlei Vorteil hatten. Immerhin hatten sie gelernt, wie wichtig gemeinsames Handeln war.
Im November 1946 bildete sich ein gemeinsames Kampfkomitee aller Büroangestellten in öffentlichen Ämtern und in der Regierung, dem fast zwei Millionen Mitglieder angehörten. Am 17. Dezember versammelten sich vor dem kaiserlichen Palast Hunderttausende von Arbeitern in einer sogenannten »Versammlung des nationalen Kongresses für die Sicherheit des Lebensunterhalts der Arbeiter und den Sturz des Kabinetts Yo-

schida«. Welle auf Welle solcher Veranstaltungen folgten dieser kommunistisch beeinflußten Massenversammlung. Rote Fahnen und Transparente, die die Revolution ausriefen, überfluteten die Straßen Tokyos. Die Offensive der Arbeiter, die an den Grundfesten der Nation zu rütteln begann, wurde zum politischen Kampf. Durch die anfänglichen Erfolge ermutigt und von der bevorstehenden Revolution überzeugt, planten die Kommunisten für den 1. Februar 1947 einen Generalstreik. All diese Turbulenzen spiegelten das Elend und die Armut der Menschen wider und waren ein schlechtes Zeichen für die Zukunft.

Obwohl er den Entwicklungen mit großem Interesse folgte, hielt sich Toda abseits von der Politik und konzentrierte sich auf seine Vorlesungen über das Lotos-Sutra und die *Goscho* sowie auf seine zahlreichen Diskussionsveranstaltungen. Er ließ sich niemals von den momentanen Problemen ablenken, weil er wußte, daß die einzige Rettung für das Land in der Verbreitung des wahren Buddhismus lag. Die gesellschaftlichen Unruhen hatten ihn davon überzeugt, daß die Zeit reif war. Die Japaner brauchten in diesen düsteren Tagen die Lehren Nitschiren Daischonins mehr als je zuvor.

Auch andere wußten, daß die nationalen Probleme eine tiefere Bedeutung hatten. Eines Tages las Toda in der Zeitung einen Brief, den General MacArthur an einen christlichen Führer in den Vereinigten Staaten geschrieben hatte und in dem es hieß, daß die Japaner unter moralischer Leere litten und daß das Christentum diese Leere füllen würde.

Toda stimmte zu, daß die Japaner in einem spirituellen Vakuum lebten, glaubte aber nicht, daß das Christentum ihren Bedürfnissen entsprechen würde oder gar in Japan Fuß fassen könnte. Nur der wahre Buddhismus hatte die Macht, die Menschen von ihrer spirituellen Abgestumpfheit zu erlösen und ihnen Vitalität und Energie für die Erneuerung der Nation zu geben. Lebenspendend wie die Sonne, konnte nur Nitschirens Buddhismus dieses Wunder bewirken.

Doch nicht alle Anhänger Todas sahen die Dinge auf diese Weise.

Bei Vorlesungen und Diskussionen wurde deutlich, daß es Mitglieder gab, die glaubten, daß der Aufbau einer demokratischen Gesellschaft wichtiger war, als die Aktivitäten der Soka Gakkai. Für sie hatte Toda eine Antwort:
»Glauben Sie nicht, daß ich Ihre Probleme nicht verstehe. Ich habe vollste Sympathie für Ihren Kampf für ein besseres Leben, und wenn Sie mich wirklich brauchen, habe ich nicht einmal etwas dagegen, Ihnen beim Schwenken Ihrer Gewerkschaftsfahnen zu helfen. Aber vergessen Sie eines nicht: Sie versuchen die Symptome zu heilen ohne die Krankheit selbst zu behandeln. Die Gewerkschaftsbewegung spielt eine wichtige Rolle, aber sie ist relativ unwichtig im Vergleich zum wirklichen Problem: der Rettung Japans und der endgültigen Lösung der Schwierigkeiten, von denen die Menschen geplagt werden. Nur das Myoho kann solches bewirken. Kämpfen Sie weiter. Das Recht ist auf Ihrer Seite, deshalb müssen Sie gewinnen. Aber vergessen Sie nicht zum Gohonson zu beten, denn ohne ihn sind Sie machtlos.
Politische, ökonomische und die Probleme der Arbeitenden werden durch Kompromisse gelöst. Aber wenn es um das Wesentliche geht, kann es keinen Kompromiß geben. Sehen Sie es einmal so: Wenn Sie für Verbesserung der Arbeitsbedingungen kämpfen, ist es so, als ob Sie ein winziges Boot einem stürmischen Meer tiefgreifender Schwierigkeiten aussetzen würden. Man muß die See beruhigen, damit nicht nur das Boot des Arbeitskampfes sicher segeln kann, sondern alle Boote. Um die Stürme unserer Zeit zu beruhigen, müssen wir uns der Verbreitung des wahren Glaubens widmen. Wir brauchen eine Revolution, aber es muß eine religiöse Revolution sein, so tiefgreifend, daß alle menschlichen Probleme auf höherem Niveau und ohne jeden Kompromiß gelöst werden.«
Toda blieb beharrlich. Seine Vorlesungen gingen weiter und als er mit seinen engsten Anhängern am Neujahrstag den Taiseki-Dschi besuchte, befanden sich 39 Leute in seiner Gruppe, gegenüber 6 im Jahr davor.

Doch der Aufruhr an der Arbeiterfront ging weiter. Am 28. Januar fand in Tokyo eine Massenversammlung von 300 000 Menschen statt. Die Nation stand unter der Spannung einer bevorstehenden Revolution. Wenn der für Februar geplante Generalstreik stattfand, würde das ganze Land zum Stillstand kommen und die konservative Regierung Yoschida würde stürzen. Aber wieder schritt General MacArthur ein, verbot den Streik und rettete das Ganze damit wenigstens vorübergehend.
Offensichtlich war der Streik für die meisten von lebenswichtiger Bedeutung gewesen, denn eines Abends wurde Toda während eines Diskussionstreffens mit Fragen hierüber bestürmt. Seine Antwort zeigte nicht nur sein eigenes unendliches Vertrauen in den Weg zum universalen Buddhismus, sondern gab auch den Zuhörern Hoffnung und Mut:
»Ärzte können Erkältungen heilen, aber sie haben keine Macht über die inneren Probleme der Menschheit. Ebenso können Streiks und aktivistische Bewegungen Schwierigkeiten in der Politik oder bei Arbeitskämpfen lösen, doch wenn es um tiefe Dinge wie Leben und Karma, Geburt und Tod, Krankheit und Alter sowie persönliche Probleme und dergleichen geht, sind sie nutzlos. Wenn ein einzelner Mensch nicht wirklich glücklich werden kann, ohne daß er eine Lösung für seine inneren Probleme gefunden hat, wie kann eine Gruppe von Menschen dann hoffen, die Probleme einer ganzen Nation zu lösen, ohne sich auf eine wahre Religion stützen zu können?
Streiks können immer wieder ausbrechen, sie mögen zeitweise etwas bringen, aber da sie den Kern der Schwierigkeiten nicht berühren, wird der Mensch letztendlich gezwungen sein, zu sehen, daß nur die Lehren Nitschiren Daischonins Antwort auf die letztendlichen Fragen geben und die Lösung kleinerer Probleme einfach machen können, weil man beginnt, sie aus der richtigen Perspektive zu betrachten.
Was wir hier in unseren Diskussionen und Vorlesungen tun, mag neben den Unruhen der Politik und den Arbeitskonflikten der Gegenwart klein und unbedeutend erscheinen. Aber die Tat-

sache ist, daß jene politischen Probleme bedeutungslos sind, verglichen mit der harmonischen Verschmelzung des Buddhismus mit der Gesellschaft, welches das Ziel der Verbreitung des wahren Glaubens ist. Dies ist unser aller Aufgabe. Es ist unsere Pflicht, auf dem Weg dorthin beständig voranzuschreiten.«

4. Geplänkel

Eines Mittags gegen Ende März wartete eine Gruppe junger Leute in der warmen Frühjahrssonne an einer Bushaltestelle in Nogisaka im Akasaka-Distrikt Tokyos. Ihre Kleider waren ordentlich, aber undefinierbar, die Männer waren frisch rasiert und die Haare der Frauen sorgfältig gekämmt. Offensichtlich erwarteten sie jemanden; ihre Blicke richteten sich hoffnungsvoll auf die jeweils Aussteigenden. Nachdem etliche Busse wieder weggefahren und der Freund noch immer nicht eingetroffen war, begann eine der jungen Frauen, sich zu ärgern.
»Ich möchte wissen, was mit Iwata los ist«, sagte sie und schaute wieder auf die Uhr.
»Er muß jetzt jede Minute da sein«, antwortete ein großer, dünner Mann, der eine Brille trug.
»Aber es ist schon zehn vor eins«, sagte die Frau.
»Ungeduldig wie immer, Fräulein Mikawa«, antwortete Kinya Takimoto, der junge Mann. »Mach dir keine Sorgen. Er ist unser Boß. Er muß kommen.«
Iwata war weder im nächsten, noch im übernächsten Bus, so daß sogar Takimoto begann, sich Sorgen zu machen. Als die kleine Gruppe schon überlegte, ob man ohne ihn gehen sollte, tauchte Iwata plötzlich aus dem Nichts auf und begrüßte sie fröhlich.
»Da bist du ja endlich, es wurde auch Zeit.«
»Weißt du, wieviel Uhr es ist?«
»Was, schon eins?« fragte Juitschi Iwata ungerührt. »Das tut mir leid, aber ich hatte keine Uhr bei mir. Doch ich habe euch nicht ganz umsonst warten lassen. Ich habe auf dem Weg ein wenig gekundschaftet: Es müssen mindestens 100 Leute auf dem Treffen sein. Laßt uns den Plan genauso ausführen, wie wir es letzte Nacht beschlossen haben. Wir gehen einer nach dem anderen

hinein, so daß niemand Verdacht schöpft und versucht, uns zu hindert.«

Damit ging die kleine Verschwörerbande los. Als sie sich mit den Sonntagsspaziergängern mischten, hätte niemand sie für Anarchisten oder kommunistische Gewerkschafter gehalten, was sie natürlich auch nicht waren. Sie waren nur Mitglieder einer Gruppe von Jugendlichen, die sich mit Leib und Seele der Verbreitung des wahren Buddhismus verschrieben hatte. Nach ein paar Minuten erreichen sie ihr Ziel, das Hauptquartier einer religiösen Organisation, die sich »Vereinigungsorden« nannte. Die Gruppe verteilte sich unauffällig unter den Gemeindemitgliedern, nachdem sie einer nach dem anderen hereingekommen waren.

Dieser »Vereinigungsorden«, eine von unzähligen ähnlichen Gruppen, die im Nachkriegsjapan aus dem Boden schossen, nutzte das herrschende moralische Vakuum aus, das durch den Krieg und die Niederlage entstanden war. Er lehrte eine bizarre Mischung aus Christentum, Buddhismus und Schinto, welche er die Vereinigung aller Religionen nannte. Seine Hauptlehre bestand darin, daß jeder erlöst werden kann, der an das Dogma des Ordens glaubt und zwei Bücher liest: *Die wahren Aspekte des Lebens* und *Die Wahrheit*, beide, wie leicht zu erraten sein dürfte, vom Gründer der Sekte geschrieben. Aber die Erlösung wurde nicht nur dem gebildeten Leser versprochen; Taniyama gab ausdrücklich auch den Analphabeten Erlaubnis, die Tore des Paradieses zu durchschreiten, wenn sie diese beiden wunderbaren Bücher nur unterm Arm trugen. Viele geistig Hungernde nahmen die Lehren des »Vereinigungsordens« für bare Münze und gaben ihr gutes Geld für diese beiden wertlosen Bücher und für andere, massenhaft angebotene Drucksachen aus. Tatsache war, daß der »Vereinigungsorden« weniger eine Religion, als viel mehr ein sehr profitables Geschäft darstellte, das mit all den Pfennigen und dem Kleingeld der Hundertschaften gedieh, die die falschen Lehren des Taniyama schluckten.

Doch die Sünden dieses Mannes waren nicht auf das Nachkriegsjapan beschränkt. Auf dem Höhepunkt des japanischen Militarismus hatte Taniyama mit der Regierung kooperiert, er zollte sowohl den Lehren des Schinto, als auch dem Ultranationalismus lautstark Beifall. Als die Nationalisten allerdings fielen, wollte der clevere Taniyama ihnen nicht folgen und braute sich eine zu Kopf steigende Mischung aus miteinander verwurstelten Religionen zusammen, die die Unglücklichen und Müden davon überzeugen sollte, daß er, Taniyama, die Pforte zu einem reicheren Leben darstellte.

Bei diesen Treffen nun gingen etliche von Taniyamas Anhängern zum Rednerpult und sprachen einer nach dem anderen über ihren Eintritt in den »Vereinigungsorden« und über die Wohltaten, die sie hierdurch empfangen hatten. Aber so inbrünstig sie auch die angeblich gefundene Seligkeit zu beschreiben suchten, der blasse und kränkliche Teint, die gebückte Haltung und abgezehrte Erscheinung der mittelalterigen Frau mit dem wirren Haar und der ungepflegten Kleidung, des kaputten Ex-Häftlings und des ausgelaugten Ex-Soldaten straften ihre Worte Lügen. Die Berichte dauerten fast eine Stunde und ihre Hohlheit und das Fehlen jeglicher religiösen Grundlage stieß die im Zuschauerraum verteilten jungen Leute ab. Doch der Höhepunkt des Treffens, Taniyamas Predigt, sollte erst noch kommen. Nach einigen weiteren Berichten, in denen immer wieder beiläufig die wunderwirkende Kraft von Taniyamas literarischen Ergüßen erwähnt wurde, erschien der große Mann selbst und erstieg unter lautem Applaus das Pult. Nachdem er seine Gruppe liebevoll gemustert hatte, begann er zu sprechen:

»Wenn Sie einen sicheren Weg suchen, Ihren Geist mit dem klaren Licht der Wahrheit zu erhellen, so sollten Sie jeden Tag eine Stunde lang sorgfältig mein Buch *Die wahren Aspekte des Lebens* studieren, so viel kann ich sagen, ohne daß die Gefahr besteht, daß ich mir widerspreche. Ich muß allerdings sofort hinzufügen, daß ich auf keinen Fall für mich in Anspruch nehme, daß meine bescheidenen Schriften Ihre Krankheiten heilen werden. Oh, nein, Krankheiten sind nur das Ergebnis falscher

Ideen, falschen Glaubens. Doch am Ende haben sie keinerlei Konsequenzen, denn, wie ich Sie gelehrt habe, ist der Körper nur der Schatten des Geistes. Wenn man krank ist, muß man die Schmerzen vom Geist hinwegnehmen und sie werden auch den Körper verlassen.«

Umständlich fuhr Taniyama mit seiner erbaulichen Vorlesung fort. Er dekorierte sie mit Zitaten aus der Bibel und den buddhistischen Schriften und erzählte seinen unwissenden Hörern besänftigend, daß alle Religionen letzten Endes eins seien.

Iwata schaute sich um und konnte in den leeren Gesichtern der Menge sehen, daß dieser Wortbrei keinesfalls die Verzweiflung der Versammelten lindern konnte. Er fühlte Mitleid mit ihnen und Verachtung für den Betrüger. Als Taniyama geendet hatte, hob Iwata den Arm und bat um die Erlaubnis, ein paar Fragen zu stellen. Die Leute auf der Tribüne flüsterten hastig miteinander, denn diese ungewöhnliche Bitte überraschte sie. Dann stand der Versammlungsleiter auf und kündigte an, daß Herr Taniyama äußerst beschäftigt sei, aber ausnahmsweise so freundliche wäre, für eine halbe Stunde Fragen zu beantworten.

Vier oder fünf Leute hoben die Hand, um eine Frage zu stellen. Der Versammlungsleiter vermied sorgfältig den offensichtlichen Störenfried Iwata und zeigte auf einen anderen, unbekannten jungen Mann ganz hinten. Er hatte jedoch unwissentlich Takimoto ausgesucht, der sagte: »Mein Herr, Sie haben über den Gott des ›Vereinigungsorden‹ gesprochen. Ich bin nicht sicher, ob ich Sie richtig verstehe. Was für eine Art Gott ist es? Können Sie das bitte ganz konkret erläutern?«

»Dies ist im wesentlichen eine Frage des Glaubens. Indem wir sagen, daß wir alle Kinder Gottes sind, meinen wir, daß die absolute und unendliche Gottheit in uns allen wohnt. Doch die Gottheit manifestiert sich in vielerlei Gestalt. Dies bringt uns zur Frage des Monotheismus versus Polytheismus, aber dieses offensichtliche Problem lösen wir leicht. Wir glauben, daß alle Gottheiten in eine der drei Kategorien fallen, die durch den christlichen Gott, den Buddha und die Sonnengöttin Amaterasu symbolisiert werden. Aber ganz gleich, zu welcher Kategorie sie gehören, sie sind ausnahmslos eine Manifestation zur, wie ich sie nenne, geheimnisvollen spirituellen Welle der Erlösung, die ihren Ursprung in einem fundamentalen übergeordneten Gott hat. Nun, die Gottheit unseres ›Vereinigungsordens‹ ist ebensfalls eine Manifestation dieser geheimnisvollen Welle.«

Da Taniyamas Sermon offensichtlich sobald nicht enden würde, unterbrach Takimoto ihn: »Jawohl, vielen Dank, ich verstehe. Jetzt habe ich noch eine Frage. Nach meinen Verständnis sagen Sie, daß der Gott des ›Vereinigungsordens‹ in Ihrem Buch *Die wahren Aspekte des Lebens* zu finden ist. Ist das richtig?«

»Sie haben mich richtig verstanden, junger Mann. Mein Buch übermittelt die spirituelle Welle der Erlösung und erlöst uns so von unseren Leiden und Übeln.«

»Aber was ist mit dieser Sonnengöttin Amaterasu? Ist sie speziell japanisch, oder amerikanisch, oder chinesisch?«

»Natürlich ist sie japanisch, aber sie strahlt ihr Licht im ganzen Universum aus. Dennoch schützt sie besonders die Japaner.«

»Wenn das so ist! Aber wie erklären Sie dann ihr bemerkenswertes Versagen im Krieg?«

Das folgende, lange Schweigen ließ klarwerden, daß Taniyama für diese Frechheit keine Antwort parat hatte. Takimoto fuhr fort:

»Ich hätte gerne eine Antwort. Wenn Amaterasu eine Göttin ist und wenn es ihre Pflicht ist, die Japaner zu schützen, wie Sie sagen, warum hat sie uns dann so schrecklich allein gelassen? Sollte ihre fehlende Unterstützung uns nicht an ihrer Existenz überhaupt zweifeln lassen?«

»Sie sprechen von Pflicht«, stotterte Taniyama, »aber ich denke nicht, daß Götter Pflichten haben.«

»Gut, dann eine Aufgabe. Warum hat die Sonnengöttin es versäumt, ihre Liebe zu zeigen?«

»Ja nun, Sie sehen, ich interpretiere es folgendermaßen . . .«

Aber es folgte keine klare Interpretation. Im Zuschauerraum setzte sofort ein ruheloses Gesumme ein, da Taniyamas Verle-

genheit für das Publikum ganz offensichtlich wurde. Takimoto holte nun zum letzten Schlag aus.
»Ein Gott, der Fehler macht, ist ein Gott außer Dienst, oder? Sie haben eine Hierarchie der Götter geschaffen. Nun erklären Sie uns bitte, wo die Sonnengöttin der Japaner, die den Krieg verloren haben, im Verhältnis zum christlichen Gott der Amerikaner steht, die ihn gewannen?«
Taniyama stand blaß und sehr betroffen da, während die Zuhörer wieherten und lachten. Aber so leicht war er nicht zu besiegen. Nach einem Moment der Nervosität erholte er sich weit genug, um Takimoto zu überlisten.
»Sie haben nach dem Gott unseres Ordens gefragt und ich habe mein Bestes getan, um Ihnen das zu erklären. Dessen ungeachtet scheinen Sie nicht zu verstehen. Ich bin von Ihrer Intelligenz überzeugt und wenn Sie immer noch ernsthaft interessiert sind, mehr über unseren Glauben zu erfahren, dann empfehle ich Ihnen dringend einer spirituellen Trainingsgruppe beizutreten, die wir für Leute wie Sie eingerichtet haben. Nun bitte zur nächsten Frage.«
Takimoto versuchte, noch etwas zu sagen, aber der Versammlungsleiter hatte das Wort bereits einem anderen erteilt. Doch dieser andere war natürlich wieder ein Mitglied der Jugendgruppe – Juitschi Iwata. Takimoto war erlöst und konnte sich vergnügt ausruhen.
Freimütig und selbstsicher sagte Iwata: »Ich fürchte, was Sie darüber zu sagen haben, daß der Körper nur ein Schatten der Seele sein soll, kann ich nicht so ohne weiteres hinnehmen. Meinen Sie, daß alle materiellen Phänomene Schatten sind und daß nur die Welt des Geistes wirklich existiert?«
»Das ist richtig«, sagte Taniyama.
»Gut, aber was ist mit der Wissenschaft und den Dingen, die sie uns über die physische Welt lehrt?«
»Mein lieber junger Freund, wenn auch die Wissenschaft real erscheint, ihrem Wesen nach gehört sie zum Reich der Schatten, dem Nichtsubstanziellen. Unglücklicherweise verstehen dies

viele Menschen nicht und die Welt leidet heutzutage an den Folgen der mißverstandenen Idee von der Allmacht der Wissenschaft.« Während er sprach, kräuselte ein geringschätziges Lächeln seine Lippen und seine Stimme bekam einen Klang hochtrabender Selbstüberschätzung.
»Aber sicher wollen Sie doch nicht alle wisschenschaftlichen Wahrheiten und Gesetze widerlegen, die in der physischen Welt herrschen«, erwiderte Iwata.
»Ich widerlege weder ihre sogenannten Wahrheiten, noch bestätige ich sie. Ich bestehe nur darauf, daß der Mensch nicht die Macht der Wissenschaft überschätzen soll«, sagte Taniyama.
»Würden Sie sagen, daß die allgemein anerkannte Schwerkraft ein Schatten ist?«
Das Grinsen verschwand aus Taniyamas Gesicht und seine Stimme wurde unsicher, als er sagte: »Sie sind wirklich ein hartnäckiger junger Mann. Aber Sie können sicher sein, daß die physische Welt in ihrem Wesen als nichtexistent zu betrachten ist. Und was nicht existiert, existiert eben nicht. Niemand kann die Wahrheit begreifen, bevor er die Welt der Materie aufgegeben hat. Natürlich kann nicht jeder dies erreichen. Selbst einige der Meisterschüler des Buddha waren in den Bindungen der physischen Welt gefangen.«
Jetzt verlor Iwata die Geduld. »Unsinn. Wie kann ein Mensch die physische Welt aufgeben? Es ist vollkommen offensichtlich, daß nicht einmal Sie dieses Kunststück fertigbringen.« Iwata wandte sich zum Auditorium und nahm eine Schachtel Streichhölzer aus der Tasche. »Ich frage Sie, existiert diese Streichholzschachtel? Ist sie ein Schatten? Und glauben Sie wirklich, daß mein Körper nur ein Schatten meines Geistes ist?«
Die Versammlung schaute sprachlos und verwirrt zuerst zu Taniyama, dann zu Iwata, hinter dem ein paar starke Männer des »Vereinigungsordens« sich drohend erhoben. Plötzlich durchbrach eine Stimme die Spannung:
»Herr Taniyama, bitte erleuchten Sie diesen Mann. Helfen Sie ihm durch die Lehren des ›Vereinigungsordens‹ Erlösung zu

finden. Ich bin sicher, daß wir alle das brauchen können, was Sie ihm zu sagen haben.« Doch der Taniyama scheinbar freundlich gesonnene Sprecher war niemand anders als Giitschi Sakata, wieder ein anderes Mitglied der Gruppe, die die falschen Lehren des »Vereinigungsorden« widerlegen wollte. Der ausgeklügelte Plan hatte genau dies vorgesehen, da die Gruppe glaubte, daß Taniyama sich tiefer und tiefer in sein eigenes Lügengewebe verstricken würde, wenn sie ihn dazu bringen konnten, seine Erklärungen auszuweiten. Und der ahnungslose Taniyama biß an.

»Junger Mann, sind Sie ein Berufsmaterialist?« fragte er.

»Nein, aber ich leugne weder Geist noch Körper.«

»Dann müssen Sie das folgende über den ›Vereinigungsorden‹ verstehen: Wir glauben, daß die Menschheit nur frei werden kann, wenn sie die Existenz der Materie und des Körpers zurückweist. Wir stehen im absoluten Gegensatz zum Materialismus.« Nach diesem Satz schaute Taniyama auf die Uhr, wie um zu zeigen, daß seine kostbare Zeit nun vorüber sei.

»Und wie sollen wir Ihrer Meinung nach den menschlichen Körper und die physische Welt in der wir leben, zurückweisen? Ihre Ideen ergeben keinen Sinn. Sie sind ein Schwindler. Sie vergiften den Geist unwissender Menschen und ich denke, es wird Zeit, Ihnen das Handwerk zu legen. Was sagen Sie dazu?«

Mit dieser Herausforderung hatte Iwata die Anschauungen seiner Gruppe klar ausgesprochen. Doch die übrige Versammlung, die noch immer nicht ahnte, daß die ganze Fragestunde sorgfältig manipuliert worden war, um diese letzte Konfrontation zu provozieren, schaute zu Taniyama, damit er den jungen Emporkömmlich zurechtweise. Doch Taniyama stand wie versteinert. Verräterisch schaute er wieder zur Uhr. In diesem Moment kamen zwei Offiziere nach vorne. Einer von ihnen kündigte an, daß die Fragestunde vorüber sei und durch diese Aktion fühlte sich Taniyama ermutigt, den verlorenen Boden zurückzugewinnen. »Junger Mann, es steht Ihnen nicht zu, darüber zu urteilen,

was ich zu lehren habe und was ich nicht zu lehren habe. Ich muß zu einer anderen Veranstaltung aufbrechen, in der viele unserer gläubigen Anhänger auf mich warten.«
Mit dieser schwachen Erwiderung hastete Taniyama vom Podium herunter, eifrigst bemüht, der beschämenden Zurschaustellung seiner schäbigen Lehren zu entfliehen. Aber Iwata wollte ihn nicht so leicht entkommen lassen.
»Warten Sie! Laufen Sie nicht so schnell davon, Sie Schwindler!« rief er hinter dem Flüchtenden her.
Als sie das hörten, eilten die Saalordner des »Vereinigungsordens« herbei und versuchten, Iwata festzuhalten, doch Sakata, Takimoto und Yusuke Yoschikawa bildeten sofort einen schützenden Ring um den Freund. »Wenn ich Sie wäre, würde ich ihm nichts tun. Er hat ein Recht, seine Meinung zu sagen«, warf Yoschikawa ein. Diese Bemerkung provozierte fast einen Kampf, aber als die Ordner auf ihn losgehen wollten, wurden in der Versammlung Rufe laut.
»Laßt ihn sprechen; denkt an die Redefreiheit.«
»Wir wollen keinen Kampf!«
»Wenn ihr einen Kampf anfangt, schadet ihr nur dem Orden.«
Nach einigen Minuten legte sich die Verwirrung und der Versammlungsleiter konnte die Ruhe wiederherstellen. Und da er keinen anderen Ausweg aus der Situation sah, sagte er: »Gut, junger Mann, ich erteile Ihnen das Wort. Aber nur für zehn Minuten.«
Iwata erklomm das Podium und begann: »Zunächst sollte ich unsere Gruppe vorstellen. Wir sind Mitglieder der Jugendabteilung der Nitschiren Schoschu Soka Gakkai.«
Für die meisten hatte dieser Name keinerlei Bedeutung, aber die Offiziellen des »Vereinigungsordens« wußten nun, mit wem sie es zu tun hatten. Eine Woche vorher hatten einige Soka-Gakkai-Mitglieder versucht, ein paar von ihnen von der Wahrheit der Nitschiren Schoschu zu überzeugen. Nun war ihr Führer von einem anderen Mitglied der gleichen Organisation vor vollem Publikum gedemütigt und in Mißkredit gebracht worden. Die

anderen Mitglieder der Jugendabteilung gesellten sich zu ihm, als er mit gelassenem Ernst zu sprechen begann:
»Nitschiren Schoschu ist die einzige buddhistische Gruppe, die den rechtmäßigen Lehren des Nitschiren Daischonin folgt, dem wahren Buddha des ›Späten Tages des Gesetzes‹. Vor siebenhundert Jahren gab Nitschiren Daischonin seine Lehren an Nikko Schonin weiter, den zweiten Hohepriester. Sie verkörpern den einen und einzigen Buddhismus, den Glauben, der die gesamte Menschheit retten wird.
Genau wie Schakyamuni es vor dreitausend Jahren in seiner großen Lotus-Sutra prophezeite, erschien Nitschiren Daischonin an Schakyamunis ›Spätem Tag des Gesetzes‹, um die unglücklichen Massen zu retten. Soka Gakkai ist die Laienorganisation der Nitschiren Schoschu, die sich religiösen und philosophischen Aktivitäten widmet. Sie kämpft dafür, die Japaner vom Elend zu erlösen und die letztendliche Erlösung der Menschheit voranzutreiben. Die Zeit verbietet es mir, es historisch zu belegen, aber ich bitte Sie, mir zu glauben, daß Nitschiren Schoschu die einzige orthodoxe Sekte des Nitschiren Buddhismus ist. Ein Land kann nur einen König haben, und Nitschiren Daischonins Buddhismus kennt nur eine wahrhaft orthodoxe Sekte.
Was sind nun die Lehren des ›Vereinigungsordens‹? Wie Sie gehört haben, habe ich heute bewiesen, daß Sie einem albernen Mischmasch aus Teilen des Christentums, des Buddhismus und des Schintoismus aufgesessen sind, den man Ihnen als religiöse Wahrheit verkauft hat. Sowohl Schakyamuni, als auch Nitschiren Daischonin bezeichnen einen Mann, der solches versucht, als Teufel. Demzufolge hat man Sie unwissentlich zu Schülern des Teufels gemacht. Taniyama hat süße Worte benutzt, um Sie in Ihrer Unwissenheit einzulullen.«
Als Iwatas Bemerkungen unangenehm wurden, unterbrachen ihn die Leiter des »Vereinigungsordens«, die vorher schon miteinander geflüstert hatten.
»Ihre zehn Minuten sind um!«

»Nein, sie sind nicht um, er hat noch zwei Minuten«, rief Takimoto, der die Uhr im Auge behalten hatte. Und dann wandte er sich ans Publikum: »Da mein Kollege so rüde unterbrochen wurde, bitte ich Sie um noch etwas mehr als zwei Minuten Geduld!«

Vereinzelter Applaus zeigte zumindest, daß die jungen Leute die Dinge in der Hand hatten. Iwata fuhr fort:

»Hat Taniyama jemals eines der Hauptgesetze des Buddhismus angeschnitten, welches sich mit Ursache und Wirkung beschäftigt, oder die Lebensphilosophie, auf der wir all unsere Aktivitäten aufbauen müssen? Nein, natürlich nicht. Statt dessen hat er Ihren Geist mit der dümmlichen Vorstellung vernebelt, daß Materie nur ein Schatten des Geistes sei. Weil Nitschiren Daischonin uns lehrte, daß falsche Religionen wie diese die Ursache allen menschlichen Unglücks sind, denken wir, daß es unsere Pflicht ist, Menschen wie Taniyama und seinen Orden daran zu hindern, Tausende oder Zehntausende von Menschen in die Irre zu führen.

Zur Frage von Geist und Materie hat Nitschiren Daischonin schon vor langer Zeit erklärt, daß die beiden untrennbar sind und daß Erleuchtung von Verständnis dieser grundlegenden Tatsache abhängt. Es ist heutzutage eine allgemein anerkannte Wahrheit, daß weder Spiritualismus, noch Materialismus der Menschheit Erlösung bringen kann. Die einzige Lehre, die in der Lage ist, diese beiden Denkrichtungen wieder zu vereinigen und in Harmonie zu bringen, ist die des Nitschiren Schoschu. Nur die Nitschiren Schoschu allein kann den Hunderten von Millionen Leidenden der heutigen Welt Frieden und Glück bringen.«

Man hörte Iwata sehr aufmerksam zu. Er war plötzlich ein so guter Redner geworden, das überraschte und beeindruckte seine Kollegen. Er war Fabrikarbeiter mit nur wenig Schulbildung und hatte sein Wissen nicht aus Büchern. Er öffnete sein Herz und teilte den anderen mit, was er fühlte.

»Wir können nicht müßig zusehen, wie eine Unsinnsreligion dieser Art sich von Ihrer Lebenskraft ernährt und Sie nur tiefer

ins Verderben stürzt«, fuhr er fort. »Wie viele von Ihnen glauben wirklich, daß die Dogmen des ›Vereinigungsordens‹ sie retten können? Wer das glaubt, soll bitte die Hand heben.«
Auf diese kühne Frage hoben ein paar Leute in der Versammlung zögernd die Arme und senkten sie bald wieder, als sie sahen, daß sie absolut in der Minderheit waren. Die Offiziellen ignorierten die Frage.
»Ich sehe schon«, sprach Iwata weiter. »Jetzt will ich Ihnen von einer Religion erzählen, die Sie retten kann. Nitschiren Daischonin hinterließ uns nicht nur seine Schriften, sondern auch den Dai-Gohonson, der sich im Haupttempel Taiseki-Dschi am Fuße des Fudschijama befindet. Wenn Sie an den universellen Dai-Gohonson glauben und zum Zeichen Ihres Glaubens das Daimoku-Gebet rezitieren, werden Sie sich auf dem Weg zu Erlösung und Glück befinden.
Natürlich kann ich Ihnen heute nicht all die Informationen geben, die Sie wünschen und brauchen. Alles, was ich jetzt tun kann, ist, Ihnen zu zeigen, daß eine wahre Religion existiert und daß ein Dai-Gohonson existiert, eine Quelle des Reichtums und des Weltfriedens. Ich bitte Sie inständig, Nitschiren Daischonin als Retter zu akzeptieren, der vor siebenhundert Jahren sagte: ›Du sollst zum einzig legitimen Buddhismus bekehrt werden.‹ Widerrufen Sie Ihre falsche Religion und nehmen Sie das Nam-myoho-renge kyo des Nitschiren Daischonin an. Nur so können Sie ein reiches, erfülltes Leben führen.«
Iwata nannte zum Schluß noch die Adresse des Soka-Gakkai-Hauptquartiers und verbeugte sich höflich. Seine sechs Kollegen verbeugten sich ebenfalls und die kleine Gruppe marschierte erhobenen Hauptes vom Podium hinunter, zwischen den Reihen hindurch und hinaus in die warme Sonne. In der Halle hörte man noch laute Rufe und ärgerlichen Protest, als die Führer des »Vereinigungsordens« den Saal verließen. Das junge Soka-Gakkai-Volk sprach nur wenig, aber das triumphierende Lächeln auf ihren Gesichtern zeigte den Stolz, den sie über ihre erfolgreiche Mission empfanden.

Am nächsten Tag erzählte Iwata nach dem Ende von Todas Vorlesung der Versammlung von dem Geplänkel auf dem Treffen des »Vereinigungsordens«. Ausführlich erläuterte er, wie die ganze Idee überhaupt entstanden war, wie sie die Strategie ausgearbeitet hatten und wie sie den Plan schließlich verwirklichten. Die Zuhörer waren entzückt und neidisch auf den Erfolg der sieben jungen Leute. Als Iwata endete, gab es große Zustimmung und Applaus. Iwata wandte sich an Toda und sagte: »Wir von der Jugendabteilung schwören, unbarmherzig gegen falsche und sündhafte religiöse Sekten zu kämpfen, wie Sie es uns befohlen haben. Nichts steht der Mission für den wahren Buddhismus im Wege. Der Feind ist eine Strohpuppe, die bei der geringsten Berührung umfällt. Ich denke, das ging aus meinem Bericht hervor. Wir bitten Sie um Führung und Anweisungen.«

Wieder gab es herzlichen Applaus und Iwata fühlte sich wie ein Held, als er zu seinem Platz zurückkehrte. Alle Blicke folgten ihm bewundernd, alle außer Todas, der ein grimmiges Gesicht machte. Am Anfang der Geschichte hatte noch ein Lächeln seine Lippen umspielt, aber dann hatte sein Blick sich schmerzlich verdüstert und schließlich zeigte er offen seinen Ärger. Jetzt befahl er mit scharfer Stimme: »Steht auf! Alle, die gestern beim ›Vereinigungsorden‹ waren.«

Verdutzt erhoben sich Iwata und seine Freunde langsam. Statt daß man sie lobte, schien es, als ob sie einen ernsthaften Verweis bekommen würden. Warum?

»Ihr fühlt euch wie Könige, nur weil ihr es gerade mal fertiggebracht habt, einem kleinen Fisch wie Taniyama eins auszuwischen. Eure Arroganz und Selbstüberschätzung mißfallen mir mehr, als ich sagen kann. Ein solches Verhalten habe ich euch nicht gelehrt. Seid ihr wirklich meine Schüler? Iwata, sag mir, wessen Schüler bist du?«

Iwata war zu verwirrt, um zu antworten und ließ schweigend den Kopf hängen; die anderen im Raum waren über Todas unerwarteten und wilden Ausbruch sprachlos.

»Du kannst es mir nicht sagen, nicht wahr? Aber ich will es dir

sagen. Du bist nicht mein Schüler, denn wenn du es wärest, dann wüßtest du, daß keine religiöse Lehre ein Gegner für Nitschiren Daischonin sein kann und weiterhin, daß dein kleiner Erfolg gestern nur auf den Gohonson zurückzuführen ist. Du sprichst, als hättest du diese Leistung alleine vollbracht. Unsinn! Ihr verhaltet euch wie kleine Helden und ich schäme mich für euch.«
Toda wandte sich zu den Direktoren und fragte: »Konischi, Kiyohara, Harayama, wißt ihr, wie ich mich fühle?«
Obwohl sie vorher mit applaudiert hatten, nickten sie nun verlegen.
»Ich wiederhole«, fuhr Toda fort, »ich bin bekümmert über euren Stolz und über eure Selbstüberschätzung, einen kleinen Scharlatan besiegt zu haben. Die universelle Verbreitung des wahren Buddhismus ist die höchste Mission der Schüler des Buddha; der Feind, der uns erwartet, ist viel gewaltiger, als ihr es euch vorstellen könnt. Ich verdamme euch nicht, weil ihr solche Aktivitäten entfaltet. Aber ich ermutige euch auch nicht dazu. Wenn ihr meint, so etwas tun zu müssen, denke ich, es ist in Ordnung. Worauf ich hinauswill, ist: Solche unbedeutenden Personen wie Taniyama und sein ›Vereinigungsorden‹ sind kein Maßstab für die Macht des Feindes, mit dem wir es in Zukunft zu tun haben werden. Wenn ihr einem unbedeutenden Erfolg wie dem gestrigen erlaubt, euch den Kopf zu verdrehen und ihr euch derartig selbst überschätzt, werdet ihr unvorbereitet sein, wenn die wahre Schlacht beginnt. Ich fürchte, dafür seid ihr nicht geeignet. Wir können die Gewinnung neuer Mitglieder gar nicht verhindern; denkt aber nicht, daß solche Vorfälle wie der gestrige die wichtigste Art der Mitgliederwerbung darstellen. Tatsache ist, daß es mehr Wert hat, wenn eine Hausfrau ihre Nachbarn überzeugt, als wenn eine Gruppe wie die eure gar das Hauptquartier einer anderen religiösen Organisation attackiert. Gegenwärtig solltet ihr euch auf die Entwicklung von Fähigkeiten und Kraft konzentrieren, damit ihr auf den großen Kampf, der erst noch kommen wird, vorbereitet seid. Lernt Geduld und

denkt nicht an persönliche Ehre. Wer an seinen eigenen Ruhm denkt, ist bereits auf dem sicheren Weg des Versagens. Ich hoffe, daß ihr nun versteht, warum ich mit euch schimpfe.« Er sagte dies lächelnd und die Zuhörer, besonders Iwata und seine Gruppe, senkten voller Reue den Kopf. Einige trockneten sich gar ein paar Tränen. Zu diesen meinte Toda: »Weint nicht, schließlich hat keiner gesagt ihr hättet nicht gegen Taniyama gewonnen.«

5. Von der Erde auferstanden

Am 1. April 1947 wurde an den japanischen Schulen ein von den Amerikanern entwickeltes umstrittenes System offiziell eingeführt, das auf einem Drei- und Sechsjahrerhythmus basierte und den Unterricht in Ethik, japanischer Geschichte und Geographie abschaffte. Aus den Schulbüchern wurden alle Passagen gestrichen, die nach Militarimus oder Ultranationalismus schmeckten. Toda war mit dieser Reform unzufrieden, da die Besatzungsmacht den Japanern etwas aufzwang, ohne sie um ihre Meinung zu fragen. Dies war für ihn die am wenigsten erfolgreiche Maßnahme der Besatzungspolitik. Er sagte über das neue System, daß die Amerikaner weder den nationalen Charakter des japanischen Volkes verstanden, noch die asiatische Denkweise. Man mußte die Reform als einen Versuch auffassen, Japan auf Dauer den USA zu unterwerfen. Toda war mit seinem Mißfallen nicht allein. Einige fanden die Reform gar so geschmacklos, daß sie begannen, eine Demokratisierung des Erziehungssystems überhaupt abzulehnen.

Was auch immer an Reformen durchgeführt wurde oder welche Kämpfe auch immer in der hohen Politik tobten, die Menschen in Japan litten große Not. Schon das notdürftigste Überleben war mit unüberwindlichen Schwierigkeiten verbunden. Nahrung war überall das Hauptproblem, besonders im östlichen Teil des Landes, wo die Menschen wegen der oft verspäteten Lebensmittellieferungen praktisch am Verhungern waren. Trotz der Hilfe durch die Besatzungsmacht – insgesamt 1,6 Millionen Tonnen Nahrungsmittel zwischen Dezember 1946 und Oktober 1947 – verursachten die bis zu zweiwöchigen Verspätungen bei der Lieferung allgemeinen Hunger und manchmal Tod.

Toda und seine Anhänger litten wie jedermann. Doch sie waren weder unzufrieden noch unglücklich wie die meisten. Obwohl nicht wenige der Teilnehmer an den nächtlichen Vorlesungen im Hauptquartier in Kanda hungrig und schäbig gekleidet waren, war man lebendig und fröhlich. Die religiöse Revolution, die durch Todas leidenschaftliches Lehren der lebensspendenden Philosophie Nitschiren Daischonins inspiriert wurde, verwandelte Elend in Hoffnung. Die Mitglieder der Gruppe waren stolz, zu religiösen Revolutionären ausgebildet zu werden. Es kamen immer recht viele Leute zu diesen Treffen, weil Todas Anhänger keine Scheu hatten, sich in überfüllte Busse oder Züge zu quetschen oder eine Mahlzeit auszulassen, um das Fahrgeld zusammenzubringen. Es kamen immer mehr Neulinge zu den Abenden, obwohl sich die Zahl der Neubekehrten bei bescheidenen zwanzig pro Monat hielt.

Die Treffen in Tokyo waren nicht die einzigen Aktivitäten der Gesellschaft, die sich langsam weiterentwickelten. Die Führungstouren zu den ländlichen Bezirken, die im Herbst 1946 begonnen hatten, gingen weiter, und ebenso auch die Kampagnen zur Gewinnung von Mitgliedern aus allen Lebensbereichen. Lehrer und Leiter wurden nicht nur zu den nahe gelegenen Provinzen, Gumma, Totschigi, Nagano und Schisuoka geschickt, sondern auch in die fernen Gegenden von Kyuschu. Keine Kraft ist größer, als die einer allerhöchsten Mission, die unter der Inspiration von Hingabe und Glaube steht. Nichts kann sich dem Triumphmarsch jener entgegenstellen, die sich dem Frieden und der Freiheit der gesamten Menschheit verschrieben haben. Ohne derartiges Sendungsbewußtsein ist der Mensch sehr schwach; aber mit ihm ist er unbesiegbar. Es war dieses Gefühl, eine große Aufgabe zu haben, das Todas Schüler mit Freude erfüllte und das ihre Unterhaltungen stets um die bevorstehende menschliche Revolution kreisen ließ.

Nach ihrer erfolgreichen Kraftprobe mit dem »Vereinigungsorden« verdoppelten Giitschi Sakata und Fräulein Mikawa ihre Anstrengungen, ihre Freunde, Bekannten und besonders ihre früheren Klassenkameraden für den Glauben zu gewinnen.

Beide waren ungefähr zwanzig und wohnten im Tokyoter Stadtteil Kamata. Ihre Eltern waren der Nitschiren Schoschu kurz vor Ausbruch des Krieges beigetreten. Obwohl viele ihrer Klassenkameraden während der Feindseligkeiten aus der Stadt geflohen und noch nicht wieder zurückgekehrt waren, bemühten sich Sakata und Fräulein Mikawa mit Enthusiasmus um die Bekehrung derer, die in der Nachbarschaft geblieben waren.
Unter den Freunden, die diese beiden eifrigen Mitglieder von Todas Gruppe für die Nitschiren Schoschu zu gewinnen suchten, war ein fleißiger, zarter, liebenswerter junger Mann namens Schin'itschi Yamamoto. Er war zwar physisch schwach und litt an Tuberkulose, hatte aber intellektuelle Fähigkeiten, die ihn über den Durchschnitt hinaushoben. Seine Freunde wußten beide, daß er eine ausgezeichnete Ergänzung für ihren Kreis sein würde, daß er selbst durch diese aber wiederum auch unermeßlich viel gewinnen könnte. Dennoch zögerten sie einige Zeit, ihn zu Todas Abenden einzuladen. Von Zeit zu Zeit besuchten sie ihn in seinem kleinen Raum, der mit Büchern verschiedenster Art vollgestopft war. Auf den Regalen standen Werke großer Schriftsteller sowohl der östlichen, als auch der westlichen Welt. Ein Erzähler wie Dopo Kunikida stand neben Nietzsche, Montaigne und den japanischen Philosophen Kitaro Nischida und Kiyoschi Miki. Die Gedichte eines Byron teilten das Regal mit den griechischen Klassikern, mit Carlyle und den konfuzianischen Ethikern sowie chinesischer Poesie aus der Zeit der T'ang- oder Sung-Dynastie. Für Yamamoto war seine Bibliothek sein kostbarster Besitz.
Fräulein Mikawa und Sakata fanden ihn stets entweder lesend oder schreibend an seinem Pult. Gewöhnlich hatte er ein Notizbuch vor sich liegen, in welchem er in einer zierlichen Handschrift Zusammenfassungen dessen niederschrieb, was er gerade las sowie einen Kommentar dazu. Keiner der beiden jungen Leute kannten eines der Bücher, die Yamamoto las. Er war eine Art Mysterium für sie und sie dachten, um ihn als zukünftiges Mitglied zu gewinnen, wäre es am besten, wenn sie ihre Unter-

haltung zunächst nur auf Geschichten aus dem Krieg, gemeinsame Bekannte oder die gute alte Schulzeit beschränken würden. Interessantere Themen könne man ja dann später anschneiden. Nach einigen Besuchen, die demzufolge eher langweilig verliefen, wußten sie, daß Yamamotos Hauptinteresse der Philosophie galt. Als wertvoller Mensch, der sich aber mit einer quälenden Unsicherheit herumschlug, mußte er dringend zum wahren buddhistischen Glauben bekehrt werden. Da sie jedoch ihre eigene intellektuelle Unterlegenheit kannten, spürten sie, daß sie nicht fähig waren, diese Aufgabe zu bewältigen. Sie beschlossen daher, ihn sobald als möglich mit Toda zusammenzubringen, dessen großer persönlicher Magnetismus und dessen intellektuelle Kraft und Religion das ihrige tun würden. Eines Abends sagte Fräulein Mikawa also zu Yamamoto: »Hör zu, am Vierzehnten findet in meinem Haus eine Diskussion über Philosophie statt. Willst du nicht auch kommen?«

»Philosophie?« sagte Yamamoto halb fragend.

»Ja, Lebensphilosophie«, antwortete Sakata.

»Meint ihr Bergson?« Yamamoto hatte aufgehorcht, weil er zu dieser Zeit besonders an Bergson interessiert war, und an seiner Idee des *élan vital*, der alle Organismen durchdringt. Doch Sakata kannte diesen französischen Denker nicht und vermied es diskret, darauf zu antworten.

»Wer spricht? Ist es ein Schulprofessor?« fragte Yamamoto nun sehr eifrig.

»Josei Toda. Er ist ein großer Mann.«

»Toda? Ist er Philosoph? Ich habe den Namen noch nie gehört.«

»Ja, und seine Philosophie geht bis zu den Wurzeln des Lebens. Es ist eine große Philosophie und er ist ein großer Mann. Komm doch bitte. Es wird dir gefallen, ihm zuzuhören. Ich werde dich am Vierzehnten abholen.« Fräulein Mikawa war jetzt entschlossen, Yamamoto mitzunehmen.

»Gut, ich denke schon.« Yamamoto unterdrückte ein Husten und fuhr fort: »Falls ich ein paar Freunde mitbringen darf.«

»Oh, so viele du willst. Jeder ist willkommen«, fiel Fräulein Mikawa überglücklich ein.

Die Freunde, die Yamamoto im Sinn hatte, waren die Mitglieder einer kleinen, aber sehr ernsthaften, intellektuellen Studiengruppe, die Kyoyukai genannt wurde. Viele junge Japaner bildeten in den chaotischen Nachkriegsjahren solche Studiengruppen, um sich besser in der veränderten und sich immer weiter wandelnden Zeit zurechtzufinden. Während die ältere Generation sich lethargisch dahinschleppte, suchten die Jungen hungrig nach Wissen und Erleuchtung, wie Blüten, die sich nach einem langen, schweren Winter endlich öffnen und der Sonne entgegenstrecken dürfen. Doch nicht alle Jugendgruppen, die aus dieser Sehnsucht entstanden, erhielten sich ihre hohen Ideale. Einige degenerierten zu Schwarzmarktringen oder Rowdybanden. Doch Yamamotos Kyoyukai wich niemals von ihren hohen Zielen ab. Bei ihren regelmäßigen abendlichen Treffen tauschte man Bücher, Schallplatten und Meinungen. Man studierte fremde Sprachen und ging manchmal zu Vorträgen von Journalisten oder Gelehrten. Ihr Interessengebiet war umfassend, es reichte von Kunst, Ökonomie, Politik, Philosophie bis zu den antiken Sprachen und Schriften. Da der Arbeitsdienst oder das Militär die reguläre Ausbildung dieser jungen Leute unterbrochen hatte, waren sie begierig, alles Versäumte wieder aufzuholen. Die Gruppe bestand aus zwanzig Mitgliedern, jungen Männern aus allen Lebensbereichen: Studenten, Ingenieuren, Technikern, Fabrikarbeitern und Büroangestellten. Ein bekannter Wirtschaftswissenschaftler, der mit Yamamoto befreundet war, brachte sie mit Intellektuellen zusammen, mit denen sie Dantes *Göttliche Komödie* diskutierten, Demokratie, Kommunismus, Inflation, die Weimarer Republik, Status und Funktion des japanischen Kaisers, europäische und östliche Philosophie und vieles andere mehr. Yamamoto fühlte sich besonders von Bergson und Schopenhauer angezogen, obwohl er manchmal Probleme hatte, sie ganz zu verstehen.

Doch trotz aller ausgedehnten Studien wußten Yamamoto und

seine Freunde, daß es sich um nichts anderes als intellektuelle Spielerei handelte. Yamamoto war auf der Suche nach einer festen philosophischen Grundlage für sein Leben, nach etwas, das ihm einen Sinn und eine Richtung gab. Wie andere ernsthafte und sensible Jugendliche dieser chaotischen Zeit neigten Yamamoto und seine Freunde zu Skepsis und Pessimismus. Während ihrer Suche nach einem Sinn wurden sie ständig von Zweifeln und unbeantworteten Fragen bestürmt.

Insbesondere der Patriotismus und seine Natur gehörten zu den Dingen, die in Frage gestellt wurden. Yamamoto liebte seine Nation ebenso wie seinen Körper und Geist. Aber das Konzept des Patriotismus im üblichen Sinn bedeutete ihm nichts. Er wußte, daß der ultranationale Patriotismus der Militärs nicht nur falsch, sondern geradezu frevelhaft war. Auf der anderen Seite spürte er eine Künstlichkeit und Unnatürlichkeit in der Verehrung, die die kommunistischen Arbeiter der Sowjetunion entgegenbrachten. Er glaubte, daß ihre tapferen Kämpfe gerechtfertigt waren, aber ihre Hingabe an ein fremdes Land hielt er für einen Irrweg. Voller Hoffnung und insgeheim träumte Yamamoto davon, jemanden zu finden, der seine Zweifel zerstreuen und ihm den tieferen Sinn seines Lebens erläutern würde. Tief in seinem Herzen suchte er einen Mentor, der ihn auf den rechten Weg bringen und seinem Dasein eine klare Richtung geben würde, jemand, der ihm helfen würde, die Wahrheit zu finden.

Als Fräulein Mikawa und Sakata ihn am Abend des 14. August abholen wollten, hatte er leichtes Fieber. Man wartete auf die Freunde, die mitkommen wollten. Nach dreißig Minuten war noch keiner da und Sakata meinte, man solle ohne sie gehen. Yamamoto lehnte dies ab. »Sie werden gleich kommen«, versicherte er. Das Fieber hatte seinen Enthusiasmus gedämpft, er hoffte, daß man die Sache verschieben könnte. Aber da er Fräulein Mikawas Eifer wahrnahm, ihn mit Toda zusammenzubringen, sagte er nichts. Fräulein Mikawa wiederum fühlte mit weiblicher Intuition sowohl dies, als auch Yamamotos Krankheit, wenn der junge Mann auch darauf bestand, daß das Fieber leicht sei. Er hustete und war erhitzt und sein Zustand brachte seine innere Verwirrung und Qual deutlicher als sonst zum Vorschein. Fräulein Mikawa war sicher, daß Toda und Yamamoto sich sofort mögen würden. Und sie wußte auch, daß das Zusammentreffen im Interesse von Yamamotos Seelenheil nicht verschoben werden durfte. Doch die Freunde kamen nicht und man mußte warten. Nach einer Weile fragte Fräulein Mikawa:

»Alles in Ordnung, Yamamoto?«

»Ja.« Er lächelte. »Ich bin an diese Art Fieber gewöhnt.«

Eine Stunde später als verabredet kamen die Freunde und nachdem man sich mehrfach nach Yamamotos Zustand erkundigt hatte, machte die Gruppe sich auf den Weg durch die dunklen Straßen zu Fräulein Mikawas Haus. Etwa um acht Uhr kamen sie dort an.

Fräulein Mikawas Vater war Schiffsingenieur; er war mit seiner Frau der Nitschiren Schoschu schon vor dem Krieg beigetreten. Ihr Haus in Kamata, einem Industriegebiet, welches schwer bombardiert worden war, war eines der wenigen, das noch stand. Schon im Vorraum hörte Yamamoto die rauhe, energische Stimme eines Mannes mittleren Alters. Der Sprecher befand sich in einem großen Raum am Ende eines Korridors. Er trug dicke Brillengläser und sprach ruhig, aber engagiert zu einer Gruppe von etwa zwanzig Menschen.

Obwohl Yamamoto überrascht war, dort weniger junge Leute zu finden, als er erwartet hatte, hörte er aufmerksam zu. Fräulein Mikawa flüsterte ihm zu, der Vortragende sei Josei Toda. Er sprach über Nitschiren Daischonins Abhandlung *Sicherheit für das Land durch Einführung des wahren Buddhismus*, »Risscho Ankokuron*«. Eine junge Frau las eine Passage und Toda kommentierte.

»Wie bekümmert bin ich, zu sehen, daß Millionen Menschen über Jahrzehnte von mißgeleiteten Sekten getäuscht und in die Irre geführt wurden.«

* Siehe Glossar

Toda erklärte:
»In dieser Passage bezieht sich Nitschiren Daischonin auf die Nembutsu-Sekte des Amida-Buddha, die von Honen gegründet wurde. Durch diese falsche Lehre wurden Millionen ins Verderben geführt. Ganz gleich, wie glühend und rein der Glaube eines Menschen sein mag, wenn das Objekt der Verehrung falsch ist, muß er unglücklich werden. Dies ist heute ebenso wahr, wie in der Vergangenheit. Da die Religionen heutzutage so tief gesunken sind, wie noch niemals zuvor, ist es sicher, daß ihre Anhänger ein Opfer falscher Doktrinen werden. Nitschiren Daischonin lehrte uns, daß alles Unglück und Elend in dieser Welt durch die Unkenntnis des wahren Buddhismus verursacht wird.«
Nach Todas Kommentar kam die nächste Passage:
»Die Menschen vernachlässigen das wahre Gesetz zugunsten von kurzlebigen und sündhaften Lehren; wird dies nicht den Zorn der buddhistischen Gottheiten erregen? Die getäuschten Massen geben die vollkommen richtigen Lehren auf und behalten die falschen; wird dies nicht die Dämonen hervorrufen?«
»Diese Passage«, fuhr Toda fort, »repräsentiert eine der festesten Ansichten Nitschiren Daischonins. Heutzutage halten viele Menschen, die die buddhistische Philosophie nicht kennen, diesen Glauben für seltsam, ja für abergläubisch. Doch sein Sinn wird klar, wenn man die wahre buddhistische Lebensphilosophie kennt.
Unglücklicherweise weiß heute kaum jemand etwas von der Philosophie, die in Schakyamunis Theorie des ewigen Lebens eingebettet ist, der Lebensphilosophie von T'ient'ai dem Großen, nach welcher das menschliche Leben in jedem gegebenen Moment dreitausend Stadien durchläuft. Ebensowenig kennt man den wahren Buddhismus von Nitschiren Daischonin, der diese Theorie zu einer großartigen Lebensphilosophie vervollkommnete, die lehrt, daß das gesamte Universum in jedem Geist verkörpert werden kann und die Ewigkeit in einem beliebigen Moment. Wenn man die Lehren des orthodoxen Buddhismus genau studiert, kommt man zu der Überzeugung, daß das heu-

tige Japan sich nicht nur in Dekadenz suhlt, sondern auch keine rechtmäßige Schutzgottheit mehr besitzt. Die falschen Götter, die man verehrt und das andere Drum und Dran des Schintoismus üben nur einen schlechten Einfluß auf die Nation aus und verführen die Menschen zum Unglücklichsein.«

Als er sah, daß die Vorlesung mit Buddhismus zu tun hatte, war Yamamoto enttäuscht, doch je länger er zuhörte, um so stärker wurde sein Eindruck, daß der Sprecher sich ernsthaft mit den praktischen Problemen des Lebens befaßte. Die buddhistische Terminologie war dem jungen Mann nicht vertraut, doch er sah, daß Toda ein Meister seiner selbst war, sein Ernst und sein Eifer waren offensichtlich, er war engagiert und gebildet.

Etwas nicht zu Fassendes unterschied ihn von den anderen Intellektuellen, die Yamamoto kennengelernt hatte. Als Toda den jungen Mann zum ersten Mal fixierte, war sein Blick scharf und durchdringend, aber nach und nach wurde er so warm und freundlich, daß Yamamoto das Gefühl hatte, daß man nur zu ihm allein sprach. Da er von Natur aus schüchtern war, wandte er seine Augen ab, aber trotz seiner Verlegenheit über das intensive Gemustertwerden fühlte er eine Art Wärme, die er nie gekannt hatte. Die buddhistischen Worte waren nicht leicht zu verstehen und Fieber und Schmerzen trübten seinen Geist. Dennoch hörte er aufmerksam zu, unbewußt war er froh, hergekommen zu sein.

»Es ist besser den Glauben an dieses Böse aufzugeben, als daß du Zehntausende nutzloser Gebete sprichst.« Todas Kommentar folgte:

»Nur Nitschiren Daischonin konnte dies so mutig aussprechen. Er ächtet damit den falschen Glauben in Amida-Buddha, der fast zu einer Staatsreligion erhoben war, und dem in allen Schichten der Gesellschaft gehuldigt wurde, angefangen beim Regenten Hojo Tokiyori in Kamakura bis zum gemeinen Volk. Indem er diesen Glauben als ›dieses Böse‹ brandmarkt, verdammt Nitschiren Daischonin die Regierenden weiter für ihre Sanktionierung einer falschen Religion. Doch sein Mut erregte den Zorn des

Volkes und bedeutete möglicherweise Verfolgung oder gar Verbannung durch das Schogunat von Kamakura. Dessen ungeachtet war er bereit, alles zu tun, um Menschen aller Klassen zu retten, denn er war der wahre Buddha des ›Späten Tages des Gesetzes‹.

Und ich, als Schüler von Nitschiren Daischonin und als Bodhisattva, der von der Erde auferstanden ist, habe keine andere Wahl, als die Verehrung der einen wahren Religion zu verlangen und das Aufgeben aller falschen Sekten. Nur so kann Japan gerettet werden.

Gut, das soll nun für heute genug sein. Die wenigen Passagen, die wir gehört haben, zeigen die Tiefe des Wesens der wahren buddhistischen Philosophie. Sie beweisen, daß nur Nitschiren Daischonin allein diese Philosophie verkörpert und daß seine vor siebenhundert Jahren gesprochenen Worte auch heute noch aktuell sind. Diejenigen von Ihnen, die bereits Mitglieder von Nitschiren Schoschu sind, werden unvermeidlich die Erleuchtung erlangen, aber viele wissen nichts von den erlösenden Kräften des Dai-Gohonson der Nitschiren Schoschu. Ich bitte jeden von euch, eure unermüdliche Kraft für die Verbreitung des wahren Glaubens einzusetzen, damit das Unglück und Elend aus der Welt geschafft und die gesamte Menschheit gerettet wird.«

Während der folgenden Stunde brachten viele Leute interessante Probleme zur Sprache, Toda antwortete stets klar und humorvoll. Yamamoto und seine Kameraden waren vom Eifer und der Spontaneität sowohl der Gruppe, als auch ihres Leiters beeindruckt. Yamamoto hatte eine instinktive Abneigung gegen Scharlatane und Schwindler, doch in der bewegenden Direktheit des Sprechers oder seiner Leute fand er nichts, was sein Mißtrauen erregt haben könnte. Von Zeit zu Zeit schaute Toda zu Yamamoto, wie um zu sehen, welche Wirkung die Veranstaltung auf den jungen Mann hatte. Fräulein Mikawa stellte Toda am Ende der Frage-und-Antwort-Stunde Yamamoto und seine Kameraden vor.

»Ich bin sehr froh, Sie heute abend hier zu haben! Wie alt sind Sie?« fragte er Yamamoto.
»Ich bin neunzehn, mein Herr.«
»Neunzehn? Sie erinnern mich an mich selbst, als ich genauso alt war. Ich war gerade zum ersten Mal nach Tokyo gekommen, allein, ohne einen Pfennig und ohne Arbeit.« Während er sich eine Zigarette anzündete und nachdenklich rauchte, schien er an etwas zu denken, das weit weg war von diesem Raum und dieser Zeit. Er verfiel in Schweigen.
Yamamoto beobachtete ihn und war sowohl fasziniert, als auch verwirrt. Offensichtlich mochte Toda ihn und Yamamoto fühlte eine geistige Verwandtschaft. Aber war er der Mentor, den er suchte? Aus einer Reihe von Gründen war Yamamoto nicht sicher. Erstens war da dieser veraltete Buddhismus, den Yamamoto wie so viele junge Japaner verachtete. Außerdem war er vernarrt in die europäische Philosophie. Doch Toda hatte ernsthaft und feurig darauf beharrt, daß die Nitschiren Schoschu nicht nur die einzige orthodoxe buddhistische Sekte war, sondern auch der einzige Weg zur Rettung in einem Zeitalter des Chaos und der Verderbnis. Aber was war die Nitschiren Schoschu?
»Entschuldigen Sie, Herr Toda, ich würde Sie gerne etwas fragen.«
Toda erwachte aus seiner Selbstversunkenheit und sagte schnell: »Ich werde mich glücklich schätzen, Ihnen zu antworten, so gut ich kann. Was wollen Sie wissen?«
»Was ist der wahre Sinn des Lebens? Je mehr ich darüber nachdenke, um so verwirrter werde ich.«
Durch diese Frage hatte Yamamoto fast unwissentlich die Seelenqualen offenbart, die ihn seit langem plagten. Er fühlte plötzlich, er sei zu weit gegangen. Hinzu kam, daß alle im Raum ihn ansahen und so senkte er verlegen den Kopf. Doch gleichzeitig war er erleichtert, daß er die Frage gestellt hatte, er fühlte sich, als ob er von einer schweren Last befreit worden wäre. Toda lächelte und sagte: »Nun, das ist ein größerer Brocken.« Er schaute fröhlich drein, als er seine Zigarette ausdrückte und den

schüchternen jungen Mann anblickte. Er war glücklich, daß Yamamoto den Mut gehabt hatte, solch ein schweres Problem anzuschneiden, denn er erkannte intuitiv das innere Leiden, das hinter dieser Frage stand. Außerdem mochte er die Reinheit und Unschuld des jungen Mannes. Er spürte mehr und mehr Wärme, so, als ob er Yamamoto schon seit Jahren kennen würde.

»Ich glaube nicht, daß heute in Japan viele diese Frage mit Überzeugung beantworten können. Ich kann es, weil ich die Lebensphilosophie Nitschiren Daischonins studiert und praktiziert habe und in der Lage bin, sie auch zu verstehen. Jeder von uns hat Probleme: Karriere, Liebe, Krankheit, Familiensorgen, Krieg, Nahrung, Wohnungsknappheit und so weiter. Jeder dieser Aspekte des Lebens erzeugt gewisse Kämpfe und bestimmte Anstrengungen, aber all dies verblaßt im Vergleich zum einzig wirklich tiefgreifenden Thema: Leben und Tod. Solange man kein genaues Verständnis dieser letztendlichen Thematik hat, ist wirkliches Leben in seiner ganzen Reichhaltigkeit unmöglich.

Der Buddhismus teilt das Leben des Menschen folgendermaßen ein: Geburt, Alter, Krankheit, Tod. Jeder von uns muß älter werden, ganz gleich, wie sehr wir uns wünschen, für immer neunzehn zu sein. Genauso werden wir alle krank werden und der Unsicherheit und Schwäche des Alters verfallen. Letzten Endes kann kein Mensch der harten Realität des Todes entgehen. Arm oder reich, hoch oder niedrig, wir alle müssen dieser großen Wahrheit ins Auge schauen.

In der Vergangenheit verzweifelten die Menschen an der Unbegreiflichkeit des Seins; ein wahrhaft reiches Leben schien unerreichbar, es gab keine Lösung für dieses Problem, so daß manche gar Selbstmord begingen. Nitschiren Daischonin jedoch zeigte uns den Weg zur Erleuchtung. Sogar in Ihrem jugendlichen Alter denken Sie schon an das Problem des wahren Lebens und das ist gut so. Ich bitte Sie dringend Nitschiren Daischonins Lehren zu akzeptieren und zu praktizieren, denn ich bin sicher, daß Sie sich dann selbst finden werden. Sie werden lernen das Leben zu führen, das Sie suchen.«

Die Wärme und Ehrlichkeit in Todas Stimme und sein unzweifelhafter Eifer zu helfen ermutigten Yamamoto zu einer weiteren Frage: »Was ist ein Patriot? Wie definieren Sie Patriotismus?«

»Patriotismus, wie er allgemein verstanden wird, ändert sich mit der Zeit, in der man lebt, doch Loyalität zu einer Nation und einem Volk ist sein wichtigstes Element. Der Denker des neunzehnten Jahrhunderts, Yoschida Schoin oder der General Maresuke Nogi, der im russisch-japanischen Krieg kämpfte, waren solche Patrioten. Aber es gibt noch eine andere Art Patriot, einer, der das jeweilige Zeitalter, in dem er lebt, transzendiert und dessen Taten dem Urteil der Geschichte standhalten. Die vielen Anhänger des Myoho, die ihre Volksgenossen durch religiöse Hingabe und gute Taten retten, tragen sicherlich zum Frieden und Reichtum ihrer Nation bei. Auch diese verdienen es, wahre Patrioten genannt zu werden. Dies ist kein leeres Gerede. Es ist der Wille des Buddha des ›Späten Tages des Gesetzes‹, daß in der Zukunft eine neue Gesellschaft entstehen soll, die sich auf Myoho gründet. Hierfür gibt es Anzeichen.

Indem sie an Myoho glauben, sind die Anhänger des Buddhismus des Nitschiren Daischonin vom Schicksal bestimmt, ihren rettenden Glauben nicht nur in Japan, sondern in der ganzen Welt zu verbreiten. Diese Behauptung klingt vielleicht jetzt ein wenig weit hergeholt, weil wir nur eine kleine Gruppe sind, aber es kommt die Zeit, da ihre Zahl sich zum Erstaunen der Menschheit vervielfachen wird. Der Buddhismus von Nitschiren Daischonin, wie er im Nam-myoho-renge-kyo verkörpert ist, hat die Macht, dies zu erreichen. Die Historiker kommender Zeiten werden die Wahrheit meiner Worte bezeugen.«

Yamamoto fragte weiter: »Sie haben Nam-myoho-renge-kyo erwähnt. Was ist das?«

»Es genau zu definieren erfordert Wissen und Zeit. Es gibt Berge von Schriften des Schakyamuni, die versuchen, es zu erklären, aber in wenigen leicht verständlichen Worten ausgedrückt, handelt es sich um das grundlegende Gesetz aller Phänomene im Universum und im Leben der Menschheit und der Pflanzen und

Tiere. Es hat die Macht, sogar das Karma eines Menschen zu verändern, weil es eben die Kraft ist, die das Universum regiert. Um es mit der buddhistischen Terminologie zu sagen: Es ist die allen Dingen innewohnende Natur. Hinzu kommt, daß es damit auch der Name des ewigen Buddhas des ›Späten Tages des Gesetzes‹ ist. Dieser Buddha kam zweitausend Jahre nach Schakyamunis Tod – in der Mappo-Ära oder auch dem ›Späten Tag des Gesetzes‹; sein Name ist Nitschiren Daischonin und er stiftete mit seinem eigenen ewigen, sich immer wieder erneuernden Leben und seiner Kraft den Gohonson. Im Vorwort zur Lotos-Sutra sagt Schakyamuni, daß alle Phänomene aus einem einzigen universellen Gesetz geboren werden. Dieses eine Gesetz ist Nam-myoho-renge-kyo. Ich merke, daß dies alles ein bißchen viel auf einmal ist, doch erinnere ich daran, daß wahres Leben unmöglich ist, solange man nicht den Sinn des Nam-myoho-renge kyo begriffen hat. Ich könnte die ganze Nacht darüber sprechen, aber es ist Zeit das Treffen zu beenden. Lassen Sie uns tiefer eindringen, wenn Sie den Buddhismus ein bißchen mehr studiert haben.«

Obwohl er nicht alles verstanden hatte, fühlte Yamamoto sich von der Diskussion und Todas Wärme und Intelligenz fröhlich erregt. Er glaubte, daß er zumindest einen Führer und Lehrer gefunden hatte. Vielleicht war es möglich, den wahren Sinn des Lebens unter Todas Führerschaft zu entdecken. Aber plötzlich dachte er, daß er die Zeit der anderen zu sehr in Anspruch genommen hatte. Verlegen wandte er sich an seine Kameraden und fragte sie, ob sie irgendwelche Fragen hätten. Sie schüttelten die Köpfe.

Die meisten der Leiter und Führungsmitglieder der Gesellschaft waren an diesem Abend zugegen. Alle waren über den Eifer und die heilsame Neugier beeindruckt, die Yamamoto gezeigt hatte. Die Ernsthaftigkeit seiner Fragen unterschied ihn klar von den meisten jungen Leuten. Die Mühe, die Toda sich mit ihm gegeben hatte, zeigte, daß er sowohl beeindruckt als auch interessiert war und ein mögliches neues Mitglied in ihm sah. Alle Anwesenden hofften, daß es nicht lange dauern würde, bis Yamamoto sich entschieden haben würde, ihnen beizutreten. Und es war klar, daß Fräulein Mikawa und Sakata froh waren, daß der Neuling ein Erfolg war. Sie hatten ihn richtig eingeschätzt. Obwohl der Abend offiziell zu Ende war, ging noch niemand nach Hause; es lag eine besondere Spannung im Raum. Toda rauchte in Ruhe und schaute zu Yamamoto, der über die erwartungsvollen Blicke, die sich auf ihn konzentrierten, nervös war. Yamamoto erhob sich, dankte Toda für sein Interesse und sagte: »Die Chinesen sagen im *Buch der Riten*: ›Wenn du mit jemandem nicht übereinstimmst, ist es besser, noch einmal darüber nachzudenken; und es ist auch besser noch einmal nachzudenken, wenn du übereinstimmst.‹ Ich werde eine Menge nachzudenken haben über all das, was Sie mir gesagt haben. Ich würde sehr gerne unter Ihrer Führung studieren und den Glauben praktizieren, wie Sie es vorgeschlagen haben. Dieses Treffen war eine Offenbarung für mich. Es hat mich tief bewegt. Aus Dankbarkeit möchte ich ein kleines Gedicht rezitieren, obwohl ich glaube, daß es nicht besonders gut ist:

> Reisender,
> wo kommst Du her?
> Und wo gehst Du hin?
> Der Mond ging unter,
> doch die Sonne ist noch hinter dem Horizont.
> Ich schreite voran vor Morgengrauen
> in der Dunkelheit auf der Suche nach Licht.
> Die Wolken des Geistes muß ich vertreiben,
> muß finden den Baum, der dem Sturme trotzt,
> drum will ich mich von der Erde erheben.«

Man war überrascht und applaudierte; derartiges war auf einem Diskussionstreffen noch nie geschehen. Toda hatte zufrieden gelächelt, besonders bei der letzten Zeile, sie erinnerte ihn an die Bodhisattvas, die sich von der Erde erheben, wie es im Lotos-

Sutra prophezeit ist Diese Übereinstimmung war wundervoll. Er sagte: »Ihr Gedicht war sehr schön, aber Ihrem Aussehen nach zu urteilen, sind Sie nicht ganz in Ordnung. Was ist mit Ihrer Gesundheit?«

Diese Frage überraschte Yamamoto. »Es geht mir nicht so gut, wie es sollte. Ich habe eine Art Lungenleiden.«

»Tuberkulose? Nun, das ist nicht das Angenehmste, aber wenn Sie auf sich aufpassen, viel ruhen und viel gute Nahrung zu sich nehmen, werden Sie damit zurechtkommen. Ich weiß, wovon ich spreche, denn ich hatte es auch. Ein Lungenflügel war sehr mitgenommen, aber er heilte im nu. Haben Sie Fieber?«

Yamamoto faßte sich an die Stirn und sagte: »Ich hatte welches, aber jetzt geht es mir besser.« Er war tatsächlich erstaunt, daß sein Schwächegefühl und das Fieber verschwunden waren. In der Erregung dieses Abends hatte er es vollkommen vergessen. Er fühlte sich zwar noch immer müde, aber das war alles.

»Passen Sie gut auf sich auf«, sagte Toda. »Sie sind jung und haben viel Zeit, Ihre Gesundheit zurückzugewinnen. Erst Neunzehn.« Toda schien wieder in Erinnerung zu versinken. Alle anderen im Raum waren immer noch mit Yamamoto und der Möglichkeit seines Beitritts zur Nitschiren Schoschu beschäftigt, doch Toda schien dessen bereits sicher zu sein. Denn beim Abschied sagte er: »Ich bin sicher, daß ich Sie alle nächsten Monat wiedersehen werde.« Er sagte noch den Mikawas auf Wiedersehen und ging dann zusammen mit einigen Mitgliedern der Führung in die Nacht hinaus.

Nachdem Toda gegangen war, fühlte sich Yamamoto allein gelassen. Er unterdrückte den Wunsch, Toda zu folgen und die Unterhaltung fortzusetzen. Zwei Leiter der Gesellschaft erklärten ihm die Formalitäten der Aufnahme in die Gruppe, aber das interessierte ihn nicht. Für ihn war nur Josei Toda wichtig. Die Idee, einer religiösen Organisation beizutreten, machte ihm Schwierigkeiten, doch seine Zweifel und seine Furcht milderte sich, wenn er an Toda dachte, an seine Stimme, seinen Blick und den unvergeßlichen Eindruck, den seine Worte auf ihn gemacht

hatten. Bergson schien bereits in einem nebelhaften Hintergrund zu verschwinden. Seine zwei Freunde blieben unbestimmt, aber Yamamoto sagte zu ihnen: »Es kann sein, daß ich in dem Buddhismus, den Herr Toda erklärt hat, den Weg zum wahren Leben finden werde. Woanders habe ich ihn bisher nicht gefunden. Ich muß der Sache eine Chance geben.«
Toda war auf seinem Weg nach Hause mit Erinnerungen beschäftigt. Als er seinen Mentor Tsunesaburo Makigutschi traf, war er auch erst zwanzig gewesen. Dieses Treffen hatte sein Leben verändert. Jetzt mußte er sich fragen, was für einen Eindruck er wohl bei dem eifrigen und ernsthaften jungen Mann gemacht hatte, der ihn mit solch tiefgefühlten Fragen überhäufte. Vielleicht war dieses Zusammentreffen kein Zufall; vielleicht war es vorherbestimmt, daß Yamamoto Toda treffen sollte, ebenso wie dieser vor siebenundzwanzig Jahren Makigutschi getroffen hatte.

Bis März 1920 war Toda Volksschullehrer gewesen. Er hatte seine Lizenz, die ihn zum Ersatzgrundschullehrer berechtigte, im Jahre 1917 erworben, während er bei einem Kolonialwarenhändler in seiner Heimatstadt an der Küste von Hokkaido arbeitete. Durch Beziehungen seiner Mutter hatte er es geschafft, den Posten an der Mayatschi-Grundschule in Yubari zu ergattern, einem kleinen Gebirgsstädtchen auf Hokkaido, in dem Kohle abgebaut wurde. Der Ort war abgelegen und einsam. In diesen Tagen gab es keine Züge, und um die nächste größere Stadt zu erreichen, mußte man im Sommer mit dem Pferdewagen und im Winter mit einem Schlitten fahren. Da Toda am offenen Meer aufgewachsen war, deprimierte ihn das beengte Leben im Gebirge so sehr, daß er eine Art Klaustrophobie entwickelte. Zwei Jahre lang lebte er in einem kleinen gemieteten Haus und nahm sein Essen bei einem seiner Schüler ein. Trotz der Einsamkeit machte ihm die Arbeit Spaß. Er war einer der beliebtesten Lehrer der Schule. Doch die graue Umgebung brachte Toda dazu, seinen jungen Schutzbefohlenen immer wieder zu empfehlen, die

Stadt so bald als möglich zu verlassen. Tatsächlich war er begierig, seinen eigenen Rat zu befolgen.
Bei seinem Fleiß und Lernwillen erhielt er im Sommer 1919 seine volle Lehrerlizenz und erwarb am Ende des Jahres eine weitere Lizenz als Mathematik- und Physiklehrer. Obwohl er gegen ungezogene Schüler sehr streng sein konnte, war Toda zur Mehrheit seiner Studenten verständnisvoll und herzlich, denn er fühlte eine ursprüngliche Zuneigung zu ihnen. Er vergab ihnen sogar, wenn sie mutwillig seine Brille stahlen, ohne die er nahezu blind war.
Im Februar 1920 gab Toda plötzlich seine Arbeit auf und verließ Yubari. Er wußte, daß seine Abreise nur einen Monat vor Ende des Schuljahres viele Leute traurig machte, aber er verspürte einen brennenden Ehrgeiz. Er wußte, daß etwas Wichtiges auf ihn wartete, doch sicherlich nicht in den abgelegenen Bergen von Hokkaido. Tokyo war seine Bestimmung, doch vor dieser langen Reise kehrte er in seine Heimatstadt zurück, um sich zu verabschieden. Dann fuhr er noch für einige Tage zu seinem älteren Bruder nach Honschu.
Im späten März 1920 kam er in Tokyo an. In Hokkaido hatte er von einer glitzernden Metropole geträumt, in welcher er sofort Erfolg haben würde. Statt dessen fand er eine kalte, unfreundliche Stadt voller indifferenter, sehr beschäftigter Leute. In den nächsten Monaten gab es nur Probleme. Er wohnte bei einem Freund aus Hokkaido, konnte keine Arbeit finden, das Geld ging ihm aus und er gab den Plan für ein Selbststudium, den er bei seiner Ankunft gefaßt hatte, wieder auf. Das Leben wurde zu einer schweren Prüfung, aber er hielt durch. Das Seltsame ist, daß er nur dadurch auf Makigutschi traf, denn hätte er sofort Arbeit gefunden, dann hätte diese erste Begegnung mit diesem Erzieher und Denker wahrscheinlich niemals stattgefunden und sein Leben hätte einen absolut anderen Verlauf genommen.
Obwohl Toda entschlossen war, sich selbst treu zu bleiben und all seine Fähigkeiten für seine zukünftige Entwicklung einzuset-

zen, verbesserten sich seine Lebensumstände nicht sofort. Mitte Juli, als die Feuchtigkeit und Hitze besonders für jemanden, der in der trockenen Kälte Hokkaidos geboren und aufgewachsen war, fast unerträglich wurden, hatte er noch immer keine regelmäßige Arbeit gefunden. Seine Ersparnisse waren aufgebraucht und er fühlte, daß er die Not ohne irgendwelche Hilfe von außen nicht mehr ertragen würde. Obwohl er lange gezögert hatte, diesen beschämenden Schritt zu tun, wurde es endlich unvermeidlich, in der Hoffnung auf irgendeine Art Hilfe das Haus von General Okamoto aufzusuchen, einem entfernten Verwandten seiner Mutter.

Weil er nichts anderes anzuziehen hatte, trug er einen gesteppten Kimono und als er in Okamotos Haus ankam, rann ihm der Schweiß am ganzen Körper herunter. Abgerissen und schwach von der Hitze betrat er den bequemen Salon des Hauses seiner Verwandten. Frau Okamoto, die ihn nach kurzer Zeit empfing, war so höflich, wie es der Anstand gebietet, aber sie konnte ihre Verachtung für den schäbigen Bauernjungen nicht verbergen, der ganz offensichtlich gekommen war, um zu betteln. Toda spürte sofort die Gefühle der Dame und kürzte seinen Besuch ab. Als er gehen wollte, wickelte sie ein Stück Kuchen ein und gab es ihm mit gönnerhaftem Lächeln. Angewidert und wütend wies Toda die milde Gabe zurück und schwor, niemals wieder seinen Fuß in dieses Haus zu setzen.

Er war beleidigt und nur nach seinem Äußeren beurteilt worden. Nun war er in größeren Schwierigkeiten als je zuvor. Bis August schaffte er es irgendwie, dann las er über einen berühmten Pädagogen, der kürzlich die kühne, wenn nicht schockierende Behauptung aufgestellt hatte, daß der berühmte Erlaß des Kaisers Meidschi über die Erziehung, auf den sich die gesamte japanische Pädagogik gründete, »von niedrigster moralischer Ordnung sei«. Über diese Haltung verwirrt, aber auch beeindruckt, beschloß Toda den Mann aufzusuchen. Der Urheber der Bemerkung war Tsunesaburo Makigutschi. Toda bewaffnete sich mit einem Einführungsschreiben, das ihm ein Freund aus Hokkaido

geschrieben hatte und machte Mitte August einen Besuch in Makigutschis Haus.
Frau Makigutschi, die gerade Wasser holte, als Toda ankam, führte ihn sofort ins Wohnzimmer. Damals war Makigutschi Direktor der Nischimatschi-Volksschule und sein Ansehen in Pädagogenkreisen war wegen seiner unüblichen Theorien und Unterrichtstechniken sehr hoch. Als Toda auf den berühmten Mann wartete, fragte er sich, um was für einen Menschen es sich wohl handelte und ob er ihm vielleicht eine Stelle besorgen könne. Bei seinen finanziellen Schwierigkeiten war eine Anstellung das Allerwichtigste, doch vom psychologischen Standpunkt aus brauchte er noch dringender einen Lehrer und Mentor.
Schließlich trat Makigutschi ein. Er war ein würdiger Mann mittleren Alters und hatte einen durchdringenden Blick. Nach den üblichen Höflichkeiten holte Toda sein Einführungsschreiben hervor, welches Makigutschi sofort las. Dann fragte er Toda über seine Vergangenheit und seine Erfahrung aus. Er fühlte sich diesem schweigsamen Mann gegenüber zunächst sehr schüchtern, als er von seinen Erfahrungen und Plänen sowie von seinen Ansichten über Pädagogik erzählte. Doch nach einiger Zeit faßte er Mut. Makigutschi hörte neugierig und interessiert zu. Als er geendet hatte, fragte Makigutschi milde lächelnd: »Haben Sie einen Lebenslauf mitgebracht?« Toda reichte ihm das Papier und während Makigutschi es durchsah, beobachtete Toda das ruhige aufmerksame Gesicht des Mannes. Plötzlich entschied er sich, sofort um eine Anstellung in Makigutschis Schule zu bitten, denn er fühlte, daß er den geistigen und spirituellen Führer gefunden hatte, den er suchte.
»Bitte, Herr Makigutschi, nehmen Sie mich in die Nitschimatschi-Schule auf. Ich verspreche Ihnen, daß Sie es nie bedauern werden. Ich kann aus all Ihren Nachzüglern Musterschüler machen. Glauben Sie mir bitte.«
Makigutschi spürte, daß es keinesfalls Selbstüberschätzung oder Aggressivität war, die Toda so sprechen ließ, sondern der Eifer und Enthusiasmus, gute Arbeit zu leisten. Er nickte lächelnd und

versprach Toda, sein Bestes zu tun, als dieser die Bitte noch einmal wiederholte. Bevor Toda ging, sprachen die beiden neuen Freunde noch lange über ernste Aspekte der Theorie und Praxis der Pädagogik. Bei Todas Abschied war Makigutschi entschieden beeindruckt und Toda war voller Hoffnung. Kurze Zeit später war er Lehrer an der Nischimatschi-Volksschule.
So hatte die Verbindung begonnen, die erst mit Makigutschis tragischem Tod endete. Während all dieser Jahre arbeitete Toda hart und gehorchte seinem Freund und Lehrer. Makigutschi lobte ihn selten, aber Toda fühlte tiefen Respekt und Zuneigung zu ihm. Ihre Freundschaft und berufliche Beziehung entwickelte sich zu einer »Einheit von Meister und Schüler«, wie man sie im Buddhismus kennt. Im Jahre 1928 traten beide der Nitschiren Schoschu bei.

Das Treffen zwischen Yamamoto und Toda fand drei Jahre nach Makigutschis Tod statt. Toda war siebenundvierzig und Yamamoto neunzehn. Als Toda Makigutschi zum ersten Mal traf, war er zwanzig gewesen und Makigutschi war neunundvierzig. Plötzlich wußte er in seinem Herzen, daß dieser seltsame, nette, intelligente und spirituell verwirrte junge Mann, der so verschieden war von den anderen Mitgliedern seiner Generation, zu dem wahren Schüler bestimmt war, auf den er gewartet hatte. Wenn Yamamoto auch von dieser Zukunft noch nichts wußte, für Toda war er der Mensch, mit dem er die Aufgabe teilen wollte, der gesamten Menschheit den wahren Buddhismus zu predigen. Zusammen würden sie die menschliche Revolution betreiben, die die Welt zu Frieden und Glück führen würde. Todas Herz schwoll voller Hoffnung und Dankbarkeit, als er über den jungen Yamamoto und seine Bestimmung nachdachte.
Am 24. August 1947 trat Yamamoto der Nitschiren Schoschu bei, das Zeremoniell wurde von dem Priester Taiei Horigome im Kankiryo-Tempel vollzogen. Während der langen Rezitationen des Daimoku und des Sutra hatte Yamamoto recht gemischte Gefühle. Er nahm diesen Beitritt zu einer Religion ernst, wie er

alles im Leben ernst nahm. Er kannte seinen starken Willen, aber auch seine physische Schwäche und so fürchtete er, daß dieser Körper der gewaltigen Aufgabe einer spirituellen Reformation nicht gewachsen sein könnte.

6. Wurzeln

Im Jahre 1947 war das Elend Japans so schlimm wie noch nie zuvor. Tokyo lag immer noch in Ruinen; es gab keinerlei Anzeichen, daß die durch Brandbomben zerstörte Stadt wiederaufgebaut wurde. Halbverhungerte Stadtbewohner schwärmten durch die Straßen, immer auf der Suche nach Essen und Kleidung. In den unterirdischen Zugängen zu den großen Bahnhöfen hielten sich Landstreicher, Rowdys und heimatlose Kinder auf, die einen mit leeren Augen anstarrten. Der Krieg war zwar vorbei, aber nun hatte ein anderer Krieg gegen Chaos, geistige Anarchie, Nihilismus, Armut und Hunger begonnen. Es gab keinen Frieden in Japan. Den Schwarzmarkthändlern ging es gut, aber die ehrlichen Bürger litten Hunger. Die Menschen verhielten sich wie Raubtiere. Die Regierung versuchte Reis aus dem Südosten Asiens zu importieren, da dies aber nicht gelang, war man weiter vom Mehl und Mais der Besatzungsmacht abhängig. Es gab immer weniger Reis; selbst der Ersatz – weiße Kartoffeln, Mais und süße Kartoffeln – wurden nur in geringsten Mengen verteilt.

Mit Kleidung sah es nicht besser aus. Die Männer trugen meist Jacken aus einer Art fadenscheinigem Baumwollstoff, dem einzigen Material das es zu dieser Zeit gab sowie alte Armeehosen; die Frauen umwickelten sich mit so vielen Pullovern und Schals als möglich und trugen die sackartigen *mompe* statt Röcken und dazu Holzschuhe. Wer derartig erbärmliche Kleidung sein eigen nennen konnte, war noch glücklich: Viele waren nicht besser als Bettler gekleidet.

Ein anderer Alptraum war die Wohnraumnot. Luftschutzkeller, Hütten, die mit Blech aus Konserveneimern bedeckt waren und klapprige Baracken waren für Unzählige das einzige Zuhause.

Als demobilisierte Soldaten und repatriierte Kolonialisten massenweise auf die japanischen Inseln zurückkehrten, war jedes Haus gestopft voll. Oft hausten zehn Leute in einem winzigen Raum, jung und alt, Männer und Frauen. Wenn es regnete, leckte das Wasser in die armseligen Hütten; wenn im Winter der Wind blies, war es drinnen kaum wärmer als draußen. Doch die Regierung blieb selbst angesichts der unglaublichsten Bedingungen hilflos.

Der Aufenthalt in den überfüllten, kalten oder nassen Räumen war schon unerfreulich, aber draußen war es wegen des chaotischen Verkehrssystems noch schlimmer. Die einzigen Verkehrsmittel waren die elektrischen Züge, aber es gab zu wenige davon. Es zog und war stockdunkel, da man die Fenster zugenagelt hatte, immer waren sie bis an die Grenze des Möglichen vollgestopft; um Fahrkarten zu bekommen, mußte man sich stundenlang anstellen.

Man muß sich nicht wundern, daß viele Menschen starben, weil sie nicht das Nötigste zum Leben hatten und die Inflation in schwindelnde Höhen hinaufgetrieben wurde. Unter den Opfern sind ein Professor der Philosophie und ein Richter zu erwähnen, die sich weigerten, Essen auf dem Schwarzmarkt zu kaufen und statt dessen lieber verhungerten.

Unter diesen schwierigen Bedingungen führten Toda und seine Anhänger weiterhin ihre Vorlesungen und Diskussionstreffen durch, besuchten den Haupttempel und setzten ihre Führungstouren für die Mitglieder der Gesellschaft fort. Die Probleme, die sie zu überwinden hatten, waren oft extrem groß, aber ihre Hingabe und ihr Glaube befähigte sie, immer weiterzumachen und jeden Morgen und Abend ihr Gongyo durchzuführen. Als Toda traurig über die Probleme der Nation nachdachte, mußte er sehen, daß alles ganz genauso gekommen war, wie Nitschiren Daischonin es in seiner Abhandlung *Sicherheit für das Land durch Errichtung des wahren Buddhismus* vorausgesehen hatte. Vor siebenhundert Jahren war sie geschrieben worden und mindestens zwei der sieben von Nitschiren Daischonin prophezeiten Katastrophen wiederholten sich: fremde Invasion und innenpolitische Probleme. Die Alliierten hielten Japan besetzt und die ganze Nation fiel im fiebrigen Kampf um Essen, Wohnung, Löhne, Wirtschaft, Politik und Religion auseinander. Das Chaos regierte. Bei einem Zwischenfall wurde ein Mann von seiner eigenen Familie wegen eines winzigen Häppchen Essen getötet. Die Reisenden in den stickigen, überfüllten Zügen stritten sich miteinander; und im größeren Maßstab hinderten die langen Arbeitskämpfe die Produktion und paralysierten auf diese Weise die nationale Ökonomie. Die politischen Parteien waren zersplittert und mußten ihre ganze Zeit darauf verwenden, daß sie überhaupt existierten und nominal eine gewisse Kontrolle bekamen, so daß nur wenig Energie auf die Lösung der Probleme oder die Erleichterung der Leiden des Volkes verwendet wurde. Sowohl die älteren, etablierten Religionen, als auch die neuen Nachkriegssekten wurden von Spaltungen zerrissen.

Angesichts dieser Verwirrung und Unordnung verwendete Toda viel Zeit darauf, sich Kurs und die Struktur der Soka Gakkai genauestens zu überlegen. Da er ahnte, daß die Gesellschaft in der Zukunft Japans unausweichlich eine immer wichtigere Rolle spielen würde, dachte er sich immer neue Pläne für ihren Fortschritt und ihr Wachstum aus. Er glaubte fest an den buddhistischen Grundsatz »je tiefer die Wurzeln, um so ausholender die Äste«, und versuchte sicherzustellen, daß die Gesellschaft feste Wurzeln schlug, damit sie später ein großer Baum würde, der reiche Früchte trug.

Aber noch war die Gesellschaft jung. Die Mitgliederzahl nahm in befriedigendem Maße zu, doch die Grundlage war noch lange nicht solide genug. Einige Mitglieder arbeiteten zwar hart, aber sie hatten oberflächliche Ideen über die universelle Verbreitung des wahren Glaubens und waren geistig noch nicht fähig, die notwendige Seelenstärke und Integrität zu entwickeln. Um den Glauben seiner Leute zu stärken und jede mögliche Uneinigkeit unter ihnen zu verhindern, sagte Toda eines Abends auf einer Zusammenkunft seiner engsten Schüler folgendes:

»Heutzutage ist es für jede Organisation in Japan schwer, von internen Auseinandersetzungen unberührt zu bleiben. Dafür gibt es viele Gründe, aber der Hauptgrund ist der weitverbreitete Mißbrauch des wahren Buddhismus. Da wir den wahren Buddhismus vertreten und in der Lebensphilosophie Nitschiren Daischonins unsere Wurzeln haben, sind wir von der Soka Gakkai die einzige Gruppierung im Land, die inneren Kampf und Mißklang vermeiden kann. Ganz gleich, wie groß unsere Organisation werden wird, wenn wir dem einen Glauben treu bleiben, haben wir nichts zu fürchten. Ich tue alles, was ich kann, um die Wurzeln unseres Glaubens zu vertiefen und zu stärken, weil wir ohne sie machtlos sind.
Beachtet nicht die aufdringlichen Aktivitäten anderer pseudoreligiöser Gruppen. Sie sind alle dazu verurteilt, sich von innen heraus wieder zu zerstören. Und hört nicht auf das dumme Gerede von einer Teilung unserer Gesellschaft. Leute, die über so etwas sprechen, sind nur neidisch auf unsere Stärke und unsere Kraft. Denkt daran, solange wir dem einen Buddhismus treu bleiben, brauchen wir Spaltung nicht zu fürchten. Nur wenn wir zusammenbleiben und all unsere Energie und Stärke der großen Aufgabe widmen, können wir unser endgültiges Ziel erreichen. Versäumt niemals eure Pflicht und vergeßt niemals die höchste Mission der Gesellschaft, denn wenn ihr das tut, droht der Ausbruch innerer Zwietracht. In einem solchen Fall würde ich die Gruppe auflösen. Unsere Gesellschaft wächst wie ein Baum. Seine Hauptwurzel ruht tief im Glauben Nitschiren Daischonins, aber jeder von uns ist ein Würzelchen. Die Hauptwurzel und damit der ganze Baum hängen von den Würzelchen ab, damit sie ernährt werden und Kraft bekommen.
Wir unterscheiden uns von anderen Organisationen dadurch, daß unser Ziel die Verbreitung eines lebenspendenden Glaubens ist, wohingegen andere Gruppen nur ihren Profit suchen. Jeder, der innerlich an seinen eigenen Gewinn denkt, sollte uns jetzt besser verlassen. Wir müssen uns einig sein für die große Arbeit, die wir zu leisten haben. Diese Einigkeit kann man nicht allein

durch Willen oder Absichten erreichen. Sie wird geboren aus dem reinen und festen Glauben an den Gohonson. Im buddhistischen Denken ist die Störung der Harmonie und Einigkeit eine der fünf Hauptsünden. Es kann demzufolge nicht hingenommen werden, wenn jemand mit eigensüchtigen Motiven die Reinheit unserer Haltung stört und die Harmonie kaputtmacht. Doch solange wir gemeinsam unserem Ziel entgegenmarschieren, kann uns nichts bremsen, da wir durch die Bande des Glaubens fest vereint sind.
Nicht nur in unserer Zeit haben Mitglieder unserer Gruppe ihrem Glauben entsagt, selbst zu Nitschirens Lebzeiten haben mehrere Priester ihren großen Führer verleumdet. Und nach seinem Tod, während der Zeit des zweiten Hohepriesters Nikko Schonin, wandten sich fünf führende Schüler aus Eigennutz vom Glauben ab. Aber alle diese Männer litten letzten Endes unter der Vergeltung und starben im Elend. Ihre Geschichte sollte uns Warnung sein. Jeder von uns ist wie ein roher Diamant, der geschliffen werden muß, bevor er seine ihm innewohnende Schönheit offenbaren kann. Wenn ihr euch selbst schleift, indem ihr euren Glauben stärkt, werdet ihr reich belohnt werden.
Wir unterscheiden uns zwar grundsätzlich von den heutigen, schnell wachsenden Gewerkschaften, aber ich sehe uns schon zu einer Größe und Macht emporsteigen, wie es sie bisher noch nie gegeben hat. Um dieses Wachstum zu ermöglichen, brauchen wir eine solide Struktur und eine effiziente Organisation. Das wird nicht nur unsere Mission vorantreiben, sondern auch jedes einzelne Mitglied der Gesellschaft unendlich reich belohnen.«
Auf solche Weise enthüllte Toda einen Teil seiner Vision von der Zukunft der Gesellschaft, und war sehr enttäuscht, daß er auf vielen Gesichtern sehen mußte, daß nicht jeder diese Vision verstand.
Am 19. Oktober fand die zweite Generalversammlung der Soka Gakkai im Bildungshaus von Kanda statt. Daran nahmen der vierundsechzigste Hohepriester Nisscho Misutani, sein Vorgän-

ger Nitschiman Akiyama, der pensionierte Hohepriester Taiei Horigome und andere führende Kleriker teil, unter ihnen Seido Hosoi. Die Zahl der Teilnehmer war größer, als im Jahr davor. Yoschiso Mischima, ein Direktor der Gesellschaft, eröffnete die Konferenz mit folgendem Bericht:

»Unsere Gesellschaft besteht zur Zeit aus sechs Abteilungen: Allgemeine Angelegenheiten, Grundlagenstudium, Information, Jugend, Frauen und Finanzen. Alle funktionieren gut. Wir haben in Tokyo jetzt zwölf Gemeinden und elf in den Provinzen. Jeden Monat gibt es eine Diskussionsveranstaltung über die Praxis des Glaubens und für Mitgliederwerbung.

Seit der letzten Generalversammlung im letzten Jahr hat eine neue Vortragsreihe über das Lotos-Sutra begonnen. Dies ist die fünfte Vortragsreihe und es nehmen durchschnittlich fünfzig Menschen teil. Ihr Verlangen, zu Eckpfeilern im Gebäude der universellen Verbreitung des wahren Glaubens zu werden, ist so groß, daß sie zum Teil von weither kommen, um die Worte unseres Generaldirektors Josei Toda zu hören.«

Dann gab Mischima einen ausführlichen Bericht über die Entwicklung in den verschiedenen nahen und fernen Gemeinden, dabei erwähnte er auch die Masuda-Familie in Nasu, die inzwischen zum Mittelpunkt einer wachsenden Gruppe geworden war. Auch die große Zahl der Teilnehmer am Sommerkurs im Taiseki-Dschi fand gebührende Beachtung.

Während Toda dem langen, eindrucksvollen Katalog des Erreichten lauschte, freute er sich natürlich über den Erfolg der Gesellschaft; aber irgendwie hatte er das Gefühl, daß dem Treffen die Dynamik und Vitalität fehlte. Es schien, als gäbe es keine talentierten neuen Schüler, die der Organisation frisches Leben gaben. Die älteren Mitglieder der Gesellschaftsleitung konnten auf ihre Arbeit stolz sein, aber es fehlte ihnen der belebende Geist. Das Ganze war zu prosaisch und hatte keine rechte Inspiration.

Dann sprach der Hohepriester Misutani darüber, wie alt die Verbreitung des wahren Glaubens schon war und spornte die

Laien an, ihr Bestes zu tun, um den Glauben in das Myoho zu verbreiten. Dann sprach er weiter:
»Wie Sie alle wissen, muß der Haupttempel dringend wieder aufgebaut werden. Die Agrarreform hat uns fast allen Ackerlandes beraubt, das für Jahrhunderte der Nitschiren Schoschu gehörte. Die Aussichten sind also nicht gut. Allerdings, wenn wir in die Zeit von Nitschiren Daischonin selbst zurückblicken, sehen wir, daß wir keinen Grund haben, uns zu beschweren. Damals haben er und seine ewigen Lehren sich durchgesetzt und so wird es auch in dieser bösen Welt geschehen. Jetzt ist für Laien und Priester die Zeit gekommen, seinem Beispiel zu folgen und durch die unaufhörliche Praxis unseres Glaubens größte Anstrengungen zum Wiederaufbau der Nitschiren Schoschu und unserer Nation zu vollbringen.«
Die Worte des Hohepriesters taten Toda in der Seele weh und erfüllten ihn mit tiefer Besorgnis über seine eigene Verantwortung. Als Leiter der Laienorganisation hatte er für den Wiederaufbau des Taiseki-Dschi zu sorgen. Der Hohepriester endete:
»Ich bete fieberhaft, daß die Gesellschaft durch Zusammenarbeit, Studium und Hingabe und mit der göttlichen Hilfe und Führung des einen wahren Buddha schnellstens für eine baldige Verwirklichung der universellen Verbreitung des wahren Buddhismus sorgen wird.«
Toda erhob sich von seinem Platz, verbeugte sich vor dem Hohepriester und schwor im Geheimen: »Wenn Sie mir ein wenig mehr Zeit geben, verspreche ich, mit ganzem Herzen für die Wiederherstellung des Haupttempels zu kämpfen und für die universelle Verbreitung unseres Glaubens. Ich gebe mein ganzes Leben und meine Kraft für diese Mission.«
Dann ging der pensionierte Priester Taiei Horigome zum Rednerpult. Er sprach kurz über Matsuo Bascho, den großen Poeten des siebzehnten Jahrhunderts, der das prägnante Haiku, jene bis zum heutigen Tag bestehende assoziationenreiche, siebzehnsilbige Verskunst derartig perfektionierte, daß ganze Schulen dekadenter Dichtkunst hinweggefegt wurden. Von den großen Erfol-

gen dieses Mannes kam er zum noch größeren Triumph des Nitschiren Daischonin, dessen Lehren die Basis degenerierter und mißgeleiteter Sekten zerstörte.

»Es sind siebenhundert Jahre vergangen seit der Gründung der Nitschiren Schoschu, aber ihre orthodoxe Lehre bleibt ungeschmälert. Doch es gibt viel zu tun, um das Wort unseres Glaubens zu verbreiten.«

Dann sprach er über die Essenz des Buddhismus und appellierte leidenschaftlich an die Gläubigen, ihre Anstrengungen zur Gewinnung neuer Anhänger zu intensivieren.

Toda sprach zweimal an diesem Tag, einmal morgens und einmal abends. Am Morgen legte er das Hauptgewicht darauf, daß Japan nur durch den wahren Buddhismus wieder auferstehen könne, weil nur diese eine Lebensphilosophie lehrt, wie man das Karma und damit den Erfolg bestimmen kann.

»Wir müssen das Gesetz anwenden, das uns zur Erleuchtung führt und das Karma überwindet, das den gemeinen Sterblichen bindet. Nam-myoho-renge-kyo ist dieses Gesetz. Es zu rezitieren und den Gohonson zu verehren ist der einzige Weg, das Karma zu ändern.

Von allen bösen Taten, die seit unvordenklichen Taten verübt wurden, ist die Verleumdung des wahren Buddhismus die Schlimmste. Sie verdammt uns zu den ›Zehn bösen Taten‹ und den ›Acht großen Schwierigkeiten‹*. Wenn wir fest an das Myoho glauben, können wir uns vom Karma vergangener Leben reinigen. Das Karma arbeitet unaufhörlich an uns, und so dürfen wir nicht den Glauben verlieren, wenn es eine Reihe von Schwierigkeiten und Prüfungen gibt. Wir müssen uns klarmachen, daß unsere Prüfungen ein notwendiger Prozeß in unserem ewigen Leben und für unsere Erleuchtung sind. Mit anderen Worten, sie sind Buddhas Wille.«

Am Abend sprach Toda über »Die Mission unserer Gesellschaft«. In diesem Vortrag beleuchtete er den schlechten Zu-

* Siehe Glossar

stand der Nation und betonte, wie wichtig es sei, die Lehren Nitschiren Daischonins zu verbreiten, damit die Japaner und die Menschheit gerettet würden. Er sagte, daß er mit seinen Mitmenschen die Erleuchtung teilen wolle, die er im Gefängnis erfahren habe, der gewöhnliche Sterbliche könne nämlich Buddhaschaft erlangen, indem er an den Gohonson glaubt.
»Das Verlangen, die Lebensphilosophie Nitschiren Daischonins mit anderen zu teilen, macht uns zu Abgesandten des Buddha. Unsere Mitgliederwerbungen beruhen auf dem Wunsch, den Menschen aus unserem Mitleid heraus die Quelle der Erlösung zugänglich zu machen.
Anderen von Nitschiren Daischonin zu erzählen ist das Herz der Mission und das Glaubensbekenntnis unserer Gesellschaft. Alle, die das Glück haben zu verstehen, was Verehrung des Buddha bedeutet, müssen diese Überzeugung mit ihren Mitmenschen teilen. Für Buddha kann es keine Armut geben, denn er wird durch die Bodhisattvas und Schutzgottheiten behütet. Seine Stärke und Kraft bringen die Sicherheit von Frieden und Fülle in dieses Dasein. Unsere Gesellschaft ist also eine Vereinigung von Abgesandten des Buddha. Es ist unsere Pflicht, alle bekümmerten und verstörten Menschen vor den Gohonson der Nitschiren Schoschu zu bringen. Aber eines muß ich hier ganz klar aussprechen: Wir dürfen niemals persönliche Bequemlichkeit oder persönlichen Nutzen suchen. Ich muß nicht betonen, daß die Vergeltung für so etwas schrecklich sein wird, denn Eigennutz ist viel schlimmer als andere Sünden. Doch dies gilt nicht nur für Individuen: Die Gesellschaft darf niemals für Ruhm, Geld oder Zuwendungen arbeiten.«
Zum Abschluß seiner Rede sagte Toda ein paar Worte über den Gründer ihrer Gesellschaft, den seligen Tsunesaburo Makigutschi:
»Trotz aller Kritik und aller Beschimpfungen, mit denen man ihn in seinen späten Jahren überhäufte, arbeitete unser Gründer und Mentor unermüdlich für die Verbreitung der Nitschiren Schoschu. Und schließlich gab er sein Leben für den Glauben. So

wie er müssen wir unseren unsterblichen Glauben in die Lehren Nitschiren Daischonins erhalten und unermüdlich für die Verbreitung dieses Glaubens kämpfen. Ganz gleich, wie groß die Hindernisse auf unserem Weg sind und wie heftig die Angriffe und die Kritik der Ungläubigen sein werden, wir müssen unsere Arbeit fortsetzen. Nur auf diese Weise können wir stolz und mit reinem Gewissen dem Dai-Gohonson gegenübertreten, wenn wir sterben und ins Land des Buddha zurückkehren.«
Dann sangen alle das »Lied der Kameraden« und Toda wischte sich heimlich ein paar Tränen des Glücks ab, als er zuhörte. Allerdings mischte sich noch ein anderes Gefühl in die Freude über den offensichtlichen Erfolg der Generalversammlung, denn irgend etwas schien ihm nicht zu stimmen. Dem Treffen fehlte die durchschlagende Kraft und Spontaneität und Toda vermutete, daß es daran lag, daß einige Führer ihren missionarischen Eifer verloren hatten. Die Gewohnheit hatte den Pioniergeist des Wiederaufbaus abgestumpft. Toda fürchtete, daß die Gesellschaft nicht ganz so fest gegründet war, wie er gehofft hatte; vielleicht waren seine Bemühungen, die Gesellschaft in eine Laienorganisation zu verwandeln, die auf der Lebensphilosophie Nitschiren Daischonins beruhte, anstatt auf der Philosophie der Werte, nicht vollständig von Erfolg gekrönt. Während er über diese Vermutungen nachdachte, war er mehr und mehr davon überzeugt, daß er gewisse Schritte unternehmen mußte, um die Gesellschaft zu stärken. Die meisten Führer waren immer noch die gleichen, welche die Gesellschaft vor dem Kriege kontrolliert hatten, und als es Anzeichen dafür gab, daß sie ihre Stärke wiedergewann, neigten sie zu Selbstgefälligkeit. Ihr Glaube war offensichtlich begrenzt. Viele von ihnen hatten während der dunklen Kriegstage ihren Glauben verleugnet, weil sie von den Militaristen verfolgt wurden, und es war nur Todas Hilfe zu verdanken, daß sie ihre Positionen im Direktorium später wieder einnehmen konnten. Es gab in der Führungsriege zwar einige aktive, junge Mitglieder, die die richtige Einstellung hatten, aber unglücklicherweise schienen sie immer noch ein wenig unreif.

Toda machte sich große Gedanken über das Fehlen energischer junger Mitglieder in der Führungsspitze und erwartete ungeduldig das Erscheinen neuer Männer, die kreativ an die große Aufgabe der Soka Gakkai herangehen würden.

In der alten Gesellschaft waren Leute mittleren Alters die treibenden Kräfte der Organisation gewesen, aber Toda wußte, daß man sich für die Zukunft vorbereiten mußte, und so legte er großen Wert auf das Heranbilden junger Menschen. Er bestand darauf, daß die Jugendabteilung ihren Mitgliedern eine feste Grundlage in buddhistischer Doktrin vermittelte, so daß ihr Glauben sich festigte und sie auf die geistige Schlacht mit anderen buddhistischen Sekten vorbereitet waren, wenn sich die Gelegenheit ergab. Viele eifrige und gründlich talentierte Mitglieder der Jugendabteilung warteten ungeduldig darauf, verbal das Schwert mit ihren andersgläubigen Feinden zu kreuzen. Sie besuchten oft andere Tempel, um religiöse Debatten zu führen, was unvermeidlich für großen Aufruhr sorgte. Toda versuchte niemals, seine jungen Schüler hiervon abzuhalten, denn er wußte, daß Konfrontationen mit der Priesterschaft anderer buddhistischer Gruppen und neuer Religionen ihnen half, das Böse in den falschen Lehren aus erster Hand zu verstehen und daß ihr Glaube in die Nitschiren Schoschu sich hierdurch nur verstärken konnte. Diese jungen Leute waren begeistert vom ideologischen Kampf mit Priestern und Sektierern und besiegten ihre Widersacher schnell mit dem scharfen Schwert der Lehren Nitschiren Daischonins, allerdings verblüffte es sie, daß ihre polemischen Erfolge sich in der Praxis als recht kurzlebig herausstellten. Auf einem Treffen im Dezember fragte einer dieser jungen Feuerköpfe: »Herr Toda, wir haben unsere Gegenspieler in religiösen Debatten stets besiegt, aber ihr Einfluß schient keineswegs abzunehmen. Im Gegenteil, einige von ihnen scheinen gar an Kraft zu gewinnen. Woher kommt das?«

Toda amüsierte sich über die Naivität des jungen Mannes und sagte: »Nehmen Sie das nicht zu ernst. Es wird Zeit, daß Sie lernen, daß religiöse Polemik heutzutage nicht mehr das ist, was sie einmal war. In den alten Zeiten wurden derartige Debatten tödlich ernst genommen. Der Verlierer mußte gewöhnlich der Sekte des Gewinners beitreten und wurde ihr williger Schüler. Nach einer bekannten Geschichte führte zum Beispiel Dengyo der Große*, der Gründer der japanischen Tendai-Sekte, im neunten Jahrhundert eine religiöse Debatte mit führenden Priestern der sechs älteren Nara-Sekten. Bei diesem Kampf war der Kaiser von Kammu anwesend. In seinem Kommentar zu *Sicherheit für das Land durch die Errichtung des wahren Buddhismus* schrieb Nitschiren Daischonin, daß Dennyo der Große vierzehn Priester besiegte, welche sechs Sekten repräsentierten. Auf der Stelle konstatierte Dennyo der Große, daß sie durch die Nichtanerkennung des Lotos-Sutra den wahren Buddhismus herabwürdigten. Diese berühmten Priester entschuldigten sich beim Kaiser und akzeptierten Tendai, was sie zusammen mit allen anderen Priestern der Sekte zu Schülern von Dennyo dem Großen werden ließ. Im Jahre 827 wurde als Folge dieses vorläufigen *kosen rufu* ein Heiligtum auf dem Gipfel des Berges Hiei erbaut. Diese Zeit wurde als Heian-Periode bekannt. Sie war eine der friedlichsten und reichsten der japanischen Geschichte und währte dreißig Jahre. Dies ist überigens ein Beispiel dafür, wie sowohl Kultur als auch Gesellschaft zur Blüte gelangen können, wenn sie sich auf den Buddhismus gründen.

Allerdings verehrte damals nur die Aristokratie das Lotos-Sutra und der Buddhismus, den man damals lehrte, war eine vorläufige Doktrin für den ›Mittleren Tag des Gesetzes‹ des Schakyamuni. Obwohl es eine Einheit von Buddhismus und Gesellschaft gab, war diese seicht und oberflächlich im Vergleich zu der tiefen Vereinigung, die wir nun anstreben. Die damaligen Ergebnisse waren nicht tief genug und so wandten sich bestimmte führende Priester der Tendai-Schule den falschen Lehren der Schingon-Sekte zu und befleckten auf diese Weise die großartige Tradition des Tendai.

* Siehe Glossar

Immer wieder forderte Nitschiren Daischonin vom Kamakura-Schogunat die Erlaubnis, eine öffentliche Debatte mit den Priestern anderer buddhistischer Sekten abhalten zu dürfen. Als er seine Schrift *Sicherheit für das Land durch Errichtung des wahren Buddhismus* dem mächtigen Regenten Hojo Tokiyori präsentierte, verkündete er unverblümt, daß man ihm eine öffentliche Debatte mit anderen Priestern erlauben solle, falls die Regierung Zweifel an deren Inhalt habe. Aber die Priester wußten, daß sie gegen Nitschiren Daischonin keine Chance hatten.
Gegen Ende der Kamakura-Periode, die von 1185 bis 1333 dauerte und der Beginn des ›Späten Tages des Gesetzes‹ war, vermieden die berechnenden Priester nicht nur öffentliche Debatten, in welchen sie schändliches Versagen riskierten, sondern lancierten auch Verleumdungskampagnen gegen Nitschiren Daischonin und brachten so die Regierung dazu, ihn zu verfolgen.
Nitschiren Daischonin wußte, was diese Leute im Schilde führten, aber er ließ nicht zu, daß sie ihm den Mut nahmen. Er bestand weiterhin auf öffentlichen religiösen Debatten und eines Tages schien das lang erwartete Duell bevorzustehen. Allerdings wurde es in letzter Minute wieder abgesagt. Damals schrieb Nitschiren seine berühmten elf Briefe an die Regierung, in denen er sie der Unterstützung falscher Religionen bezichtigte und schwere Katastrophen prophezeite, falls sie das Myoho nicht annähmen. Nitschiren handelte so edel und mutig, daß es moderne Revolutionäre beschämen müßte.
Das Ergebnis war, daß er nach Ito auf die Insel Isu verbannt wurde, und später auf die abgelegene Insel Sado. Obwohl er auch dort weiterhin verfolgt wurde, hörte er niemals auf, sein Recht auf öffentliche Reden zu verlangen.
Im Gegensatz zu jenen Zeiten sind die heutigen religiösen Zirkel so chaotisch und böse, daß nicht einmal die Regeln der Polemik beachtet werden. Religiöse Organisationen denken nur ans Geldverdienen und echter Glaube existiert nicht mehr. Die alten Traditionen sind vergessen. Diese Art von Verdorbenheit ist typisch für den ›Späten Tag des Gesetzes‹, in dem wir leben.

Unser Zeitalter ist fürchterlich: Selbst wenn jemand von seinen religiösen Gegnern in einer offenen Debatte besiegt ist und all seine Lehren als falsch entlarvt wurden, gibt er seine Niederlage nicht zu. Es ist sicherlich schwierig, unter diesen Bedingungen die Wahrheit zu verkünden. Früher genügte es, die Führer der Nation zu bekehren, damit das Volk bekehrt wurde, heute richtet sich die Regierung nach dem Volk. Das heißt, daß wir jeden einzelnen bekehren müssen. Inbrünstiger Glaube, großer Mut und Weisheit sind die Schlüssel für die religiöse Revolution, die wir erreichen wollen.

Religiöse Debatten bieten hierzu keine Möglichkeit mehr. Unsere Zeit ist so schrecklich, daß sogar internationale Verträge und Nichtangriffspakte ohne Bedenken verletzt werden. Es spielt keine Rolle, wie oft Sie falscher Priester in einer fairen Debatte besiegen, Sie zerstören nicht ihre Religion und erreichen nichts für die Bekanntmachung des wahren Glaubens. Daher müssen wir auf der Basis Mensch zu Mensch handeln. Auch wenn Ihnen das altmodisch erscheint, diese Methode ist demokratisch und für uns der beste Weg, unser Ziel zu erreichen. Wenn Sie Menschen bekehren, einen nach dem anderen, so schlagen Sie Wellen, die möglicherweise die ganze Welt überfluten werden.«

Todas Worte schärften den Sinn der Zuhörer für ihre Mission und gaben ihnen klare Richtlinien für den richtigen Weg zum Ziel. Obwohl es schon spät war, wollte niemand aufbrechen. Eine Zeitlang sprach man noch über die Tempel und die Hauptquartiere der falschen religiösen Orden, die man besucht hatte. Endlich sagte ein junger Mann, nachdem er zur abblätternden Farbe der Wände und hinauf zur rußgeschwärzten Decke geschaut hatte: »Aber alle diese Sekten haben wenigstens schöne Gebäude, in denen sie sich treffen können. Ich wünschte, unsere Halle wäre so groß, daß wenigstens zwei- oder dreihundert Leute hineinpassen.« Toda antwortete ganz ernst: »Wir sind kein Geschäftsunternehmen. Unsere Ziele sind grundsätzlich verschieden von jenen der falschen Sekten, welche ihre Anhänger mit großartiger Architektur einschüchtern und ihnen drohen, damit

sie großzügig spenden. Wir brauchen keine Kunden. Wenn wir während unseres Kampfes für die Verbreitung des wahren Glaubens ein Gebäude für legitime Zwecke benötigen, werden wir es von den Spenden der Soka-Gakkai-Mitglieder bauen, aber dann wird es aus dem wahren Glauben heraus geschehen. Der Gohonson wird dafür sorgen, daß wir bekommen, was wir brauchen. Beneidet nicht die falschen Sekten, das ist nicht der Geist unserer Gesellschaft. Der Glaube selbst ist das Höchste und im Augenblick sind gute Menschen viel wichtiger und werden dringender gebraucht, als tolle Gebäude.«
Während seiner Rede sah Toda sich um. Man befand sich in den Räumen, welche sowohl das Büro des Nihon-Schogakkan-Verlages darstellten, als auch das Hauptquartier der Soka Gakkai. Es gab keinen Zweifel, diese Räume waren recht schäbig, aber die Stimmung dieses Treffens war strahlend und voller Hoffnung. Toda fuhr fort:
»Vorläufig ist dieser Raum groß genug. Denken Sie daran, daß die meisten Plätze in Japan viel schlechter aussehen. Es ist unsere Pflicht, ein Eckpfeiler der Nation zu werden und das Schicksal Japans entscheidend mitzugestalten. Anstatt sich über Gebäude Gedanken zu machen, sollten Sie an Ihre eigene Verbesserung denken und all Ihre Energie und Ihren festen Glauben auf die universelle Verbreitung des wahren Glaubens richten. Auf diese Weise werden Sie zum unzerstörbaren Herz der Gesellschaft werden. Nitschiren Daischonin sagte in der *Goscho*: Jene, die am ›Späten Tag des Gesetzes‹ an das mystische Gesetz glauben, sind die wahrhaft edlen und wertvollsten. Glauben Sie an sich selbst, sehen Sie sich als junge Revolutionäre. Es gibt viel wichtigeres, als das Hauptquartier, zum Beispiel die Empfangshalle des Haupttempels, die seit zweieinhalb Jahren in Schutt und Asche liegt. Wenn sie wiederaufgebaut ist, werden wir über das Hauptquartier nachdenken. Bis dahin gedulden sie sich und pflegen sie das, was wir haben. O ja, einige von Ihnen sollten ihre Socken flicken. Denn wenn wir das neue Gebäude bekommen, müssen wir alle schön angezogen sein.«

Alle lachten zusammen mit Toda und einige junge Männer suchten verstohlen ihre Füße zu verstecken.

Als das Jahr 1947 zu Ende ging, lagen die japanischen Inseln noch immer im Elend. Eisige Winde bliesen durch das Land und ließen Herz und Geist der Menschen erstarren.
Eiskalte Tage.
Dunkle, kalte Nächte.
Tag um Tag Elend und Leid.
Die nationale Wirtschaft paralysiert, die Leute befallen von schrecklicher Mühsal, keine Aussicht auf Besserung. Eine Katastrophe folgte der anderen. Ein zerstörerischer Taifun löste eine Flut und Verwüstungen im Distrikt Kanto aus, wie es sie noch nie gegeben hatte. Die Hilfsmaßnahmen waren schleppend und in den Gebirgsregionen blieben die Straßen unrepariert. Der kalte Krieg zwischen den USA und der Sowjetunion beherrschte die internationale Szene. In China wütete ein Bürgerkrieg, als die Kommunisten ihre endgültige Offensive gegen die Nationalisten eröffneten. Es schien, als ob sich der größte Teil der Welt im dunklen befand.
Im November 1947 verkündete Außenminister Molotow, daß die Sowjetunion die Atombombe besitze, damit war das Monopol der USA gebrochen. Aber diese Neuigkeit brachte den Menschen keine Erleichterung, da sie nun der schrecklichen Möglichkeit eines nuklearen Krieges ins Auge sehen mußten. Obwohl die Sonne jeden Tag den Himmel erhellte, waren die Menschen auf der ganzen Welt von Düsternis erfüllt. Es war, als ob nur Toda aufrecht stand und das Banner des Glaubens hoch über der wütenden See der Dunkelheit und des Aufruhrs hielt.

Drittes Buch

1. Neubeginn

Am hellen Morgen des Neujahrstages 1948 befand sich Josei Toda mit mehreren seiner Anhänger beim morgendlichen Gongyo vor dem Gohonson in einem ungeheizten Raum im zweiten Stock seines Verlagshauses Nihon Schogakkan in Tokyos Stadtteil Kanda. Während er dem rhythmischen Miteinander der Stimmen zuhörte, sagte er zu sich selbst: »Es ist, wie es sein sollte. Wir sind in vollkommener Harmonie.« In Gedanken ließ er die schäbigen Mauern des Gebäudes hinter sich und schwang sich hinaus ins grenzenlose Universum. Die Erde ist nur ein kleiner Planet im Sonnensystem, ein winziges Pünktchen im Vergleich zu den weiten, in ständiger Bewegung befindlichen Galaxien, die majestätisch durch die unfaßbaren Räume des Universums brausen. Durch die Zeitalter hindurch hat der Mensch ein erstaunliches Wissen über seinen Planeten und über das Sonnensystem angehäuft. Er weiß, daß die frostige Kälte Plutos und die brennende Hitze des Merkur die Existenz von Leben im üblichen Sinn unmöglich machen. Er besitzt viele genaue Daten über Entfernungen, Geschwindigkeiten, Größen und Umlaufbahnen im Sonnensystem. Doch trotz dieses Wissens hat er es nie vermocht, sich von Elend und Unglück zu befreien.

»Hier sitze ich in einem kleinen Zimmer auf einem Inselreich im Pazifischen Ozean, nur eines von Milliarden menschlicher Wesen«, dachte Toda, »wie winzig und klein bin ich im Vergleich zu der überwältigenden Weite des Universums. Doch ich habe eine Aufgabe und ich gelobe, sie zu erfüllen. Ich bin auf dieser Erde, um die Kräfte des Bösen zu bekämpfen und den Menschen zu helfen, durch die Lehren Nitschiren Daischonins, die so grenzenlos sind wie das Universum selbst, Erlösung zu finden.«

In diesem Moment endete die Rezitation des Daimoku. Man

tauschte Neujahrsglückwünsche aus und alle baten Toda, sie in Zukunft genauso zu leiten wie er es in der Vergangenheit getan hatte, damit sie weiter solch gute Arbeit leisten könnten. Toda benutzte die Gelegenheit, ein paar warnende Worte zu sprechen:

»Möchtet ihr im nächsten Jahr wirklich mit derselben Art ›guter Arbeit‹ weitermachen? Ich möchte dies auf keinen Fall, denn das würde bedeuten, daß Yoschiso Mischima weiterhin grummeln, Takeo Konischi weiterhin schmollen und Hisao Seki niemals diesen blassen, besorgten Gesichtsausdruck loswerden wird. Nichts mehr davon, bitte!« Toda lachte und die anderen mit ihm.

Dann wurde er ernst und fuhr fort: »Wir beginnen nun das dritte Jahr des Wiederaufbaus der Soka Gakkai. Das Elend der Menschen dieses Landes bewegt mich tief und die ungeheure Größe unserer Aufgabe, dieses Elend zu lindern, läßt mich erschauern. Wie ich Ihnen in der Vergangenheit schon gesagt habe: Nichts im Leben kann bleiben wie es ist. Entweder schreitet man voran, oder zurück. Und wir können uns nicht einen einzigen Rückschritt leisten.

Sie mögen glauben, daß Sie im letzten Jahr gut gearbeitet haben. In einer gewissen Hinsicht stimmt das vielleicht, aber ich möchte Sie hier vor etwas warnen: Ich mache mir Sorgen über die Tatsache, daß Sie oft nur während meiner Anwesenheit wirklichen Eifer gezeigt haben. Einfach nur meiner Führung zu folgen ist weit entfernt von einem aktiven Praktizieren Ihres Glaubens. Unsere Organisation ist inzwischen recht gut etabliert. Das ist erfreulich. Aber oft setzt mit der Stabilität auch die Trägheit ein. Menschen in führenden Positionen folgen nur noch der Macht der Gewohnheit. Aber so können wir unseren Glauben nicht verbreiten. Jeder von Ihnen muß eigene Initiative entwickeln. Und um das tun zu können, benötigen Sie eine genaue Vorstellung von der allumfassenden Lebenskraft und der Rolle, die Sie selbst innerhalb dieser Kraft spielen.

Betrachten wir die Natur des Universums. Es befindet sich ständig in fließender Bewegung. Nichts bleibt wie es ist. Vom gewaltigen Kreisen und Wirbeln unzähliger Galaxien bis zu unserem eigenen, kleinen Sonnensystem wird alles von einem unveränderlichen, universellen Gesetz beherrscht. Es gibt ein Schema, in welches sowohl die brennende Sonne und der heiße, lebensfeindliche Merkur passen, als auch der weit entfernte Pluto mit seiner unvorstellbaren Kälte. Wir sitzen hier in einem schäbigen, kleinen Zimmer in Kanda, auf einer Insel, die nur einen winzigen Teil auf einem winzigen Planeten darstellt. Doch so unbedeutend wir auch scheinen mögen, auch wir sind Teil von etwas Unendlichem. Dieses Unendliche ist die Lebenskraft, welche Nitschiren Daischonin zum grundlegenden universellen Gesetz des Nam-myoho-renge-kyo verdichtete und die er im Dai-Gohonson in eine physische Form brachte. Diese wunderbare Lebenskraft wirkt im ganzen Universum, in den entferntesten Sternen ebenso wie im Leben jedes einzelnen. Auf dieser wesentlichen Wahrheit beruht alles. Ohne dieses Wissen ist Glaube unmöglich. Doch mit dem Glauben, der aus dem Wissen von der Natur allen Lebens entsteht, haben wir auch die Macht, im Karma, dem Gesetz von Ursache und Wirkung, das über alle Aktionen im Universum herrscht, Änderungen herbeizuführen.

Aber um Karma zu verändern, muß man bewußt handeln. Und dies wiederum ist nur möglich, wenn man unerschütterlich an den wahren Buddhismus glaubt. Jemand, der glücklich lebt, mag sich der Täuschung hingeben, daß dieser Zustand sich niemals ändern wird. Doch ohne Glauben muß sein Schicksal sich zum Schlechten wenden, da ständige Veränderung ein Gesetz der Natur ist, wie ich schon sagte. Aber umgekehrt kann ein tiefer Glaube, der im praktischen Leben Anwendung findet, ein offensichtlich unter einem schlechten Stern stehendes Schicksal glücklich verwandeln.

Wenn es möglich ist, in einem individuellen Leben eine solche Revolution vom Unglück zur Freude zu bewirken, und zwar indem man den Glauben im großen Maßstab in die Tat umsetzt, dann kann man die gleiche Art von Revolution auch im Leben

einer ganzen Nation durchführen. Im Moment sind die Zustände in Japan so schlimm, daß einige Leute jede Hoffnung aufgegeben haben. Aber ich gebe die Hoffnung nicht auf. Im Lichte der großen Wahrheit des Buddhismus kann die momentane Situation nicht andauern. Da wir von der Nitschiren Schoschu und der Soka Gakkai die ersten Schritte zur universellen Verbreitung unseres Glaubens getan haben, muß nun eine positive Veränderung im Karma Japans stattfinden.
In der Weltgeschichte hat keine Religion, Philosophie oder Ideologie, wie groß auch immer, jemals auch nur einen Menschen gänzlich vom Unglücklichsein bewahrt. Die Philosophien der Vergangenheit konnten dem Individuum bestenfalls psychologischen Trost bieten. Und so kann es kaum überraschen, daß keine Philosophie jemals eine ganze Nation vor dem vorherbestimmten Untergang retten konnte. Doch Nitschiren Daischonin hat versprochen, daß wir Erfolg haben werden, wo andere versagen. Mit bestem Wissen und Gewissen kann ich behaupten, daß die Worte Nitschiren Daischonins sich niemals als falsch erwiesen haben, denn sie sind Ausdruck sämtlicher universeller Wahrheiten.
Die vor uns liegende Aufgabe ist gewaltig und schwierig. Unser Erfolg ist zwar unvermeidlich, aber er wird nicht aus unserer eigenen Kraft resultieren – wir sollten uns niemals einbilden, wir könnten allein etwas bewirken. Wir werden unsere Mission erfüllen, weil, und nur weil der wahre Buddhismus, wie ihn Nitschiren Daischonin lehrte, uns die Kraft dazu gegeben hat.
Doch um zu meinem ursprünglichen Gedanken zurückzukehren: Wer vor einer solchen großen großen Aufgabe wie der unsrigen steht, kann es sich nicht leisten, nur mit der Macht der Gewohnheit zu arbeiten. Und deshalb bestehe ich darauf, daß ›die gute Arbeit‹ vom letzten Jahr nicht gut genug ist für das zukünftige Jahr. Glauben Sie nicht, daß dies lediglich Haarspalterei ist. Selbst Ihre scheinbar belanglosesten Worte erlauben es mir,. Ihren wahren Geisteszustand nur allzu klar zu erkennen.

Mein Glaube ermöglicht es mir, direkt ins Herz der Dinge zu schauen. Die Lebenskraft ist zwar nicht greifbar und besitzt weder Form noch Farbe, aber ihr wahrer Zustand macht sich dennoch auf subtile Weise bemerkbar, dies ist das Gesetz der Lebenskraft. Ich möchte, daß Sie die Wichtigkeit unserer Arbeit begreifen und die große Verantwortung, die jeder von uns zu tragen hat. Eine Zeit großer Anstrengungen ist gekommen. Darüber sollten wir uns nicht beschweren, denn in keinem Bereich wurde ohne Mühe jemals etwas Großes erreicht, weder in der Kunst, noch in der Technologie, Wirtschaft oder Politik. Die Revolution, die wir herbeiführen werden, verlangt offensichtlich von uns allen die allergrößte Mühe, und zwar deshalb, weil sie einmalig ist in der Geschichte des Menschen.
Doch nun wollen wir uns bei einem guten Sake entspannen. Laßt uns anstoßen auf das neue Jahr.«
Toda reichte Tassen herum und füllte sie mit einem würzig duftenden Sake namens *otoso*, dem traditionellen Getränk für diese Gelegenheit. Unter Glückwünschen zum neuen Jahr wurden die Tassen mit dem ausgezeichneten Sake gelehrt. Die wohltuende, warme Atmosphäre, die stets erzeugt wurde, wenn Toda mit Gläubigen zusammen war, und die durch die Lehrer-Schüler- oder gar Vater-Kind-Beziehung entstand, bereicherte noch diesen Genuß. Er war nicht nur ihr Lehrer, sondern, viel wichtiger, er war ihnen wie ein Vater. Er verstand ihre Probleme, kannte ihre Stärken und Schwächen, und wußte immer genau, wie man ihre besten Seiten zum Vorschein bringen konnte. Danach sagte das stets liebenswürdige Fräulein Katsu Kiyohara: »Ich empfinde den Neujahrstag immer so warm und glücklich. Aber manchmal frage ich mich, wie Nitschiren Daischonin über diesen Feiertag dachte.« »In der *Goscho* gibt es eine sehr interessante Stelle, die davon handelt«, sagte Toda. »Eine gewisse Lady Omosu, die Gattin Ischikawa Schimbei Sanetadas, Lord von Omosu, schickte eine Schachtel mit Köstlichkeiten und Muschimotschi-Kuchen nach Minobu, wo Nitschiren Daischonin lebte. Um ihr zu danken, schrieb Nitschiren Daischonin einen berühm-

ten Brief, der wegen der Kuchen ›Muschimotschi-Goscho‹ genannt wird. Seki, Sie werden ihn in Ihrem Exemplar des Goscho finden. Bitte lesen Sie uns vor.«

Hisao Seki blätterte in dem zerlesenen Buch, bis er den Brief fand: »Ich habe hundert Muschimotschi-Kuchen und eine Schachtel voller Köstlichkeiten erhalten. Der Morgen des ersten Januar ist der Beginn eines Tages und der Beginn eines Monats, ebenso der Beginn des Frühlings und des Jahres. Diejenigen, die ihn feiern, werden ihre Tugend vergrößern und von anderen geliebt werden, genauso wie die Sonne heller wird, wenn sie von Ost nach West zieht und der neue Mond zunimmt, wenn er von West nach Ost wandert.

Indem Ihr zum Beginn des neuen Jahres Euer ergebenes Opfer an das Lotos-Sutra bringt, werdet Ihr ebenso bewundernswert und schön, wie die Bäume, wenn ihre Knospen erblühen, wie die Quelle, wenn die Lotosblüten aus ihr emporsteigen, wie der Sandelholzbaum, der seinen Duft verströmt und wie der neue Mond, der am Horizont aufsteigt. Heute hat sich Japan selbst zum Feind des Lotos-Sutra gemacht und auf diese Weise Katastrophen und Unglück aus dem Umkreis von dreitausend Meilen hinter seinen Ufern angezogen. Danach zu urteilen, ziehen diejenigen, die an das Lotos-Sutra glauben, das Glück aus einem Umkreis von dreißigtausend Meilen an.

Ein Schatten kann sich nur da bilden, wo Substanz ist. Eine Nation, die dem Lotos-Sutra keine Würde erweist, wird von Katastrophen heimgesucht, ebenso wie der Schatten dem Körper folgt. Doch die Anhänger des Lotos-Sutra sind wie der Sandelholzbaum im August, ja, sie duften noch mehr. Ich werde Ihnen wieder schreiben.«

»Ja«, sagte Toda. »Nitschiren Daischonin, der von dem aufmerksamen Geschenk der Lady Omosu gerührt war, schrieb ihr, um ihr auf symbolische Weise einige sehr wichtige Grundsätze zu erklären. Er sagt, daß der erste Januar ein Beginn ist. Sonne und Mond symbolisieren das Universum, beziehungsweise den Anfang von allem; und ihre Bewegung am Himmel sowie die Frühlingsstimmung repräsentieren die universelle Bewegung, die ein Ausdruck von Buddhas Mitgefühl ist, welche wiederum nichts anderes als das Myoho ist. Der Neujahrstag soll die Menschen an die ewige, alles durchdringende Bewegung erinnern, die Gesetz und Herzschlag des Universums ist, und die er nur allzuleicht vergißt.

Aber der Verstoß gegen dieses große universelle Gesetz bringt Verhängnis über den Menschen und seine Handlungen. Oft hat die Menschheit gegen dieses Gesetz verstoßen, und dadurch entstehen Unglück und Unzufriedenheit. Glücklicherweise wird das universelle Gesetz jedoch durch den wahren Buddhismus Nitschirens genauestens erklärt. Wenn ein Mensch die grundlegende Wahrheit der universellen Bewegung begreift und seinen eigenen Platz innerhalb dieser Bewegung versteht, wird er selbst zu einem kleinen Universum. Die Gelehrten haben den Menschen oft als Mikrokosmos innerhalb des Makrokosmos beschrieben.

Wie ich schon sagte, neigt der Mensch dazu, dieses Prinzip zu vergessen, und so ist Neujahr eine gute Zeit für einen Neubeginn und gute Vorsätze. Es erinnert den Menschen an seine Beziehung zum Universum, um so mehr, als an diesem Tag die Erde einen neuen Umlauf um die Sonne beginnt. Die Menschen fühlen instinktiv, daß dieser Tag des Neubeginns sich für gute Vorsätze eignet. Doch kein guter Vorsatz kann wirkungsvoll sein, wenn der Mensch, der ihn faßt, nicht durch seinen Glauben an den Gohonson mit dem universellen Rhythmus verbunden ist. Selbst bei solch geringfügigen Dingen, wie guten Vorsätzen für das neue Jahr, ist der Unterschied groß zwischen den Gläubigen der Nitschiren Schoschu und jenen, die nicht glauben. Unser Glaube gibt uns die Kraft durchzuhalten, was auch immer wir uns vornehmen.

Die Passage, in welcher Nitschiren Daischonin darüber spricht, daß man Katastrophen anzieht, wenn man sich weigert, an den Gohonson zu glauben und daß das Glück das Ergebnis eines unerschütterlichen Glaubens ist, zeigt große Einsicht in das Gesetz von Ursache und Wirkung. Indem er sagt, daß Japan sich als Feind des Gohonson selbst ins Unglück stürzt, spielt er nicht nur auf Mongoleneinfälle vor siebenhundert Jahren an, sondern er dachte dabei auch an den Sieg der Alliierten im zwanzigsten Jahrhundert.

Die Ideen des Muschimotschi-Goscho sind streng, aber sie inspirieren uns auch. Sie lehren uns die Unwiderruflichkeit des Karma, des Gesetzes von Ursache und Wirkung, und daß die Japaner von ihren augenblicklichen Leiden nur erlöst werden können, wenn wir handeln, um das Karma dieses Landes zu ändern. Die Japaner sind verzweifelt und leiden schwer unter der Niederlage. Wer kann sie aus dieser Situation befreien? General MacArthur? Die japanische Regierung? Natürlich nicht. Dieser Aufgabe ist nur gewachsen, wer sich mit Leib und Seele der praktischen Verwirklichung einer großartigen und verehrten Philosophie widmet. Dies ist *kosenrufu*, die universelle Verbreitung unseres Glaubens. Und wir sind die einzigen, die dafür in Frage kommen.«

Toda schien den Anwesenden an diesem Morgen ein neues Verständnis des an sich bekannten Abschnitts aus dem *Goscho* vermittelt zu haben. Da seine Kehle nach der langen Rede ein wenig ausgetrocknet war, trank er den Rest aus seiner Saketasse und wollte sich neu einschenken, doch die Flasche war leer.

»Beim Zuhören läßt es sich gut trinken, nicht wahr?« sagte er schmunzelnd. »Nun gut, dann laßt uns zu unserer Pilgerfahrt zum Haupttempel aufbrechen. Es ist ein weiter Weg zum Fudschijama und ich möchte wetten, daß alle Züge überfüllt sind. Doch denkt daran, es gibt kein größeres Glück als eine Neujahrsreise zum Taiseki-Dschi.«

Als sie das Büro verließen und sich auf den Weg zum Kanda-Bahnhof machten, bemerkte Toda, daß es in der Nachbarschaft keinerlei Feiertagsdekoration gab. In Japan war es Tradition, an Feiertagen die nationale Flagge zu hissen, aber die Besatzungsmacht hatte dies verboten. Für die meisten Bewohner Tokyos war dieser kalte, windige erste Januar absolut trostlos. Doch in

Todas Gruppe herrschte herzliche Kameradschaft und eine freudige Einigkeit, die durch die gemeinsame Hingabe an die große Mission entstand.

Der Zug fuhr um halb neun Uhr in Tokyo los und brauchte ungefähr drei Stunden, bis er den Ort Fudschi erreichte. Die Fenster der Waggons waren mit Brettern vernagelt. Innen war es pechschwarz und extrem stickig; so viele Menschen wie nur irgend möglich hatten sich sitzend, stehend oder sonst auf irgendeine Weise hineingequetscht. Viele der ausgelaugten, müden, mißgelaunten und zerlumpten Reisenden waren sogenannte evakuierte Witwer, Männer, deren Familien im Kriege aufs Land geflüchtet und dort geblieben waren. Die Männer versuchten, in Tokyo Arbeit zu finden, doch wegen der akuten Wohnungsnot konnten sie ihre Familien nicht mitnehmen. Feiertage waren die einzige Möglichkeit, ihre Lieben gelegentlich zu sehen. Natürlich wollte sich keiner diese Chance entgehen lassen und so bestiegen sie massenweise alle möglichen Beförderungsmittel. Nachdem der Zug müde rumpelnd in den Bahnhof Fudschi eingefahren war, mußte Toda und seine Gruppe durchs Fenster aussteigen, weil die dicht gepackte Menge sämtliche Türen verstopfte.

Nach dieser Fahrt verspürten alle eine unendliche Erleichterung. Die Luft zwischen den niedrigen Ausläufern des Fudschijama war berauschend. Der heilige Berg selbst glitzerte weiß in der Sonne, so als hätte auch er sich für das neue Jahr schön gemacht.

Ein verbeulter, alter Bus war die einzige und nicht gerade zuverlässigste Transportmöglichkeit zum Tempel. Ungefähr auf der Hälfte des steilen Weges hielt der Bus plötzlich an und rührte sich nicht mehr vom Fleck. Todas Gruppe drängte alle anderen, schieben zu helfen, bis der schwächliche Bus endlich wieder mühsam in Gang kam. Nach Einbruch der Dunkelheit erreichte man mit letzter Kraft das Tor des Taiseki-Dschi. Erschöpft begab sich die kleine Gruppe direkt zum Gästehaus, in welchem schon sechzig weitere Mitglieder der Soka Gakkai warteten. Dies

waren zweimal soviel als im vergangenen Jahr und zehnmal soviel, als vor zwei Jahren.
Nach einem herzhaften Abendessen mit Reiskuchen und gekochtem Gemüse unterhielten die gestärkten Pilger sich lebhaft und ungezwungen über wichtige Themen. Danach stand ein junger Mann auf und begann zu singen. Zunächst hörte Toda schweigend zu. Die Musik und der lyrische Text bewegte ihn so sehr, daß er mitzusingen begann und schließlich dirigierte er einen ganzen Chor. Der Gesang dauerte bis tief in die Nacht, dann beendete Toda den Abend mit einer Strophe aus einem seiner eigenen Gedichte:

»Ich habe nur dies eine Leben,
das geb ich ohne Bedauern hin.
Ich rufe Euch, Ihr Bannerträger,
Jugend, wo bist Du?
Kommt alle hervor,
und seht den reinen stolzen Gipfel,
des Berges Fudschijama!«

Am nächsten Tag, als die Sonne auf der weißen Pracht des Fudschijama glänzte, nahmen Toda und seine Gruppe an einer Zeremonie vor dem Dai-Gohonson im Tempel der Kostbarkeiten teil. Bei dieser Gelegenheit tat Toda seinen Schwur zum neuen Jahr und anschließend hatte er eine Audienz beim Hohenpriester Nisscho Misutani, der begierig war, über die Pläne für den Wiederaufbau der zwei wichtigen Gebäude, Kyakuden und Mutsubo, zu sprechen, welche seit dem Feuer von 1945 noch immer in Trümmern lagen. Andere Nitschiren-Schoschu-Tempel im ganzen Land waren schon wiederaufgebaut und die Pläne für die Neukonstruktion von Kyakuden und Mutsubo warteten auf ihre Verwirklichung zum Herbst 1948. Man mußte Bäume auf dem Gelände des Taiseki-Dschi fällen, um Bauholz für dieses Projekt zu beschaffen. Der Hohepriester gab zu, daß die schweren Zeiten und der traurige Zustand der Tempelfinanzen es

extrem schwierig machen würden, die benötigten Gelder aufzutreiben, doch wollte er hierfür einen Sonderausschuß errichten. Von der Hingabe des Priesters gerührt, versprach Toda sofort eine Spende für den Wiederaufbau des Haupttempels.
Um seine Gruppe zusätzlich zu motivieren, führte Toda sie zu den verkohlten Überresten des alten Kyakuden und enthüllte die Pläne für die Rekonstruktion. Dann erklärte er, daß die Soka Gakkai die größten Anstrengungen unternehmen würde, um diesen Traum zu realisieren. Alle stimmten mit Toda überein, daß der Wiederaufbau zweier wichtiger Gebäude des Taiseki-Dschi ein neues Zeitalter einleiten würde und einen Meilenstein auf dem Weg zur universellen Verbreitung des Glaubens darstellen würde.
Wer zum Taiseki-Dschi pilgert, empfindet gewöhnlich sehr stark den Kontrast zwischen der Reinheit und Klarheit des Bergtempels, der dem ewigen Frieden und der Besserung des Menschen gewidmet ist, und dem befleckten, lasterhaften Leben der Großstadt. Dieses Mal empfand Toda Tokyo noch deprimierender als sonst. Wegen des Papiermangels bestanden die Zeitungen in jenen Tagen nur aus zwei Seiten, aber selbst die waren voller besorgniserregender Nachrichten. Ende Januar 1948 zum Beispiel ging es in den Leitartikeln aller großen Zeitungen tagelang um einen schockierenden Massenmord. Ein Mann mittleren Alters, der sich als Angestellter des Tokyoter Amtes für Gesundheitswesen ausgab, betrat eine Bank im Schiinamatschi-Distrikt und überredete eine Anzahl von Leuten, eine weiße Flüssigkeit zu trinken, von der er behauptete, sie würde die mögliche Ausbreitung der Ruhr verhindern, an der kürzlich mehrere Menschen in der Nachbarschaft erkrankt waren. Ahnungslos tranken die Menschen die Flüssigkeit, elf von ihnen starben an der Vergiftung.
Andere betrübliche Nachrichten gab es über die Verhandlungen des internationalen fernöstlichen Militärtribunals. Die Verfahren gegen angebliche japanische Kriegsverbrecher und insbesondere gegen General Hideki Todscho, der im wesentlichen für den

Krieg im Pazifik verantwortlich gemacht wurde, weckten tiefe Zweifel über Sinn und Rechtmäßigkeit solcher Prozesse.
Der sinnlose Massenmord und die Zweifel über die Kriegsverbrecherprozesse kennzeichneten symbolisch die derzeitige heikle Situation. Das sozialistische Kabinett unter Führung von Premierminister Tetsu Katayama zeigte schon nach weniger als sechs Monaten Anzeichen eines bevorstehenden Zusammenbruchs. Machtkämpfe spalteten die Partei in einen linken und einen rechten Flügel und am 10. Februar trat die Regierung zurück. Einen Monat später bildete Hitoschi Aschida ein Kabinett aus Demokraten und Sozialisten, doch in einer Zeit, die von Korruption und politischer Degeneration bestimmt schien, räumte man auch dieser Regierung keine großen Chancen ein.
Für Josei Toda lagen die Gründe für die moralische Krise des Landes auf wirtschaftlichem und finanziellem Sektor. Der Schwarzmarkt beherrschte das Feld, deshalb wuchs die Inflation, und die Menschen blieben arm. Die geldgierigen Reichen, unter ihnen viele Politiker und Führer der Finanzwelt, bereicherten sich auf grausame Weise an den Massen. Unter erbärmlichen Lebens- und Geschäftsbedingungen gedieh eine Form tödlichen Wettbewerbs, und der Zweck heiligte jedes Mittel. Um zu überleben, kämpfte man auf häßlichste, unbarmherzigste Weise, jeder gegen jeden, Bruder gegen Bruder.
Während Toda zuschauen mußte, welch schlimmes Schicksal die Japaner erdulden mußten, verfestigte sich seine Überzeugung, daß die Zeit reif war für die universelle Ausbreitung des wahren Buddhismus. Während er über die Situation nachdachte, wurde ihm klar: »Was auch immer die Behörden tun, sie werden in einer Sackgasse enden. Aber wir, die wir an die Lehren Nitschiren Daischonins glauben, können in diesen Zeiten Rettung bringen. In den nächsten Jahren werden wir alle Hände voll zu tun haben, die Aspekte der Philosophie zu studieren und praktische Aktivitäten unserer Gesellschaft zu entfalten.«
Toda arbeitete unermüdlich. Mit gleichbleibender Liebenswür-

digkeit und Aufrichtigkeit lehrte, beriet und leitete er alle, die zu den Diskussionsveranstaltungen kamen. Selbst Leute, die zum ersten Mal teilnahmen, behandelte er wie alte Bekannte. Was auch immer an persönlichen Problemen oder Schwierigkeiten an ihn herangetragen wurde, er schenkte seine ungeteilte Aufmerksamkeit. Jeder hatte sein persönliches und unverwechselbares Karma, mit dessen komplexer Problematik er sich so lange beschäftigte, bis eine Lösung gefunden war.

So gelassen und sicher Toda auch wirkte, auch er hatte seine schwachen Momente. Dies kann nicht überraschen, wenn man bedenkt, welch gewaltige Aufgabe es ist, auch nur einen Menschen vom Unglück zu befreien und glücklich zu machen; Toda aber half vielen. Und wann immer ihm die Last zu schwer schien, er fand seine Selbstbeherrschung stets wieder, indem er den Gohonson und das Myoho um Hilfe bat. Durch seinen Glauben war Toda zum Meister seiner selbst geworden und in seinem Herzen konnte er immer sagen: »Dies ist der Weg. Ich muß nur unerschütterlich an den Gohonson glauben. Dann werden alle Probleme gelöst werden – seien sie persönlicher, familiärer oder sozialer Art.« Diese seine Überzeugung verlieh ihm die Kraft, seinen Anhängern Mut und Selbstvertrauen zu geben. Manchmal ging es um sehr heikle persönliche Dinge, aber selbst dann wußte Toda genau, wie er helfen konnte, ganz einfach, weil er es als seine Verantwortung und seine Mission betrachtete, die Gültigkeit des buddhistischen Gesetzes auch im Leben des einzelnen Menschen zu beweisen.

Am 31. Januar 1948 fand in dem geräumigen Haus von Tetsuyuki Matsumura, einem aktiven Mitglied der Jugendabteilung, eine Diskussionsversammlung statt. An diesem Abend waren Herr und Frau Hiroschi Isumida anwesend, die auch bei der Mitgliederwerbung und anderen Aktivitäten der Soka Gakkai im Gebiet Koiwa mitwirkten. In jener Nacht war Toda in besonders guter Stimmung. Nach Beginn der Versammlung meinte er, man solle doch auf die gewöhnlichen Formalitäten verzichten und einfach eine angenehme Zeit miteinander verbringen. »Wenn jemand etwas auf dem Herzen hat, so kann er es sagen. Laßt uns einfach miteinander plaudern.« Unter den mehr als einem Dutzend Leuten gab es sowohl vertraute Gesichter, als auch einige Neulinge, die der Nitschiren Schoschu noch nicht angehörten. Todas intensive, genialische Ausstrahlung bewirkte, daß die Anwesenden nicht das Gefühl zu haben schienen, daß irgendwelche Probleme zu besprechen waren. Doch nach Austausch einiger Belanglosigkeiten schaute Toda zu Frau Kinu Sasai hinüber, die mit besorgtem Gesicht in einer Ecke des Raumes saß. »Nun, Frau Sasai, Sie sehen heute abend so niedergeschlagen aus. Was haben Sie für Sorgen?« fragte er sanft.

Allerdings wußte er genau, was Frau Sasai Sorgen bereitete, denn er kannte ihre Geschichte und ihre häuslichen Probleme. Ihr Ehemann war krank, seine kleine Fabrik am Rande des Bankrotts und er hatte zu allem Überfluß eine Veranlagung, die Familie zu tyrannisieren. Sie hatten mehrere Kinder und Frau Sasai tat alles, um für sie zu sorgen, das Haus in Ordnung zu halten und ihren kränkelnden, schlechtgelaunten Ehemann zu pflegen. Vor nicht allzu langer Zeit war sie der Nitschiren Schoschu beigetreten, da sie hoffte, hierdurch ihre schweren Probleme besser bewältigen zu können.

Für einige Zeit gab der neue Glaube ihr wieder Vertrauen in die Zukunft, doch ihr Mann begann bald, an ihren religiösen Aktivitäten herumzumäkeln. Zunächst schimpfte er nur und drängte sie, ihren Glauben aufzugeben, später jedoch wurde er gewalttätig und brutal. Dies alles stellte eine derartige seelische Belastung dar, daß Frau Sasai schwankend wurde, ob es nicht überhaupt ein Fehler gewesen war, der Nitschiren Schoschu beizutreten. Doch bei näherer Betrachtung konnte sie an der Religion selbst nichts Falsches finden. Vielleicht war der starke Widerstand ihres Mannes ein Zeichen, daß sie ihn anstatt den Glauben verlassen sollte? Sie wußte, daß es sehr schwer sein würde, ohne den Ehemann für die Kinder zu sorgen, doch schlimmer, als es war, konnte es nicht werden. Sie fühlte, daß es an der Zeit war, diesen fast unerträglichen Leiden ein Ende zu setzen und sie war zu diesem Treffen in Koiwa gekommen, um Todas Rat zu erbitten.

Als Toda sie so durchdringend ansah, senkte Frau Sasai den Kopf und sagte gepreßt: »Ich habe mich entschlossen, meinen Mann zu verlassen.« Einige Minuten lang herrschte atemloses Schweigen im Raum. Viele, die Frau Sasai und die schweren Probleme in ihrem Leben kannten, waren dennoch erschrocken, daß sie sich zu einem solch drastischen Schritt durchgerungen hatte. Toda schaute die offensichtlich vor Kummer fast völlig erschöpfte Frau einige Minuten lang an, bevor er mit seiner ruhigen, ausgeglichenen Stimme sagte: »Ich verstehe, wie betrübt Sie sind, doch ich fürchte, ich kann nicht in Ihre Ehe eingreifen. Ich möchte Ihnen allerdings eines sagen: Sie sind durch Ihr Karma an Ihren Mann gebunden. Wenn Sie dieses Karma nicht ändern, bevor Sie wieder heiraten, werden Sie wahrscheinlich wieder genau die gleiche Art von Mann bekommen. Sie haben mehrere Jahre mit diesem Mann gelebt, Sie haben gemeinsame Kinder, warum also bleiben Sie nicht einfach bei ihm? Wer weiß, es könnte sein, daß er ebenso gut ist, wie jeder andere, der für Sie in Frage kommt.«

Einige Leute schmunzelten über Todas humorvolle Art. Selbst Frau Sasai lächelte matt. Aber die Probleme dieser Frau waren nicht besonders lustig und so fuhr er mit Bedacht fort: »Ich sagte, daß Sie Ihr Karma ändern müssen, und daß Ihr jetziger Mann der im Augenblick für Sie bestmögliche ist. Dies meine ich sehr ernst. Lassen Sie es mich erklären. Als Mitglied der Nitschiren Schoschu wissen Sie, daß es möglich ist, durch einen festen, gleichbleibenden Glauben das Karma zu ändern, weil – wie ich Ihnen schon oft sagte – alles im Universum im Wandel befindlich ist. Wenn Sie Ihrem Glauben treu bleiben und auf diese Weise Ihr Karma ändern, wird auch Ihr Mann sich zum Besseren wandeln. Aber sollte dies nicht der Fall sein, so bin ich sicher, daß er Sie von selbst verlassen wird.

Falls Sie darauf bestehen, sich von ihm scheiden zu lassen, so kann ich Sie nicht daran hindern. Ich schlage jedoch vor, daß Sie

Ihren Glauben weiterhin fleißig ausüben und darüber hinaus versuchen, an Ihren häuslichen Problemen für mindestens sechs Monate oder ein Jahr weiterzuarbeiten. Wenn Sie das tun, werden Sie eine Art Revolution in Ihrem eigenen Haus bewirken, Ihr Karma ändern und das Unglück für Ihre ganze Familie in Glück verwandeln, davon bin ich überzeugt.«

Der Ausdruck auf Frau Sasais Gesicht zeigte ihre Enttäuschung. Was Toda gesagt hatte, schien sie nicht zufriedenzustellen. Es müßte doch einen leichteren Weg geben, um ihr aus ihrem Dilemma herauszuhelfen. Doch es widerstrebte ihr, die Angelegenheit weiter zu verfolgen und so senkte sie schweigend den Kopf.

Toda spürte sofort, was in ihr vorging.

»Vielleicht verstehen Sie nicht die wirkliche Bedeutung meiner Worte. Ich nehme an, daß Sie sich nun innerlich fragen: Aber was ist mit meinen Sorgen? Wie kann ich mich aus meinen augenblicklichen Schwierigkeiten befreien? Das möchte ich wissen.«

Schüchtern lächelnd nickte Frau Sasai.

Toda fuhr fort: »Sie suchen nach einer Art spirituellem Wundermittel, um die Leiden Ihrer Ehe zu heilen. So etwas gibt es nicht. Sie können Medizin gegen Kopfschmerzen und Erkältungen nehmen, aber es gibt kein Mittel, um eine Familie zusammenzuflicken.

Ich habe Sie darum gebeten, geduldig zu sein und Ihrem Glauben sechs Monate oder ein Jahr lang treu zu bleiben. Ich nehme an, daß Ihnen diese Zeit sehr lang vorkommt. Doch wenn Sie an alle Ihre Leben mit ihren endlosen drei Existenzen denken, dann ist ein Jahr weniger als ein flüchtiger Augenblick. Das Gesetz des Karma gilt in allen drei Existenzen und dadurch wurde auch Ihre augenblickliche Situation herbeigeführt. Es ist kein Zufall, daß Ihr Mann sich Ihrer Religion so gewalttätig widersetzte, nachdem Sie der Nitschiren Schoschu beigetreten sind. Wenn Sie Mitglied einer minderwertigeren, fehlgeleiteten Sekte geworden wären, so wäre es ihm egal gewesen. Gerade seine Ablehnung zeigt, daß unser Glaube mächtig und lebendig ist. Und merken

Sie sich folgendes: Je stärker die Abneigung Ihres Mannes ist, um so schneller können Sie Ihr Leben von den bösen Folgen Ihres Karmas reinigen.
Doch um zu einem wesentlichen Punkt zurückzukehren, ich nehme an, daß Sie sich schon selbst gefragt haben, warum Sie mit großen Schwierigkeiten belastet wurden, sobald Sie den wahren Buddhismus annahmen. Glauben Sie mir, dies geschah nicht, weil Sie ein unreines Herz oder böse Absichten haben, oder weil Ihr Mann ein schlechter Mensch ist. Es geschah, weil wir alle unter dem Gesetz des Karma stehen, ob wir uns dessen bewußt sind oder nicht. Dies ist die grundlegende Wahrheit, die fundamentale Lehre des Buddha. Und ich denke, daß Sie dies bis zu einem gewissen Grade verstehen.
Aber Wissen allein wird Ihr Problem nicht lösen. Und dennoch gibt es einen Weg, den Nitschiren Daischonin für uns geschaffen hat. Er hinterließ uns den Gohonson und das Daimoku als Weg, den Gohonson zu verehren. Wenn Sie vertrauensvoll das Daimoku rezitieren und den Lehren des Nitschiren Daischonin treu bleiben, können Sie Ihr Karma verändern und Ihre Probleme lösen, weil Sie eine Art Revolution in Ihrem Leben auslösen. Dies wird natürlich Zeit brauchen, denn ebenso wie ein kleines Bäumchen nicht in einem Tag zu einem ausgewachsenen Baum werden kann, so kann das Karma nicht in einer Nacht verändert werden.
Die Entscheidung, ob Sie sich Ihrem Karma stellen und es durch Ihren Glauben ändern wollen, liegt bei Ihnen. Doch kann ich Ihnen die folgenden Worte des Trostes aus dem Lotos-Sutra anbieten: ›Alle Sünden sind wie der Frost, doch die gnädige Sonne wird ihn vertreiben.‹ Ich kann Ihnen versprechen, daß die Gnade unserer Religion all Ihre Probleme vertreiben wird, wenn Sie standhaft und treu sind.«
Als Toda endete, wischte sich Frau Sasai Tränen der Dankbarkeit aus den Augen. Niemand, nicht einmal ihre besten Freunde und Verwandten, hatten ein solch tiefes Verständnis für ihre Probleme oder zeigten soviel Mitgefühl wie dieser große Mann

mit seinen dicken Brillengläsern. Irgendwie wußte sie, daß sie sich auf diese dringend benötigte geistige Führung verlassen konnte. Ihre Stimme zitterte vor Rührung, als sie ihm dankte und sich entschuldigte, soviel Zeit in Anspruch genommen zu haben.

»Entschuldigen Sie sich nicht«, sagte Toda. »Ich möchte Ihnen nur zeigen, daß Sie Ihrer Notlage mit Geduld, Mut und – vor allem – einem starkem Glauben gegenübertreten müssen. Ich bin sicher, daß alles gut wird.« Wenn er ihr Gesicht anschaute, konnte er bereits ihren wachsenden Mut und Glauben ahnen und so war er überzeugt, daß Frau Sasai nun bereit war, alles zu akzeptieren, was auch immer die Zukunft bringen würde.

Nachdem das Gespräch mit Frau Sasai beendet war, bat Frau Tamé Isumida, Herrn und Frau Yoschito Yamakawa vorstellen zu dürfen, ein Ehepaar, das vor kurzem in ihrer Nachbarschaft eingezogen war. Herr Yamakawa war um die Vierzig und seine zerbrechliche, tuberkulöse Frau Mitte Dreißig. »Herr und Frau Yamakawa möchten sich uns anschließen. Herr Yamakawa ist arbeitslos und Frau Yamakawa hat Tuberkulose. Sie haben sechs Kinder und die Familie mußte im Krieg ziemlich viel erdulden.«

»Nun«, sagte Toda, »sehen Sie, Frau Sasai, hier haben wir noch ein Ehepaar, das miteinander streitet.«

»Woher wußten Sie, daß sie sich streiten?« fragte die überraschte Frau Isumida.

»Wenn ein arbeitsloser Mann eine Familie mit sechs Kindern und eine tuberkulöse Frau hat, dann müssen sie sich streiten.« Toda bat die Yamakawas, von sich zu erzählen.

Während des Krieges hatte Yamakawa als Eigentümer einer Munitionsfabrik recht gut verdient. Als aber gegen Ende des Krieges die Luftangriffe der Amerikaner immer intensiver wurden, war er gezwungen mit der Firma aufs Land zu ziehen. Alle Maschinen und Werkzeuge wurden in Kisten verpackt und zum Güterbahnhof geschafft, wo sie auf ihren weiteren Transport warteten. Aber dann verlor er in zwei Luftangriffen nicht nur

Haus und Fabrik, sondern auch die gesamte ausgelagerte Ausrüstung. Nun war er so schlau gewesen, eine große Summe Bargeld an einem sicheren Platz zu verwahren. Dieses Geld blieb ihnen und er schätzte, daß er und seine Familie ungefähr zehn Jahre davon leben könnten. Sie waren zwar nicht reich, aber sie konnten sich ein kleines Haus an den Ufern des Edogawa-Flusses in Tokyo mieten.

Doch Yamakawas Berechnungen erwiesen sich als falsch, sein Bargeld verschaffte ihm nicht die erhoffte Sicherheit. Am Ende des Krieges schnellten die Preise in die Höhe und das Geld verlor so sehr an Wert, daß er bereits nach drei Jahren ausgegeben hatte, was eigentlich zehn Jahre hätte reichen sollen. Seine kranke Frau interpretierte die finanziellen Schwierigkeiten stur als Folge seiner Mißwirtschaft. Niemals gab es genug zu essen und die Kinder klagten ständig über Hunger. Genau wie Toda vermutet hatte, gab es häufig Streitereien. Yamakawas einziger Trost war es, am Ufer des Flusses spazierenzugehen, um der engen, unglücklichen Umgebung seines Zuhauses zu entfliehen.

Eines Tages trafen die beiden Frauen zufällig zusammen. Die gutherzige Frau Isumida spürte sofort, daß es der zarten Frau Yamakawa sowohl geistig als auch körperlich schlechtging und fing ein Gespräch an. Sie hatte die Hoffnung, daß man die verarmte Familie durch den Glauben zu einem besseren Leben führen könne. Bei mehreren aufeinanderfolgenden Gelegenheiten hatte sie mit Herrn und Frau Yamakawa über die Nitschiren Schoschu und die Soka Gakkai diskutiert. Beide zeigten Interesse und baten schließlich darum, Josei Toda vorgestellt zu werden.

Nachdem die Yamakawas geendet hatten, nahm Toda seine Brille ab und rieb sich die Augen. Dann sagte er: »Irgend etwas, meine Intuition vielleicht, sagt mir, daß Ihnen noch schwärzere Tage bevorstehen. Wenn Sie Glück erlangen und Ihr Karma ändern wollen, werden Sie den Glauben als Waffe in einem langen Kampf benötigen. Und in Ihrem besonderen Fall nehme

ich an, daß es ein schwieriger Kampf wird. Glauben Sie, daß Sie es schaffen werden?«
»Wir sind an Armut gewöhnt«, sagte Frau Yamakawa, während ihr Mann seufzend den Kopf senkte.
»Ich möchte Ihnen keine angst machen, doch ich habe den Verdacht, daß die Dinge sich verschlimmern werden. Vergessen Sie nicht, Sie haben den Gohonson und das Daimoku. Schwanken Sie nicht einen Moment im Glauben und ich verspreche Ihnen, daß nach dem langen Kampf heitere Tage kommen werden.« Toda wandte sich an Frau Isumida und fügte hinzu: »Wenn sie Schwierigkeiten haben, müssen Sie und Ihre Familie ihnen den Rat und die Hilfe geben, die sie brauchen.«
Nur kurze Zeit nach dem Diskussionstreffen verarmte die Familie noch mehr, so wie Toda es vorausgesehen hatte. Dennoch endete die Geschichte nicht tragisch. Todas Warnungen hatten ihren Glauben so gestärkt, daß sie alle Prüfungen überstanden. Selbst während der schlechtesten Zeit erhielt Frau Yamakawa eine Belohnung für ihr Vertrauen. Und zwar hatte sie über lange Zeit Blut gehustet und war sogar von ihrem Arzt als unheilbar aufgegeben worden. Doch kurz nach ihrer Bekehrung zur Nitschiren Schoschu wurde sie wie durch ein Wunder nicht nur von ihrer Tuberkulose geheilt, sondern auch von einer Neuralgie und einer Blasenentzündung. Und schließlich erlangte die Yamakawa-Familie nach langem Kampf auch ihre finanzielle Sicherheit wieder und erreichte mit der Zeit sogar beträchtlichen Wohlstand.

2. Drei Ausflüge nach Schimoda

Toda und die Mitarbeiter seines Verlagshauses Nihon Schogakkan arbeiteten sehr hart. Doch durch Inflation, Materialknappheit und Regierungskontrollen drohte kleinen und mittelgroßen Betrieben ständig die Katastrophe. Toda war gezwungen, jedesmal mit größter Vorsicht zu handeln, denn schon die geringste Nachlässigkeit konnte alles, was er und sein Personal erreicht hatte, mit einem Mal zunichte machen.
Toda kannte die derzeitigen Bedürfnisse und Möglichkeiten genau und versuchte bei seinen Projekten stets die Veränderungen des Marktes und die gerade herrschenden Bedingungen zu berücksichtigen. Seine Fernkurse waren gut gelaufen, aber mit steigenden Papier- und Druckkosten war er gezwungen, sie wieder aufzugeben.
Die Produktion von Büchern hingegen wurde in dieser Zeit glücklicherweies durch die Inflation nicht sosehr beeinflußt. Außerdem waren die Japaner wegen der herrschenden geistigen Leere hungrig nach ernsthaftem Lesestoff. Als ein Verlag zum Beispiel die Neuauflage der berühmten »Studie über die Güte« des einflußreichen japanischen Philosophen Kitaro Nischida ankündigte, bildeten sich schon in den frühen Morgenstunden meilenlange Schlangen vor den Buchläden. Nachdem Toda gemerkt hatte, daß die Zeit für Bücher gekommen war, verwirklichte er mehrere ernst zu nehmende Projekte.
Eine Zeitlang erwies sich diese Geschäftspolitik als gut. Doch später zeigte sich, daß trotz guten Verkaufs auch die Bücherproduktion mit dem extremen Papiermangel zu kämpfen hatte. Eine Regierungsbehörde kontrollierte die Papierversorgung. Die Verlage wurden gezwungen, dem offiziellen japanischen Verlagsverband ihr Pläne vorzulegen, der dann entschied, ob ein Buch

unter Abwägung der benötigten Papiermenge und des mehr oder weniger erwünschten Inhalts erscheinen durfte. Während des Krieges hatte man ähnliche Kontrollen anwenden müssen und es war ein trauriges Zeichen der Zeit, daß diese Praxis drei Jahre später noch immer fortgeführt werden mußte.
Dennoch war es nicht unmöglich, Papier zu bekommen. Wie viele andere Waren war es auf dem Schwarzmarkt erhältlich. Und von Zeit zu Zeit erschien auch neues Druckpapier auf dem offenen Markt. Dann beeilten sich die Verlage, soviel wie möglich zu kaufen, selbst zu unverschämten Preisen. Und so groß die Papierknappheit auch war, sie hatte es nicht verhindern können, daß kleine Verlagshäuser wie Pilze aus dem Boden schossen. Bei ihren hektischen Bemühungen, im Markt zu bleiben, zahlten diese Firmen jeden Preis für das Material und trugen so ironischerweise zu genau der Inflation bei, die ihnen gerade das Leben so schwermachte. Doch dies war nicht die einzige ungünstige Folge des Papiermangels. Da Papier für dieses Geschäft absolut unentbehrlich war, wandten die Verleger alle Arten von Tricks und unmoralischen Praktiken an, um an die notwendigen Lieferungen zu kommen.
Obwohl Toda schwer arbeitete, um seine Bücher drucken zu lassen, und obwohl sein mehrbändiger »Kurs über die Demokratie in Japan« und mehrere beliebte Romane erfolgreich waren, sah er bald, daß der Verlag zumindest für einige Zeit an einem toten Punkt angelangt war. Ein Verlag, der Gewinn machen will, lebt von Neuauflagen, wenn aber jede folgende Auflage aufgrund der steigenden Produktionskosten jeweils teurer ist als die vorhergehende, so erscheint dies wirtschaftlich unklug. Die ganze Situation war unmöglich.
Doch bald fand Toda mit seinem Urteilsvermögen und geschäftlichem Scharfsinn einen Weg aus der Misere. Wegen des Papiermangels war bisher noch keines der großen Magazine der Vorkriegszeit wieder erschienen. Das einzige, was verkauft wurde, waren dürftige Zeitschriften minderer Qualität, von denen keine einzige den Bedürfnissen der Frauen und der Jungen gerecht

wurde. Nachdem er alle Faktoren überdacht hatte und meinte, ein solches Vorhaben realisieren zu können, begann Toda damit, Redakteure einzustellen, Material zu erwerben und Schriftsteller und Zeichner anzuheuern. Und schon bald erschien die Jugendzeitschrift *Abenteuer für Jungen* und etwas später die Frauenzeitschrift *Ruby*.

Die Arbeit an einer Zeitschrift kann bis zur Raserei gehen. Die beiden neuen Projekte brachten eine ungeheure Lebendigkeit in die Büroräume. Ständig rannten Leute hin und her, holten und brachten Manuskripte, beschafften Druckmaterial, verhandelten mit Druckereien und kurbelten den Verkauf an. Toda leitete und überwachte alles wie gewöhnlich bis ins kleinste Detail. Dank der gemeinsamen Anstrengungen erreichte *Abenteuer für Jungen* bald eine monatliche Auflage von mehr als hunderttausend und *Ruby* wurde mehrere zehntausend Male verkauft.

Alles in allem machte die Firma einen beachtlichen Profit, aber ihre finanzielle Situation blieb aus einem sehr wichtigen Grund unbefriedigend: Toda bestand darauf, all seine Vorkriegsschulden zurückzuzahlen. In diesen Tagen stellten Geschäftsleute gewöhnlich Schulden dieser Art zurück oder weigerten sich überhaupt, sie zu bezahlen; doch Toda mochte diese Praktiken nicht übernehmen, weil er es für seine Ehrenpflicht hielt, Schulden auch abzutragen. Für ihn war es kein Hinderungsgrund, daß es sich um die gewaltige Summe von zweieinhalb Millionen Yen handelte, und daß die Schulden durch seine ungerechtfertigte Verhaftung durch das Militärregime entstanden waren.

Nicht alle Angestellten von Nihon Schogakkan stimmten in diesen Dingen mit ihm überein. Etliche waren darüber so schokkiert, daß sie sich dazu verstiegen, ihn als ›ehrlich bis zur Dummheit‹ zu bezeichnen. Selbst der zahme Okumura konnte sich nicht einer kritischen Bemerkung enthalten.

»Sie sind zu gutherzig«, sagte er und drückte so sein Mißfallen dagegen aus, daß man schwer erkämpfte Nachkriegsgewinne mit Kriegsschulden verrechnete. »Und Ihre Gläubiger haben auch Nerven, daß sie überhaupt kommen. Dabei wissen sie genau, daß

Sie die Schuldscheine, die man gegen Sie hat, nicht wirklich anerkennen müssen.«

»In Ordnung. Ich bin lieber gutherzig als bösherzig«, antwortete Toda lächelnd.

»Vielleicht, aber es gibt eine Grenze«, sagte Okumura, keinesfalls überzeugt.

»Denken Sie eine Minute nach!« sagte Toda. »Wir müssen unsere Schulden zurückzahlen, weil wir es uns erlauben können. Denken Sie daran, daß diese Leute einst wohlhabend waren, aber jetzt sind sie in Schwierigkeiten. Selbst als ich im Gefängnis war, liehen sie mir Geld. Und dieses Geld hat viele meiner Angestellten vor dem Verhungern bewahrt. In bin ihnen dankbar und Sie sollten es auch sein. Letzten Endes haben Sie von diesen Schulden auch profitiert. Wir sollten deshalb soviel zurückzahlen, wie wir können, ohne selbst in die roten Zahlen zu geraten.«

Okumura sah ein, daß Toda recht hatte und tat wie ihm geheißen, obwohl durch diese Rückzahlungen alle mehr arbeiten mußten, Toda natürlich eingeschlossen.

Todas Arbeitspensum war mit der täglichen Büroarbeit nicht abgeschlossen. Abends war er noch vollauf mit den Aktivitäten der Soka Gakkai beschäftigt. An drei Abenden in der Woche hielt er Vorlesungen über das Lotos-Sutra und die *Goscho*, und an drei weiteren Abenden leitete er Diskussionstreffen, bei denen er sowohl den älteren Mitgliedern, als auch einer wachsenden Zahl neuer Konvertiten mit Rat und Tat zur Seite stand. Jeder bewunderte seine grenzenlose Energie, deren Quelle sein Glaube an Nitschiren Daischonin war. Obwohl seine Zeit mit den verschiedenen Treffen schon ausgefüllt war, verließ er oft noch am Wochenende Tokyo, um auf dem Lande Mitglieder zu gewinnen.

Einer dieser Ausflüge rief für Toda besondere nostalgische Assoziationen hervor. Im Frühjahr 1948 reiste er nämlich nach Schimoda, das an der Südspitze der Insel Isu lag.

Im Juli 1943 war der zweiundsiebzigjährige Makigutschi zum Dorf Rendadschi in der Nähe von Schimoda gereist, um ein kleines Diskussionstreffen mit einer Gruppe von Mitgliedern der Nitschiren Schoschu abzuhalten. Dies war mit einem großen Risiko verbunden, denn ein paar Tage vorher waren einige leitende Mitglieder der Soka Kyoiku Gakkai unter der falschen Beschuldigung sogenannter subversiver Tätigkeit verhaftet worden. So dachte man, daß auch Makigutschis Verhaftung unmittelbar bevorstand. Er versuchte erst gar nicht, sich zu verstecken, sondern plante weiter sein Treffen und die Mitgliederwerbung, weil er glaubte, daß er mit einem Rückzug nur die Niederlage sowohl seines Glaubens, als auch der ihn repräsentierenden Laienorganisation eingestand.

Tatsache war, daß der Ausflug nach Schimoda in zweierlei Hinsicht für Makigutschi wichtig war: Er bewies seinen unermüdlichen Wunsch, den eigenen und den Glauben so vieler Nitschiren-Schoschu-Anhänger zu schützen, die während der letzten Monate beständig von der Regierung attackiert worden waren. Im Januar 1943 begann die Militärregierung mit einer Verfolgungskampagne gegen die Soka Kyoiku Gakkai. Als Antwort auf die Anklage subversiver Tätigkeit beschloß Makigutschi gegen die Regierung zu klagen. Damit folgte er dem Beispiel Nitschiren Daischonins, der vor siebenhundert Jahren tapfer der Verfolgung durch das damals herrschende Kamakura-Schogunat widerstanden hatte.

Nitschiren Daischonin prangerte die Regierung offen an zu einer Zeit, als Japan sich in einer ernsten Krise befand, die in den Invasionen der Mongolen in den Jahren 1274 und 1281 gipfelte. Nun, während dieser neuen Krise seines Landes, dachte Makigutschi oft an eine Passage aus Nitschiren Daischonins *Kaimoku Scho*, in der es heißt:

»Und wenn alle Himmel mich verlassen, und alle Verfolger mich angreifen, solange mein Glaube nicht durch einen weiseren Mann widerlegt ist, werde ich meine Religion, der ich mein Leben geweiht habe, niemals aufgeben.«

Diese Worte Nitschirens inspirierten Makigutschi, die Regierung zu kritisieren und zu versuchen, sie über die Schwere ihres Irrtums aufzuklären, der in der Mißachtung der Lehren der Nischiren Schoschu gipfelte. Doch die Regierung hielt es für richtig, Makigutschis Ideen zurückzuweisen und fuhr mit ihrer Verfolgung fort. Zunächst hatte sie versucht, den Haupttempel zum Schweigen zu bringen, indem sie eine Verschmelzung mit der fehlgeleiteten Minobu-Nitschiren-Schu-Sekte befahl, als der Taiseki-Dschi dem aber widerstand, verstärkte die Regierung wieder ihren Druck auf die Soka Kyoiku Gakkai. Obwohl praktisch allein mit seinem Widerstand, weigerte sich Makigutschi, zu widerrufen und verstärkte noch seine Bemühungen, die Gesellschaft zu unterstützen und aufzubauen. Der Ausflug nach Schimoda war ein wichtiger Teil seiner Pläne.

Am 3. Juli reisten Makigutschi und ein paar Gefährten nach einem Diskussionstreffen in Rendadschi weiter nach Schimoda, um dort ein ähnliches Treffen abzuhalten. Am Abend begab er sich zu Fräulein Kischiko Hayaschis Haus, einer Anhängerin der Nitschiren Schoschu, die Makigutschi gebeten hatte mit ihrem Vater über einen Übertritt zu sprechen. Das Haus der Hayaschis lag in Susaki, auf der vorspringenden Landzunge südöstlich von Schimoda, wo die Sagami-Bucht in den Pazifik übergeht. Makigutschi liebte diesen Platz und die großartige Aussicht, die man von dort hat.

Nach einem langen Gespräch mit Fräulein Hayaschis Vater nahm Makigutschi eine Einladung an, über Nacht zu bleiben. Am nächsten Morgen, man war gerade mit dem Frühstück fertig, kamen zwei Kriminalbeamte aus Schimoda, um sich nach Makigutschi zu erkundigen. Fräulein Hayaschi wurde bleich, als sie fragte: »Was wollen Sie von ihm? Warum kommen Sie hierher? Wir sind hier in Schimoda, nicht in Tokyo. Warum wollen Sie ihn sehen?«

Diese Unterhaltung fand auf der Terrasse des Hauses statt, aber Makigutschi hatte von drinnen zugehört. Er kam zur Tür und fragte: »Was kann ich für Sie tun?« Er war voller Würde und

Gelassenheit, doch seine scharfen Augen musterten die Beamten intensiv.
»Sie werden es auf der Polizeistation herausfinden. Dort erwartet man Sie«, sagte einer der beiden.
»Sofort?« fragte Makigutschi, der die Männer weiter fixierte.
»Jawohl, sofort.«
»Sehr gut, ich mache mich fertig. Warten Sie bitte ein paar Minuten.«
Makigutschi ging zu seinem Raum, wo ihm Fräulein Hayaschi beim Ankleiden half. Ihre Hände zitterten.
»Lassen Sie sich nicht nervös machen und haben Sie keine Angst. Es hat mir bei Ihnen gefallen«, versuchte er sie zu beruhigen.
Nachdem er sich von der Familie Hayaschi verabschiedet hatte, begab sich Makigutschi auf die Terrasse und entschuldigte sich bei den Beamten, daß er sie hatte warten lassen. Dann, als sie schon losgehen wollten, wandte sich der eine zu Fräulein Hayaschi und sagte: »Sie kommen auch mit.«
»Ich?« fragte sie bestürzt. »Warum?«
Aber dann tat sie sofort, wie ihr geheißen wurde. Erstens dachte sie, sie könnte Makigutschi ein wenig beistehen und zweitens befürchtete sie sehr, daß ihr Vater den Besuch Makigutschis in ihrem Haus der Polizei gemeldet hatte.
»Vater«, begann sie, aber dann blieben ihr die Worte im Halse stecken. Ihre verwirrten und unsicheren Blicke zeigten ihrem Vater, daß sie nicht nur über das plötzliche Auftauchen der Beamten böse war. Da er absolut nichts von ihrem Verdacht ahnte, konnte Herr Hayaschi seine Tochter nur hilflos anschauen. Dann sagte sie nur auf Wiedersehen und begab sich auf den Weg, zusammen mit Makigutschi, der seinen Schirm als Stock benutzte. Das Schweigen des Vaters überzeugte sie von seiner Schuld. Sie war sicher, daß seine Feindseligkeit gegenüber der Nitschiren Schoschu ihn bewogen hatte, Makigutschi bei der Obrigkeit anzuzeigen.
»Es tut mir sehr leid«, sagte sie zu ihm.
»Was soll dir denn leid tun, Kischiko?« fragte Makigutschi. »Du

hast doch nichts damit zu tun. Es ist einfach so, daß jetzt die Zeit gekommen ist.«
Fräulein Hayaschi verstand nicht die Bedeutung dieser Worte, da sie nicht wußte, daß Makigutschi seit Monaten seine Verhaftung erwartete. Er war geistig auf alles vorbereitet, was auch immer das Schicksal für ihn bereithielt. Während der drei Meilen zur Polizeistation von Schimoda schwieg er und ging stolz und aufrecht. Er zeigte keinerlei Anzeichen von Furcht oder Sorge und schien allein mit der Freude über die blaue glitzernde Weite des Ozeans, der sich unterhalb ihres Weges an der Steilküste erstreckte.
Er war offensichtlich in die Schönheit der Landschaft vertieft und bewegte sich mit der Würde eines Weisen; allerdings machte er sich innerlich die größten Sorgen über die Sicherheit der vielen Mitglieder der Gesellschaft und ihrer Führungspersonen, Generaldirektor Josei Toda eingeschlossen. Wenn die Autoritäten ihren Feldzug gegen die Soka Kyoiku Gakkai derartig intensivierten, daß sie Makigutschi in dieser einsamen Gegend aufspürten, dann bereiteten sie sich mit größter Wahrscheinlichkeit darauf vor, auch gegen andere Mitglieder vorzugehen. Im Geiste sah er Todas Gesicht; und betete schweigend für dessen Sicherheit und die aller anderen Mitglieder in dieser Zeit der Krise. Die Worte der *Goscho* gaben ihm Kraft: »Die Schüler des Nitschiren dürfen niemals feige sein.« Während er diesen Satz mehrere Male schweigend wiederholte, beschloß er selbst bei Gefahr für sein Leben niemals nachzugeben.
Während er das Daimoku rezitierte, kam ihm für einen Moment die Schönheit der Welt ringsumher zu Bewußtsein, das tiefe Grün der Pinien und Zedern und der süße Gesang der Vögel. Aber dann verdüsterte etwas anderes seinen Geist. Seine Familie, seine Enkelin, was würde aus ihnen werden? Doch abermals ließ eine Passage aus den Schriften Nitschiren Daischonins ihn wieder Kraft schöpfen. In einem der elf Briefe, in welchem der Daischonin sowohl die Invasionen der Mongolen, als auch die verstärkte Verfolgung seiner Anhänger voraussagte, schrieb er:

»Jeder von Euch muß vorbereitet sein. Erlaube nicht, daß Gedanken an Frauen, Kinder oder Verwandte dich beeinflussen. Fürchte niemals die Macht der staatlichen Autorität.«
Während Makigutschi über diese Worte nachdachte, verschwand abermals die Dunkelheit; und er sah die Pracht der Natur, die purpurnen Schatten der Isu-Inseln in der Ferne und die mächtigen Brecher am unter ihm liegenden Strand.
Der Gang zur Polizeistation hatte Makigutschi Gelegenheit gegeben, die vor ihm liegende Krise zu verstehen und zu analysieren. Anstatt ihn mit Furcht vor dem Kommenden zu erfüllen, stärkte sie seine Entschlossenheit.
»Von nun an wird es für die Welt so aussehen, als stünde ich vor Gericht, aber sie sind es, die gerichtet werden müssen«, dachte er. »Ich sollte den Staat für seine sündige Verfolgung des wahren Buddhismus und seine irrige Loyalität gegenüber Schinto verdammen. Die kommenden Tage werden mir die Chance geben, gegen die autoritären Kräfte anzugehen und meine Philosophie der Werte ebenso unter Beweis zu stellen, wie die Essenz der Nitschiren Schoschu.«
Dieser Gedanke inspirierte Makigutschi so sehr, daß er zum Erstaunen der Kriminalbeamten seinen Schirm hob und ihn dann auf einen Stein am Rande der Straße niedersausen ließ.
Auf der Polizeistation erschien er keinesfalls als Schaf, das man zur Schlachtbank führte, sondern als stolzer Löwe, der einem gewaltigen Feind ins Auge sieht. Fräulein Hayaschi wurde nach einer Nacht wieder freigelassen, sie war sehr erleichtert, als sie erfuhr, daß ihr Vater mit Makigutschis Verhaftung nichts zu tun hatte. Tatsächlich konvertierte er kurz danach zur Nitschiren Schoschu. Doch Makigutschi kam nie mehr frei. Nach zwei Nächten in Schimoda wurde er unter Bewachung zur städtischen Tokyoter Polizei überstellt.
Während der folgenden achtzehn Monate dauernden Gerichtsverhandlungen focht Makigutschi tapfer für seine Freilassung. Er konfrontierte die Autoritäten mit der Ungerechtigkeit ihrer Verfolgung des wahren Buddhismus und benutzte seine Zeit im

Zeugenstand, um seinen Richtern Vorlesungen über die Einzigartigkeit der Philosophie der Werte zu halten. Doch all diese Bemühungen führten nicht dazu, daß er wieder frei kam. Unterdessen wurde er ins Sugamo-Gefängnis verlegt, wo er bis zu seinem Tod im Jahre 1944 blieb.

Toda trug alle diese bewegenden Erinnerungen im Herzen, als er in Schimoda ankam. Eine Diskussion und eine Mitgliederversammlung, die 1947 im Distrikt Schimoda abgehalten worden war, hatte beeindruckende Resultate gebracht. Aus der Handvoll Gläubigen, die Toda bei einer früheren Reise vorgefunden hatte, war eine ganze Soka-Gakkai-Gemeinde mit achtzig Haushalten geworden.

Als er den Bus verließ, befand sich unter den vielen Begeisterten, die ihn begrüßten, auch die grauhaarige, dralle Frau Tomi Honda, die er allerdings zunächst nicht wiedererkannte. Das war aber nicht überraschend, denn vor nur einem Jahr war sie ein geschlagener, verhärmter Mensch in äußerst schlechter seelischer Verfassung gewesen, und hatte oft über Selbstmord nachgedacht.

Frau Tomi Hondas sehr religiöse Familie lebte vor dem Zweiten Weltkrieg in Tokyo und gehörte der Nitschiren-Sekte an, die sich Nakayama nannte. Deren Haupttempel, der Hokekkyo-Dschi befand sich in Nakayama, einem Ort in der Präfektur Tschiba. Die Schutzgottheit der Sekte war Hariti, welche von Frau Honda und ihrer Familie häufig und vertrauensvoll angebetet wurde. Frau Honda war so sehr an allem Religiösen interessiert und besonders am Lotos-Sutra, daß sie es sich zur Regel machte, alle Arten von religiösen Treffen zu besuchen, auch wenn sie nicht unmittelbar mit ihrer eigenen Sekte zu tun hatten.

An einem Abend des Juli 1941 befand sie sich auf einem Diskussionstreffen der Soka Kyoiku Gakkai. Doch was sie dort hörte, gefiel ihr keinesfalls. In ihrem Eifer, ihre eigene Sekte zu verteidigen, geriet sie in einen hitzigen Streit mit Fräulein Katsu Kiyohara, welche an jenem Abend die Nitschiren Schoschu und Soka Kyoiku Gakkai vertrat. Anhand von Dokumenten, aber auch durch theoretische und praktische Beweise wies Fräulein Katsu Kiyohara die Fehler der Nakayama-Sekte nach und demonstrierte, daß die Nitschiren Schoschu den einzig wahren Buddhismus repräsentiert.

Doch Frau Honda war anderer Meinung. Sie fühlte sich mehr und mehr durch den vermeintlichen Eigensinn von Fräulein Kiyohara gereizt und versuchte deren Argumente zu widerlegen, indem sie darauf bestand, daß die Mitglieder der Nakayama-Sekte das Daimoku rezitieren und das Lotos-Sutra verehren und daß ihr Glaube demzufolge in jeder Hinsicht ebenso wahr und orthodox ist wie der jeder anderen Nitschiren-Sekte, die Nitschiren Schoschu eingeschlossen.

Das gleichermaßen eifrige Fräulein Kiyohara bestand aber darauf, daß das wahre Objekt der Verehrung der Dai-Gohonson sein müsse, ungeachtet des in allen Nischiren-Gruppen gleichen Daimoku. Folgerichtig können die Menschen, die sich dem falschen Objekt der Verehrung zuwenden, nicht erwarten, auf dem richtigen Weg zu sein, ganz gleich wie oft sie ihre Rezitation wiederholen. Aber viel schlimmer als das war die Strafe, die die Gläubigen der Nakayama-Sekte erwartete, indem sie ihre Verehrung in die falsche Richtung lenkten. Wer auch immer den Dai-Gohonson mißachtet, muß unausweichlich leiden. Als sie dies vernahm, konnte Frau Honda nicht mehr länger an sich halten und stolzierte wütend hinaus. Fräulein Kiyohara wollte Frau Honda noch vor zukünftigen Schwierigkeiten bewahren und rief ihr hinterher:

»Passen Sie auf sich auf!« Doch Frau Honda antwortete nicht, sondern dachte nur: »Was die für Nerven hat!«

Doch auf dem Weg zur Bushaltestelle war sie voller Besorgnis. Sie wartete eine Weile und ging dann zu Fuß, da sie sich wegen Fräulein Kiyoharas Warnung ernsthaft fürchtete. Aber als sie sicher zu Hause ankam, kam sie sich wegen ihrer Zweifel töricht vor. Um ihre vermeintliche religiöse Fahrlässigkeit wiedergutzu-

machen, begab sie sich augenblicklich zum Familienaltar und betete fieberhaft zu Hariti, damit diese sie weiterhin beschütze.
Für einige Zeit wurde sie wegen ihrer Diskussion mit Fräulein Kiyohara noch von bösen Ahnungen geplagt, doch als die Wochen und Monate vergingen, ohne daß etwas passierte, vergaß sie das unerfreuliche Treffen und betete ihre Göttin mit neuerlicher Inbrunst an. In der Tat schien ihr Glaube eine Quelle des Segens für sie und ihre Familie zu sein. Das Kleidergeschäft, daß sie mit ihrem Ehemann buchstäblich aus dem Nichts geschaffen hatte, gedieh prächtig. Sie engagierte fünf Näherinnen, um all die Aufträge ausführen zu können, die in großer Zahl hereinkamen und sie und ihre Familie wurde so reich, daß die Nachbarschaft vor Neid erblaßte. Als der Krieg schlimmer wurde, übergab sie das Geschäft ihrer Tochter und ließ sich zur Sicherheit mit ihrem Mann in Numasu nieder.
Doch die Ruhe und Bequemlichkeit wurde jäh zerstört. Als Herr Honda eines Tages einen Schrank in den zweiten Stock des Hauses trug, stolperte er und fiel die Treppe hinunter. Dabei wurde er ohnmächtig, der Schrank fiel auf ihn und tötete ihn sofort. Nach dieser Tragödie war es mit Frau Hondas Glück vorbei; doch weitere Schicksalsschläge blieben nicht aus. Sie zog mit ihrem elfjährigen Enkel in die Außenbezirke von Schimoda, wo ihre Eltern einst gelebt hatten. Durch den Krieg waren Tausende aus den großen Ballungszentren geflohen und drängten sich nun in solchen Dörfern, so daß die Wohnungsnot groß war. Sie mußte mit ihrem Enkel auf dem Dachboden einer Scheune wohnen, ohne Elektrizität oder eine der Bequemlichkeiten, an die sie gewöhnt waren.
Am 10. März 1945 erfolgte ein massiver Luftangriff auf Tokyo, der ihr Haus und ihr Geschäft zerstörte. Ihre Tochter und ihr Schwiegersohn kamen im anschließenden Feuer um. Zusammen mit all den anderen Schwierigkeiten bewirkte dieses Unglück, daß Frau Honda nun in eine totale physische und psychische Lethargie verfiel. Sie schloß sich für Monate ununterbrochen in

ihrem Dachboden ein, tat nichts, lebte nur von irgendwelchen Abfällen und sah niemanden außer ihrem Enkel.
Am Ende des Krieges war sie völlig mittellos und nicht einmal mehr fähig, die Essensreste zu bezahlen, mit denen sie und ihr Enkel sich bisher ernährt hatten. So mußte sie sich wieder in die Welt hinaus wagen und irgend etwas unternehmen, um zu überleben. Sie begann mit Kleidern hausieren zu gehen, was bedeutete, daß sie mit schweren Bündeln auf dem Rücken viele Meilen von Dorf zu Dorf gehen mußte. Dadurch verdiente sie zwar etwas, aber sie hatte keinerlei Interesse an ihrer Arbeit, die ihr so sinnlos erschien, wie alles andere. Sie brachte es nicht fertig, mehr als zehn Tage im Monat zu arbeiten. Die restliche Zeit schloß sie sich in ihre Scheune ein und betete Hariti an, die sie als einzige Stütze betrachtete. Aber ihre Schutzgottheit gab ihr so wenig Hoffnung, daß sie oft daran dachte, sich umzubringen und das Elend auf diese Weise zu beenden. Auf ihren langen Wanderungen von einem Dorf zum anderen setzte sie sich unter einen Baum und dachte, wie einfach es wäre, sich an einem Ast aufzuhängen. Oder während sie an einem Kliff entlangging, war sie versucht, sich hinunterzustürzen, um in den Wellen dort unter seliges Vergessen zu finden. Nur ihr geliebter Enkel, der ohne sie völlig schutzlos wäre, bewahrte sie vor dem Selbstmord.
Und es kam noch schlimmer. Gegen Ende 1945 bekam ihr Enkel die Grippe und hohes Fieber. Während sie ihn pflegte, steckte sie sich selbst an. Krank, verlassen und erbärmlich, begann sie sich zu fragen, ob die Gottheit, in die sie all ihr Vertrauen gesetzt hatte, sie aufgegeben hatte. Sie erinnerte sich an Fräulein Kiyoharas vor Jahren ausgesprochene Worte auf dem Soka-Kyoiku Gakkai-Treffen und fürchtete für einen Moment, daß sie die vorausgesagte Strafe für einen falschen Glauben zu erleiden hatte. Aber das Daimoku, das sie jeden Tag rezitierte, war schließlich das gleiche, wie dasjenige der Nitschiren-Schoschu-Anhänger. Es mußte einen anderen Grund geben. Wenn doch nur irgend jemand ihr helfen würde und ihr den Grund für ihr jämmerliches Leben nennen könnte.

Dann, eines Tages im Januar 1947, besuchte Frau Matsu Oya sie auf ihrem Dachboden und lud sie zu einem Treffen ein, das von einem wichtigen Führer der Nitschiren Schoschu geleitet werden sollte. Obwohl sie noch nicht völlig wiederhergestellt war, entschloß sie sich hinzugehen. Sie war bereit, alles zu tun, war ihre Situation irgendwie verbessern könnte.

In dem nur schwach erleuchteten Raum befanden sich etwa zehn Leute. Unter ihnen erkannte sie Fräulein Kiyohara, deren Blick sie vermied. Bald stellte man sie einem großen, vornehm wirkenden Mann namens Josei Toda vor, der sie herzlich begrüßte und sie bat, ihm von ihrem Leben und ihrer Religion zu erzählen. In einem plötzlichen Ausbruch erzählte sie alles, was ihr geschehen war, wobei sie betonte, daß sie nicht verstehen könne, warum sie so unbarmherzig gestraft wurde, da sie doch ohne Unterlaß das Daimoku rezitiert und zu Hariti gebetet hatte. Als sie mit ihrer Geschichte zu Ende war, waren alle im Raum bekümmert und tief bewegt über das unbarmherzige Gesetz des Karma, das sich in ihrem Leben manifestiert hatte. Nachdem er ein paar Minuten geschwiegen hatte, sagte Toda freundlich: »Sie haben hart gearbeitet und Ihrer Religion vertraut in der Hoffnung, glücklich zu werden, aber statt dessen haben Sie nur Leiden gefunden. Wissen Sie, was Sie falsch gemacht haben?«

»Nein«, sagte sie, »ich wünschte, ich wüßte es.«

»Ihre ernsthafte Hingabe an Ihren Glauben ist eine gute Sache und Sie sind ein feiner Mensch. Aber ich kann Ihnen sagen, warum Sie trotzdem solch großes Unglück erdulden müssen: Sie haben an die falsche Sache geglaubt. Nitschiren Daischonin lehrt, daß das Objekt der Verehrung bestimmt, ob wir gücklich oder unglücklich sind. Das Objekt Ihrer Anbetung ist für die Tragödie verantwortlich, nicht Sie.«

Toda zitierte das Lotos-Sutra und erklärte Frau Honda, daß Hariti eine böse Gottheit ist, die dem Gläubigen zwar verspricht, ihn zu schützen, aber nicht als Objekt der Verehrung angesehen werden kann. Immer noch nicht überzeugt, wiederholte sie die Frage, die sie und andere schon oft gestellt haben:

»Werden nicht alle beschützt, die das Daimoku rezitieren?«
»Ja«, lautete Todas Antwort.
»Ich habe es viele Jahre lang andauernd rezitiert, warum wurde ich nicht beschützt?«
»Von Ihrem Standpunkt aus haben Sie alles getan, was Sie tun konnten, aber ich muß wiederholen, daß Sie das falsche Objekt wählten. Nitschiren Daischonin hat uns ausdrücklich gewarnt, daß während des ›Späten Tages des Gesetzes‹ der Gohonson die einzige Quelle des Glaubens ist.«
»Aber ich verstehe es nicht«, sagte Frau Honda. Da war auf der einen Seite das Elend ihres Lebens und auf der anderen die klare, kompromißlose Anweisung Nitschiren Daischonins, das eine und einzige Objekt der Verehrung zu wählen und das hatte ihre Sicherheit untergraben und ihr die Religion fragwürdig erscheinen lassen, der sie viele Jahre lang gläubig angehangen hatte. In ihrem Herzen tobte ein Kampf: »Ist es richtig oder falsch, was er mir sagt? Es scheint richtig, sogar wenn es falsch ist; auf der anderen Seite ist es zu einfach, um wahr zu sein.«
Bewegt vom Leid dieser Frau und beschämt, daß sie damals nicht fester auf ihrem Bekehrungsversuch bestanden hatte, versuchte Fräulein Kiyohara nun, ihr zu Hilfe zu kommen: »So sehr es mich bekümmert, dies auszusprechen, aber ich glaube, Sie haben sechs wertvolle Jahre verloren, Frau Honda. Und ich kann Ihnen nicht sagen, wie leid es mir tut, daß ich Sie damals nach dem Diskussionstreffen nicht besucht habe. Wenn ich Ihnen damals geholfen hätte, wären Sie vielleicht glücklicher geworden. Aber noch ist es nicht zu spät. Sie können wieder ganz von vorne anfangen.«
Frau Honda fragte sich, was für einen Unterschied es wohl gemacht hätte, wenn sie die Warnungen der jungen Frau nicht in den Wind geschlagen hätte. Über eines war sie sich jedenfalls im Klaren: Die Religion, der sie gefolgt war, hatte ihr mehr Kummer als Freude gebracht. Sie wandte sich zu Toda und fragte leise: »Ist dieser Gohonson wirklich so großartig, wie Sie sagen?«

»Er ist das einzige wahre Objekt der Verehrung in dieser Welt. Und Sie werden das selbst endecken, wenn Sie unseren Glauben annehmen und praktizieren, und wenn es auch erst einmal nur für ein Jahr ist.«
»Zeit ist sehr wertvoll und ich bin nun alt«, sagte Frau Honda. »Ich habe nicht mehr lange zu leben. Aber ich sorge mich um meinen Enkel. Ich könnte nicht in Frieden sterben, wenn ich nicht wüßte, daß er versorgt ist.«
Toda lächelte verständnisvoll und meinte: »Ich schlage Ihnen vor, daß Sie den Glauben der Nitschiren Schoschu annehmen und ein Jahr lang praktizieren und wenn sich herausstellt, daß Sie dadurch nichts gewinnen, werde ich die Verantwortung für Ihren Enkel übernehmen. Ich werde dafür sorgen, daß er zu einem feinen Menschen wird.«
»Meinen Sie das ernst?« fragte die alte Frau überrascht.
»Ich halte stets mein Wort«, antwortete Toda.
Frau Honda zweifelte noch immer. »Aber Sie leben in Tokyo. Das ist weit weg. Und wenn ich Sie nach Ablauf des Jahres suchen muß? Ich weiß nicht einmal, wo Sie wohnen.«
Toda gab ihr seine Visitenkarte und sein Wort. Sie dankte ihm und verstaute die Karte sorgfältig in ihrem Kimono. Dann sagte sie: »Ich versprechen, daß ich meinen Teil des Vertrages erfüllen werde. Von diesem Tage an wird der Gohonson der Mittelpunkt all meiner religiösen Verehrung sein.«

Die verstörte und abgehärmte Frau Honda von damals unterschied sich grundlegend von der lächelnden und gesunden Frau, welche Toda ein Jahr später in Schimoda vom Bus abholte. Während man zum Diskussionstreffen im Haus der Oyas ging, dankte sie ihm dafür, daß er ihre Augen für die große Güte des Gohonson geöffnet hatte. Sie hatte ihr Versprechen gehalten und das Ergebnis war, daß sie nicht nur ihre Gesundheit und ihr geistiges Gleichgewicht wiedererlangt, sondern auch bedeutende geschäftliche Fortschritte gemacht hatte, und sogar mit dem Gedanken spielte, bald ein neues Haus zu bauen.

Später mußte Toda zugeben, daß der große Erfolg des Diskussionstreffens der Tatsache zu verdanken war, daß Frau Honda lebendig von den Segnungen sprach, die sie als Folge ihres Glaubens an den Gohonson empfangen hatte. Der Raum, in welchem das Treffen stattfand, war ungeheizt, doch alle Herzen wurden durch Frau Hondas Zeugnis erwärmt, ebenso, wie durch die Geschichte eines jungen Mannes, den der Glaube von einer ernsten Knocheninfektion geheilt hatte, nachdem er von den Ärzten bereits als hoffnungslos aufgegeben worden war. Bis spät in die Nacht diskutierten die älteren Mitglieder und etliche Neulinge über die wichtigen Aspekte des menschlichen Lebens und fragten Toda wegen der unterschiedlichsten Dinge um Rat.

Am folgenden Tag brach Toda mit seiner Gruppe zu weiteren, entlegenen Orten auf, wo Frau Oya bereits mit etlichen möglichen neuen Mitgliedern gesprochen hatte. Viele wichtige Kontakte ergaben sich auf dieser Reise. Jede Person, die man bei dieser und anderen Kampagnen für den wahren Buddhismus gewann, wurde zu einem kleinen Wirbel, der Wellen erzeugte, die sich immer weiter ausbreiteten. Wie immer bei derartigen Unternehmungen war der persönliche Kontakt die treibende Kraft des Erfolges. Hier spielten Todas Charme, Freundlichkeit und Wahrnehmungsvermögen eine entscheidende Rolle. Erfolgreiche persönliche Beziehungen gehören zu den grundlegenden Zielen der Nitschiren Schoschu und der Soka Gakkai, weil die menschliche Revoluion, die den ersten Schritt zur weltweiten Verbreitung des wahren Glaubens darstellt, eine äußerst persönliche Sache ist. Der große Sturzbach der religiösen Wiederbelebung, der später über ganz Japan hereinbrach, begann mit einzelnen Menschen. Und niemand wußte besser, wie man Menschen erreichte, als Josei Toda.

3. Porträts

Wenn man konventionelle Maßstäbe anlegt, kann man Josei Todas Persönlichkeit nur sehr schwer erfassen. Wie alle menschliche Wesen war er kompliziert und hatte viele Facetten. Er wußte, wann er sich in sehr persönliche Dinge nicht einzumischen hatte und wann er für bestimmte Aktionen seine breite philosophische Basis zur Verfügung stellen mußte. Er konnte starken Anteil nehmen und großzügig sein, so wie er es bei Frau Honda und ihrem Enkel gezeigt hatte. Wenn jemand Hilfe brauchte oder bei neuen Mitgliedern konnte er umwerfend charmant sein. Doch eines charakterisierte ihn wohl am deutlichsten: die kompromißlose Ehrlichkeit und der Abscheu vor Heuchelei. Wenn er Unehrlichkeit oder Falschheit in anderen entdeckte, hatte er oft gewaltige Zornesausbrüche. Wer ihn nicht kannte, dem war es unbegreiflich, wie ein normalerweise so ruhiger und überlegter Mann derart zornig werden konnte. Aber dieser Zorn war stets gegen die Heuchlerei, Eitelkeit und Bigotterie selbst gerichtet und nicht gegen die Menschen, die diese Eigenschaften zeigten.

Obwohl er niemals versuchte, Menschen zu manipulieren, so wußte er doch, wie er seine Anhänger zum Äußersten anspornen konnte. Manchmal brauchte es Güte und Ermutigung, damit ein verzweifelter Mensch wieder zu sich selbst und zu seinem Glauben fand und damit der Sache der Nitschiren Schoschu diente. Zu anderen Zeiten war ein Schock nötig, man mußte streng sein, um eine Person aus Lethargie und Selbstmitleid herauszuholen und an ihre Verantwortung zu appelieren. Wie ein Vater, der weiß, wann man loben und wann man züchtigen muß, behandelte Toda jeden Fall so, wie es die besondere Situation erforderte. Er konnte genau beurteilen, was der Betreffende brauchte, weil sein Glaube ihn zu einem Spiegel gemacht hatte, der mit ungetrübter Kraft die inneren Welten und Gefühle jener Menschen widerspiegelte, mit denen er in Berühung kam. Seine Einschätzung des persönlichen Zustands seiner Anhänger war so genau, daß er gewöhnlich mit ein paar passenden Worten Situationen klären konnte, die ansonsten zu allergrößten Schwierigkeiten geführt hätten. Todas geniale Fähigkeit, Menschen zu leiten, trug reiche Früchte für die Soka Gakkai.

Natürlich brauchten in den späten Vierzigern etliche führende Mitglieder der Gesellschaft nicht länger den Ansporn, den Todas Ratschläge gaben. Zum Beispiel das sogenannte Trio von Kamata – Koitschi Harayama, Takeo Konischi und Hisao Seki – verwendete viel Zeit für Mitgliederwerbung und Diskussionstreffen, mit gewaltigem Erfolg. Obwohl glücklicherweise gleich zwei Häuser an geeigneten Orten in Tokyo zu ihrer Verfügung standen, dehnten sie doch ihre Arbeit auf die gesamte Stadt aus und weiter nach Yokohama, Urayasu in der Präfektur Tschiba und in andere Regionen. Eine große Zahl energischer, hart arbeitender junger Männer, die schließlich den Kern der Jugendarbeit bildeten, ist der Arbeit des Trios von Kamata zu verdanken. Unter ihnen war Tschuhei Yamadaira, Dschuitschi Iwata und Giitschi Sakata, alle Schüler Makigutschis sowie der Universitätsdozent Hiroschi Yamagiwa und Fräulein Hideko Mikawa.

Die beliebteste Methode dieser Gruppe, Menschen zu bekehren, war die Teilnahme an den Treffen anderer Sekten, wo sie unwiderlegbare Logik und brillante Diskussionstechniken einsetzten, um die Irrtümer in den Lehren dieser mißgeleiteten Sekten aufzudecken. Natürlich fürchteten deren Führer das Erscheinen der Soka-Gakkai-Mitglieder in ihrer Mitte, weil sich dadurch stets ihre eigene Mitgliedschaft verminderte und für die Nitschiren Schoschu neue Bekehrte hervorgingen.

Auch in anderen Teilen Japans wurde von treuen Anhängern eifrig die frohe Botschaft des wahren Buddhismus verbreitet. Unter diesen Helfern sind vielleicht am erwähnenswertesten die Morikawa-Familie in Tsurumi, der neunzehnjährige Fischer

Akio Nakamitschi in Tschiba und der junge Kunio Schiroya im Nordosten von Honschu. Hauptsächlich durch ihre Bemühungen war die Gesellschaft im Frühling 1948 auf fünfhundert Haushalte mit annähernd 1300 Menschen angewachsen. Doch für die Mitglieder der Soka Gakkai ging nicht immer alles glatt. Einige erlitten vor und während des Zweiten Weltkriegs so manchen Rückschlag und viele brauchten Hilfe, um sich im Nachkriegsjapan weiterentwickeln zu können.

Hiroschi Isumida war ein solcher Fall. Geboren in den abgelegenen Bergen der Insel Isu, war er erst drei Jahre alt, als seine Mutter starb und der Vater ihn seinen Großeltern überließ, die zu einem Zen-Tempel im Dorf gehörten. Sie zogen Hiroschi so gut sie konnten groß, und versuchten ihm die Verehrung einzuflößen, die sie für den Zen-Buddhismus empfanden. Aber er interessierte sich mehr für Sport und andere Aktivitäten außerhalb des Hauses, als für Religion. Er vernachlässigte seine spirituelle Seite, entwickelte aber einen kräftigen Körper. Als Hiroschi einundzwanzig war, starben beide Großeltern und hinterließen ihm wenig Besitz und eine Menge Schulden. Als er die finanziellen Verpflichtungen der Familie erfüllt hatte, stand er ohne einen Pfennig da. Er beschloß, Isu zu verlassen und Berufssoldat zu werden, wobei ihm sein starker Körper zugute kommen sollte. Seine Gründe hatten mehr mit der Sicherheit zu tun, die er sich erhoffte und weniger damit, daß er irgendwelche Verehrung für den Kaiser oder die Nation fühlte; hier war Isumida eher indifferent.

Aber als er in der Armee war, stellte er fest, daß er das Militärleben überhaupt nicht mochte, am wenigsten den Drill und die strenge Disziplin. Doch er hielt durch und wurde nach einiger Zeit Portepeeunteroffizier. Dieser Dienstgrad war mit einigen Privilegien verbunden, unter ihnen das Recht, sich von der regulären Armee zu anderen Truppen versetzen zu lassen. Isumida machte sich dies sofort zunutze und trat in die Militärpolizei ein. Doch er verabscheute die Grausamkeit, für welche die Militärpolizei berüchtigt war und suchte einen Weg, um die üblichen

Aufgaben des Polizeidienstes zu vermeiden. Bald ergab sich die Gelegenheit, als Zahlmeister zu arbeiten. Durch diese Tätigkeit vermied er die widerwärtige Seite des Militärdienstes, er konnte jeden Monat etwas zur Seite legen und die Kenntnisse, die er erwarb, kamen ihm im späteren Leben zustatten.
Damals war noch kein Krieg und die allgemeinen Bedingungen erlaubten Isumida zwar kein glückliches, so doch ein Leben bescheidener Zufriedenheit. Noch war er jung und er wollte gerne heiraten und Kinder haben. Nach einiger Zeit traf er ein Mädchen namens Tamé, dem er den Hof machte und das er bald heiratete. Nach neun Monaten bekamen sie einen Sohn, der aber bereits im Alter von vier Monaten starb. Dieser Schicksalsschlag riß Isumida jäh aus den Freuden seiner Vaterschaft in die Düsternis der Trauer. Aber es sollte noch schlimmer kommen: Nur wenige Monate nach dem Tod des Erstgeborenen erkrankte Isumidas Frau schwer. Langer Klinikaufenthalt und medizinische Behandlung verbrauchten schnell all das gesparte Geld. Aber Jugend ist flexibel und diese jungen Leute schafften es, die Prüfungen zu überstehen und hofften sogar wieder auf ein Kind. Tamé Isumida gewann ihre Gesundheit wieder und wurde nach einer Weile abermals schwanger. Und wieder erfüllte die Freude der Elternschaft die Herzen der Eheleute, bis sie feststellen mußten, daß ihre neugeborene Tochter unter der angeborenen zerebralen Lähmung litt. Niemals würde sie schreien, lächeln oder auch nur normal wachsen.
Soviel Anstrengung, soviel Leiden; und was hatte es für Isumida und seine Frau gebracht? Was hatten sie in ihrer Ehe erlebt, außer Sorgen und Leid? Was für Götter oder Buddhas konnten so grausam sein, den Menschen das Leben zu schenken und dann die Last so schwer zu machen, daß sie kaum zu ertragen war? Isumida verfluchte sein Schicksal, schmähte alle Religionen als leer und bedeutungslos und verfiel in eine dunkle Verzweiflung, in der es keinen Hoffnungsschimmer gab.
Durch Zufall traf er eines Tages im Haus eines Freundes Tsunesaburo Makigutschi. Man sprach kurz über seine unglücklichen

Erfahrungen. Als Makigutschi die Geschichte hörte, wußte er sofort, daß Isumida dringend etwas brauchte, auf das er sich verlassen konnte, an das er glauben und dem er vertrauen konnte. Doch er wußte auch, daß religiöse Diskussion bei Isumidas prekärem seelischem Zustand fehl am Platze waren. So begnügte er sich damit, zu sagen, daß er von einer Sache wisse und nur diese dem Bedrängten Kraft geben und ihm helfen könne, einen Weg aus Elend und Niederlage zu finden. Dieser Quell der Kraft ist der Gohonson. Isumida war von Makigutschis Worten fasziniert.

Zu dieser Zeit war er dreißig Jahre alt. Obwohl gesund und immer noch kräftig, war sein Kopf völlig kahl geworden. Er fühlte, wie ihm die Zeit durch die Finger glitt und schauderte, wenn er nur an die Leiden seiner Vergangenheit dachte oder an die Sinnlosigkeit des Lebens seiner gelähmten Tochter. Damals hatte er keinerlei Interesse am rechten Glauben. Daß er Mitglied der Nitschiren Schoschu wurde, geschah nur aus der verzweifelten Hoffnung, damit vielleicht seinem Kind zu helfen. Jedenfalls schien es eine letzte Zuflucht zu sein.

Da er ein gewissenhafter Mensch war, rezitierte er oft das Daimoku und die täglichen Gongyo-Gebete. Er erbat gute Ratschläge von Makigutschi, vor dem er zunächst großen Respekt als Person hatte, und den er später zu lieben begann wie den Vater, den er niemals gehabt hatte. Obwohl der Zustand seiner Tochter unverändert blieb, wuchs Isumidas Glauben und das Wissen über die Lehren Nitschiren Daischonins. Ja, die Religion wurde ihm so wichtig, daß er zwei Jahre nach seiner Bekehrung schwor, den Glauben niemals wieder aufzugeben, auch wenn sich keine Verbesserung im Gesundheitszustand seiner Tochter zeigen würde.

Eines Tages im Spätsommer des Jahres 1942 starb das Kind. Endlich von der Agonie der Krankheit befreit, lag sie ruhig, einen seltsam friedlichen Hauch eines Lächelns auf ihrem hellen Gesichtchen. Isumida setzte sich neben sie und rezitierte leise das Daimoku; dann fiel er in eine tiefe Nachdenklichkeit. Zwei gewaltige Fragen beschäftigten ihn. Konnte es sein, daß dieses arme Kind nur deshalb auf die Welt gekommen war, damit seinem dummen Vater die Augen für die Größe des Gohonson geöffnet wurden? Wenn dies so war, wie sollte er ihr dann seine Dankbarkeit zeigen, nun, da das Leben aus dem Körper gewichen war? Die zweite Frage, auf die er keine Antwort fand, bezog sich auf die Natur des Lebens. Nur wenige Monate vorher war sein Kind noch lebendig gewesen. Jetzt war es tot. Aber wo ging dieses Leben hin? Woher kommt das Leben und was geschieht damit, wenn man tot ist?

Er weinte über den Verlust, den er nicht verstand. Plötzlich wurde ihm klar, daß etwas Größeres im Kern dieser verzwickten Angelegenheit verborgen lag. Er fühlte irgendwie, daß er versuchen mußte den Sinn des Mysteriums dieses Lebens zu begreifen. Nur eines gab ihm die Hoffnung, diese universelle Frage zu beantworten: Nitschiren Daischonins Buddhismus und die Philosophie der Lebenskraft.

Einige Tage später, als Isumida zum Gedenken seiner Tochter Weihrauch opferte, wurde ihm klar, daß die ganze Kette der Mißgeschicke seines Lebens Teil einer nützlichen Entwicklung war. All das war geschehen, damit er die lebenswichtige Bedeutung der Nitschiren Schoschu erkannte. Auf dem stillen Friedhof, vor der Zeremonie zum Gedenken seiner Tochter tat er einen Schwur, daß er sowohl das Studium der Schriften Nitschiren Daischonins, als auch das Praktizieren des Glaubens verstärken würde, bis er die Antworten auf die höchsten Fragen des menschlichen Lebens gefunden hätte. Er sprach auch mit seiner Frau darüber, die zusammen mit ihm gelobte, mehr Energie und mehr Zeit für ihren Glauben aufzuwenden. Die Wunden ihrer Leiden waren nicht vollständig geheilt, aber der Kummer war gelindert. Jetzt hatten sie Hoffnung und wußten, wofür sie lebten. Doch in den kommenden Jahren wurde ihr Gelöbnis auf eine ernsthafte Probe gestellt.

Beim Tod der Tochter war Japan mitten im Weltkrieg. Tausende von Soldaten wurden in entfernte Gebiete Asiens verschifft, um

dort unter extrem schwierigen Bedingungen zu kämpfen. Ende 1942 wurde Isumidas Batallion nach Neuguinea beordert, wo sich die damals blutigste Front befand.
Nach Pearl Harbor hatten die Japaner Sieg auf Sieg errungen; aber nach der Schlacht von Midway wendete sich das Blatt. Die Amerikaner starteten im August eine Gegenoffensive in Guadalkanal, welche es notwendig machte, große Truppentransporte in den südlichen Pazifik zu entsenden. Viele dieser Schiffe wurden von den Amerikanern zerstört. Obwohl das offizielle Japan im Interesse der Kriegsmoral die Verluste als minimal darstellte, so verbreiteten sich auf den Heimatinseln doch Gerüchte von gesunkenen Schiffen und geheimnisvolle Geschichten von Matrosen, die auf unbewohnten Inseln angetrieben worden waren, und erregten große Betroffenheit.
Isumida hörte von diesen Gerüchten und schätzte seine Chancen, lebend aus Neuguinea zurückzukehren, sehr gering ein. Angesichts von Befehlen, die einem Todesurteil gleichkamen, wurde sein Glaube für kurze Zeit von einer menschlichen Furcht erschüttert. Seit zwei Jahren hatte er dem Gohonson vertraut. Während dieser Zeit starb seine Tochter. Nun wurde er selbst in den fast sicheren Tod geschickt. Aber mitten in seinen Zweifeln erinnerte er sich plötzlich an Nitschiren Daischonins Worte: »Daher mache Dir klar, daß Zufriedenheit und Glück ein reines Wunder sind, wohingegen es selbstverständlich ist, in Schwierigkeiten zu sein.« Diese Worte trösteten ihn zwar nicht, aber sie zerstreuten seine Zweifel, gaben ihm Mut, sich dem Unausweichlichen zu stellen und inspirierte ihn, zum Taiseki-Dschi zu pilgern.
Am 2. Januar 1943 wurde ihm eine Zeremonie vor dem Dai-Gohonson gewährt. Bußfertig senkte er den Kopf und bat wegen seines Mangels an Vertrauen um Vergebung. Dann bat er um Schutz während der vor ihm liegenden, schrecklichen Erfahrungen und um eine sichere Rückkehr in die Heimat. Als er sich am 28. Januar einschiffte, war er aufgrund des Trostes, den er durch seine Reise zum Haupttempel gefunden hatte, voller Hoffnung und Mut.

Da der gesamte südliche Pazifik durch feindliche U-Boote kontrolliert wurde, mußte Isumidas Schiff eine lange, verschlungene Route vom Hafen von Udschima bei Hiroschima über Taiwan, Singapur und dann von Insel zu Insel nehmen, bis es im Februar im javanischen Surabaja landete. Während der ganzen gefährlichen Reise führte Isumida ohne Ausnahme das Morgen- und Abendgongyo durch und rezitierte regelmäßig das Daimoku, auch wenn ihn manche Soldaten deshalb verspotteten. Doch bald wurde sein religiöser Eifer als ernsthaft und sinnvoll anerkannt, und wer ihn zunächst damit aufgezogen hatte, begann seinen Glauben zu respektieren.

Nachdem man in Surabaja für eine Weile vor Anker gelegen hatte, brach Isumidas Schiff wieder auf, diesmal nach Ceram, einer westiranischen Insel, dann nach Amboina, wo man mehrere Monate warten mußte. Die japanischen Truppen hatten bereits begonnen, sich von Guadalkanal zurückzuziehen. Obwohl dies das erste Mal war, daß die Regierung einen Rückzug zugab, so sprach man doch beschönigend von einem Transfer. Dessen ungeachtet erlitten die Japaner während dieser Truppenbewegung herbe Verluste und wären angesichts der Übermacht des Feindes beinahe völlig vernichtet worden.

Tatsächlich hatte die amerikanische Marine eine totale Kontrolle der Meere um Neuguinea erlangt, so daß Isumidas Bataillon in Amboina festsaß. Die Zukunftsaussichten waren düster, die Vorräte gingen zur Neige und es gab keine Hoffnung auf Nachschub. Isoliert und machtlos warteten sie, bis sich nach Monaten eine Gelegenheit ergab, nach Sorang, ihrem endgültigen Bestimmungsort zu fahren. Zehn Monate hatten sie gebraucht, um diese Insel zu erreichen und glücklicherweise gab es für einige Zeit keine ernsthaften Angriffe. Doch um sie herum stand es schlecht. Im April fiel der Oberbefehlshaber der kaiserlichen Marine, Admiral Osoroku Yamamonto in der Schlacht. Im gleichen Jahr wurden die Besatzungstruppen auf den Aleuten und dann auf Tarawa und Makin im südlichen Pazifik vollständig aufgerieben. Isumidas Gruppe konnte in Sorang nur voller

Angst auf eine Offensive des Feindes warten und die schwindenden Vorräte so gut es ging strecken. Man wußte fast nichts über die Schlachten, die in Neuguinea und anderen Teilen des Pazifik tobten. In der seltsam entlegenen Ruhe von Sorong blieb Isumida seinem Glauben treu und erkletterte oft einen Hügel, um in Richtung Heimat zu schauen und sich den Haupttempel inmitten seiner grünen Zedern vorzustellen.

Im Oktober 1944 geschah etwas äußerst Seltsames. Man befahl Isumida, Sorong zu verlassen und nach Amboina zurückzukehren. Er war sicher, daß damit sein Schicksal besiegelt war. Auch wenn er es schaffen sollte, durch die mit feindlichen U-Booten verseuchten Gewässer die Insel zu erreichen, so wartete doch der Tod an ihren Ufern. Auf einer winzigen Insel wie Amboina konnte man den feindlichen Bomben nicht entgehen. Diese neue und scheinbar endgültige Krise weckte erneut seine Zweifel. Warum wurde er allein für eine solch gefährliche Mission bestimmt, nachdem er in den gefährlichsten und schwierigsten Situationen seinem Glauben treu geblieben war? Aber, wie auch schon bei anderen Gelegenheiten, die Antwort kam klar und plötzlich und zeigte ihm die Nutzlosigkeit seiner Zweifel. Nur ein beständiger und starker Glaube würde ihm durch alle Schwierigkeiten hindurch helfen, wenn auch jede Hoffnung nutzlos schien.

In einer dunklen Nacht bestieg Isumida ein kleines Boot und segelte durch das tropische Meer, das Leuchtalgen in einem unheimlichen Licht schimmern ließ. Normalerweise wäre er darüber entzückt gewesen, aber jetzt ließ die Furcht ihn an eines denken: auf welche Weise er sicher durch das Meer navigieren könne, das durch den ständig drohenden feindlichen Angriff so heimtückisch war. Er konnte nur bei Nacht fahren und mußte das Boot am Tage zwischen den vielen kleinen Inseln in der Nachbarschaft verstecken. Ständig suchte er sorgfältig den Horizont nach Anzeichen feindlicher Schiffe ab. Endlich, nach einem Monat voller Angst, erreichte er Amboina, wo er mit seiner neuen Aufgabe begann. Isumida dankte seinem Gohonson, daß das Leben auf der Insel so friedlich war und auch dafür, daß er ihn sicher hergebracht hatte.

Langsam verschlimmerte sich die Kriegssituation. Wie andere japanische Soldaten in dieser Zeit, wurde Isumida hin und her gerissen zwischen dem Wunsch, den Kampf zu beenden, indem man sich den Amerikanern ergab und dem Gefühl, daß man die Pflicht hatte, bis zum letzten zu kämpfen. Aber binnen kurzem nahmen die Amerikaner seinen Trupp gefangen und damit erledigte sich die Sache von selbst. In ihren langen und zahllosen Diskussionen darüber, ob man sich ergeben solle, hatten sich die Soldaten eingeredet, daß das Leben in einem amerikanischen Kriegsgefangenenlager sehr rauh sein würde. Zu seiner Überraschung wurde Isumida gut behandelt und bekam sogar einen Raum für sich allein. Im Juli 1946 wurde er repatriiert und nach Tanabe in der Präfektur Wakayama entlassen.

Bevor er die Heimreise antrat, verbrachte Isumida einige Tage in einer Pension der Hafenstadt. Dort traf er einen dünnen, sonnenverbrannten Soldaten, der ihn wiedererkannte, obwohl Isumida sich zunächst nicht an ihn erinnerte. Er hieß Yamagiwa und hatte der gleichen Truppe wie Isumida auf der Insel Sorong angehört. Was dieser Mann zu erzählen hatte, warf ein völlig neues Licht auf Isumidas Kriegserlebnisse.

Diese Nachrichten erstaunten und beflügelten ihn, aber er konnte niemandem etwas sagen, bevor er nicht mit Josei Toda darüber gesprochen hatte. Doch zuerst einmal mußte er sich zum Taiseki-Dschi begeben, um dem Dai-Gohonson zu danken. Trotz seiner knappen Mittel konnte er genug Geld für diese Reise zusammenkratzen. Als er am wunderschönen Haupttor des Tempels ankam und endlich die hochaufragenden Zedern erblickte, die er sich sooft während seiner Reisen durch den Pazifik vorgestellt hatte, wußte er, daß er zu Hause war.

Die nächste wichtige Aufgabe bestand darin, herauszufinden, wo sich seine Ehefrau aufhielt und dann ein neues Leben zu beginnen. Beides schien unmöglich. Nach so langer Abwesenheit von zu Hause und ohne jede Nachricht hatte er keine Ahnung, wie es seiner Frau ergangen sein mochte. Aber wieder einmal zeigte der Glaube ihm einen Weg. Durch Zufall schaute er in das Buch, in welches sich die Pilger im Haupttempel eintrugen und fand ihre Visitenkarte! Sofort telegrafierte er ihr, sie solle zum Taiseki-Dschi kommen, und während des Wartens – in jenen Tagen mußte man mit einer Woche rechnen – half er den Mönchen bei der Ernte. Nach ihrem freudigen Wiedersehen kehrten die Isumidas in das kleine Appartement in Koiwa, Tokyo, zurück, in dem Frau Isumida während des Krieges gewohnt hatte.

Am nächsten Tag eilte Isumida zu Josei Toda, weil dieser vielleicht der einzige Mann war, der die Wichtigkeit jener Botschaft verstehen konnte, die der Kriegskamerad ihm in der Pension von Tanabe übermittelt hatte. Außerdem glaubte er, daß Toda der einzige war, der ihm vielleicht helfen konnte, ein neues Leben zu beginnen. Toda war außer sich vor Freude, Isumida wiederzusehen und gratulierte ihm für die sichere Rückkehr aus der Gefahr. Isumida konnte nun die geheimnisvollen Umstände seiner Rettung nicht länger zurückhalten und erzählte Toda, was er erfahren hatte.

Am Tage nach Isumidas Abfahrt hatte ein Transportflugzeug der USA auf Amboina notlanden müssen, zwölf Überlebende wurden gefangengenommen. Man hatte das Hauptquartier des Bataillons um Instruktionen gebeten, was mit ihnen geschehen sollte, aber der kleine Trupp war zu isoliert und abgelegen, so daß bis zum Ende des Krieges und der Besetzung durch die Amerikaner keinerlei Befehle ergingen. Die Japaner fürchteten nun, daß die Häftlinge sich bei ihren Landsleuten über die schlechte Behandlung beschweren würden.

Die Lösung, die sie für dieses Problem fanden, war sehr einfach: Sie brachten die Gefangenen auf eine abgelegene Insel und erschossen sie. Dennoch erfuhren die Amerikaner binnen kurzem von der Exekution, stellten die Verantwortlichen und verschifften sie nach Australien, wo sie ein Kriegsgerichtsverfahren und wahrscheinlich die Hinrichtung erwartete.

Diese Männer waren auf Sorong Isumidas Untergebene gewe-

sen. Wenn er nicht seltsamerweise nach Amboina beordert worden wäre, hätte man ihn mit Sicherheit für das Schicksal der zwölf Amerikaner verantwortlich gemacht. Es war klar, daß die Kraft des Dai-Gohonson ihn genau im richtigen Moment aus der Gefahr heraus in Sicherheit gebracht hatte. Wenn er über seine Rettung nachdachte, lief es ihm kalt den Rücken hinunter. Die Wege des Schicksals waren erstaunlich: Ein oder zwei Sätze in ein paar militärischen Befehlen hatten ihn vor Ungnade und Tod bewahrt. Während des langen Leidens in diesem Krieg war er voller Vertrauen geblieben und der Gohonson hatte ihn nicht nur belohnt, indem er ihn in gefährlichen Situationen beschützte, sondern hatte ihn auch aus einer Reihe widriger Umstände befreit, die nach Beendigung des Krieges unweigerlich zu seiner Hinrichtung geführt hätten.
Toda hörte ruhig und aufmerksam zu. Dann bestätigte er, was Isumida schon längst in seinem Herzen wußte:
»Der Gohonson hat dich errettet, du bist noch immer gesund und gehorchst noch immer deinem Glauben. Ich denke, du siehst nun, wie wichtig es ist, am Glauben festzuhalten, ganz gleich, was passiert.«
Isumida stimmte ihm zu, aber er konnte sich nicht enthalten zu fragen, ob Toda ihm beim Aufbau eines neuen Lebens für ihn und seine Frau helfen könne. Über den Verlust seines Soldatenberufs war er keinesfalls traurig, aber was sollte er jetzt tun? Um das Ganze schlimmer zu machen, unterlagen Berufssoldaten einer Säuberungsaktion, die es ihnen verbot, eine Arbeit anzunehmen, die nicht von der Besatzungsmacht oder von einem Büro für Wiedereingliederungshilfe genehmigt war; doch die meisten dieser Positionen waren längst besetzt. Isumida hatte zwar noch Ersparnisse auf der Bank, aber die waren eingefroren, man konnte nur einen kleinen Teil monatlich abheben. Aber auch so würde das Geld nicht länger als sechs Monate reichen. Die Hindernisse schienen unüberwindlich, doch Toda schien nicht ohne Mut zu sein.
»Nachdem du so vieles sicher durchgestanden hast, solltest du

dir über solche kleinen Probleme nicht übermäßige Sorgen machen. Hab eine Woche lang Geduld, dann wird sich etwas ergeben.«
Isumida glaubte fest daran, daß sich alles irgendwie regeln würde und machte sich auf zu einem anderen wichtigen Besuch. Im Taiseki-Dschi hatte er zu seinem Kummer von Tsunesaburo Makigutschis Tod gehört. So ging er als nächstes zu dessen Haus, um zu kondolieren. Der Verlust dieses Mannes, der ihm wie ein Vater gewesen war, war so groß, daß ihm die Tränen in Strömen übers Gesicht liefen und er vor dem Familienaltar der Makigutschis nicht wußte, wie er seine Trauer auf angemessene Weise ausdrücken konnte.
Nach ungefähr einer Woche verwirklichte sich, was Toda ihm prophezeit hatte. Durch dessen Fürsprache stellte ihn ein kleines Zeitungsbüro als Buchhalter ein, wofür ihm jetzt seine Tätigkeit als Zahlmeister in der Armee zustatten kam. Die Tage der Armut waren vorüber. Damit hörten auch die kleinen Streitereien zwischen ihm und seiner Frau auf, die durch die ständige Geldknappheit ausgelöst worden waren. Nun waren sie auch überzeugt, daß ihr Glaube fest genug war, um andere zu der erlösenden Lehren Nitschiren Daischonins zu bekehren. Es war nur menschlich, daß sie sich immer mal wieder stritten, aber nun ging es meist um religiöse Themen, die zwei Menschen mit starkem Glauben nicht entzweien konnten. Mit der Zeit bekehrten Isumida und seine Frau etliche Leute in ihrem Appartementhaus und in der Nachbarschaft und bald kannten viele Menschen im Distrikt Koiwa die Wirkungen der Kraft des Gohonson und die Stärke, die ein einzelner Mensch durch unerschütterlichen Glauben gewinnen kann.
Todas persönliche Unterweisung bestand oft nur aus Worten der Ermutigung oder sanfter Bestätigung, wie in Isumidas Fall. Aber andere wurden härter angefaßt. Fräulein Katsu Kiyohara, die beim Wiederaufbau der Gesellschaft aktiv mitwirkte, war eine intelligente Organisatorin und studierte ernsthaft das Lotos-Sutra, doch in ihrem persönlichen Leben hatte sie Probleme.

In jüngeren Jahren war sie an Tuberkulose erkrankt und ihr Familienleben war sehr disharmonisch. Die Familie gehörte der oberen Mittelklasse an und war gut situiert. Aber Katsu verstand sich nicht mit ihrer jüngeren Schwester, die sie als launisch empfand. Als ihre beiden älteren Brüder ihr Studium erfolgreich abschlossen, dachte Katsu daran, zu heiraten, aber diese Pläne wurden stets in letzter Minute durchkreuzt. Mit der Zeit bemitleidete sie sich selbst. Tagelange Anwandlungen von Bedrücktheit dehnten sich manchmal über Wochen aus. Sie schob all ihr Unglück auf den bösen Einfluß ihres Karma und nach langem Brüten vertraute sie sich oft anderen an, in der Hoffnung, getröstet zu werden. Zum Beispiel sagte sie in einer Diskussion mit Toda einmal plötzlich: »Jetzt bin ich seit sieben Jahren bei der Nitschiren Schoschu und wie Sie wissen, bin ich weit entfernt davon, glücklich zu sein. Tatsache ist, daß ich eine der unglücklichsten Frauen der Welt bin.« Als Toda dies hörte, wurde er ungewöhnlich ernst.
»Hör auf zu klagen«, sagte er. »Was glaubst du, was Religion ist? Eine Fahrkarte zu Glück und Bequemlichkeit? Wenn du unseren Glauben aus diesem Grund praktizierst, bist du wirklich auf dem falschen Weg. Du weißt genauso wie ich, daß Wissen und Erleuchtung über den letztendlichen Sinn des Lebens und die Ewigkeit das sind, wofür wir kämpfen. Dein Hauptfehler ist, daß du dir zu niedrige Ziele ausgesucht hast. Mit deiner nörgelnden Art erstickst zu alles, was du sonst zu bieten hast. Hör auf zu brummeln. Werde eine der besten Frauen Japans. Fang an, versuche es wenigstens.«
Niemals hatte jemand so scharf zu ihr gesprochen, aber sie verteidigte sich nicht, denn sie wußte instinktiv, daß Toda recht hatte. Sie erkannte, wo sie schwach gewesen war und wo sie die Hindernisse auf ihrem Weg zur Erfüllung selbst errichtet hatte. Als intelligente Frau sah sie, daß ihre einzige Hoffnung auf Glück darin lag, sich selbst zu beherrschen, damit sie nicht wieder in Selbstmitleid verfiel.
In den nächsten Wochen schien es, als hätte sie ein neues Leben

begonnen. Sie machte sich weniger Sorgen um sich selbst, als um die anderen. Diese Sorge für andere führte dazu, daß sie versuchte, so viele Menschen wie möglich von der erlösenden Kraft des Nitschiren Schoschu zu überzeugen. In der Hoffnung, ihrem Glauben neue Bekehrte zu gewinnen, wandte sie sich ihren Lehrerkollegen zu. Hideko Oschima und Tschisako Irie waren die beiden ersten Lehrerinnen, die Fräulein Kiyohara zu einem Diskussionstreffen mit Josei Toda mitbrachte.

Todas Worte über das Lotos-Sutra und den Sinn des Lebens waren so bewegend, daß Fräulein Irie zur großen Freude ihrer Kollegin Kiyohara am gleichen Abend der Nitschiren Schoschu beitrat. Das von Natur aus schüchterne und zurückhaltende Fräulein Oschima jedoch war nicht überzeugt. Dennoch wurden die drei Lehrerinnen gute Freunde und verreisten häufig gemeinsam.

Zu dieser Zeit waren Japans Lehrer unterbezahlt. Um ihr Los zu verbessern und ihr Einkommen zu steigern, nahmen sie häufig an Demonstrationen teil, die sich gegen das herrschende System wandten. Eines Nachmittags verließen die drei Freundinnen die Schule früher, um an einer Demonstration teilzunehmen, die von der Lehrergewerkschaft vor dem kaiserlichen Palast angesetzt worden war. Seit einigen Wochen hatte Fräulein Oschima mit sehnsüchtigem Neid beobachtet, daß die beiden Freundinnen stets miteinander lachten und Spaß hatten; wohingegen sie selbst die Trübsal, die sie wegen ihrer häuslichen Verhältnisse empfand, nicht abzuschütteln vermochte.

Am Tage der Demonstration schienen die Freundinnen lebendiger und energiegeladener als je zuvor. Fräulein Oschima fragte sich, ob der Glaube der Nitschiren Schoschu die Ursache für diese Fröhlichkeit darstellte. Falls das richtig war, hätte sie vielleicht diesen Glauben nicht zurückweisen sollen. In einer Pause bat sie Katsu Kiyohara und Tschisako Irie schüchtern, ihr etwas über Nitschiren Schoschu zu sagen. Nichts konnte die anderen mehr erfreuen und sie begannen sofort damit, zu erklären, ein um wieviel erfüllteres Leben mit der Hilfe einer tiefen Religion mög-

lich war. Fräulein Oschima stimmte erfreut zu, als man sie fragte, ob sie nicht wieder an einem Diskussionstreffen teilnehmen wolle.
Es erschien Fräulein Oschima seltsam, daß auf dem kleinen Treffen, das eine Woche später stattfand, andere Frauen, die ebenso unglücklich waren wie sie, ihren Kummer offen aussprachen. Jede von ihnen erklärte ihre Situation und erhielt Rat und Unterstützung von Toda und den anderen Mitgliedern der Gruppe. Fräulein Oschima hatte zunächst beschlossen, daß sie niemals ihren Kummer in der Öffentlichkeit diskutieren könne. Sie mochte sich nicht vor Fremden lächerlich machen. Doch langsam wurde ihr klar, daß die Haltung aller Anwesenden von Seelenverwandschaft und Sympathie geprägt war. Alle schienen zu sagen: »Wenn es einen Weg gibt, deine Probleme zu lösen, dann werden wir dir helfen, ihn zu finden.« Durch das Gehörte ermutigt, bat Fräulein Oschima nun darum, bei Nitschiren Schoschu aufgenommen zu werden. Natürlich war ein herzliches Ja und ein freundliches Willkommen die Antwort.
Vier Tage nach Fräulein Oschimas Bekehrung unternahm ihre jüngere Schwester einen Selbstmordversuch. Sie konnte die Bedingungen zu Hause nicht mehr ertragen. Völlig verstört und allein gelassen besuchte Fräulein Oschima ihre Freundin Kiyohara, die einzige, der sie vertraute. Doch Fräulein Kiyohara meinte, daß dieses Problem kompetenteren Beistand erforderte, als sie ihn geben konnte. Trotz der späten Stunde begaben sich die beiden Frauen zu Todas Büro, wo gerade ein Treffen stattfand. Früher am Abend war der Strom ausgefallen und Toda führte die informelle Versammlung bei Kerzenlicht, als die beiden Frauen eintrafen. Im flackernden Licht erklärte Fräulein Oschima ruhig ihre Situation.
Hideko Oschimas Mutter starb, als sie noch sehr jung war. Ihr Vater heiratete bald wieder, da er hoffte, daß Hideko, ihre Schwester und die zwei Brüder dadurch versorgt waren. Aus dieser zweiten Ehe ging ein Sohn hervor. Dann starb Hidekos Vater und die Kinder blieben der Stiefmutter überlassen. Diese

Frau hatte eine böse Veranlagung und sowie sie nicht mehr unter der Kontrolle ihres Mannes stand, machte sie sofort klar, daß sie ihren eigenen Sohn als wahren Erben des Hauses betrachtete. Zunächst beachtete sie ihre Stiefkinder überhaupt nicht, doch langsam wurde sie streng bis zur Grausamkeit. Alle Familienangelegenheiten regelte sie dergestalt, daß die Kinder total von ihr abhängig waren.

Früher hatten sie sich manchmal gegen die Stiefmutter aufgelehnt, dann versuchte Hideko, die Älteste, sie zu schützen. Aber sie konnten wenig tun, um ihre Situation zu verbessern. Und langsam gelang es der Stiefmutter, die jüngeren drei so zu unterdrücken, daß sie das passive Verhalten dressierter Tiere annahmen. Hideko beendete die Schule und fand sofort eine Anstellung als Lehrerin, wodurch sie wenigstens finanziell unabhängig wurde.

Als der Krieg zu Ende war, hatte die Familie kein Geld und nichts zu essen. Dies stimmte die Stiefmutter keineswegs sanfter. Manchmal war die Stimmung so unerträglich, daß Hideko es haßte nach der Arbeit nach Hause zu gehen. Aber nicht nur sie litt unter den Spannungen. Ihre jüngere Schwester, die oberflächlich die gleiche Passivität wie die beiden Brüder zeigte, war schließlich so verzweifelt, daß sie versuchte sich umzubringen. Dies gelang zwar nicht, brachte aber das Faß zum Überlaufen. Nun schien es nur noch eine Lösung zu geben: die Trennung von der Stiefmutter und deren Sohn. Aber wie sollte Hideko dies mit ihrem kleinen Lehrerinnengehalt zustande bringen?

An diesem Punkt ihrer Geschichte brach Hideko zusammen und weinte leise. Toda versuchte, sie zu beruhigen und sagte: »Vielleicht ist die Lösung Ihres Problems leichter als Sie denken. Ich kann nicht sagen, wer recht und wer unrecht hat, aber ich kann Ihnen eines versichern: Sie haben den Gohonson auf Ihrer Seite. Und das bedeutet Stärke. Warum weinen Sie also?

Als Nitschiren Daischonin enthauptet werden sollte, oder als er auf die Insel Sado verbannt wurde, weinte er da? Natürlich nicht. Er gelobte, für den wahren Buddhismus zu kämpfen und eine

Säule der Kraft für die ganze Nation zu werden. Sie sind ein Kind Nitschiren Daischonins. Sie können die tragende Säule für Ihre ganze Familie werden. Aber Sie müssen etwas tun. Wenn Sie furchtsam in der Ecke sitzen und weinen, wie wollen Sie dann etwas für sich oder Ihre Familie unternehmen?«

Hideko hörte auf zu weinen und schaute Toda an: »Wir müssen dieses Haus verlassen.«

»Dann tut es. Verlassen Sie sich auf den Gohonson. Sie stehen unter seinem Schutz. Denken Sie daran, ruhig und fest zu bleiben. Wenn Ihr Glaube stark ist, kann er für Ihre ganze Familie zu einer Quelle des Glücks werden.«

Nach diesem Gespräch bemerkte Hideko, daß das, was Toda als Furchtsamkeit kritisiert hatte, sich durch den Glauben an den Gohonson langsam in eine ruhige Würde verwandelte, die von einer tiefen geistigen Sicherheit getragen war. Und sie brauchte diese gesunden Eigenschaften schon in naher Zukunft, denn die Situation mit ihrer Stiefmutter näherte sich ihrem Höhepunkt.

Als Hideko eines Abends nach Hause kam, sprach ihre Stiefmutter gerade mit dem Geschäftsführer des Ladens, in dem sie arbeitete. Nachdem sie dem Mann bereits ihre eigene, schiefe Version vom unglücklichen Leben der Familie erzählt hatte, bat sie ihn nun Hideko davon zu überzeugen, daß es für sie und die anderen Stiefkinder besser sei, einen anderen Platz zum Leben zu finden und das Haus und den sonstigen verbleibenden Besitz ihr und ihrem Sohn zu überlassen. Dies war nichts Neues; die Stiefmutter hatte schon mehrmals das Gleiche verlangt. Aber diesmal hatte sie sich fest vorgenommen, ihren Willen durchzusetzen.

Der Geschäftsführer, der die wahren Verhältnisse nicht kannte, erteilte Hideko für ihr seiner Meinung nach unnatürliches Verhalten einen Verweis.

»Wie Sie wissen«, sagte er, »Stiefeltern lieben ihre Pflegekinder oft mehr als ihre eigenen. Nach allem, was sie für Sie und Ihre Geschwister getan hat, glauben Sie wirklich, daß es richtig ist, so selbstsüchtig und eigensinnig zu sein?

Sie sagen, sie sollten sich trennen. Und nach dem zu urteilen, was

Ihre Stiefmutter mir erzählt hat, denke ich das auch. Aber dies ist immerhin Ihre Idee, also müssen Sie Ihrer Stiefmutter und dem Jungen das Haus überlassen.«

Die Stiefmutter dachte nun, dies sei eine gute Gelegenheit, ihre eigene Position zu stärken und versuchte Hideko ihren Standpunkt klarzumachen. Aber ruhig und würdevoll erklärte die junge Frau, daß es töricht sei, wenn vier Leute anstelle von zweien das Haus verlassen würden, und daß es vergleichsweise einfacher wäre, einen Platz für Mutter und Sohn zu finden. Dies brachte die jähzornige Frau in Rage. Sie begann, das Mädchen zu beschimpfen und überhäufte sie mit Beschuldigungen aller Art. Doch trotz dieser Tiraden blieb Hideko völlig ruhig. Dank der Gnade des Gohonson hatte sie sich selbst, und damit auch diese kritische Situation in der Gewalt.

Sie wandte sich an den Geschäftsführer und schilderte kühl das empörende Verhalten ihrer Stiefmutter über die letzten Jahre.

Die Frau hatte ihre Stiefkinder allen möglichen Arten verquerer Belästigungen und Demütigungen ausgesetzt, um sie aus dem Haus zu vertreiben. Sie hatte manchmal die Türen, die die Zimmer der Kinder verbanden, zugenagelt, damit diese keine, wie sie es nannte, Verschwörungen gegen sie anzetteln sollten. Einmal hatte sie Hidekos jüngere Schwester gezwungen, eine Stellung als Hausmädchen anzunehmen, sich aber geweigert, Hideko die Adresse zu geben.

Als der Geschäftsführer die seltsamen Geschichten von den grausamen Praktiken der Stiefmutter hörte, wurde ihm langsam klar, daß sie ihm nur eine und zudem verdrehte Hälfte der Geschichte erzählt hatte. Verärgert über diesen Täuschungsversuch sagte er plötzlich:

»Sie haben mich vorsätzlich angelogen!«

Nun verlor die Stiefmutter jede Kontrolle über ihren wachsenden Zorn. In einem Wutausbruch nahm sie eine Tasse, schleuderte sie an die Wand und schrie laut: »Wer zur Hölle möchte in diesem Schutthaufen wohnen? Ich ziehe aus. Sofort!«

Der Geschäftsführer verstand nun, warum das jüngere Mädchen

versucht hatte, sich das Leben zu nehmen. Er sah, daß man etwas tun müsse für das Wohlergehen der Familie und für den Geisteszustand der Stiefmutter. Glücklicherweise verwaltete er einige Häuser, die seiner Firma gehörten. Nachdem er die ältere Frau beruhigt hatte, bot er ihr ein Haus an, dessen bescheidene Miete sie würde bezahlen können. Dann wandte er sich an die immer noch beherrschte Hideko: »Dies ist ein Weg aus diesem Durcheinander. Ihr vier könnt hier zusammenleben. Ich kümmere mich um eure Stiefmutter. Ihr werdet alle besser zurechtkommen, wenn ihr eurer eigenen Wege geht.«

Und sie gingen friedlich ihrer Wege. Hideko Oschima sah ganz klar, daß die ruhige Stärke, mit der sie die Beschimpfungen ihrer Stiefmutter ertragen hatte, ihrem Glauben an den Gohonson zu verdanken war. Von diesem Tage an schätzte sie den Glauben als das Wichtigste in ihrem Leben. In einer anderen ernsthaften Schlacht, die nun beginnen sollte, kam dieser Glaube sowohl ihr, als auch ihren Freundinnen Katsu Kiyohara und Tschisako Irie sehr zustatten.

Die drei jungen Frauen taten alles gemeinsam. Sie gingen zusammen zu Diskussiontreffen und Vorlesungen und sie besuchten auch zukünftige Mitglieder der Nitschiren Schoschu zu dritt. Ihre Unzertrennlichkeit verschaffte ihnen bald den Spitznamen: »Das Trio von Suginami«, da sie alle im gleichnamigen Stadtteil Tokyos wohnten.

Als Mitglieder der Lehrergewerkschaft nahmen sie an deren Treffen und häufigen Demonstrationen teil, auch wenn ihnen die sozialistischen Züge der Gewerkschaft weit weniger bedeuteten, als ihre eigenen religiösen Überzeugungen. Demzufolge verbrachten sie mehr Zeit damit, die Entmutigten auf den richtigen Weg zu Erlösung und Glück zu bringen, als mit den organisatorischen Angelegenheiten der Gewerkschaft. Deren Führer aber betrachteten die Aktivitäten der jungen Frauen als regelwidrig und erteilten ihnen auf der Lehrerkonferenz einen Verweis. Der Vorsitzende der Gewerkschaft, ein mit den Kommunisten sympathisierender Mann mittleren Alters, der auf seine Glatze und

seinen Bart stolz war, weil er ihm eine Ähnlichkeit mit Lenin verlieh, sprach zu ihnen:
»Diese drei Lehrerinnen haben bei Hausbesuchen die Eltern ihrer Schüler mit aggressiven religiösen Bekehrungsversuchen belästigt, anstatt sich strikt an schulische Themen zu halten. Die diesbezüglichen Beschwerden sind peinlich und eine Schande. Ich denke, es muß eine ernstliche Verwarnung wegen der Verletzung der Ehre und des Ansehens der Lehrerschaft ausgesprochen werden.«
Es stimmte, daß die drei jungen Lehrerinnen über Religion und die Kraft des Gohonson gesprochen hatten, wenn sie das Gefühl hatten, daß jemand dringend Hilfe brauchte. Aber sie hatten solche Gespräche stets erst nach Erfüllung ihrer beruflichen Pflicht als Lehrerberater geführt. Was sie dadurch geleistet hatten, war unermeßlich, denn sie hatten etliche verzweifelte Menschen zur Nitschiren Schoschu und damit zu den erlösenden Kräften des Glaubens gebracht. Die flinke Katsu Kiyohara, die immer bereit war, ihren Glauben zu verteidigen, erhob sich, um die Behauptungen des Vorsitzenden zu widerlegen.
»Damit Sie verstehen, was ich sagen will, lassen Sie mich eine Frage stellen: Wenn Sie jemanden besuchen und Sie stellen fest, daß diese Person sehr krank ist oder gar im Sterben liegt, verlassen Sie dann diesen Menschen, ohne den Arzt zu nennen, der ihn heilen könnte, nur weil medizinischer Rat vielleicht nicht der ursprüngliche Grund für Ihren Besuch war?«
»Das hat nichts damit zu tun!« schrie der Vorsitzende. »Wir sprechen hier darüber, daß sich Eltern über religiöse Einmischung Ihrerseits beschwert haben. Wir Lehrer sind für den Ruf unserer Schule verantwortlich und wir müssen etwas unternehmen, um die Situation zu klären.«
»Und wie?« fragte Fräulein Kiyohara scharf.
»Indem wir Sie ersuchen, in den Häusern Ihrer Schüler nicht mehr über Religion zu sprechen. Sie sollen anderen Ihre Religion nicht aufdrängen. Wir alle haben Anspruch auf Religionsfreiheit.«

»So ist es«, antwortete Fräulein Kiyohara. »Und dies gilt auch für uns. Wir drängen niemandem etwas auf. Wir geben nur Empfehlungen; das ist unser Recht. Man kann Menschen nicht zum Glauben zwingen. Denken Sie, daß die Menschen so dumm sind zu glauben, nur weil man es ihnen sagt? Sie sind Lehrer – und Sozialist. Lehrer sollen führen und Sozialisten sollen ans Volk glauben. Denken Sie einmal scharf nach. Ihre Anklage, daß wir Menschen dazu drängen, unsere Religion anzunehmen ist Unsinn.«

Fräulein Kiyohara hatte sich selbst in Wut geredet. Als sie sich setzte, hörte man spöttisches Lachen im Raum. Dann erhob sich ein großer, schlanker Lehrer, wischte sich die Haare aus der Stirn, räusperte sich und sagte: »Es ist uns Lehrern verboten, jedwede religiöse oder politische Propaganda im Klassenzimmer zu betreiben.«

Fräulein Irie, die zwar ruhiger als Fräulein Kiyohara, aber dessen ungeachtet über die ungerechten Beschuldigungen sehr erbost war, antwortete: »Können Sie beweisen, daß wir im Klassenzimmer jemals Propaganda betrieben hätten?«

Der langhaarige Lehrer meinte: »Hausbesuche sind eine Fortsetzung des Unterrichts. Wenn Sie die Eltern Ihrer Schüler besuchen, sind Sie verpflichtet, nur über erzieherische Themen zu sprechen.«

»O nein, das ist nicht richtig«, antwortete Fräulein Irie. »Unterricht ist Unterricht und Hausbesuch ist Hausbesuch. Allerdings weiß ich, daß Sie und andere niemals zögern, Ihre sozialistischen Ideen zu verbreiten, und dieses gar im Klassenzimmer. Was Fräulein Kiyohara vorhin über den Krankenbesuch sagte, ist eine gute Illustration für das, was wir tun. Warum sollte es Ihnen erlaubt sein, den Kommunismus zu predigen und wir werden gehindert, die Leute auf eine Religion hinzuweisen, die ihnen in unseren Zeiten wirklich helfen kann?«

»Na gut, dann haben Sie eben den falschen Beruf gewählt. Werden Sie doch Prediger!«

Das machte Fräulein Irie so ärgerlich, daß sie nicht weitersprechen konnte; gegen Sarkasmus fühlte sie sich machtlos. Doch nun wandte sich Fräulein Oschima mit ihrer neu erworbenen Würde und Ruhe an die Versammlung: »Es ist wahr, daß einige unserer Lehrer unter Verletzung aller Regeln im Klassenzimmer den Kommunismus verteidigen. Wenn Sie möchten, kann ich Ihnen die Namen sagen.«

Jetzt war der Spieß herumgedreht. Was die jungen Frauen außerhalb der Schule getan hatten, in der Hoffnung Menschen zu helfen, verstieß gegen keine Regel; wohl aber politische Propaganda in der Schule. Die vielen anwesenden Sozialisten nahmen großen Anstoß daran, daß sie nun selbst angeklagt sein sollten; die Diskussion artete in einen Tumult aus.

Erst nach ein paar Minuten gelang es dem Lenin ähnlichen Vorsitzenden, die Gruppe zu beruhigen. Dann sagte er, daß man Fräulein Oschimas Beschuldigung vor ein höheres Gremium bringen müsse. Während der Vorsitzende die drei Frauen anstarrte, schrie der große, dünne Lehrer, dessen Haar nun vor Erregung völlig zerzaust war, mit schriller Stimme: »Wir können es diesen revolutionären Elementen nicht gestatten, die Einheit unserer Organisation zu zerstören. Sie müssen vor das Direktorium gebracht und zur Rechenschaft gezogen werden.«

Fräulein Oschima sagte absolut ruhig:

»Damit es keine Mißverständnisse gibt: Wir sind gute Gewerkschaftsmitglieder. Wir zahlen unsere Beiträge und nehmen an Demonstrationen teil. Niemand hat das Recht uns als störende Elemente zu bezeichnen.

Der wahre Grund für diese peinliche Szene hier ist darin zu suchen, daß Sie unsere religiösen Aktivitäten nicht mögen. Das ist Ihr gutes Recht, aber deshalb dürfen Sie uns noch lange nicht daran hindern. Wir glauben, was wir tun, ist gut. Wir lehren unsere Schüler so gut wir können, und wenn wir darüber hinaus Menschen beistehen, die in Not sind, so ist daran nichts Falsches.«

»Wie können Sie es wagen, sich über uns lustig zu machen«, stieß der Vorsitzende aus.

»Ich mache mich weder über Sie, noch über die Gewerkschaft lustig. Aber ich möchte doch sagen, daß die Gewerkschaft nicht alle Probleme lösen kann. Tatsache ist, heute haben weder all unsere Gewerkschaftsarbeit noch unsere Demonstrationen irgendeine Wirkung. Das Leben ist kompliziert und kennt viele Arten von Problemen. Lassen Sie die Gewerkschaft die Probleme lösen, mit denen sie umgehen kann. Wir als Mitglieder von Nitschiren Schoschu und Soka Gakkai wissen, daß es Fragen gibt, die außerhalb der Reichweite der Gewerkschaften liegen. Wir glauben, daß es unsere Pflicht ist, uns mit diesen Fragen zu beschäftigen.«

Der aufgeblasene Vorsitzende und der dünne Lehrer widersprachen augenblicklich. Aber die Dinge waren aus dem Ruder geraten. Der Direktor beeilte sich, die Versammlung zu schließen, nachdem er angekündigt hatte, daß man derartige Fälle vor die Gewerkschaft selbst oder eine Art Religionsausschuß bringen müsse.

Die Sache war also nicht ausgestanden. Die Gewerkschaftführung meldete die drei jungen Frauen sofort an den Generalschulinspektor weiter. Aber man konnte nichts ausrichten. Es handelte sich um ausgezeichnete, bei ihren Schülern sehr beliebte Lehrerinnen mit einwandfreiem Leumund; doch das wichtigste war, daß die Verfassung ausdrücklich Religionsfreiheit garantierte und daß sie demzufolge bei ihren Aktivitäten auf diesem Gebiet einzig ihrem Gewissen verpflichtet waren.

Es gab weiterhin Spannungen mit der Gewerkschaftführung, aber die drei Frauen waren durch den Widerstand der anderen noch gestärkt und führten ihre gute Arbeit im Geist der Verbundenheit und Demut fort.

Einige der Gewerkschaftsführer beobachteten jeden Schritt, den die Frauen taten, in der Hoffnung, sie bei irgendeinem Fehler zu ertappen. Doch am Ende geschah den meisten der gewaltsamen Gegner ihrer religiösen Aktivitäten schwere Vergeltung. Einer hatte einen nervösen Zusammenbruch und starb in geistiger Umnachtung. Ein anderer erlitt eine dauernde Behinderung, die

auf seltsame Weise aus einer Infektion entstand, welche wiederum die Folge einer ursprünglich harmlosen Verletzung darstellte.
Doch das Trio von Suginami hielt im Angesicht der Widersacher durch und es ist der Energie und dem organisatorischen Talent dieser Frauen zu verdanken, daß Suginami später so viele höchste Führungskräfte der Soka Gakkai hervorbrachte.
Hiroschi Isumida und das Trio von Suginami waren nur einige der Menschen, die von Toda sorgfältig erzogen und trainiert wurden. Manchmal war er hart und streng zu seinen Schülern, manchmal sanft und väterlich. Doch er betrachtete jeden als einen wertvollen Edelstein, den man polieren mußte und dessen inneres Leuchten unter seinen warmen Händen zu vollem Glanz gebracht werden konnte. Manche, von denen er glaubte, daß sie zu einem Glanzstück der Gesellschaft werden würden, entglitten ihm, doch jene, die blieben, waren von unermeßlichem Wert.

4. Dem Ziel entgegen

Schin'itschi Yamamoto, Mitglied der Nitschiren Schoschu seit 1947, war nun zwanzig Jahre alt. Er nahm weiterhin an den Treffen und Vorlesungen teil, aber sein physischer Zustand besserte sich kaum. Da seine Familie nicht reich war, mußte er trotz seiner Tuberkulose irgendwie zum Einkommen der Familie beitragen. Obwohl die Arbeit eigentlich zu schwer für ihn war, nahm er einen Job in einer Druckerei im geschäftigen Tokyoter Schimbaschi-Distrikt an. Die langen abendlichen Fahrten in überfüllten Zügen verschlimmerten seinen Zustand und erhöhten sein Fieber. Wenn er zu Hause ankam, litt er unter Schüttelfrost und seine Wangen waren fiebrig gerötet; selten hatte er Appetit. Nachdem er sich dazu gezwungen hatte, ein kärgliches Mahl zu verzehren, war es seine einzige Freude, sich in sein Zimmer zurückzuziehen und die geschätzten Bücher zu lesen, die er sich vom Munde abgespart hatte. Die meisten seiner einsamen Nächte verbrachte er lesend oder nachdenkend. So wie sein körperlicher Zustand je nach Aufenthaltsort oder Tageszeit von mittelmäßig bis sehr schlecht schwankte, so wechselte auch seine Stimmung von Enthusiasmus bis zu tiefster Verzweiflung, wenn er an seine Zukunft dachte. Aber tief in ihm wuchs eine seltsame Kraft, von der niemand etwas wußte, nicht einmal er selbst.

Toda hatte ihn mit seiner Persönlichkeit so sehr beeindruckt, daß er die regelmäßigen Vorlesungen über das Lotos-Sutra niemals versäumte, auch wenn er sich müde oder krank fühlte. Langsam erkannte er, wie wunderbar die Lehren des wahren Buddhismus sind, aber tief drinnen nährte er einen geheimen Zweifel. Würde er fähig sein, so zu leben, wie die Soka Gakkai es erforderte, oder wie Toda es von ihm erwartete? Seine körperliche Schwäche könnte ihn zwingen, den Glauben zu verlassen. Und wenn dies wahrscheinlich sowieso geschehen würde, warum dann nicht jetzt aufgeben, anstatt zu warten und sich Sorgen zu machen? Wenn er sich schlecht fühlte, wurde seine Skepsis und sein Pessimismus schlimmer. Aber irgend etwas hielt ihn zurück. Je mehr er lernte, um so tiefer empfand er die Größe des Buddhismus Nitschiren Daischonins und die Erhabenheit der Mission der Soka Gakkai. Er hoffte, daß er eines Tages durch das helle Licht der Wahrheit des Glaubens und Josei Todas freundliche Hilfe sowohl seine persönlichen Probleme lösen als auch seine philosophischen Zweifel verlieren würde. Um mehr über die Soka Gakkai zu erfahren, war er zunächst der Jugendabteilung beigetreten; doch sofort danach erlitt er einen Rückfall, so daß ihm die schmerzliche Erfahrung erspart blieb, einen Umsturz miterleben zu müssen, der die Jugendabteilung zersplitterte.

Der Grund dafür war eine Meinungsverschiedenheit zwischen den älteren und den jüngeren Mitgliedern der Jugendabteilung. Die Älteren wie Tschuhei Yamadaira, Giitschi Sakata und Hideko Mikawa, die schon mit der aus dem Glauben fließenden Kraft vertraut waren, benutzten immer noch die beim »Vereinigunsorden« erstmalig angewandte Methode zur Gewinnung neuer Mitglieder, die darauf beruhte, daß man bei Veranstaltungen anderer Sekten deren falsche Lehren anprangerte. Die Älteren fanden das aufregend und argumentierten, es gäbe ihnen ein Siegesgefühl und verstärke das Bewußtsein für die Größe des wahren Buddhismus.

Doch die Neubekehrten in der Jugendabteilung suchten nach einer Philosophie, die die geistige Leere in ihrem Leben füllen sollte. Sie waren oft arm, aber es waren Idealisten, von denen Polemik und Streiten mit anderen religiösen Gruppen als egoistische Zurschaustellung empfunden wurde. Um der Harmonie willen hatten sie zwar zunächst mitgemacht, aber dann kamen ihnen Zweifel und sie hatten diese Praktiken denen überlassen, die Geschmack daran fanden. Dann kamen sie nicht mehr regelmäßig zu den Treffen, was die Position der Älteren stärkte.

Doch immer mehr neue Mitglieder stießen zur Jugendabteilung, die Jüngeren waren bald in der Überzahl und am 26. Juni 1948 stimmten sie dafür, die bestehende Jugendabteilung aufzulösen und eine neue zu errichten, in welcher die Älteren nicht mehr das Sagen hatten. Doch dann wurde alles demokratisch geregelt: Alle Mitglieder konnten mitbestimmen und an allen Aktivitäten teilnehmen. Alle Anwesenden stimmten überein, daß Mitgliederwerbung im größeren Maßstab stattfinden sollte und daß die Methode der Zurschaustellung von Debattierkünsten nicht mehr benutzt werden sollte. Solidarität hieß das Schlagwort der neuen Jugendabteilung, die am 6. Juli, dem dritten Jahrestag von Todas Freilassung aus dem Gefängnis, errichtet werden sollte.
Die Spaltung der Jugendabteilung hatte Toda Kummer bereitet, weil er sein ganzes Leben hindurch stets seine größten Hoffnungen in die Jugend gesetzt hatte. Als ein Vertreter der Jugendabteilung ihn von der einseitigen und eigenmächtigen Auflösung in Kenntnis setzte, war er irritiert. Nicht nur, daß diese jungen Leute es nicht für nötig befunden hatten, vor einem solch schwerwiegenden Schritt das Direktorium der Soka Gakkai anzurufen, auch ihre Grundhaltung ärgerte ihn. Sie dachten, man könne die Jugendabteilung organisieren und auflösen, als sei es eine Gewerkschaft. Mit anderen Worten, es schien, als hätten sie vergessen, daß die Soka Gakkai mit allen ihren Unterabteilungen eine religiöse Organisation war, die einem heiligen Zweck diente.
Die Unzulänglichkeit der jungen Leute, die dies nicht verstanden hatten, überzeugte Toda, daß es noch ein paar Jahre dauern würde, um die Art Jugendorganisation zu schaffen, die man brauchte. Aber sie hatten jetzt ihre Entscheidung getroffen und obwohl Toda fürchtete, daß ihre neue Organisation keinen Erfolg haben würde, erlaubte er ihnen, aus ihren Fehlern zu lernen.
Er sagte also zu dem Jugendvertreter:
»Ihr habt entschieden, führt euren Plan aus. Aber ich möchte euch einen Rat geben. Ihr könnt eine Organisation, die Teil der Nitschiren Schoschu ist, nicht einfach errichten oder auflösen. Unsere religiösen Gruppierungen sind durch Buddha geschaffen

worden und brauchen kein menschliches Können, um zusammen gehalten zu werden oder zu funktionieren. Sie sind vollständig von der Gnade des Gohonson abhängig. Wir sind jetzt in einer Übergangsphase unseres Wachstums und ich bin bereit, euch ausprobieren zu lassen, was auch immer ihr wollt. Wenn ihr im Glauben erwachsen geworden seid, werdet ihr den wahren Charakter der Organisation unserer Gesellschaft und die Größe unserer Mission verstehen.«

Toda ließ es bei diesen wenigen Bemerkungen bewenden, da er sah, daß die jungen Leute trotz ihrer Fehler eifrig waren und arbeiten wollten. Tatsache war, daß die neu errichtete Jugendabteilung sofort mit einer Mitgliederwerbungskampagne begann, die solch gute Ergebnisse zeitigte, daß beim Sommertrainingskurs im Taiseki-Dschi doppelt so viele Leute teilnahmen als im Jahr zuvor.

Unter den 188 Mitgliedern, die zum Sommerkurs am Fuße des Fudschijama reisten, war auch Schin'itschi Yamamoto. Dies war seine erste Pilgerreise zum Haupttempel. Wegen seiner schlechten Gesundheit blieb er zunächst außerhalb der Vorlesungen und Treffen allein, aber der Ort mit seinem klaren Himmel und haushohen Zedern gefiel ihm sehr gut. Er nahm Anteil am geschäftigen Leben auf dem Grundstück des Tempels. Der Geruch von frisch gefällten Zedern und das Hämmern erfüllten die Luft, während der Neubau des Kyakuden-Tempels voranschritt. Das Richtfest sollte am 22. August stattfinden.

Die Natur rings um den Tempel, die Freundlichkeit der Menschen, mit denen er in Kontakt kam und dic aufregenden Vorlesungen und Diskussionen hatten eine überwältigende physische und geistige Wirkung auf Yamamoto. Auch wenn er während der fünf Tage nicht an allem direkt teilnahm, so fühlte er doch die lebendige Zweckmäßigkeit der Aktivitäten. Für diese Stimmung war hauptsächlich Toda verantwortlich: Er wollte in allen Teilnehmern – und besonders in dem oft trübsinnigen Yamamoto – ein Gefühl für die Freuden des Glaubens entzünden.

Eines der besonderen Ereignisse war ein Vortrag, den Toda am dritten Tage hielt und in welchem er einen der wichtigsten Aspekte der Funktion von Mitgliedern der Soka Gakkai und der Nitschiren Schoschu schilderte.

»Hat einer von euch je darüber nachgedacht, warum es unser Schicksal sein sollte, in diesem aufrührerischen ›Späten Tag des Gesetzes‹ geboren zu sein?« fragte Toda die Gruppe. »Wenn ihr das wißt, habt ihr den Sinn eurer Funktion auf dieser Erde begriffen und der Zweck dieses Sommerkurses ist erfüllt.

Aber wenn ihr wißt, warum wir hier sind, versteht ihr auch, warum ihr es wißt? Nur diejenigen, die in der Gegenwart des Dai-Gohonson ehrerbietig und gläubig waren, haben das Privileg, zu wissen, daß wir in diese Ära hineingeboren worden sind, um eine wichtige Mission zu erfüllen und die Arbeit der Bodhisattvas zu tun.

Ich sehe Zweifel auf einigen Gesichtern. Natürlich sind wir sterbliche Menschen, aber in jedem von uns ruht der Same der Buddhaschaft, der vor ewigen Zeiten in uns gelegt wurde. Durch euren Glauben und eure aufrichtige Verehrung des Gohonson habt ihr bewiesen, daß ihr die Erben einer Aufgabe seid, die nur jene vollbringen können, die von der Buddhaschaft trinken.

Es gibt alle Arten von Aufgaben. Der Politiker, der Geschäftsmann, der Lehrer, der Künstler, jeder hat seine Arbeit zu tun. Aber ihre Werke sind vergänglich und unsere Werke sind ewig. Wir sind die Abgesandten des Buddha unserer Zeit, aber wir können unsere Aufgabe nur erfüllen, wenn wir den Glauben aktiv praktizieren. Damit ihr also wißt, welches eure Aufgabe ist und erfahrt, wie ihr sie auszuführen habt, muß jeder von euch sein Leben dem Schutz des wahren Buddhismus weihen, fleißig das Daimoku rezitieren und mit frischen Kräften daran gehen, so viele neue Mitglieder als möglich zu einem Verständnis der Bedeutung unseres Glaubens bringen.«

Einige der Neulinge unter den Zuhörern fanden es schwierig zu verstehen, was Toda damit meinte, wenn er sagte, sie seien Bodhisattvas oder Abgesandte des Buddha. Aber Schin'itschi Yamamoto fühlte, als hätte sich Toda ganz persönlich an ihn

gewandt. Es kam ihm fast so vor, als riefe ihn Toda zu einer großen Aufgabe, deren Sinn er allerdings nur vage erfaßte.
Im weiteren Verlauf des Sommerkurses gab es noch etliche Vorlesungen und Vorträge sowie die regelmäßigen Gongyos morgens und abends. Die jungen Leute fanden das alles faszinierend und wurden reich belohnt für die physischen Leiden während der Gongyo-Zeremonien, bei denen man für ein oder zwei Stunden in derselben knienden Position verharren mußte. Danach waren die Beine manchmal so gefühllos, daß gesunde Männer und Frauen einige schmerzhafte Minuten lang wie Krüppel am Boden krochen.
Die fünf Tage waren viel zu schnell am Ende. Die Erfahrungen langer nächtlicher Gespräche, die warme Herzlichkeit der gemeinsamen Mahlzeiten, das in Diskussionen und Vorlesungen erworbene Wissen und vor allem das erneuerte Bewußtsein einer großen Aufgabe bedeutete für viele Teilnehmer dieses Sommerkurses eine Wende in ihrem Leben. Am Abend der Heimreise wandte Schin'itschi Yamamoto sich vor dem bewundernswerten zweistöckigen Sammon-Tor des Taiseki-Dschi noch einmal um und warf einen letzten Blick auf den Tempel, der sich dunkel gegen die tiefvioletten Schatten des Fudschijama abhob. Er fühlte sich jetzt stärker im Geist und im Körper. Fast schien es ihm, als hätte er sich zum ersten Mal selbst entdeckt.
Die Nation war schockiert und empört über den Krebs der Korruption, der selbst in den höchsten Positionen der Regierung wucherte. Eines Abends richteten Schin'itschi Yamamoto und einige seiner Freunde deshalb eine Frage an Toda. Diese ernsthaften jungen Leute konnten nicht verstehen, wieso jeder Versuch, das Böse auszurotten, sowenig Erfolg hatte, wohingegen die Sündhaftigkeit zu gedeihen schien. Toda war erfreut, über dieses Thema sprechen zu können, weil er dadurch Gelegenheit erhielt, den Mitgliedern der Soka Gakkai dadurch einige sehr wichtige Gedanken nahezubringen und einige Hinweise zu geben, was ihre zukünftige Rolle in der Gesellschaft betraf.
»Soziale Verbrecher sind nichts Neues. Sie sind Teil der Welt seit

Anbeginn der Zivilisation. Trotz aller ernsthaften Anstrengungen durch gerechte und gewissenhafte Menschen, die zu allen Zeiten gegen das Böse kämpften, ist es nachgewiesenermaßen unmöglich, das Böse auszurotten. Warum ist das so?

Wie man ihnen bereits beigebracht hat, gibt es zehn Zustände des Lebens, von denen einige gut und andere böse sind. All diese zehn Zustände sind immer in Tätigkeit. Daher kommt es, daß während großer kultureller Errungenschaften, die sich aus den guten Aspekten des menschlichen Lebens entwickelten, die bösen Zustände keinesfalls müßig blieben. Auch sie haben Fortschritte gemacht. Und das ist der Grund, warum sich in der menschlichen Gesellschaft stets die stark kontrastierenden Gegensätze von Gut und Böse spiegeln.

Doch wenn ich sage, daß das Böse existiert und erkläre, warum es existiert, so heißt das nicht, daß man sich damit abfinden muß. Im Gegenteil, es ist unsere Pflicht, konkrete Schritte zur Vernichtung des Bösen zu unternehmen. Die zehn Zustände des Lebens, die sich in jedem Menschen manifestieren, sind kompliziert, aber es ist möglich, einen Menschen aus einem schlechten Zustand heraus- und in einen guten Zustand hineinzubringen. Tatsache ist, daß der einzige Weg, um weitverbreitete soziale Übelstände zu beseitigen darin besteht, seine eigene, innere Natur zu revolutionieren.

Äußere Revolutionen haben stets versagt, wenn es darum ging, eine grundsätzliche menschliche Erneuerung zu bewirken, welche einzig die Basis aller zivilisatorischen, ökonomischen oder politischen Reformen sein muß. Die essentielle Grundlage unserer Taten muß aus einer inneren geistigen Revolution entspringen, die im Leben eines jeden menschlichen Wesens stattfindet. Solch eine innere Revolution ist die Grundlage der Lebensphilosophie Nitschiren Daischonins. Bis jetzt hat sich die Welt geweigert, dies zu verstehen; doch es ist unsere Aufgabe, diese grundlegende Wahrheit ins Bewußtsein der Menschen zu bringen.

Die innere Revolution muß in jedermann stattfinden, und das

schließt Premierminister, das ganze Kabinett und alle politischen Führer ein. Wenn Menschen, die diese hohen Positionen einnehmen, ihre eigene, persönliche, geistige Revolution vollzogen haben, dann ist die Gefahr von Korruption und Bestechungsskandalen wie jener der Schowa-Denko-Gesellschaft gebannt. Anarchisten und Terroristen haben in der Vergangenheit manchmal sehr ernsthaft geglaubt, daß der einzige Weg sozialer Reformen darin besteht, das bestehende soziale System zu zerstören. Sie glaubten, daß man durch Mord an den Führern viel erreichen und das System entmachten könne. Derartige Methoden können wir nicht gutheißen.

Nach unserem buddhistischen Glauben ist das Leben in seinen früheren, jetzigen und zukünftigen Existenzen unersetzbar und wertvoll. Leben auszulöschen ist ein abscheulicher Akt gegen den Buddhismus. Demzufolge werden Mörder, die – wie wir alle – durch das Gesetz des Karma gebunden sind, unvermeidlich schwere Strafen erleiden. Jeder mag die Gesellschaft und die Politik kritisieren; beides ist in schlechtem Zustand und erfordert Kritik. Aber dies allein hat keinerlei aufbauende Wirkung. Es sind Menschen, welche die Gesellschaft und die Politik machen und die zehn Zustände des Lebens manifestieren sich in den menschlichen Herzen. Solange den Menschen dies nicht klar wird und sie nicht versuchen, eine grundlegende, individuelle Revolution zu bewirken, wird kein Versuch einer sozialen oder politischen Verbesserung mehr als oberflächliche Wirkung zeitigen. Durch die Geschichte hindurch haben die Menschen an soziale oder politische Revolutionen geglaubt, aber niemand hat bisher versucht, an eine menschliche Revolution zu glauben, so wie sie von Nitschiren Daischonin gelehrt wird. Die größte Quelle des Bösen in der heutigen Welt ist der fehlende Glaube an diese Art von Religion.

Die Führungspositionen in der Gesellschaft sind Ziel revolutionärer Aktionen – dies gilt sogar für unsere innere, spirituelle Revolution. Es gibt zwei Möglichkeiten die sicherstellen, daß die Machthabenden jene spirituelle Entwicklung erleben, die es ihnen möglich macht, eine bessere Welt zu schaffen. Zunächst können wir versuchen, die Menschen in den politischen Ämtern zum wahren Buddhismus zu führen. Sie müssen nicht denken, daß ihre Kräfte nicht ausreichen, um Wirtschafts- oder politische Führer mit den Ideen einer spirituellen Revolution zu konfrontieren. Wir sind alle menschliche Wesen. Wir unterliegen alle dem Gesetz des Karma; und ob wir es wollen oder nicht, wir leben nun einmal in einer Zeit, in der die spirituelle Revolution unvermeidlich ist. Nähern Sie sich den Menschen, die an der Macht sind wie Ihren Verwandten, in dem Glauben, daß Sie sie davon überzeugen können und überzeugen müssen, was sie falsch machen und daß Sie ihnen den richtigen Weg weisen können.

Die zweite Möglichkeit, um der Gesellschaft eine politische Führung mit einem tiefen religiösen Glauben zu bringen, hat etwas mit der Zukunft der Soka Gakkai zu tun. Weil dieses Zeitalter uns braucht, können wir gar nicht anders, als stärker zu werden und zu wachsen. Jeder von Ihnen, der sich seinen Glauben erhält, wird zu einem wertvollen menschlichen Wesen in unserer Gesellschaft und in unserer Welt heranwachsen. Ohne Zweifel haben einige von Ihnen Talent oder Interesse für die Politik. Wenn die Zeit kommt – und ich bin sicher, das liegt nicht allzu weit in der Zukunft – werden wir den drängenden Wunsch nach einer altruistischen politischen Partei, welche dem Wohlergehen aller Menschen verpflichtet ist, zu erfüllen haben. Die Art von Partei, die ich mir vorstelle, wird weit über die konventionellen demokratischen Prinzipien hinausgehen und fest auf einer tiefen religiösen Grundlage ruhen.

Die Lehren Nitschiren Daischonins beweisen, daß unser Zeitalter, der ›Späte Tag des Gesetzes‹, die Zeit ist, wenn die Bodhisattvas auferstehen, um die Welt zu retten. Wir sind diese Bodhisattvas und ein Mittel, unsere Aufgabe zu erfüllen, ist die Teilnahme an einer großen Palette von Aktivitäten, Kultur, Wirtschaft und Politik eingeschlossen.«

Begeistert von der lebenswichtigen Bedeutung seiner Botschaft, hatte Toda länger gesprochen, als er es ursprünglich vorgehabt hatte. Dennoch erlaubte keiner im Raum seinen Gedanken auch nur für eine Sekunde abzuschweifen. Für einige der jungen Zuhörer schienen Todas Ideen außerordentlich idealistisch, doch Schin'itschi Yamamoto verstand die Vision. Intensiv und schweigend starrte er Toda an und erhaschte einen Schimmer des gewaltigen Gebäudes des Glaubens, das gebaut werden mußte. Es ist klar, daß Yamamoto damals wußte, daß er eine Rolle beim Bau dieses Hauses zu spielen hatte. Am Abend nach diesem Treffen schrieb er in sein Tagebuch:

»Was für ein großes Glück, die unendlich tief gegründeten und barmherzigen Schriften des Lotos-Sutra zu kennen. Ich bewundere Herrn Toda als Lehrer der gesamten Menschheit. Die große Überzeugung und der Glaube, mit denen er bestrebt ist, der Menschheit das höchste Glück zu bringen, seine brennende Leidenschaft für Gerechtigkeit und sein Patriotismus! Ich bin tief bewegt über die große Gnade des Nitschiren Daischonin, welcher in seinem Kampf um die Erleuchtung aller Menschen einer dunklen, bösen Welt den leuchtenden Morgen brachte. Wir, die wir uns des Segens des Dai-Gohonson erfreuen, müssen kühn voranmarschieren, solange wir noch jung sind, der ewigen Blüte des Buddhismus entgegen. All unsere Tagen müssen frei sein von unreinen Motiven. Unser Geist muß frei sein von Verblendung und Zweifel. Und immer noch neigen wir zum Zauder. Eine religiöse Revolution ist eine menschliche Revolution. Und diese wird uns zu einer wahren Revolution in der Politik, der Erziehung und der Wirtschaft führen. Aber wer soll diese chaotische Welt läutern? Die Mission unserer Gesellschaft ist wahrlich groß.

Revolution heißt Tod. Durch unseren Tod kehren wir zum Myoho zurück. Nur durch einen wahrlich großen Tod werden wir die Retter unserer Nation und der ganzen Welt sein.

Marschiere voller Barmherzigkeit voran; marschiere voran mit einer großen Philosophie. Ich, der ich nur zwanzig Jahre alt bin, habe den Weg zur höchsten Glorie entdeckt.«

In einer regnerischen Herbstnacht eilten Toda und Tschuhei Yamadaira zu einem Treffen. Sie hatten sich verspätet, weil eine

zerstörte Brücke sich so stark gesenkt hatte, daß die Fähre, auf der sie sich befanden, nicht mehr unter ihr hindurchkommen konnte. Endlich, nach langen Umwegen erreichten sie mit zweistündiger Verspätung ihr Ziel.
Yamadaira, der aus einem bescheidenen Bergdorf stammte und vor dem Krieg in Todas Schule Dschischu Gakkan gearbeitet hatte, mußte im Krieg viel leiden. Aber er hatte am Glauben festgehalten und arbeitete für einige Zeit in Todas Verlag. Jetzt hatte er einen Job in einem Büro der Regierung, aber er fuhr fort, abends an den Aktivitäten der Soka Gakkai teilzunehmen. Er war ein wichtiges Mitglied der Jugendabteilung geworden; jeder Tag seines Lebens war auf erstaunliche Weise von Tätigkeit erfüllt. Doch die Werke des Glaubens brachten ihm ein so großes Glück, wie man es selten in einem einzigen Leben erreichen kann. Toda schenkte Yamadaira Vertrauen; auf dem Weg diskutierten sie etwas, was sie beide für wichtig hielten.
»Wirst du Yamamoto bald zu mir bringen?« fragte Toda.
»Ja, in ein paar Tagen«, antwortete Yamadaira, während er dem kurzsichtigen Toda über eine Pfütze hinweg half.
»Wie ist seine Gesundheit? Meines Erachtens sollte es ihm jetzt viel besser gehen.«
»Ja, es geht ihm viel besser.«
»Denken Sie, daß er bereit sein wird, hart zu arbeiten?«
»Ich bin sicher, er wird sich bewähren.«
»Eine Zeitschrift zu machen ist keine leichte Arbeit, wie Sie wissen«, sagte Toda. »Die Arbeitszeit ist unregelmäßig, und man muß stark sein. Man ist immer unter Termindruck. Ich denke, daß Ihre jetzige Arbeit leichter ist, als das, was Sie für mich tun mußten.«
»Ja, sie ist leichter, aber nicht so befriedigend.«
»Ich hoffe, Sie beklagen sich nicht. Sie haben studiert, Sie haben einen schönen Beruf, in dem Sie wichtiges leisten und Sie sind verheiratet. Was wollen Sie mehr? Ich brauche jetzt einen intelligenten Mann für diesen Redakteursposten. Sind Sie sicher, daß Yamamoto der Richtige ist?«

»Ich denke schon. Er liest viel und er mag die Literatur.«
Yamadaira war bei der Einweihungszeremonie dabei gewesen, als Yamamoto ein Jahr zuvor der Nitschiren Schoschu beigetreten war. Die beiden verstanden sich gut, insbesondere, als Yamadaira Yamamoto in Fragen des Glaubens und der religiösen Lehre Beistand leistete. Obwohl Toda selten Gelegenheit hatte, Yamamoto zu treffen, so erinnerte er sich doch, daß dieser den Sommerkursus im Taiseki-Dschi absolviert hatte und auch regelmäßig an Diskussionen teilnahm. Und er war in der Tat überrascht, welch tiefen Eindruck Nitschiren Daischonins Philosophie auf den jungen Mann machte. Während sie sich dem Haus näherten, in welchem das Treffen stattfinden sollte, erinnerte Toda noch einmal daran: »Richte Yamamoto aus, daß er so bald wie möglich zu mir kommen soll.«
Zwei Tage später erschien Schin'itschi Yamamoto in Todas Büro. Doch er mußte eine Weile warten. Toda hatte noch bei einigen der persönlichen Probleme zu helfen, mit welchen er Tag für Tag konfrontiert wurde. Zuerst erbat ein junger Mann Unterstützung bei einigen schwierigen Definitionen der buddhistischen Terminologie. Als nächstes sprach Toda auf ziemlich scharfe Weise mit einem Mann, der so dumm gewesen war, sich betrügen zu lassen. Dann beklagte sich ein etwa vierzigjähriger vornehm wirkender Mann über die Untreue seiner Frau.
»Ich hasse diesen Mann aus tiefstem Herzen für das, was er mir und meiner Frau angetan hat. Aber jetzt höre ich, daß er neulich der Nitschiren Schoschu beigetreten ist. Nun habe ich Angst, daß ich mit meinem Haß gegen unseren Glauben verstoße«, meinte der Mann unglücklich. Toda antwortete: »Unser seliger Präsident Makigutschi hätte Sie einen Dummkopf genannt, dafür, daß Sie sich selbst in diese Lage gebracht haben. Wenn Sie Ihren Rivalen hassen und versuchen Ihre Frau zurückzubekommen, verstoßen Sie nicht notwendigerweise gegen den wahren Buddhismus. Aber wenn Sie Ihren eigenen Glauben stärken, brauchen Sie den Haß gar nicht. Rezitieren Sie das Daimoku sooft wie möglich, und Sie werden eine Lösung finden, die keinen Haß erfordert.«

Nachdem der ermutigte und getröstete Mann gegangen war, wandte sich Toda zu Yamamoto. Dieser setzte sich auf einen Stuhl vor Todas Schreibtisch und überreichte seinen Lebenslauf, den Toda schnell durchlas.

»Sie wollen also einen Job. Sind Sie gewillt zu arbeiten?«

Yamamoto, der auf seine Schuhe gestarrt hatte, erwiderte jetzt Todas Blick und sagte ja. Als er der Nitschiren Schoschu beigetreten war, hatte er Toda stillschweigend als religiösen und philosophischen Lehrer akzeptiert. Doch jetzt sollte er mit ihm im gleichen Büro arbeiten; das machte ihn bezüglich seiner Fähigkeiten etwas unsicher. Doch es gab nun kein Zurück mehr. Er erinnerte sich daran, was er in seinem Tagebuch über die dringende Notwendigkeit einer inneren Revolution geschrieben hatte und er fühlte sich, als sei er am Beginn eines Weges, der ihn mit Hilfe der Kraft des Myoho zur geistigen Erneuerung führen würde. Unter keinen Umständen konnte er es sich erlauben, diese Gelegenheit ungenutzt vorübergehen zu lassen.

Toda faltete Yamamotos Papiere zusammen und sagte: »Gut. Kündigen Sie Ihre jetzige Stellung im größtmöglichen Einverständnis. Beenden Sie alles Unerledigte und melden Sie sich dann bei mir.«

Endlich hatte dieses Gespräch stattgefunden, das die Zukunft des jungen Mannes so entscheidend beeinflussen sollte. Schon ein Jahr zuvor, als die Freunde auf seiner Teilnahme an dem Diskussionstreffen mit Toda bestanden hatten, hatte Yamamoto das Gefühl gehabt, daß etwas tiefgründig Wichtiges aus dieser Begegnung erwachsen würde. Nun begannen die unvermeidlichen Folgen sich zu zeigen.

Toda bat den nächsten Besucher herein und deutete damit das Ende des Gesprächs an. Als er hinausging, sah er noch, wie Toda das weinende Kind der Frau streichelte, die ihn um Hilfe bat.

Sofort nach dem Gespräch kehrte Yamamoto zu den Büros der Vereinigung für die Förderung kleiner und mittlerer Industrien zurück, wo er arbeitete, seit ihm seine Gesundheit die weitere Beschäftigung in der Druckerei unmöglich gemacht hatte. Obwohl er begierig darauf war, in Todas Firma anzufangen und als Redakteur zu arbeiten, wofür er sich befähigt glaubte, mußte er feststellen, daß er seine augenblickliche Anstellung nicht verlassen konnte, bis man einen Ersatz gefunden hatte. Nachdem man über das Thema gesprochen hatte, beschlossen er und sein Chef, daß er zum 31. Dezember des Jahres frei sein sollte.

5. Ergebnisse und Beurteilungen

In der lockeren Atmosphäre seiner Lektionen über das Lotos-Sutra hatte Toda seine Gedanken über die Rolle, die die Mitglieder der Soka Gakkai im künftigen Japan zu spielen hatten, gelegentlich kurz erwähnt. Aber bei der dritten Generalversammlung nach dem Krieg am 17. Oktober 1948 konnte er seine Ideen einer großen Zuhörerschaft vortragen. Die Teilnahme war gut, sie zeigte die großen Schritte, welche die Gesellschaft seit ihrer Reorganisation vor drei Jahren gemacht hatte. Es gab so viele wichtige Dinge zu diskutieren, daß das Treffen außergewöhnlich lang dauerte, von 9.40 Uhr morgens bis 16.30 Uhr nachmittags.

Die Erfahrung hatte gezeigt, daß man solche Versammlungen am besten mit dem Ablegen von Zeugnissen eröffnete und daß dies auch die beste Methode war, den Wert und die Effektivität des Glaubens an die Nitschiren Schoschu zu beweisen. Demzufolge begann die morgendliche Sitzung der Generalversammlung mit acht tief bewegenden, persönlichen Geschichten vom Leiden und der Erlösung, die der Glaube gebracht hatte. Vielleicht das dramatischste und bewegendste Zeugnis wurde von einem jungen Geschäftsmann namens Kasuo Takahaschi abgelegt, welcher der Nitschiren Schoschu in den Jahren vor dem Krieg beigetreten war.

Der Glaube hatte ihm nicht nur die Kraft gegeben einen ernsten Anfall von Tuberkulose zu überstehen, sondern hatte ihn auch dazu angeregt, zum Zeichen seiner Dankbarkeit eine lebhafte Mitgliederwerbungskampagne zu beginnen. Doch nachdem er bereits sechzehn Haushalte bekehrt hatte, wurden die Verfolgungen der Nitschiren Schoschu durch die Regierung verstärkt. Bald waren zwanzig führende Mitglieder und Präsident Makigutschi verhaftet. Einer dieser Führer erreichte seine Entlassung, indem er dem Glauben abschwor und seinen Gohonson verbrannte. Er überzeugte dann etliche andere Mitglieder, daß sie als zeitweilige Maßnahme ebenfalls ihren Gohonson verbrennen sollten, um der Verfolgung zu entgehen. Weil die Situation damals wirklich gefährlich war, fiel der junge Takahaschi auf diesen törichten und gottlosen Mann herein. Obgleich er niemals im Glauben schwankte, verbrannte er seinen Gohonson, weil man ihn glauben gemacht hatte, das sei schlau. Binnen kurzem wurde ihm die Schwere seines Irrtums schmerzhaft bewußt.

Während eines Luftangriffs war Takahaschi zusammen mit sechs anderen in einen Bunker geeilt. Als die Bomben heulten und Zerstörung ringsherum wütete und Takahaschi leise das Daimoku rezitierte, sah er plötzlich, daß er mit der Verbrennung des Gohonson einen schweren Fehler begangen hatte. Es war zwar aus Unwissenheit geschehen, aber dennoch war es ein ernster Irrtum. Obwohl er sich jetzt wegen dieser Dummheit in großer Gefahr befand, wußte er, daß der Glaube seine einzige Hoffnung auf Rettung bedeutete. Er fuhr mit seiner Rezitation fort und glaubte fest, daß alles irgendwie gut werden würde. Plötzlich wurde der Bunker von einer Bombe getroffen. Sechs Menschen wurden sofort getötet. Nur Takahaschi verließ die Ruine lebend. Er war zwar bewußtlos und dem Tode nahe, aber er kam durch.

Nachdem er wieder gesund war, schwor er, daß er den Gohonson oder den Glauben in Nitschiren Schoschu, der ihm das Leben gerettet hatte, niemals wieder geringschätzig behandeln würde. Er war von den grenzenlosen Vorteilen des Rezitierens des Daimoku überzeugt und sicher, daß er überlebt hatte, um eine Rolle in der großen Mission der Soka Gakkai zu übernehmen. Vor der Generalversammlung schwor er, das Äußerste zu tun, um sein Karma zu ändern und zur weiteren Verbreitung der Nitschiren Schoschu beizutragen.

Nach dem Ablegen der Zeugnisse berichtete Yoschiso Mischima, ein Direktor der Soka Gakkai, vom Fortschritt des letzten Jahres.

Die Zahl der Gemeinden in Tokyo war von zwölf auf fünfundzwanzig angestiegen, zusätzlich gab es zehn in den äußeren Distrikten und sechs auf dem Lande. Als er den Namen jeder Gemeinde aufrief, sprangen deren Repräsentanten jeweils auf und applaudierten. Die guten Nachrichten riefen ein allgemeines Gefühl der Herzlichkeit und Freude hervor.

Jeder der drei Hauptredner der Morgensitzung hatte etwas sehr Wichtiges über die vor der Nitschiren Schoschu und der Soka Gakkai liegenden Aufgabe mitzuteilen. Der erste von den dreien, der Hohepriester Nisscho Misutani sprach über das Thema »Gute Vorzeichen«. Er sagte, daß die Nitschiren Schoschu bereits einiges erreicht hatte, inmitten von Skandalen, Korruption, Inflation und geistiger Apathie an einer besseren Zukunft Japans mitzuarbeiten: Erstens stand der Tempel Kyakuden kurz vor seiner Vollendung und zweitens war die Soka Gakkai bereits jetzt größer, als sie es vor dem Krieg gewesen war.

Der Hohepriester wies darauf hin, daß die Zeit reif sei für eine konzertierte Aktion von Priesterschaft und Laienorganisation und schloß mit den Worten: »Wir müssen auf den Gebieten der Industrie, Wirtschaft, Literatur, Wissenschaft, Erziehung und der Politik fähige Leute hervorbringen. Diese Männer werden den Staat und die ganze Welt beeinflussen und auf diese Weise Meilensteine auf dem Marsch zum ewigen Frieden werden. Dies war der Wunsch des Buddha des ›Späten Tages des Gesetzes‹, Nitschiren Daischonin, und das muß unser Bestreben sein. Unser Zeitalter ist der Beginn einer neuen Epoche im Wachstum der Nitschiren Schoschu. Es ist mein sehnlichster Wunsch, daß Priester und Laien sich unter der Führung der Drei Schätze* vereinigen, um die großen Pläne zu entwerfen und zu erfüllen, zum Besten für unser Land und die weltweite Verbreitung unseres erlösenden Glaubens.«

Priester Taiei Horigome, Verwaltungsdirektor des Haupttempels, sprach dann über die Frage, ob die Art, wie Nitschiren

* Siehe Glossar

Schoschu neue Mitglieder gewann, demokratisch sei. Das Trio von Suginami, die Damen Kiyohara, Oschima und Irie waren ja schon mit diesem Thema konfrontiert worden, als die sozialistischen Mitglieder ihrer Lehrergewerkschaft sie angriffen. Ebenso wie die jungen Frauen machte Horigome ein für allemal klar, daß die für jedermann geltende Religionsfreiheit das Recht, wenn nicht die Pflicht einschließt, denen zu helfen, die in Not sind. Wenn man die Möglichkeit hat, einem unglücklichen Menschen das Wort des Glaubens zu bringen und ihm damit den Weg zum Glück zu weisen, dann ist es falsch, dies zu unterlassen. Horigome ging soweit zu zeigen, daß Demokratie im wahrsten Sinne des Wortes nur auf der Grundlage der buddhistischen Lehre verwirklicht werden kann. Daher ist die Gewinnung neuer Mitglieder für die Nitschiren Schoschu ein Schritt zur Herstellung einer unendlich bedeutsameren demokratischen Gesellschaft, als jener der europäischen oder amerikanischen Demokratien, welche sich auf dem Christentum gründen.

Horigome endete mit den Worten: »Wenn der einzelne nicht vollkommener wird, kann wahre Demokratie, welche die individuelle Freiheit hochhält, nicht verwirklicht werden. Eine derartige Vervollkommnung ist nur durch eine richtige Lebensphilosophie und ein richtiges Verständnis des Universums möglich. Da unser Glaube der einzige ist, der solch eine Philosophie und solch ein Verständnis des Universums vermitteln kann, ist er der endgültige Schlüssel zur Vervollkommnung des Menschen. Und daraus folgt, daß dieser Glaube auch der einzige Schlüssel zur Verwirklichung einer wahren Demokratie ist.«

Priester Seide Hosoi vom Tempel Dschosai-Dschi verkündete die begeisternde Botschaft von der Überlegenheit des Lotos-Sutra über alle anderen Schriften. Er verlieh der Überzeugung Ausdruck, daß das Nam-myoho-renge-kyo, das universale Gesetz, die Quintessenz des Lotos-Sutra, am ›Späten Tag des Gesetzes‹ den einzigen realistischen Weg zu Erleuchtung und Buddhaschaft darstellt. Am Ende seiner Rede sprach er über die Natur der Laienorganisation: »Einerseits wird die moderne Gesellschaft immer komplizierter und für uns Priester wird es immer schwerer, den Laien gute Ratschläge für das tägliche Leben zu geben. Andererseits soll der Laie die Priesterschaft respektieren. Doch wenn unser Glaube keine Hilfe mehr im täglichen Leben bietet und zu einer Religion wird, die nur noch Respekt für die Priesterschaft fordert, dann hat sie die wahre Bedeutung des Gesetzes verfehlt. Ich bin davon überzeugt, daß die Soka Gakkai Vorkehrungen trifft, bei denen der Priester das Gesetz hütet, der Laie den Priester respektiert und jedes Mitglied der Laienorganisation jedem anderen dabei hilft, angesichts der extremen Schwierigkeiten unserer modernen Gesellschaft ein Leben im Glauben zu führen.«

Gegen Ende der Morgensitzung erhob sich Toda, um eine kurze Botschaft zu verkünden, die allerdings nur eine Vorbereitung für die wichtigeren Dinge sein sollte, die er sich für später aufhob.

»Wir Mitglieder der Nitschiren Schoschu müssen darauf vorbereitet sein, unser Leben für das Myoho hinzugeben. Wie Nitschiren Daischonin im *Kaimoku Scho* sagt: ›Auch wenn alle Himmel mich verlassen, auch wenn die Verfolger mich angreifen, ich werde meinen Glauben, dem ich mein Leben geweiht habe, nicht aufgeben, solange ein weiserer Mann ihn nicht widerlegt.‹

Bei den Bemühungen, unser Ziel zu erreichen, dürfen wir niemals an persönlichen Profit denken. Unser Glaube muß alle Gier besiegen. Unser Glaube wird uns helfen, eine unglaublich schwierige Aufgabe zu bewältigen. Damit wir unser Ziel erreichen, brauchen wir eine Entschlossenheit, die uns befähigt, allem ins Gesicht zu sehen, sogar der Verfolgung und dem Tod.

Nitschiren Daischonin hat es ganz klar ausgedrückt – und einige der Zeugnisse, die wir heute hier hörten, bestätigen seine Lehre –, es ist eine Sünde, das Lotos-Sutra oder den Gohonson zu verlassen. Wenn unsere Hingabe nachläßt oder wenn wir das Objekt unserer Verehrung schlecht behandeln oder verletzen,

kann es Hunderte von Millionen Jahren dauern, bis wir wieder Gelegenheit bekommen werden, uns der Verbindung mit dem Gohonson zu erfreuen. Doch für den Gläubigen ist Nitschiren Daischonins Gnade unbegrenzt.
Keine Belohnung – nicht einmal eine Königskrone – und keine Bestrafung – nicht einmal der Verlust unserer Lieben – sollte uns dazu bringen können, einen Glauben aufzugeben, der soviel fordert und soviel gibt.
Als Schüler von Nitschiren Daischonin müssen wir seine Philosophie zur Lösung unserer persönlichen Probleme anwenden. Aber in einem größeren Maßstab soll diese gleiche Philosophie auch unsere Nation erneuern. Die Niederlage Japans war die göttliche Vergeltung für die lange Geschichte der Nichtbeachtung der Lehren Nitschiren Daischonins. Nun müssen wir seinem Beispiel folgen, denn er sagte: ›Ich will niemals meinen Schwur brechen, die Säule, das Auge und das große Schiff Japans zu sein.‹ Es ist unsere Pflicht nun der Nation zu dienen, indem wir zu einer unterstützenden Säule werden, ein Auge der ungetrübten Vision der Zukunft und ein Schiff, das uns alle in eine schönere Zukunft bringt.«
Toda endete und kündigte lächelnd an, daß man sich am Nachmittag nochmals treffen wolle. Auf den Gängen des Gebäudes lachten und schwatzten die Leute in einer Art Picknickstimmung, und tranken eine Tasse Tee nach der anderen, um sich die leeren Bäuche zu füllen; nicht viele konnten es sich in jenen Tagen leisten, etwas zum essen mitzubringen.
Die Abendsitzung fand ohne Formalitäten statt. Eine Anzahl von Leuten legten Zeugnisse ab, von denen einige tiefbewegend waren, und andere so lustig, daß sie allgemeine Fröhlichkeit hervorriefen. Doch der Höhepunkt des Tages und des ganzen Treffens war Todas Rede »Der Weg zur Erneuerung der Nation«.
»Philosophie muß die Vorbedingung für die Erneuerung einer Nation sein, aber Philosophie, welche nicht von praktischem Tun gefolgt ist, ist nur ein intellektuelles Spiel. Nachdem die Irrlehren des Schinto uns ins Fiasko geführt haben, warum suchen wir

Japaner nun nicht eine Philosophie und eine Moral, die den Wiederaufbau ermöglicht? Gerade heute, wenn irreführende religiöse Sekten und verquere kommunistische Ideen in ganz Japan wuchern, müssen wir von der Soka Gakkai einen praktischen Beitrag zur Neuerrichtung unserer Nation leisten, indem wir in Übereinstimmung mit der großen Philosophie Nitschiren Daischonins handeln. Viele von uns, die sich durch diese Philosophie führen lassen, machen bereits derartige Anstrengungen. Aber das ist nicht genug. Wir müssen jetzt mit einer Kampagne beginnen, um die Gedanken und die Gnade Nitschiren Daischonins in alle Bereiche menschlicher Tätigkeit einzubringen. Was wir den Menschen bringen, muß ihnen helfen; es muß sich auf all die vielen Bereiche des Lebens der Menschen anwenden lassen. Aber es muß sich auch auf die zeitlosen Prinzipien der Lebensphilosophie gründen, wie es der Gründer unseres Glaubens gelehrt hat, der Buddha des ›Späten Tages des Gesetzes‹.
Damit unsere besiegte Nation sich in ein Land moralischer und friedliebender Leute verwandelt, müssen wir es auf uns nehmen, Politik, Wirtschaft und Kultur auf der Grundlage einer richtigen Religion neu zu formen. Nur der Dai-Gohonson und die Philosophie Nitschiren Daischonins kann das Fundament bilden für die Art von Nation, die Japan werden muß.
Die Mehrheit des japanischen Volkes weiß noch immer nichts über die Gnade des Dai-Gohonson. In dieser chaotischen und turbulenten Zeit ist es unsere Aufgabe, Erleuchtung zu bringen und das Licht des Glaubens in die ganze Welt zu tragen. Unsere Arbeit ist bereits vorbereitet. Vielleicht sind einige unter Ihnen, die glauben, daß eine totale Erneuerung unserer ganzen Zivilisation durch die Religion eine zu große Aufgabe darstellt. Zu diesen Leuten sage ich: ›Verlaßt sofort die Gesellschaft. Wir brauchen euch nicht.‹ Doch wer bereit ist, im Interesse eines gewaltigen Zieles, wie es noch keines in der Geschichte der Menschheit gegeben hat, auch Entbehrungen und Verluste auf sich zu nehmen, zu dem sage ich: ›Bereitet euch vor auf den Kampf!‹«

Todas feurige Rede wurde vom stürmischen Applaus der Versammlung erwidert, die zumindest einen Schimmer von der großen sozialen Verantwortung ihrer Bewegung erhascht hatte. Dies war Todas erste öffentliche Verkündigung des Konzepts des *obutsu myogo*, der harmonischen Verbindung aller Aspekte des Lebens mit der wahren Religion. Dies sollte in den kommenden Jahren mehr und mehr eine zunehmend lebenswichtige Bedeutung bekommen.

Während des Sommertrainingskurses war Schin'itschi Yamamoto besonders beeindruckt gewesen von der Geschäftigkeit, mit der die Rekonstruktion der Kyakuden-Tempels betrieben wurde, des wichtigen Gebäudes, in welchem jede Nacht die Zeremonie das Uschitora-Gongyo vollzogen wird, die den Gebeten für den Frieden geweiht ist. Er und alle Mitglieder der Nitschiren Schoschu waren glücklich, als am 12. und 13. November 1948 die offizielle Eröffnung des Kyakuden und des ebenfalls neu errichteten Mutsubo gefeiert wurde, einer besonderen Halle für die Zeremonien und religiösen Übungen der Priester.
Die Pläne für die Wiedererrichtung der Gebäude hatten im Januar 1948 vorgelegen. Im März erhielt man eine Baugenehmigung. Zur selben Zeit gab es einen Voranschlag über zwei Millionen Yen und am 7. April hatte man ein Spendenaufkommen von dreieinhalb Millionen Yen beisammen. Im Juli begannen die Schreiner mit dem Fachwerk aus dem Zypressenholz der Wälder des Tempelgeländes und am 22. August fand das Richtfest statt. Zwei Monate später war das Bauwerk bis auf einige Feinarbeiten an Veranden, Korridoren und kleinen Details fertiggestellt. Bis zu dieser Zeit hatte man 2037 Arbeiter, davon 1181 Schreiner beschäftigt.
An dem Tag, an welchem auch die jährliche Buddhaschaft Nitschiren Daischonins abgehalten wurde, fand die Einweihung statt. Um drei Uhr läutete die große Tempelglocke feierlich zum Beginn der Zeremonie. Es war ein heller, warmer Herbsttag, hinter dem Tempel erhob sich der Fudschijama mit seiner Kappe

aus unberührtem Schnee majestätisch gegen den blauen Himmel. Als ob sie das glückliche Fest mitbegehen wollten, zeigten die Kirschbäume, die den Weg zum Hauptheiligtum säumten, zu dieser Jahreszeit ungewöhnliche Blüten, die wie Perlen aussahen.

In der neuen, vom süßen Geruch des neuen Holzes und dem schweren Duft des Weihrauchs erfüllten Halle des Kyakuden waren zweitausend Priester und Laien versammelt, davon sechshundert Pilger aus verschiedenen Teilen des Landes.

Nach dem Schlagen der großen Zeremonientrommeln herrschte Stille, als der Hohepriester Nisscho Misutani an der Spitze der Priester einzog, reich gewandet in die Insignien seines Amtes. Der Hohepriester begann mit der Observanz, indem er die Versammlung bat, mit ihm das Sutra zu rezitieren.

Toda, der mit fünfzig Mitgliedern der Soka Gakkai nahe beim Hohepriester saß, schaute sich in dem neuen Gebäude um. Angesichts der Schönheit füllte sich sein Herz mit Freude, besonders, wenn er an die verbrannten Ruinen dachte, die er nach seiner Entlassung aus dem Gefängnis vorgefunden hatte. Für Toda und viele andere symbolisierte der Wiederaufbau den Aufschwung der Nitschiren Schoschu und die wachsende Pflicht der Soka Gakkai der ganzen Welt den Glauben an den wahren Buddhismus zu bringen.

Nach der Rezitation des Sutra hielt der Hohepriester eine Willkommensrede:

»An diesem schönen, mit herrlichem Herbstwetter und der einmaligen Schönheit des Fuschijama gesegneten Tag sind wir glücklich, die Fertigstellung des Kyakuden und der Mutsubo verkünden zu können. Vielleicht ebenso wichtig wie diese Zeremonie ist die Tatsache, daß sie am Tage der 666. Wiederkehr des Todestages von Nitschiren Daischonin stattfindet, dem Gründer der Soka Gakkai, der als ewiger Buddha und Retter des ›Späten Tages des Gesetzes‹ auf der Erde erschien.

Nachdem er noch einmal die Erinnerung an das zerstörerische Feuer geweckt hatte, fuhr der Hohepriester fort: »Es war die

Weigerung der Regierung, das Land nach den Lehren des wahren Buddhismus zu regieren sowie die brutale Verfolgung der Nitschiren Schoschu, welche Japan die Niederlage bescherte. Die japanischen Regierungen haben nunmehr seit fast siebenhundert Jahren eine derartige Politik verfolgt, die unser Land in diesen miserablen Zustand brachte. Aber in dieser Tragödie liegt auch eine gute Lektion für uns. Bis zu einem gewissen Grade sind wir alle für unsere mißliche Lage verantwortlich.

Wenn die Mitglieder der Nitschiren Schoschu ernsthafter versucht hätten, die Regierenden von ihrem verderblichen Weg abzubringen, wäre Japan so manches Elend erspart geblieben. Für die Rolle, die wir in den Geschehnissen hier und auf der ganzen Welt gespielt haben, verdienen wir Priester der Nitschiren Schoschu eigentlich den Tod. Vielleicht hat der zweiundsechzigste Hohepriester Nikkyo das klar gesehen. Es kann sehr wohl sein, daß unser aller gewaltige Schuld ihn quälte und ihn dazu trieb, sich in den Flammen zu opfern, die den Kyakuden zerstörten. Scham und Selbstvorwürfe würden uns angesichts unserer Schuldhaftigkeit vernichten, wenn wir nicht einen Weg sähen, Wiedergutmachung zu leisten. Wir müssen uns nun zusammenschließen und unsere Bestimmung erfüllen, allen Menschen Hilfe und Glauben zu bringen.«

Nach diesen aufwühlenden Worten leitete der Hohepriester die Rezitation des Daimoku. Nach einigen weiteren Reden, unter anderem von Taiei Horigome, der später Nitschidschun genannt wurde und Hiroyoschi Takano, dem Bauleiter, sowie Seido Hosoi erhob sich Josei Toda als Repräsentant der Laienorganisation.

»Besonders jetzt, da Japan praktisch in Ruinen liegt, ist die Fertigstellung des neuen Kyakuden ein gutes Vorzeichen für unseren Marsch zum allgemeinen Glauben an die Nitschiren Schoschu. Auch wenn die Größenordnung unserer Maßnahmen noch begrenzt ist und wir noch Erfahrungen sammeln müssen, die Zeit ist reif für unsere Mission, wenn man sie im Lichte der Prophezeiungen Nitschiren Daischonins betrachtet. Wie Sie wis-

sen, sind die ›Drei Katastrophen und Sieben Unglücke‹* eingetreten. Niemals in der Geschichte mußte Japan mehr leiden als heute. Inflation, fehlen des Notwendigsten, steigende Krankheiten und politische Korruption sind nur einige der schlimmen Dinge, die uns plagen.
Aber wir müssen uns der Lektion erinnern, welche die Geschichte uns lehrt. Im dreizehnten Jahrhundert, nach dem Verfall des Buddhismus des T'ien-T'ai, erschien Nitschiren Daischonin als Retter der Welt. Nach außen erscheint es nun, als hätte der Krieg einen Verfall der Nitschiren Schoschu bewirkt, aber wir haben den Buddhismus des ›Späten Tages des Gesetzes‹. Und wir sind die prohpezeiten Bodhisattvas, die das Licht in ein dunkles Zeitalter bringen. Die Zeit ist gekommen, unseren Glauben mit allen Menschen zu teilen. Wir werden heftig kämpfen müssen, aber wir werden gewinnen. Zu diesem Zweck muß jeder von uns sich absolut loyal verhalten. Ich hoffe ein Beispiel zu geben, wenn ich nun in der Gegenwart des Hohenpriesters gelobe, mich unserem Ziel zu widmen, ganz gleich, was es mich kosten wird.«
Der enthusiastische Applaus kam meistenteils von den Mitgliedern der Soka Gakkai. Die anderen Gläubigen der Nitschiren Schoschu waren noch nicht bereit für die Herausforderung, welche Toda ihnen bot.
Am späten Nachmittag gab es einen kleinen Imbiß und jeder Besucher erhielt als Andenken einen kleinen hölzernen Teeuntersetzer. Die jungen Mönche des Taiseki-Dschi hatten diese kleinen Untersetzer aus Holzabfällen hergestellt, welche wunderschön die Jahresringe der zum Teil jahrhundertealten Bäume zeigten.
Am Abend des 12. November um sieben Uhr läutete die Tempelglocke abermals, diesmal, um den Beginn der Oischiki-Prozession anzukündigen, die vom Hohenpriester angeführt wurde. Auf jeder Seite des Weges zum Mieido-Tempel, in deren Schrein

* Siehe Glossar

sich eine lebensgroße Statue Nitschiren Daischonins befindet, war mit sieben symbolischen Freudenfeuern gesäumt. Die gesamte Priesterschaft nahm an dieser farbigen und tief beeindrukkenden Prozession teil. Die Männer bewegten sich mit langsamen, gemessenen Schritten, welche Buddhas Gangart während der Verkündigung des die Welt erleuchtenden Gesetzes nachahmt.

Die Oischiki-Zeremonie, die an den Tod und die ewige Buddhaschaft von Nitschiren Daischonin erinnern soll, begann am Abend des 12. November und dauerte die ganze Nacht bis zum nächsten Tag. Andere Nitschiren-Sekten betrachten Oischiki nur als einen Gedenktag, aber Nitschiren Schoschu feiert in ihm Nitschiren Daischonins Buddhaschaft und seine Rolle als Retter am ›Späten Tag des Gesetzes‹. Man glaubt, daß er bei einer der verschiedenen Zeremonien selbst erscheint und predigt. Oischiki wird seit dem vierzehnten Jahrhundert gefeiert, aber wegen lokaler Kriege und Unruhen gab es bis ins achtzehnte Jahrhundert hinein nur bescheidene Zeremonien. Als in der Mitte des siebzehnten Jahrhunderts der Mieido-Tempel vollendet wurde, stellte der achtzehnte Hohepriester Nissei das feierliche und kunstvolle Ritual so zusammen, wie es auch heute noch gefeiert wird.

Um ein Uhr morgens begann das Uschitora-Gongyo. Danach empfing der Hohepriester die Pilger zu einer Audienz. Am 13. November um acht Uhr morgens fanden die Riten ihren Höhepunkt in der Verlesung von alten Briefen, in denen Hohepriester der Nitschiren Schoschu japanische Regierungen wegen Verunglimpfung des wahren Buddhismus ermahnten. Das wichtigste Dokument war »Die Sicherheit der Nation durch die Errichtung des wahren Buddhismus« (*Risscho Ankokuron**) von Nitschiren Daischonin. Um zehn Uhr morgens gab es eine Vorlesung für Priester und Laien und um ein Uhr mittags erreichten die prächtigen Feiern ihren Höhepunkt, als der Dai-Gohonson

* Siehe Glossar

vom Tempel der Kostbarkeiten zum neuen Kyakuden überführt wurde, wo dann die Zeremonien zu seiner Verehrung stattfanden. Predigten und Vorlesungen, eine davon gehalten durch den pensionierten Hohepriester Nitschiman, rundeten die zweitägigen Feierlichkeiten ab.

Toda kehrte einen Tag später nach Tokyo zurück, erfrischt von der religiösen Erfahrung und der Ruhe, die an den niedrigen Ausläufern des Fudschijama herrschte; er kam in eine Welt, die alles andere als ruhig und erfrischend war.

Am 12. November, dem gleichen Tag, an welchem im Taiseki-Dschi die mitreißenden Feiern stattfanden, wurden die Urteilssprüche des internationalen Kriegsgerichts in Tokyo verkündet, und zwar ironischerweise in einem Gebäude, in welchem sich ehemals die Büros des kaiserlichen Generalhauptquartiers der Armee befunden hatten. Die Verfahren hatten sich über zweieinhalb Jahre hingezogen und es gab eine Menge unterschiedlicher Meinungen über deren Wert. Auf jeden Fall aber waren sie symptomatisch für die Konfusion, die in Japan und in der ganzen Welt während der ersten Nachkriegsjahre herrschte. Es dauerte fünf volle Tage, um alle 1212 Seiten des englischsprachigen Dokuments mit den Urteilsbegründungen zu verlesen.

Als der Gerichtspräsident Sir William Webb sich anschickte, das erste Urteil zu verkünden, herrschte atemlose Spannung im Gerichtssaal, der Angeklagte General Sadao Araki, nur noch ein Schatten von einem Mann, stand teilnahmslos in der Anklagebank.

»Lebenslänglich Gefängnis«, sagte Sir William Webb. Gemurmel im Gerichtssaal.

Als nächstes erhob sich General Kendschi Dohihara.

»Tod durch Erhängen.«

Dohihara verbeugte sich förmlich und wurde unter Bewachung abgeführt.

Einer nach dem anderen wurden die Führer der japanischen Kriegsregierung verurteilt: General Schunroku Hata und der frühere Premierminister Kiitschiro Hiranuma erhielten lebenslänglich. Der ehemalige Premier Koki Hirota wurde zur allgemeinen Überraschung zum Tode verurteilt. Das Verlesen der Urteilssprüche dauerte Stunden und erreichte seinen Höhepunkt mit der Verurteilung des Generals Hideki Todscho. Dieser erschien in voller Uniform, er trug Kopfhörer, durch welche man ihm den Richterspruch übersetzte. Lange blieb sein Gesicht bewegungslos, erst als die Worte »Tod durch Erhängen« gesprochen wurden, kräuselten sich seine Lippen zu einem nervösen Grinsen.

Sieben Männer wurden zum Tod verurteilt, Tojo, Hirota, die Generäle Iwane Matsui und Akira Muto sowie der frühere stellvertretende Kriegsminister Heitaro Kimura. Sechzehn erhielten lebenslänglich und etliche andere bekamen kürzere Strafen.

Ebenso wie die Nürnberger Prozesse stellte auch das Tokyo-Tribunal die unerhörte Anmaßung eines Siegers dar, über die Führung einer besiegten Nation wegen deren angeblicher Verbrechen gegen die Menschlichkeit zu richten. Menschen aller Nationen hatten aus vielen Gründen ihre Zweifel über die Rechtmäßigkeit sowohl der Nürnberger als auch der fernöstlichen Militärtribunale. Während der Prozesse war die Natur des Tötens im Kriege diskutiert worden, soweit dies einer Definition des Kriegsverbrechens überhaupt diente. Der amerikanische Anwalt Ben Bruce Blakeney, welcher den ehemaligen General Yoschidschiro Umesu verteidigte, berührte diesen Hauptpunkt, als er das Töten mit konventionellen Waffen mit dem Massenmord von Hiroschima und Nagasaki verglich.

Blakeney stellte dem Gericht die folgende Frage: Wenn man den Tod von Admiral Kidd während der Bombardierung von Pearl Harbor als Mord bezeichnet, wie muß man dann den Tod bezeichnen, der durch die Atombomben verursacht wurde? Der Name des Mannes, der die Bomben über den beiden japanischen Städten abwarf, ist bekannt, ebenso wie die Namen der Leute, die den Angriff planten oder des Staatsoberhauptes, das letztendlich verantwortlich zeichnet.« Blakeney fragte weiter, ob diese Männer Mord auf dem Gewissen haben und beantwortete die

Frage dann selbst mit nein. Dieser Standpunkt war nicht auf der Idee begründet, daß der Sieg nachträglich die Taten der Alliierten rechtfertigte, sondern lag in der Definition des Tötens im Kriege als einen Akt, der vom Staat verübt wird und sich demzufolge von Mord im üblichen Sinne unterscheidet. Wenn dies für die Allierten gilt, warum wendet man es nicht auch auf die Japaner an? Wenn einzelne Menschen nicht für den Holocaust von Hiroschima und Nagasaki verantwortlich gemacht werden können, warum sollte man dann Individuen für ihre Verantwortung im Kriege zur Rechenschaft ziehen können?
Der Präsident des Tribunals, Sir William Webb, äußerte Meinungen, die denen einiger Kritiker des Prozesses nicht unähnlich waren. Auch er argumentierte, daß die Dinge, deren man die deutschen Kriegsverbrecher angeklagt hatte, viel ausgedehnter und abscheulicher waren, als irgend etwas, was man den Japanern zur Last legte.
Wollte man also nicht zugegebenermaßen die Japaner ungerechter behandeln, als die Deutschen, so sollte kein Japaner wegen der Planung oder Anzettelung eines Angriffskrieges zum Tode verurteilt werden. Webb bestand darauf, daß Japaner, die wegen ihrer Verbrechen gegen die Menschlichkeit oder den Frieden verurteilt waren, nicht mit dem Tod bestraft, sondern auf eine einsame Insel verbannt werden sollten.
Toda kannte damals diese Äußerungen nicht, jedoch stimmte seine eigene Meinung mit jener der Richter auffallend überein. Da er selbst ein Opfer des Fanatismus des Militärregimes gewesen war, kannte er deren Verbrechen aus erster Hand. Und da er auch an die Lehren Nitschiren Daischonins glaubte, wußte er um die unausweichliche Bestrafung, die aus der Verfolgung des wahren Buddhismus resultieren mußte. Dennoch hegte er tiefe Zweifel über die Gerechtigkeit der einberufenen Militärtribunale und ihrer Urteilssprüche.
Aus zwei Gründen konnte Toda nicht zustimmen, wenn Freunde, die von den Militaristen unterjocht worden waren, die Bestrafungen vehement verteidigten, da sie den Taten der Be-

straften angemessen seien. Erstens, als Buddhist verabscheute er das Töten und konnte deshalb die Todesstrafe unter keinen Umständen gutheißen. Zweitens hielt er es für unfair, daß die Japaner für das Töten im Kriege bestraft wurden, während man die Schuld derjenigen, die die Atombombe eingesetzt hatten, ignorierte. Da er glaubte, daß jede Art von Töten falsch war, bestand er darauf, daß das vorsätzliche Abschlachten von Menschen bestraft werden müsse, ganz gleich, ob es sich um Sieger oder Verlierer handelte. Seine Analyse berief sich auf eine weitreichende Moral. Wenn ein Mann seinen Nachbarn umbringt, argumentierte Toda, wird er als Mörder verurteilt, doch wenn ein Mann im Kriege Zehntausende tötet, wird er als Held verehrt. Es kann passieren, daß der Gerechte nur deshalb als Rebell und Krimineller gebrandmarkt wird, weil er sich auf der falschen Seite befindet – eine unerklärliche Ironie. Der Böse sollte bestraft werden, aber dies rechtfertigt keinesfalls eine unqualifizierte Verurteilung des Besiegten durch den Sieger, ohne Berücksichtigung höherer moralischer Konzepte von Recht und Unrecht.

Die Nachrichten von den Gerichtsverfahren und die folgenden Exekutionen bestärkten Toda in seiner Ansicht, daß der Mensch in ein bedauernswertes Stadium zurückgefallen war. Im Namen der Zivilisation wurde Gerechtigkeit in Rache verkehrt, Eitelkeit in Macht, Fairneß in Bedrohung und Sieg in Brutalität. Doch er schwieg, weil er wußte, daß seine Erklärungen in diesen turbulenten Zeiten keine konstruktive Wirkung haben konnten.

Auf der internationalen Szene wurde der kalte Krieg immer kälter, als die Konfrontation der USA mit der Sowjetunion in Korea und Deutschland sich verstärkte. In China wendete sich das Blatt zugunsten der Kommunisten, nachdem es diesen gelungen war, nach einigen Kämpfen in der Mandschurei und in der Mitte und im Norden fast ein Drittel des gesamten Landes unter ihre Herrschaft zu bringen. Am 15. Dezember eroberten sie Peking und drängten die Nationalisten hinter das südliche Ufer des Yangtse zurück.

Die USA waren durch die Siege des Kommunismus in vielen

Teilen der Welt alarmiert und fühlten sich genötigt, ihren Stand zu festigen, besonders im Osten. Hierdurch mußte die amerikanische Haltung gegenüber der industriellen und damit auch der potentiellen militärischen Stärke Japans revidiert werden. Früher hatte man gepredigt, daß Japan niemals wieder so stark werden dürfte, daß eine Wiederbewaffnung möglich wäre, am 18. Dezember befahl Washington der Militärverwaltung die Verwirklichung eines Neunzehnpunkteprogramms zur ökonomischen Stabilisierung, welches eine umfassende Neugestaltung der japanischen Wirtschaft mit sich brachte. Und es wirkte fast wie eine symbolische Handlung für eine neue Ära politischer Beziehungen, als der SCAP am Heiligen Abend neunzehn Kriegsverbrecher freiließ, darunter Nobusuke Kischi, welcher später Premierminister wurde. Damit endete die Bestrafung des japanischen Kaiserreiches durch die Alliierten.

Alle diese komplizierten Entwicklungen zusammen mit dem andauernden Elend der meisten Japaner verstärkten Todas Glauben in die buddhistische Lehre von den zehn Zuständen des Lebens*. Nach dieser Auffassung gibt es zehn verschiedene Zustände des Lebens, deren simultanes Wirken total gegensätzliche Wünsche und Handlungen ermöglicht. Hieraus folgerte Toda, daß die Lebensbedingungen des Menschen des zwanzigsten Jahrhunderts aus seiner Unfähigkeit resultierten, sich von seinem Karma zu befreien. Der Mensch sieht nicht, daß der ideale und der augenblickliche Zustand nichts anderes als zwei Seiten derselben Münze sind, deshalb neigt er dazu, den idealen Zustand für unerreichbar zu halten und weigert sich, praktische Methoden zu seiner Erreichung auch nur auszuprobieren.

Dunkel waren die Zeiten im Herbst und Winter 1948, aber Toda und seine Mitgläubigen waren bester Dinge, weil für sie die Vollendung des neuen Kyakuden-Tempels viel mehr darstellte, als nur den erfolgreichen Wiederaufbau eines wertvollen Teils

* Siehe Glossar

einer wichtigen Institution. Weit über den physischen Beweis des Fortschritts ihrer Bewegung hinaus, war dies ein leuchtendes Fanal, welches Hilfe in dunklen Tagen versprach.

6. Ein langer Prozeß

Die Ergebnisse der Wahlen am 23. Januar 1949 zeigten, daß die Japaner sowohl am demokratischen System, als auch an der bisherigen Regierung ihre Zweifel hegten. Nach den Schrecken des Krieges und des Militärregimes hatten sie voller Hoffnung und Freude die parlamentarische Demokratie begrüßt. Dieses System, so dachten sie, würde das Allheilmittel für all ihre seelischen Verletzungen und wirtschaftlichen Probleme sein. Doch von den ersten Nachkriegsregierungen waren sie immer noch weiter unterdrückt worden, und, was noch schlechter war, es hatte schlimme Skandale an höchster Stelle gegeben. Alle drei Parteien, die an den Bestechungsskandalen von 1948 beteiligt gewesen waren, mußten große Stimmverluste hinnehmen, wohingegen die Kommunisten erhebliche Gewinne machten. Doch die wahren Sieger waren die von Schigeru Yoschida geführten demokratischen Liberalen; sie erhielten 264 Sitze im Unterhaus und damit die absolute Mehrheit.

Die Position der Kommunisten wurde durch das Zusammenwirken etlicher Faktoren gestärkt. Erstens gab es wegen der Beteiligung der Sozialisten an den schmutzigen Skandalen des Vorjahres eine Menge Überläufer, die normalerweise sozialistisch gewählt hatten, und zweitens wurden viele emotional beeinflußt durch die Gewinne der chinesischen Kommunisten, welche die Nationalisten aus dem nördlichen Gebiet des Yangtse verdrängt hatten und Tschiang Kai-schek am 14. Januar ihre Kapitulationsbedingungen präsentiert hatten.

Die demokratischen Liberalen hatten die Quelle der Unzufriedenheit erkannt, sie trafen mit ihrem Slogan: »Allgemeine Freiheit oder strenge Kontrolle?« haargenau die Hoffnungen der Menschen, die endgültig genug hatten von den Restriktionen, unter denen sie während des Krieges und danach leben mußten. Sie waren über die menschenverachtende Haltung der Politiker entsetzt, sie wollten keine Not mehr leiden, nicht dauernd kontrolliert werden und das Opfer skrupelloser Ausbeuter sein. Die politisch flexiblen Liberalen versprachen dies alles und errangen damit ihren erdrutschartigen Sieg.

Toda war vielleicht einer der wenigen im Land, den dieses Ergebnis nicht überraschte. Er verstand die Weisheit des Volkes, das man nicht sehr lange täuschen kann. Wie geschickt auch immer die Mächtigen ihre Fehler zu verbergen suchen, die Menschen beginnen zu zweifeln und kritisieren, was sie für grundsätzlich falsch halten. Schon der geringste Zweifel wird sich zu offener Kritik ausweiten und unter den richtigen Bedingungen und zur richtigen Zeit werden Taten folgen, die sich gegen die Mißstände wenden. Toda wußte zwar, daß der zweifelnde kritische Verstand ein heilsamer Teil des menschlichen Charakters war, aber er kannte auch dessen Grenzen. Es gibt Dinge, an denen man zweifeln und die man in Frage stellen sollte, aber es gibt andere Dinge, die so grundsätzlich richtig und wahr sind, daß sie weit über den Bereich kritischer Fragestellung hinausgehen. Tatsächlich kann schon der reine Akt des Kritisierens derartiger Dinge böse sein und auf diese Weise ernste Bestrafung nach sich ziehen.

In den ersten Wochen des Jahres 1949 geschah etwas, was Toda eine ausgezeichnete Gelegenheit bot, seinen Anhängern diesen wichtigen Punkt klarzumachen. Doch die Geschichte, die zu jenen Ereignissen führte, begann schon in den ersten Tagen des Krieges.

Kodschi Morikawa wurde im Jahre 1941 zur Nitschiren Schoschu bekehrt. Er und seine Frau mochten Kinder sehr und hatten sechs Jungen und Mädchen. Aber im Oktober 1942 starb einer ihrer Söhne völlig unerwartet. Da Tsunesaburo Makigutschi sich sehr um das Wohlergehen aller Nitschiren-Schoschu-Mitglieder sorgte, nahm er am Begräbnis des Kindes teil. Zu dieser Zeit sprach Makigutschi über vieles, was nicht nur Kodschi, sondern

auch seinen jüngeren Bruder sehr beeinflußte, der bald ebenfalls Mitglied der Nitschiren Schoschu wurde. Die beiden Brüder arbeiteten fleißig für ihren Glauben und nahmen aktiv an den Mitgliederwerbungskampagnen der Soka Gakkai teil.
Im Juli 1943 forcierten die Militaristen die Verfolgung der Gesellschaft. Etwa zur gleichen Zeit, als Makigutschi verhaftet wurde, sperrte man auch Morikawas Bruder ein. Unter den schlimmen Bedingungen im Gefängnis wurde er von Zweifeln beschlichen. Die Furcht vor seinem Schicksal und dem seiner Familie war größer als sein Glaube. Er schwor ab und erreichte damit seine Freilassung. Mit dem gleichen Eifer und der gleichen Überzeugungskraft, die er früher für die Gesellschaft eingesetzt hatte, versuchte er nun, seine Familie von der Gesellschaft wegzubringen und die Lehren der Nitschiren Schoschu zu kritisieren. Fast alle stimmten ihm zu. Nur Kodschi Morikawa bewahrte sich einen Rest des alten Vertrauens in seine Religion, doch enthielt er sich jeden Kontakts mit Soka-Kyoiku-Gakkai-Mitgliedern. Einst war die Gruppe in Morikawas Nachbarschaft loyal und treu gewesen, jetzt unterstützten sie die Gesellschaft nicht mehr und ließen ihren Glauben verfallen.
Kodschi Morikawas ältester Sohn Kasumasa war ein ernster und sensibler Junge. Sogar als Kind war er von den Dingen beeindruckt gewesen, die er auf den häufigen Treffen in seines Vaters Haus aus dem Munde Tsunesaburo Makigutschis gehört hatte. Als der Krieg zu Ende war, hatte Kasumasa im sozialen Umbruch jener turbulenten Zeit jede Perspektive verloren, wie so viele seiner Generation. Lernen war allenfalls sporadisch möglich und er war begierig zu lernen. Er mußte oft daran denken, wie Makigutschi den kaiserlichen Erlaß zur Erziehung gegeißelt und als »Mist« bezeichnet hatte. Dieses Dokument regelte sämtliche Pflichten der Lehrer und Schüler gegenüber dem Staat und galt im Vorkriegsjapan als unantastbar. Doch nach dem Fall des Militärregimes brach alles auseinander und rechtfertigte damit auch Makigutschis Einschätzung. Hierdurch begann Kasumasa sich für jene Religion zu interessieren, welcher der weise, alte

Mann sein Leben geweiht hatte. Im Hause befand sich in einem Schrein immer noch ein Gohonson und eines Tages fragte er den Vater hierüber aus.
Zufälligerweise erhielt die Familie zur gleichen Zeit die Nachricht, daß Josei Toda seinen Verlag wieder eröffnet hatte und gerade versuchte, die Gesellschaft unter dem Namen Soka Gakkai wieder aufleben zu lassen. Kasumasa war mit seinem Leben unzufrieden und hoffte, daß die Lehren Makigutschis, des Mannes, der die Lüge des alten Erziehungssystems durchschaut hatte, ihm helfen könnten, es zu verbessern, und so entschloß er sich, Toda zu besuchen.
Es war im frühen Herbst 1946, das Wetter war immer noch sehr heiß und die Züge, die von Tsurumi, wo sich das Haus der Morikawas befand, in etwa vierzig Minuten nach Tokyo fuhren, waren überfüllt. Als der junge Mann Todas Verlag erreichte, war er völlig durchgeschwitzt. Der Rezeptionist führte ihn in die Redaktion, wo ein nur mit Shorts bekleideter Toda sich mit einem Papierfächer Luft zuwedelte. Nach herzlicher Begrüßung fragte Toda ihn, ob er nicht auch sein Hemd ausziehen wolle. So fand dieses erste Treffen, das sowohl für Kasumasa als auch für die Soka Gakkai wichtige Folgen haben sollte, unter äußerst unkonventionellen Bedingungen statt.
Auf Todas Bitte hin erzählte Kasumasa zunächst, daß er tagsüber für einen recht geringen Lohn für die Amerikaner Autoreifen reparierte und am Abend zur Universität ging. Dann sprach er über die Leere, die er in seinem Leben fühlte und drückte seine Hoffnung darüber aus, bei der Soka Gakkai Rat und Hilfe zu finden. Toda spürte sofort die Ernsthaftigkeit des jungen Mannes und da er Kodschi Morikawa seit langen kannte, bot er sofort seine Hilfe an. Zunächst erklärte er die Lebensphilosophie der Nitschiren Schoschu und die buddhistische Lehren auf denen sie basiert. Kasumasa fand, daß die religiöse Terminologie schwer zu verstehen sei, aber Todas Eifer sagte mehr als Worte. Bald schien es dem jungen Mann, als eröffneten sich ihm neue Horizonte.

Die Zeit verging schnell, doch bevor Toda sich zu einem Termin begeben mußte, fragte er Kasumasa, ob er mit seinen Freunden häufig über Religion spräche. Als dieser verneinte, schlug Toda vor, er solle sich des öfteren mit Tschuhei Yamadaira treffen, der für Toda arbeitete und der ihm helfen würde, Menschen zu finden, mit denen er über buddhistische Gedanken und Terminologie sprechen könnte. Natürlich war Kasumasa über diese Möglichkeit sehr erfreut, aber er hatte gehofft, daß Toda selbst ihm helfen könne.
»Ich werde den Herrn Yamadaira bestimmt gerne treffen, aber ich hatte gehofft, daß Sie selbst nach Tsurumi kommen könnten und zu mir und meiner Familie sprechen würden.«
Doch sofort bereute er seinen Vorwitz. Toda war ein vielbeschäftigter Mann, der für Leute wie ihn keine Zeit hatte. Doch zu seiner Überraschung und Freude antwortete Toda: »Natürlich komme ich. Gib mir Bescheid, wenn du ein paar Leute aus deiner Familie und von deinen Freunden zusammengebracht hast und wir werden ein Treffen veranstalten. Sprich mit deinem Vater darüber.«
Toda hatte es sich zur Regel gemacht, niemals derartige Ansinnen junger Menschen zurückzuweisen, auch wenn es ihm zusätzliche Arbeit und Probleme brachte. Die Großzügigkeit, mit der er seine Zeit zur Verfügung stellte, gewann ihm bei der Jugend viele Freunde. Obwohl manche hierdurch verdorben wurden und versuchten, ihn zu vereinnahmen, blieb er in diesem Punkt nachgiebig, weil er wußte, daß er mit Sorgfalt, Fleiß und Zeitaufwand diese jungen Männer und Frauen zu der Art von Mitgliedern der Gesellschaft machen konnte, wie die Soka Gakkai sie brauchte.
Bevor er ging, stellte er Kasumasa schnell noch Yamadaira vor. Die beiden führten eine lange Diskussion über Begriffe wie Wert, Glück und Güte, doch das meiste blieb sehr vage in Kasumasas Kopf, da Yamadaira weder Todas menschliche Wärme noch seine Begeisterung ausstrahlte. Doch das machte nichts, Kasumasa war voller Hoffnung und von einem Gefühl der

Wärme erfüllt, wie er es noch nie erlebt hatte. Dieses Gefühl begleitete ihn auf seinem ganzen Nachhauseweg.
In dem ziemlich baufälligen Haus in Tsurumi angekommen, rannte er sofort zu seinem Vater, um ihm alles zu berichten, was er erlebt hatte. Kodschi Morikawa war erfreut und beeindruckt, daß der Junge es ganz allein bewerkstelligt hatte, Toda persönlich zu treffen. Doch die alten Zweifel und Erinnerungen blieben. Er machte sich Sorgen, daß es nicht gelingen würde, ein Diskussionstreffen in einer Nachbarschaft zu veranstalten, in der alle alten Mitglieder den Glauben und die Begeisterung für die Nitschiren Schoschu verloren hatten.
»Wenn du ein Diskussionstreffen mit einem solch wichtigen Mann wie Herrn Toda auf die Beine stellen willst, mußt du eine Menge Leute zusammenbringen«, sagte er.
»Ich weiß«, antwortete Kasumasa mit glühendem Enthusiasmus. »Ich werde alle meine Freunde einladen und noch viele andere dazu.«
»Sie werden nicht kommen«, sagte Kodschi und schüttelte langsam den Kopf. »Ich habe es in der Vergangenheit versucht. Die Zeiten sind schlecht. Die Menschen sind mit anderen Dingen beschäftigt. Es gibt nichts, womit du sie unterhalten kannst. Ich wünschte, du hättest dieses Treffen nicht versprochen.«
Vater und Sohn begannen sofort in der gesamten Nachbarschaft für das Diskussionstreffen zu werben. Endlich, im Januar 1947 dachten sie, sie wären soweit. Kasumasa rief in Todas Büro an und richtete aus, es sei alles bereit und ob Herr Toda Zeit hätte.
Am Abend des 15. Januar, nur wenige Minuten, bevor Toda mit seinen Leuten eintreffen sollte, war von den zwanzig Nachbarn, die versprochen hatten zu kommen, noch nicht ein einziger erschienen. Kodschi Morikawa tat so, als hätte er nichts anderes erwartet, aber Kasumasa wollte so schnell nicht aufgeben. Er rannte los und brachte zwei Freunde, die zwar beide recht intelligent, aber sehr ungeduldig waren.
Als Toda mit seiner Gruppe ankam, begann man sofort über

Philosophie und Religion zu sprechen, doch Kasumasas Freunde fühlten sich unwohl, weil sie nicht alles verstehen konnten. Die Mitglieder der Soka Gakkai wollten helfen und belehren und stellten deshalb einige Fragen, die die jungen Leute aber nicht beantworten konnten. Toda blieb seltsam ruhig, während seine Genossen versuchten, die beiden jungen Männer zu ermutigen, indem sie die Fragen neu formulierten. Das war natürlich völlig falsch, es machte die jungen Leute nervös, weil sie glaubten, man wolle sich über sie lustig machen.
»Was wollen Sie überhaupt?« rief der eine. »Wollen Sie mich lächerlich machen? Passen Sie auf, ich bin nicht hierhergekommen, damit Sie mich wie einen Idioten behandeln. Morikawa, schaff mir diese Leute vom Hals!«
Kasumasa stammelte etwas Unzusammenhängendes und ein junger Mann namens Tanaka war so verwegen, zu lachen. Das war für die beiden Freunde Anlaß genug, wütend aus dem Raum zu stolzieren. Sie waren nicht die einzigen, die Tanakas eigentlich unschuldiges Lachen falsch interpretiert hatten. Kasumasa ließ den Kopf hängen, als ob er traurig sei, aber in Wirklichkeit ärgerte er sich. »So, das war das große Diskussionstreffen, für das wir uns fast umgebracht haben«, dachte er. Nun war er überzeugt, daß seines Vaters zögernde Haltung richtig gewesen war. Nach diesem Fiasko war es unwahrscheinlich, daß Toda jemals wieder zum Hause der Morikawas kommen würde.
Gerade als er dies dachte, hörte er Todas sanfte Stimme in seiner Nähe: »Laß dich durch so etwas niemals entmutigen, Kasumasa. So etwas passiert nur allzuoft bei unserer Arbeit. Aber die Leute, die sich am meisten angegriffen fühlen, verstehen später oft am schnellsten und tiefsten, was wir zu bieten haben. Ich werde wiederkommen und ich möchte die beiden jungen Männer noch einmal treffen. Wenn sie sich beruhigt haben, werden sie verstehen, daß niemand sich über sie lustig machen wollte. Sieh zu, daß du bald ein neues Treffen arrangierst.«
Kasumasa nickte. Todas Worte waren besänftigend, aber das Gefühl, daß eine Sache, die er zu einem großen Erfolg hatte

machen wollen, total danebengegangen war, erlaubte ihm nicht, Toda zu danken. Und im übrigen, so nett dieser Toda auch war, wenn es solche Leute in der Soka Gakkai gab, die sich über die Verlegenheit anderer lustig machten, dann war er gar nicht mehr so sicher, ob er da Mitglied werden wollte.

Es war ein Gebot der Höflichkeit für Kasumasa und seinen Vater, Todas Gruppe zum Bahnhof zu begleiten. Auf dem Weg dorthin fühlte er seinen Ärger größer und größer werden, bis er sich nicht mehr zurückhalten konnte.

»Ich weiß nicht wie Sie es sehen, aber ich denke, die Atmosphäre auf solchen Treffen ist sehr wichtig«, sagte er zu Tanaka, der, wie er dachte, bösartigerweise über seine Freunde gelacht hatte.

»Wenn Leute über einen Neuling lachen und sich über ihn lustig machen, können wir keine großen Fortschritte erzielen, oder?«

Tanaka war bestürzt. Sein Lachen war ein nervöser Ausdruck von Sympathie mit den beiden verlegenen, jungen Männern gewesen. Er wußte, daß sie das falsch verstanden hatten, aber er dachte, daß allen anderen klar war, daß er keine bösen Absichten gehabt hatte. Doch ein Glitzern in den Augen des überreizten Kasumasa sagte ihm, daß es jetzt nicht die Zeit für Erklärungen war. So sagte er einfach nur: »Vergeben Sie mir, daß ich Ihnen das sage, aber Sie kritisieren etwas, was Sie nicht kritisieren sollten. Sie können das zwar jetzt nicht verstehen, aber bald werden Sie es können.« Wie zu erwarten, beruhigte das Kasumasas Ärger keinesfalls und so legten sie den restlichen Weg in peinlichem Schweigen zurück.

Als man wieder zu Hause war, sagte Kasumasa zu seinen Eltern, Geschwistern und zu seiner Großmutter gute Nacht. Dann stieg er die dunkle, schmale Stiege hinauf zu seinem kleinen Zimmer im zweiten Stock. Nachdem er sein Bett auf der Tatamimatte ausgebreitet hatte, zog er sich aus und bereitete sich auf die Nacht vor. Als er sich gerade ins Bett legen wollte, erschien seine Mutter mit einem kleinen, mit Holzkohle gefüllten, metallenen Fußwärmer. »Dies wirst du heute nacht brauchen«, sagte sie, »es ist kalt.«

Kasumasa dankte ihr, legte den Fußwärmer unter die Decke und versuchte vergeblich einzuschlafen; die Erinnerung an den schmerzhaft unangenehmen Abend erfüllte seinen Geist und hielt ihn wach. Er konnte nicht aufhören, Tanakas Herzlosigkeit, wie er es nannte, zu kritisieren. Und diese Gedanken ließen ihn an allem zweifeln, was er über die Nitschiren Schoschu gedacht hatte. Dennoch nickte er ab und zu für einen kurzen Moment ein. Aus einer dieser unregelmäßigen Schlafphasen schreckte er plötzlich hoch und sah zu seinem Entsetzen, daß der Raum voller Rauch war. Die Steppdecke hatte sich am Fußwärmer entzündet und schwelte, jeden Moment konnte eine richtige Flamme entstehen. Kasumasa sprang auf, öffnete das Schiebefenster und warf die rauchende Decke in die Nacht hinaus. Dann raste er die Treppe zum Hof hinunter und weckte dabei das ganze Haus auf. Er griff nach einem Eimer, der an der Seitentür hin, füllte ihn mit Wasser aus dem Außenhahn und löschte die Steppdecke, durch die beinahe ein schlimmes Feuer entstanden wäre.

Da er nichts als seinen Schlafanzug trug, zitterte er in der Kälte und als er auf die nassen, schwarzen Überreste seiner Bettdecke schaute, wurde ihm plötzlich klar, was dies alles bedeutete. Es gab nämlich einen Grund für das Feuer: Es war die Strafe dafür, daß er wegen eines kleinen Vorkommnisses auf einem Diskussionstreffen an der Soka Gakkai und dem Glauben der Nitschiren Schoschu gezweifelt hatte. Er erkannte plötzlich, daß er derjenige war, der einen Fehler gemacht hatte. »Tanaka hatte gesagt, daß ich etwas kritisierte, was ich nicht kritisieren hätte sollen«, dachte Kasumasa. »Aber wie kann ich den Unterschied zwischen einer fehlerlosen Meinung und Kritik feststellen? Eines weiß ich, ich war definitiv auf die Gesellschaft böse, das war mein Fehler.« Er sah nun, daß er seine Freunde hätte beruhigen sollen, schließlich war er für das Treffen verantwortlich gewesen.

Jetzt verstand er plötzlich alles, Todas Schweigen, als ein paar Worte von ihm die Wogen hätten glätten können, Tanakas ruhige Entgegnung, als er diesen der Verhöhnung beschuldigte. Das alles war nur geschehen, um Kasumasas Stärke zu testen und er hatte versagt. Er hatte Groll gegen seinen Glauben gehegt und das hatte die unausweichliche Vergeltung hervorgerufen, vor der uns Nitschiren Daischonin in seinen Schriften warnt. Das beinahe ausgebrochene Feuer war seine Strafe.

Geläutert und entschlossen, niemals mehr einen solchen Fehler zu machen, kehrte Kasumasa in seinen Raum zurück, wo noch immer der beißende Gestank des Rauches in der Luft hing. Er kroch unter die neue Decke, die seine Mutter gebracht hatte und wußte, daß er nun sofort einschlafen könnte, weil es nichts mehr gab, was ihn wach halten würde. Als er die kleine Lampe neben seinem Kissen ausdrehte, dachte er: »Na ja, Tanaka hat sich vielleicht nichts dabei gedacht, als er lachte. Wenn ich so darüber nachdenke, dann haben meine beiden Freunde eigentlich recht komisch ausgesehen.«

Seltsamerweise war die schwelende Steppdecke auch eine Wende im Leben von Kasumasas Vater. Für Kodschi Morikawa war es nicht nur eine Bestrafung für den plötzlichen Ausbruch von Kritik und Zweifel bei seinem Sohn, sondern eine Manifestation des Willens des Gohonson. Es war eine Ermahnung, seine Lethargie abzuschütteln und damit anzufangen, die Vorteile eines Glaubens zu nutzen, den er hatte verkümmern lassen. Denn er wußte: Ebenso, wie der Gohonson Mißachtung bestraft, so bringt seine Verehrung reiche Belohnung.

Durch die fleißigen Bemühungen der beiden Morikawas fanden die Diskussionstreffen in Tsurumi bald monatlich statt. Die beiden Freunde vergaßen ihren Ärger und wurden zu regelmäßigen und intelligenten Besuchern der Treffen, wie Toda es vorausgesagt hatte. Kodschi Morikawa verbrachte mehr und mehr Zeit mit den religiösen Aktivitäten und fühlte sich dadurch jünger und stärker als je zuvor. Er war zweiundfünfzig, doch sein Gesicht war jugendlich und seine Augen leuchtend und klar. Zusätzlich zu den Treffen in seinem eigenen Haus begann Morikawa auch noch zu Todas Lektionen über das Lotos-Sutra zu gehen, die in Kanda abgehalten wurden. Das bedeutete, daß er an drei Tagen der Woche genau um fünf Uhr sein Büro bei der

Yokohama Finanzierungsgesellschaft verlassen mußte. Doch er ging niemals früher als fünf und er machte Überstunden, wenn immer es nötig schien, damit seine Arbeit stets in Ordnung und auf dem letzten Stand war.

Die Dinge entwickelten sich gut für Morikawa, bis er sich eines Tages, einige Monate nachdem die Steppdecke gebrannt hatte, in düstere Spekulationen darüber erging, inwieweit sein eigener Glaube an die Nitschiren Schoschu tief und stark genug sei. »Wie loyal bin ich gegenüber meinem Glauben? Woran messe ich mein Vertrauen?« fragte er sich selbst. Doch er getraute sich nicht, zu irgend jemand über seine Zweifel zu sprechen. Er verschloß sie in seinem Herzen, aber sie quälten ihn weiter.

Eines Abends, nach einer Vorlesung in Tokyo, bat Toda ihn, ein paar Minuten zu warten, es gäbe etwas zu besprechen. Während Toda noch einigen Leuten bei der Lösung ihrer Probleme half, wurde aus den »paar Minuten« eine halbe Stunde. Endlich setzte er sich zu Morikawa, der in einer Ecke geduldig gewartet hatte. Toda entschuldigte sich und sagte: »Ich möchte Sie gerne zu einem der Direktoren der Gesellschaft machen, würden Sie das annehmen?«

Der einerseits total überraschte, andererseits von Zweifeln erfüllte Morikawa sagte überhaupt nichts.

»Sie halten nichts von meinem Vorschlag?« fragte Toda.

»Nein, das ist es nicht. Ich meine nur, ich habe sowenig Übung in der buddhistischen Philosophie. Und, um Ihnen die Wahrheit zu gestehen, sosehr ich mich auch bemühe, in der letzten Zeit fragte ich mich, ob mein Glaube so tief ist, wie er sein sollte. Und solange ich mich so unsicher fühle, kann ich mir nicht vorstellen, wie ich eine solche Aufgabe bewältigen soll.«

»Denken Sie, Sie könnten die Tiefe eines Glaubens messen, auch wenn es Ihr eigener ist?«

»Ich denke, nein.«

»Dann machen Sie sich keine Sorgen. Ich glaube an Sie, auch wenn Sie selbst zweifeln. Und ich werde bei Ihnen sein, wenn immer Sie mich brauchen. Im übrigen müssen Sie nicht sofort ja oder nein sagen. Denken Sie darüber nach. Wenn Sie zustimmen, sollten Sie allerdings bereit sein, Ihre Pflichten schon in allernächster Zeit zu übernehmen.«

Erst als Morikawa sich im Zug nach Tsurumi befand, hatte er sich genügend erholt, um die volle Tragweite des Angebots zu ermessen. Das Wissen, daß der höchste Führer der gesamten Soka Gakkai ihn, Morikawa, für geeignet hielt, eine Position mit solcher Verantwortung auszufüllen, belebte aufs Neue seinen Glauben an sich selbst und trieb ihn dazu an, den Beweis dafür zu erbringen, daß Todas Vertrauen gerechtfertigt war. Es war spät, als er zu Hause ankam, alles schlief bereits. Dennoch verrichtete er noch sein Gongyo vor dem Gohonson. Im Bett überflutete ihn ein Gefühl des Glücks darüber, daß man ihm vertraute. Doch kurz bevor er einschlief, fiel ihm wieder das alte Sprichwort ein, welches besagt, daß der Dämon der Gefahr hinter jedem Moment der Freude lauert. »Vielleicht gibt es bald Ärger«, dachte er.

Am nächsten Morgen, gerade als Morikawa in seinem Büro Platz genommen hatte, kam ein Bote, um ihm zu sagen, daß der Direktor ihn zu sprechen wünsche. In dessen Büro grüßte er und wurde mit einer stummen Handbewegung gebeten, Platz zu nehmen. Dann sagte der Direktor: »Ich weiß, daß dies ein bißchen plötzlich kommt, aber ich möchte Sie bitten, zu kündigen.«

Ohne den völlig sprachlosen Morikawa anzuschauen, schob er ein paar Papiere auf seinem Schreibtisch zusammen. Endlich fragte Morikawa: »Aber warum?«

Der Direktor tat so, als hätte er ein wichtiges Papier vor sich liegen. »Glauben Sie mir, wir haben unsere Gründe. Es sind sehr triftige Gründe und es hat keinen Sinn, zu diskutieren. Wir sind bereit, Sie unter den gegebenen Umständen zu den bestmöglichen Bedingungen zu entlassen. Warum beenden wir die Sache nicht ohne großes Aufsehen?«

Morikawa hatte sich soweit gefaßt, um zu verstehen, daß man ihn übers Ohr hauen wollte. Allerdings konnte er den Grund hierfür nicht erkennen.

»Einen Moment bitte. Ich arbeite seit siebzehn Jahren in diesem Büro. Glauben Sie, ich hätte das nur so aus Spaß getan? Jetzt bitten Sie mich zu gehen und teilen mir nicht einmal den Grund dafür mit. Doch dieser Grund ist mir wichtig. Dies ist kein Spiel. Sagen Sie mir also, was ich falsch gemacht habe.«

»Beruhigen Sie sich«, sagte der Direktor, der Morikawa jetzt endlich in die Augen schaute. »Ich wollte unsere Gründe eigentlich verschweigen, weil ich weiß, daß Sie böse sein werden. Aber da Sie darauf bestehen: Sie haben in der letzten Zeit sehr viel religiöse Aktivitäten entfaltet.

Selbstverständlich ist Ihre Religion Ihr gutes Recht, aber auf Dauer möchten wir lieber jemanden beschäftigen, bei dem die Arbeit über allem anderen steht.«

»Habe ich meine Arbeit vernachlässigt? Bin ich früher nach Hause gegangen, auch nur ein einziges Mal? Hat meine religiöse Tätigkeit auch nur in irgendeiner Weise meine Arbeit in diesem Büro beeinflußt?«

»Nein, das nicht gerade, aber –«

»Dann muß es einen anderen Grund gaben, den Sie mir nicht sagen wollen.«

»Tatsache ist«, murmelte der Direktor, »daß Sie über gewisse Themen ein wenig zu offen sprechen. Seien wir ehrlich, Sie sind lange hier tätig gewesen, aber wir sind immer noch nicht in allen Dingen einer Meinung. Die Zeiten sind hart. Unsere Kapitaldecke ist sehr dünn und eine Finanzierungsgesellschaft kann ohne Kapital nicht leben. Verstehen Sie, was ich meine?«

Plötzlich sah Morikawa ganz klar, worauf der Direktor hinaus wollte: Er sollte kündigen, weil die Firma keinerlei Grund hatte ihn zu entlassen. Die Quelle der Unzufriedenheit mit Morikawa war mit größter Wahrscheinlichkeit ein reicher Landbesitzer und Investor, der einen beträchtlichen Aktienanteil an der Firma besaß. Morikawa war mit diesem Mann niemals einer Meinung gewesen und hatte sich oft gegen ihn gestellt, wenn er glaubte, dies zum Wohle der Firma tun zu müssen. Die Gesellschaft hatte wegen der Geldentwertung finanzielle Probleme, offensichtlich hatte der reiche Mann versprochen, Kapital zu leihen, aber nur unter der Bedingung, daß man Morikawa hinauswarf. Der Direktor dachte nur an seinen Profit und hatte dem Aktionär nachgegeben.

»Sie denken, ich habe einen schlechten Einfluß auf die Firma?« fragte Morikawa ganz ruhig.

»Nein, das meine ich nicht. Es ist einfach so, daß es in der Führungsspitze der Firma einen Wechsel geben wird, und daß Ihr Verbleib sich, sagen wir einmal, nachteilig auswirken würde. Ich weiß, daß Sie dies nicht verstehen werden, aber warum sehen wir es nicht so: Tun Sie mir den persönlichen Gefallen zu gehen, und ich bin sicher, ich werde in der Zukunft einen Weg finden, Sie wieder einzustellen.«

»Lassen Sie mich darüber nachdenken.« Morikawa erhob sich und wandte sich zur Tür. Als er hinausging, rief ihn der Direktor noch einmal, aber er ignorierte es. Dann holte er seine Aktentasche und machte sich auf den Weg zu Josei Toda.

Diesmal würde er nicht um Hilfe bitten. Im Zug nach Tokyo dachte er noch einmal über die ganze Sache nach. Es war klar, daß er die Finanzierungsgesellschaft würde verlassen müssen. Wenn er bliebe, würden die Bedingungen sich innerhalb von Tagen oder Wochen nur verschlechtern. Es war hart, eine gute Arbeit nach siebzehn Jahren aufzugeben, aber was ihm viel mehr Sorgen bereitete, war die Zukunft seiner großen Familie. Zwar arbeitete Kasumasa, aber sein Lohn war niedrig, und was er sparen konnte, wandte er für die Abendschule auf. Es gab wenig Arbeit, besonders für Leute in Morikawas Alter. Doch dann verließen ihn die Zweifel; er wußte, daß er es schaffen würde, wenn er total auf seinen Glauben an den Gohonson vertraute. Schließlich hatte Nitschiren Daischonin versprochen, daß auf große Schicksalsschläge stets großes Glück folgt.

Als Morikawa das Büro der Nihon Schogakkan betrat, fragte Toda fröhlich: »Was bringt Sie denn so früh hierher? Geschäfte?«

»Nein. Ich brauche Ihren Rat.« Und Morikawa erzählte seine Geschichte von Anfang bis Ende. Todas Lächeln war verschwunden, als er fragte: »Wie groß ist Ihre Familie?«

»Acht Leute.«

»Acht. Da sollte man sich Sorgen machen. Aber wissen Sie, Morikawa, ich mache mir keine. Ein Mann Ihres Glaubens wird es schaffen. Stehen Sie es durch und warten Sie, was passiert. Wenn Sie mich brauchen, kommen Sie wieder.«

Dieses kurze Gespräch bestärkte Morikawa in seinem Entschluß, den er bereits gefaßt hatte, bevor er mit Toda sprach. Dennoch gab es jetzt das Problem, wie er es seiner Familie beibringen sollte.

Die Kinder, seine Frau und seine alte Mutter saßen auf ihren Kissen am Boden rund um den niedrigen Tisch. Das Essen war einfach, aber reichlich wie immer. Alle schwatzten und lachten, als Morikawa sich zu ihnen gesellte.

»Gut, meine Lieben, ich habe oft mit euch über den göttlichen Lohn des Glaubens gesprochen, nicht wahr? Heute habe ich eine solche göttliche Belohnung erhalten.«

Es wurde still. Alle wandten sich zu Morikawa, um die aufregende neue Nachricht zu erfahren: eine Gehaltserhöhung, oder eine Beförderung . . .

»Man hat mich gebeten, zu kündigen«, sagte Morikawa mit einem müden Lächeln.

»Eine schöne Belohnung!« rief seine Frau.

»Solche Belohnungen brauchen wir nicht«, fiel die jüngste Tochter ein.

»Was hat er gesagt?« fragte die Großmutter, die für einen Moment dachte, sie hätte nicht richtig gehört.

»Nein, ich meine es ernst. Es ist eine Belohnung. Ich bin bereit, um meine Entlassung zu bitten. Die Zeiten mögen schwer sein, aber wir haben jetzt ein Stadium erreicht, wo die Morikawa-Familie etwas Neues anfangen muß, etwas Besseres, etwas, das unser Schicksal ändert. Ihr wißt, daß Nitschiren Daischonin versprochen hat, daß dem Übel unausweichlich großes Glück

folgen muß, sofern man glaubt. Da wir glauben, muß sich alles zum Guten wenden.«
Genau in diesem Moment kam Kasumasa von seiner Abendschule nach Hause. Sobald er die Neuigkeit vernommen hatte und der Vater erklärt hatte, wie sie alle würden arbeiten müssen, um ihr Karma zu ändern, sagte er grinsend: »Vater, ich bin wirklich stolz auf dich. Ich mache mit. Laßt uns feiern.«
Und sie feierten. Frau Morikawa zauberte ein paar altbackene Kuchen hervor, es gab ein wenig Sake und sogar eine Banane, ein seltener Luxus in jener Zeit. Während man an den bescheidenen Delikatessen knabberte, fühlte die Familie sich geborgen und einig, so daß man sich vor der unsicheren Zukunft weniger zu fürchten brauchte.
Nach einer kleinen Tasse Sake nahm die Großmutter all ihren Mut zusammen, um anzukündigen, daß sie eine Idee habe: »Dieses alte Haus ist größer, als es für uns nötig wäre. Laßt uns im Parterre ein Restaurant eröffnen. Nichts Hochgestochenes, aber reichliches Essen zu niedrigem Preis. Ich kann kochen, Kodschi macht das Kaufmännische und die Kinder können Botengänge machen und Teller waschen.« Der Vorschlag wurde einstimmig angenommen.
Morikawa verwendete einen Teil seiner Ablösesumme für die Vergrößerung der Küche und den Umbau des unteres Stockwerks seines Hauses in ein einfaches, eher amateurhaft wirkendes Restaurant, da im Januar 1949 eröffnet wurde und recht vielversprechend war, weil es einem dringenden Bedürfnis in der armen Gegend nachkam.

Am späten Abend eines kalten, windigen Februartages saß Toda in seinem Büro über dem Plan für die Diskussionstreffen dieses Abends.
»Mischima, zu welchem Treffen gehen Sie heute abend?«
»Zu den Morikawas in Tsurumi.«
»Hören Sie, übernehmen Sie meinen Platz in Suginami und lassen Sie mich nach Tsurumi gehen.«

Toda hatte seit jenem Tag im Dezember 1948, als Morikawa wegen seiner Entlassung um Rat gefragt hatte, nichts mehr von diesem gehört, außer, daß er ein Restaurant eröffnet hatte.
»Das ist vielleicht eine gute Idee, ich habe nämlich erfahren, daß die Morikawas irgendwelche Probleme haben. Aber was noch schlimmer ist, es scheint, als ob in der ganzen Tsurumi-Gemeinde etwas faul sei«, meinte Mischima.
Toda sorgte sich nicht um Morikawa selbst, auch wenn dieser finanzielle Probleme haben sollte, denn sein Glaube war stark. Doch der Effekt, den Morikawas Pech auf die Neubekehrten in Tsurumi haben könnte, machte ihm Sorgen. Einige Minuten, bevor er sein Büro verlassen wollte, erhielt er Besuch von einem junge Mann aus Kamata. Da dieser keine anderen Pläne hatte, bat er ihn, mit nach Tsurumi zu kommen. Zwischen den beiden herrschte jene Atmosphäre aus gleichzeitiger Freundschaft und einer Schüler-Lehrer-Beziehung, die alle Verbindungen Todas charakterisierte. Sich gegen den trockenen, schneidenden Wind schützend sprachen sie im Zug über Angelegenheiten der Soka Gakkai. Auch der junge Mann hatte sich bereits Sorgen über die Gerüchte aus Tsurumi beunruhigt, was Toda noch in seiner Sorge bestärkte.
Als die beiden vom Bahnhof Tsurumi durch die mit Geschäften gesäumte Straße zu Morikawas Haus und Restaurant eilten, erinnerte sich Toda an das peinliche Schweigen auf dem Weg zum Bahnhof nach jenem unbefriedigenden Diskussionstreffen vor zwei Jahren. Damals war der junge Kasumasa sich seiner selbst noch sehr unsicher gewesen. Aber er war gewachsen im Glauben und hatte in der Nachbarschaft manche gute Arbeit geleistet. Toda hoffe, daß das Fundament dieser Arbeit gut gelegt war und daß das Pech der Familie Morikawa nicht den Glauben der Neubekehrten erschüttert hatte.
Das baufällige, alte Haus der Morikawas stand zwar noch immer am Rande eines Weizenfeldes nahe dem Tsurumifluß, dort wo das städtische Geschäftsviertel endete, aber sein Aussehen hatte sich ziemlich verändert. Es gab ein Reklameschild und über dem

Eingang hing eine große Papierlaterne. Als Toda die Schiebetür öffnete, wurde er mit großer Freude begrüßt. Ein lächelnder Kodschi Morikawa kam mit ausgestreckten Händen hinter dem Tresen hervor, Frau Morikawa stellte ein Tablett ab und eilte zu ihm und die Großmutter verbeugte sich in der Küchentür. »Kein Grund, sich um diese Leute Sorgen zu machen«, dachte Toda.

Morikawa führte Toda die vertraute, dunkle und schmale Stiege hinauf zum zweiten Stock, wo das Treffen stattfinden sollte. Noch war niemand da und die beiden Männer hatten ein wenig Zeit miteinander. Toda freute sich zu hören, daß das Restaurant sehr gut lief, doch als die Sprache auf die anderen Mitglieder der Soka Gakkai in der Nachbarschaft kam, wurde Morikawa seltsam schweigsam. Jedoch, für Erklärungen war keine Zeit, da die ersten Besucher kamen.

Koitschi Harayama und Hisao Seki von Kamata setzten sich neben Toda. Etwa zehn neuere Mitglieder kamen herein und das Treffen begann. Sofort bemerkte Toda Anzeichen von Unsicherheit in den Gesichtern einiger der Anwesenden. Er entschloß sich, sofort das Thema anzuschneiden, von welchem er glaubte, daß es die Quelle der schlechten Stimmung in dieser Gruppe war.

»Ich glaube, daß einige von Ihnen denken, es ist seltsam, daß ein Mann mit einem starken religiösen Glauben wie Morikawa seine Arbeit verlieren kann.«

Ein Herr Sagawa, der Eigentümer einer kleinen Fabrik, fiel sofort ein: »Oh, ja, wir denken, daß das seltsam ist. Wir sind schon öfter deshalb zusammengekommen und haben darüber diskutiert. Immerhin stellt man ein paar Dinge in Frage, die man uns über die Belohnungen für die Hingabe an einen Glauben erzählt hat. Ich verstehe, daß man uns sagt, wenn wir bekennen und Vertrauen in den wahren Buddhismus haben, daß uns dann die vier Teufel und die drei Hindernisse* plagen, aber...«

Toda unterbrach: »Sie verstehen überhaupt nichts, das ist ganz

* Siehe Glossar

offensichtlich. Wenn Sie wirklich verstehen würden, dann dürften Sie niemals diese Art von Skepsis zeigen, der sich in Ihren Worten offenbart.
Ich habe um Morikawa keine Angst. Er glaubt zu fest, als daß ein zeitweiliger Rückschlag ihn ernsthaft aus der Ruhe bringen könnte. Er hat den drei Hindernissen und den vier Teufeln ins Angesicht geschaut und sein Glaube hat ihnen widerstanden. Aber Sie sind alle neu in der Nitschiren Schoschu und es gibt ein paar Punkte, die ich Ihnen jetzt sofort klarmachen möchte.
Der erste betrifft die Natur des Leidens. Sie wissen, was das Karma alles mit sich bringt. Sie wissen, daß böse Taten in vergangenen Leben zu einer bestimmten Zeit – vielleicht nach Jahrhunderten – Leiden bringen. Früher oder später müssen die Schulden bezahlt werden. Wenn Sie das verstehen, wird Ihnen klar, daß Morikawa und alle anderen Menschen mit wahrem Glauben die Art von Ungemach, die er jetzt erleiden muß, willkommen heißen. Ganz einfach deshalb, weil sie es als großes Glück betrachten, die Folgen des Karma im voraus und in sehr abgeschwächter Form akzeptieren zu können. Nur Menschen mit tiefer Hingabe können auf diese Weise ihr Karma verändern. Sie nehmen die Herausforderung an, weil sie wissen, daß ein fester Glaube alles in göttlichen Lohn verwandelt und sie näher zum glücklichen Leben der Zukunft führt.
Aber im augenblicklichen Stadium Ihrer Entwicklung ist es vielleicht wichtiger, die Gefahr zu verstehen, die in Zweifel und Skepsis liegt. Zweifel ist menschlich und heilsam, solange er sich gegen etwas richtet, das bezweifelt werden darf. Zweifel kann sogar konstruktiv sein. Zum Beispiel hat Kodschi Morikawa vor einiger Zeit Zweifel über die Stärke und Tiefe seines Glaubens geäußert. Das führte ihn zu mir und wir fanden heraus, daß ein Mensch nicht immer seine eigene Hingabe richtig einschätzen kann. Wenn Morikawa nicht an sich selbst gezweifelt hätte, wäre er vielleicht in Selbstzufriedenheit verfallen.«
Toda schaute Kasumasa an, der an rauchende Steppdecken dachte und an mißglückte Diskussionstreffen. Dann fuhr er fort:

»Zweifeln oder kritisieren Sie niemals die Lehren Nitschiren Daischonins oder den Dai-Gohonson, weil derartige Kritik zu einer bösartigen Verleumdung des Glaubens führen kann. Dies ist eine der schlimmsten Vergehen, denen sich ein Mensch schuldig machen kann. Mangel an Wissen macht noch keinen Narren. Ein Narr im wahrsten Sinne ist ein Mensch, der sein eigenes Unglück oder das von anderen als Quelle des Zweifels oder der Kritik an der unendlichen Gnade des Gohonson benutzt.
In Zeiten des Kummers bin ich bereit, Ihnen zu helfen. Und alle anderen Mitglieder unserer Organisation sind es auch. Stärken Sie Ihren Glauben. Glauben Sie, daß Sie glücklich werden, wenn Sie Nitschiren Daischonins Lehren beherzigen. Sie werden dann in einer sehr reichen Weise glücklich sein.«
Die Zukunft bestätigte das, was Toda in jener kalten Februarnacht gesagt hatte. Nach weniger als einem Jahr hörte eine große Kreditgesellschaft in Kawasaki, nicht weit von Tsurumi, von Morikawas Kündigung und beeilte sich, ihn einzustellen, weil Männer mit seiner Erfahrung und seinen Fähigkeiten selten waren. Ein paar Jahre später wurde er mit großer Mehrheit in den Stadtrat von Yokohama gewählt. Einige andere, die bei dem Treffen gewesen waren, wurden erfolgreiche und nützliche Politiker, die in der Tokyoter Abgeordnetenversammlung und als Ratsmitglieder im Reichstag saßen. Einige von ihnen wurden in späteren Jahren leitende Mitglieder der Soka Gakkai.
Als Morikawa seine neue, feste Anstellung antrat, gaben er und seine Familie das Restaurant mit einer Mischung aus Bedauern und Erleichterung auf. Sowohl Kodschi als auch Kasumasa arbeiteten weiter für die Nitschiren Schoschu und die Soka Gakkai mit dem Ergebnis, daß die Gemeinde Tsurumi eine der größten und stärksten des ganzen Landes wurde.

Viertes Buch

1. Der Garten des Lebens

In einer Mainacht des Jahres 1949 saß Josei Toda in einem bequemen Kimono auf der Tatamimatte im Arbeitszimmer seines Hauses. Auf dem Schreibtisch vor ihm lag ein weißes Blatt Papier, auf welches er lediglich die Worte geschrieben hatte: »Die Philosophie der Lebenskraft, von Josei Toda.« Seit Stunden hatte er so gesessen, hatte eine Zigarette nach der anderen geraucht, doch die richtigen Worte wollten ihm einfach nicht einfallen. Das war ungewöhnlich, denn normalerweise bereitete er sich in Ruhe und mit großer Sorgfalt vor, und sowie ihm klar war, was er schreiben wollte, konnte er es auch sehr flüssig zu Papier bringen. Heute nacht hingegen schien er wie gelähmt, vielleicht deshalb, weil das gewählte Thema nicht nur sehr komplex, sondern auch sehr wichtig für ihn war; für ihn, für die Soka Gakkai und letztendlich für die ganze Menschheit. Vielleicht ließ ihn die große Bedeutsamkeit der Aufgabe zögern.

Wie es seine Gewohnheit war, hatte er bereits eine Idee für die große Linie und wie er das Material anzupacken gedachte. Er würde sich mit der Philosophie des Lebens in seinen drei Existenzen, Vergangenheit, Gegenwart und Zukunft beschäftigen und zur Erläuterung seiner eigenen Gedanken hierzu wollte er aus Nitschiren Daischonins *Kaimoku Scho,* (über das Erwachen der wahren Buddhaschaft oder das Öffnen der Augen) und *Sendschi Scho*, (über die Auswahl der Zeit) zitieren sowie aus den Kapiteln des Lotos-Sutra Hiyuhon, (Gleichnis), Kedschoyuhon (Gleichnis vom verwandelten Schloß)* sowie aus dem Kapitel Nyorai Dschuryohon (die Ergründung des Segens des Buddha). Des weiteren wollte er über die Ewigkeit des Lebens schreiben. Zu

* Siehe Glossar

diesem Zweck hatte er vor, das Kapitel Nyorai Dschuryohon aus dem Lotos-Sutra zusammenzufassen und aus vielen Schriften Nitschiren Daischonins zu zitieren. Endlich sollte das Thema »Die Kontinuität des Lebens durch das ganze Universium« ausführlich behandelt werden.

Nach diesem systematischen Plan sollte die Arbeit eigentlich logisch und relativ leicht zu bewältigen sein. Aber vielleicht war gerade diese offensichtliche Leichtigkeit der Grund für sein Zögern. Er hatte ernsthafte Zweifel, ob die Methode der logischen Analyse allein erklären konnte, woraus die Lebenskraft bestand, die den Kern seiner Philosophie darstellte. Im Herzen wußte er, daß Vernunft allein versagen mußte, denn seine eigene Erleuchtung, in der er die Natur des universellen Lebens erfahren hatte, war ihm aus Quellen geschehen, die weit über die Bereiche logischen Denkens hinausgingen.

Er erhob sich, begab sich zum offenen Fenster und hörte auf das Bellen eines Hundes irgendwo in der dunklen Mainacht. Dann ging er im Zimmer auf und ab und grübelte, auf welche Weise er seinen Gedanken Ausdruck verleihen sollte. Dann kam ihm ein anderer dunkler und noch viel kleinerer Raum in den Sinn...

Todas Zelle in der Tokyoter Haftanstalt war ungefähr vier Quadratmeter groß. Die achtzig Zentimeter breite Tür aus Gitterstäben konnte nur von außen geöffnet werden. Ein Teil des Fußbodens bestand aus Brettern, doch es gab zwei Tatamimatten, auf denen Toda zusammen mit den unvermeidlichen Läusen zu schlafen pflegte. Ein kleines vergittertes Fenster nach Westen gewährte den einzigen Blick nach draußen. In einer Ecke stand eine hölzerne Truhe, ein Regal für Bücher und andere persönliche Dinge. Zwischen der Truhe und dem Fenster befand sich ein mit Brettern bedeckter Waschtisch, der auch als eine Art Schreibtisch diente. Davor stand ein hölzerner Stuhl, unter dessen Sitz sich eine Toilette verbarg. Diese kompakte, winzige Zelle war die begrenzte Welt seines Lebens und seiner Meditationen.

Am Neujahrstag 1944 faßte Toda zwei Entschlüsse: Er würde das gesamte Lotos-Sutra lesen und er würde das Daimoku jeden Tag zehntausendmal rezitieren. Seine Ausgabe des Lotos-Sutra bestand aus einer extrem schwer zu lesenden chinesischen Fassung ohne Interpunktion, die von Nitschiren-Priestern zusammengestellt worden war. Toda hatte sie mehrmals wieder nach Hause gesandt, weil sie praktisch unverständlich war, doch seltsamerweise kehrte sie stets in seine Zelle zurück. Zuerst dachte er, daß die Gefängnisverwaltung ihn entweder provozieren wollte oder einfach unfähig war, aber später fühlte er, daß in der stetigen Rückkehr des Buches ein Sinn lag. Diese Erkenntnis inspirierte ihn, sich durch die schwierige Sprache hindurchzukämpfen und er begann damit an eben jenem Neujahrstag.

Im März hatte er das Lotos-Sutra dreimal gelesen und auch viele der Schriften Nitschiren Daischonins studiert. Außerdem hatte er bei jeder Sitzung das Daimoku mehrere hundert Male rezitiert, um sicherzustellen, daß er seinen Schwur, es jeden Tag zehntausendmal zu wiederholen, auch einhielt. Eines kalten Morgens im März nahm er das Lotos-Sutra vom Bücherbord und begann es ein viertes Mal zu lesen. Die ersten Worte des Einführungskapitels lauteten:

»Tokugyobon, oder tugendhafte Übung.«

»So habe ich gehört. Es begab sich einmal zu der Zeit, daß der Lord sich mit einer Versammlung von Mönchen bei Radschagaha auf dem Geierberg aufhielt – zweitausend Mönche, alle waren Arhats, unbefleckt, frei von Verderbtheit, diszipliniert, voller Eigenständigkeit in Gedanken und von nobler Herkunft...«

Toda kannte diese Passage bereits so genau, daß er in seiner Phantasie ganz lebendig sehen konnte, wie der Buddha die Mönche und Weisen das Tokugyobon lehrte. Die nächste Passage jedoch besteht aus einer Reihe von Versen – im Sanskrit *gatha* genannt – welche seiner Meinung nach schwer zu verstehen waren. Die ersten acht Zeilen waren eine Lobrede auf den Buddha und seine höchste Erleuchtung und bedeuteten keine Schwierigkeit, aber was danach kam, verwirrte ihn:

»Seine Wesenheit ist weder Sein noch Nichtsein;
weder Ursache noch Wirkung;
weder es selbst noch etwas anderes;
weder viereckig noch rund; weder kurz noch lang;
weder steigend noch fallend; weder lebend noch tot;
weder sitzend noch liegend; weder gehend noch stehend;
weder sich bewegend noch rollend noch still;
weder voranschreitend noch zurückweichend; weder sicher noch in Gefahr;
weder vernünftig noch unvernünftig; weder gewinnend, noch verlierend;
weder dies noch das, Vergangenheit oder Zukunft;
weder blau noch gelb, rot oder weiß;
weder rot noch purpurn noch irgendeine andere Farbe.«

Nach dieser seltsamen Passage kommt eine weitere, die folgendermaßen anfängt: »Es ist die Wurzel des Gesetzes, der Konzentration, der Weisheit, des Verstehens und der Wahrnehmung...« Der Text geht weiter, indem er die Tugend und die Erleuchtung des Buddha in ausgefeilten und sich wiederholenden Sätzen preist. Dann folgt ein Abschnitt, welcher die physische Existenz des Buddha beschreibt. All dies konnte Toda relativ leicht verstehen. Der Teil, der ihn neugierig machte, waren die zwölf Zeilen mit den negativen Feststellungen.
Überzeugt davon, daß diese Anhäufung von »weder« und »noch« kein rein literarischer Kunstgriff war, sondern daß sich dahinter ein tiefer Sinn verbarg, der mit einer sehr definierten Existenz einer unbekannten Sache zu tun hatte, beschloß er nicht weiter zu lesen, bis er das vermeintliche Rätsel gelöst hatte. Wie konnte etwas Seiendes sein und dennoch nicht sein? Ganz gleich wie verwirrend es war, Toda wußte, daß dieses Etwas existierte, und daß nur paradoxe Rätsel seine wahre Natur beschreiben konnten. Wenn er des Denkens müde wurde, erfrischte er sich damit, daß er das Daimoku rezitierte, indem er selbstgemachte Gebetsperlen aus Milchflaschendeckeln benutzte. Ansonsten

verbrachte er seine gesamte Zeit mit Nachdenken über die zwölf geheimnisvollen Zeilen.

Früher hatte er einige der zahllosen Kommentare und Interpretationen über das Lotos-Sutra gelesen, aber er konnte sich kaum noch daran erinnern; und wegen der Regeln im Gefängnis war ihm auch nichts dergleichen zugänglich. Immerhin erinnerte er sich aber daran, daß keiner der Kommentare eine befriedigende Erklärung für die zwölf Zeilen lieferte. Einige der Kommentare ignorieren diese einfach, wohingegen sie weitschweifige Erklärungen für die Passagen davor und danach geben. Doch auch da, wo die Verse erklärt werden, können die Interpretationen nicht befriedigen. In einigen Fällen wird gesagt, die Zeilen bedeuteten, daß der Buddha nicht dieser Welt zugehört oder, daß der Buddha sich über das Materielle erhebt und demzufolge alle weltlichen Dinge transzendiert. Doch seit langem schon hielt Toda derartige Aussagen für absurd.

Auch Tschihi-i*, der vor eintausenddreihundert Jahren den T'ien-t'ai-Buddhismus begründet hatte und der das Lotos-Sutra sicher besser verstand als irgend jemand seiner Zeit, hatte es nicht geschafft eine klare Interpretation zu geben. In Japan hatte Dengyo der Große, welcher in der Nachfolge des orthodoxen T'ien-t'ai-Buddhismus stand, mit seinem Buch *Interpretation des Sutra der unendlichen Bedeutung* versucht, einen Kommentar zu jedem Vers des Lotos-Sutra zu liefern. Doch auch er trifft nicht das Wesentliche, wenn er sagt, daß er sich im ersten Kapitel bei der Wesenheit um den Buddha als Verkörperung der Erleuchtung handelt.

Es kann sein, daß es in der begrenzten Lehre Dengyos des Großen unmöglich war, das Wesen des Buddha klarer zu beschreiben. Später versuchten die T'ien-t'ai-Gelehrten die Schwierigkeit zu umgehen, indem sie Dengyos Definition wörtlich nahmen und Buddhaschaft als etwas Übernatürliches ansahen, was nur durch die abstrakten Verneinungen der Verse

* Siehe Glossar

ausgedrückt werden kann. Wenn die Wesenheit mit dem Buddha der höchsten Erleuchtung gleichgesetzt wird und die zwölf Zeilen nur mehr eine Lobpreisung des Buddha sind, dann wird dieser zu einer idealisierten Anwesenheit, zu einem Idealbild. Doch das ist unwahrscheinlich, weil die Verse von den Mahasattvas an Buddha persönlich gerichtet waren.
Obwohl das Problem sich offensichtlich jedem Lösungsversuch entzog, wußte Toda zwei Dinge: Die Wesenheit, von welcher in der Passage gesprochen wurde, war etwas wirklich Existierendes, fast Berührbares und sie war der Schlüssel zum Verständnis der geheimnisvollen Verse. Er war entschlossen, das für ihn lebenswichtige Rätsel zu lösen, bevor er irgend etwas anderes tat und so begann er zunächst, für einige Zeit das Daimoku ohne Unterbrechnung zu rezitieren. Dann ging er in eine tiefe Meditation. In einer Art Trance versuchte er voller Eifer, sich jede der negativ ausgedrückten Eigenschaften der Wesenheit vorzustellen. Während er vollkommen von der paradoxen Aufgabe absorbiert wurde, verloren Zeit und Raum nach und nach ihre Bedeutung. Aber nach einiger Zeit blitzte plötzlich ein Wort in seinem Geist auf: Lebenskraft! Und in diesem Augenblick hatte er das Geheimnis der Verse entschlüsselt:

»Lebenskraft ist weder Sein noch Nichtsein;
weder Ursache noch Wirkung;
weder sie selbst noch etwas anderes;
weder viereckig noch rund; weder kurz noch lang …

Das Problem war lösbar. Die Wesenheit, der Buddha, ist die Lebenskraft selbst. Für kurze Zeit fand Toda sich in einem Kontinuum reiner Freude. Er verstand, daß der Buddha die Kraft ist, die im Leben des einzelnen ebenso wie außerhalb des Individuums existiert, eine Essenz der Energie des Kosmos. Die Mauern seiner Zelle konnten sein Glück nicht einschränken. Eine Welle des Entzückens entstand tief in seinem Herzen und er wünschte, er könnte die Segnung seiner Erkenntnis und seines

Wissens mit der ganzen Menschheit teilen. Er sah sich selbst, wie er sich in einem unendlich weiten Raum befand, der von der Lebenskraft erfüllt war und er wollte alle Menschen zu dem gleichen Zustand der Erleuchtung führen. Dann ließ die flammende Begeisterung langsam nach. Toda fand sich in seiner engen, vergitterten Zelle, doch dies schien ihm jetzt unerheblich im Angesicht des Wissens, das er erlangt hatte, eines Wissens, das ihm niemand mehr nehmen konnte. In tiefer Dankbarkeit wandte er sich in Richtung des Taiseki-Dschi und rezitierte voller Feuer das Daimoku, während sich die Dämmerung herabsenkte.

Während eines kurzen Moments der Erleuchtung erreichte Toda die Schwelle einer geistigen Entwicklung, welche eines Tages die Philosophie der Welt revolutionieren wird. Es war seine Entdekkung, denn im gesamten Lotos-Sutra findet sich keine direkte Erwähnung der Lebenskraft. Indem er die Bedeutung der zwölf Zeilen entschleierte, entdeckte Toda das wahre Wesen der Buddhaschaft, die als Lebenskraft im kosmischen Leben und im wunderbaren Leben des Menschen existiert. Diese universelle Lebenskraft durchdringt alles in allem drei Stadien der Existenz – Vergangenheit, Gegenwart und Zukunft. Dadurch, daß Toda eine neue Interpretation in das buddhistische Gedankengut einfließen ließ, bewies er zwei immens wichtige Dinge. Erstens zeigte er, daß die buddhistische Philosophie der Lebenskraft neuzeitlichen, wissenschaftlichen Gedanken mehr als ebenbürtig ist, und zweitens machte er klar, daß die durch Nitschiren Daischonin weiterentwickelte Philosophie der Lebenskraft allen anderen Philosophien der alten und neuen Welt überlegen ist. Und Toda hatte während des Prozesses der Erkenntnis selbst einen Schimmer der Lebenskraft in ihrer reinsten und höchsten Form gesehen.
Nachdem er das tiefste und schwerwiegendste Rätsel des Lotos-Sutra gelöst hatte, las Toda auch den übrigen Text. Und mit seinem neuen Verständnis erschienen ihm viele vorher seltsame und geheimnisvolle Passagen plötzlich einfach und klar.

Frühling und Sommer vergingen mit weiterem Studium. Im Herbst hatte er das Gefühl, daß er nunmehr weitgehend den Sinn der einzelnen Teile verstehen konnte, doch die wichtigste Frage war noch offen: Was versuchte Schakyamuni in den achtundzwanzig Kapiteln des Lotos-Sutra zu lehren? Intellektuell wußte er zwar, daß die Essenz des Werkes in Nam-myoho-renge-kyo und im Gohonson zusammengefaßt war, doch es gelang ihm nicht, diesen klaren Gedanken als unbestreitbare Wahrheit auch essentiell zu erfassen.
Es wurde Herbst. Die Tage wurden kürzer und kälter, aber immer noch hatte Toda keine Antwort auf die drängendste aller Fragen gefunden. Während er sich weiter den Kopf zerbrach, wanderte er in seiner dämmerigen Zelle auf und ab und murmelte vor sich hin. Offensichtlich war das Lotos-Sutra nicht nur ein Gleichnis oder eine Geschichte aus dem alten Indien, denn in seiner *Goscho* hatte Nitschiren Daischonin wiederholt betont, daß jeder der neunundsechzigtausenddreihundertvierundachtzig Schriftzeichen des Textes selbst ein Buddha ist. Das heißt, daß das Werk die gesamte Wahrheit enthält. Es blieb Toda, dem unwürdigen Schüler des Nitschiren, überlassen, die Essenz dieser Wahrheit zu finden und sie der Menschheit zugänglich zu machen.
Trotz seiner Unterernährung rezitierte er weiter vertrauensvoll das Daimoku. Mitte November hatte er es seit dem Tage seines Neujahrsschwurs fast zwei millionenmal wiederholt.
Eines Morgens, als das schwache Licht des milden Novembers durch das Gitterfenster drang, dachte Toda beim Rezitieren an nichts Bestimmtes. Er wußte zwar um die Schrecken des Krieges, er wußte, daß seine Familie in Gefahr war, daß seine Firmen in die Brüche gingen und daß todbringende Bomben auf die Nation herniederregneten, ja es war ihm sogar bewußt, daß sein geliebter Lehrer Tsunesaburo Makigutschi sich im gleichen Gefängnis befand; aber irgendwie war alles von ihm abgefallen, was in der Außenwelt vorging. An diesem Novembertag existierte für ihn nur das Lotos-Sutra. Er hatte kurz vorher darin gelesen und über

eine Passage im fünfzehnten Kapitel nachgedacht, in welcher prophezeit wird, daß am »Späten Tag des Gesetzes« die Bodhisattvas sich von der Erde erheben und der Menschheit Rettung zuteil werden lassen. Die schwächliche Sonne schien ihm ins Gesicht, eine leichte, fast frühlingshafte Brise streichelte seine Wangen. Er spürte das Aufwallen eines unglaublichen Glücksgefühls, als er sich die Stelle ins Gedächtnis rief, die folgendermaßen beginnt:

»Als sie die weitklingende Stimme des Herrn Schakyamuni hörten, sprangen eine Vielzahl Bodhisattvas von der Erde hervor. Jeder von ihnen war der Führer und Lehrer einer Gruppe und hatte einen Zug ungezählter Schüler, so viele, wie sechzigtausend Ganges-Flüsse Sandkörner enthalten . . .«

Und wieder existierte die Gefängniszelle nicht mehr. Toda war plötzlich Teil der vielen, die sich versammelt hatten, um an der Zeremonie teilzunehmen, in welcher Buddha der Welt die Lehren des Lotos-Sutra weitergab. Diese Zeremonie fand im Reich des ewigen Buddha statt, dem Platz, wo das allesdurchdringende universelle Leben entsprang. Die Zahl derer, die daran teilnahmen, entsprach den Sandkörnern von Tausenden von Ganges-Flüssen. In der Mitte des Gedränges stand ein glänzender goldener Dai-Gohonson. Und Toda war dort.

Er war wirklich dort. Es war kein Traum und keine Illusion, sondern eine wahre und klare Vision. Er hatte keine Ahnung, wie lange sie dauerte, vielleicht nur Sekunden, vielleicht auch Minuten oder Stunden. Und sie war so lebendig, wie nichts in seinem Leben jemals lebendig gewesen war. Gerade als er voller Freude ausrufen wollte: »Ich bin hier, ich bin Teil dieser großen Versammlung!«, fand er sich selbst in seiner Gefängniszelle wieder, die schmalen Streifen des schwachen Sonnenlichts schienen ihm ins Gesicht. Die Vision war vorüber, aber die Tränen einer unausdrückbaren Freude glitzerten auf seinen Wangen. Und während er die salzigen Tropfen abwischte, erinnerte er sich an die Passage des fünfzehnten Kapitels des Lotos-Sutra, in der es heißt: »Die Versammlung der zahlreichen Mönche auf dem

Geierberg, jeder von ihnen ein Arhat, unbefleckt, frei von Verderbtheit, hat sich bis heute nicht aufgelöst.« Und diese Worte erinnerten ihn wiederum an einige Zeilen aus Nitschirens *Goscho*:

»Nitschiren erhielt die drei esofenischen Gesetze direkt von Buddha, dem Meister, dem allerhöchsten Führer der von der Erde erstandenen Bodhisattvas, vor zweitausend Jahren.«

Früher war Toda über das Wort »direkt« stets verwundert gewesen. Wie konnte Nitschiren Daischonin die Gesetze direkt von Buddha, dem Herrn erhalten haben? Jetzt wußte er es. Er hatte verstanden, weil er selbst Teil der riesigen Versammlung gewesen war, als der Daischonin, der Buddha der höchsten Erleuchtung, an der Spitze der Bodhisattvas gestanden hatte und die Gesetze vom Buddha Schakyamuni erhalten hatte. Und da er Teil dieser Versammlung gewesen war, war auch Toda ein Bodhisattva, der sich von der Erde erhoben hatte. Wie majestätisch und lebendig war die ewige Zeremonie! Den Menschen des »Späten Tages des Gesetzes« die Erlösung zu bringen, war eine gewaltige Aufgabe, das wußte Toda jetzt.

Einige Minuten lang lief er schnell in seiner kleinen Zelle auf und ab. Dann nahm er das Buch zur Hand und las die Beschreibung der Zeremonie im fünfzehnten Kapitel nach. »Ja«, rief er, »genau so war es, so habe ich es gesehen.« Gierig las er weiter und weiter in dem großartigen Buch. Doch jetzt war nichts mehr rätselhaft. Der gesamte Text erschien ihm so klar, als hätte er ihn sein ganzes Leben lang verstanden.

Zu dieser Zeit war Toda fünfundvierzig Jahre alt. Da er in der Zeit des frühen zwanzigsten Jahrhunderts aufgewachsen war, als die konfuzianischen Lehren noch populär waren, kannte er das Zitat über die Relation von Alter und Erwachsensein: »Mit vierzig war ich frei von Irrungen und Zweifeln und mit fünfzig kannte ich das Gesetz des Universums.« Zwar hatte er seine Zweifel erst fünf Jahre nach dem in dem Zitat angegebenen Alter verloren, aber dafür erfuhr er das Gesetz des Universums schon fünf Jahre früher. »Jetzt kenne ich die Mission meines Lebens«,

sagte er laut. »Ich werde mein ganzes Leben der Verbreitung dieses großartigen Buddhismus widmen und ich will diesen Tag niemals vergessen.« Seine lauten und freudigen Ausrufe erregten das Mißtrauen des Wächters vor seiner Zellentür, aber als dieser durch das Guckloch spähte, sah er einen entzückten Toda, der glücklich in seinem winzigen Raum umherlief.
Zur gleichen Zeit lag Tsunesaburo Makigutschi krank in einem anderen Flügel des Gefängnisses. Die schlechte Ernährung hatte den alten Mann in den letzten anderthalb Jahren ernstlich geschwächt. Kurze Zeit später starb er in der Krankenstation, in die man ihn einen Tag vorher verlegt hatte. Ein Leben, reich an tiefer Bedeutung und edler Absicht ging nach dreiundsiebzig Jahren zu Ende.
Toda hörte erst fünf Tage später von einem Vernehmungsbeamten vom Tode seines geliebten Lehrers und Führers. Es war ein schrecklicher Schlag für ihn. Toda weinte, bis er keine Tränen mehr hatte. Dann wurde ihm klar, welch eine schwere Last nun auf seinen Schultern ruhte. Er schwor Vergeltung für Makigutschis Tod, nicht in einer rachsüchtigen, sondern in einer vergebenden Weise, indem er den Menschen auf aller Welt den rettenden Glauben bringen würde, für den Makigutschi sein Leben hingegeben hatte.

Toda setzte sich wieder an den Schreibtisch seines kleinen Arbeitszimmers und begann zu schreiben. Die lebendige Erinnerung an das Erlebnis seiner Erleuchtung in der öden Gefängniszelle hatte ihn inspiriert. Er war nun überzeugt, daß er das Thema vom Standpunkt seiner persönlichen Erfahrung angehen mußte, obwohl die Arbeit selbst natürlich eine systematische Erklärung der Theorie von Nitschiren Daischonins Philosophie der Lebenskraft beinhalten sollte. Der Stil müßte sich einerseits der Erhabenheit des Themas anpassen, andererseits sollte er aber überzeugen und dem universellen Wert der Philosophie gerecht werden. Die Einführung begann mit den Worten:
»Als das Militär den Schintoismus für ultranationale und totali-

täre Zwecke mißbrauchte und ausbeutete, was letztendlich zu dem leichtsinnigen Krieg gegen die USA führen sollte, brandmarkte ich zusammen mit unserem verehrten Lehrer Tsunesaburo Makigutschi und anderen Kollegen die Religionspolitik der Regierung. Wir bezeichneten es als absurd, daß man das japanische Volk zwang, vor den Altären des Schinto zu beten. Dafür wurden wir im Jahre 1943 verhaftet und für zwei Jahre ins Gefängnis geworfen.«

Zorn stieg in ihm hoch, als er sich schmerzvoll an die früheren Ereignisse erinnerte. Doch dann brachte er seine Emotionen wieder unter Kontrolle:

»Ich muß in dieser Arbeit eine größere Wahrheit mitteilen, als es die reinen Fakten vermögen; ich kann mir keine privaten Gefühle erlauben.« Langsam zündete er sich eine Zigarette an, dachte ein paar Minuten nach und fuhr dann fort:

»Während ich allein und isoliert im Gefängnis lebte, meditierte ich Tag für Tag, Monat für Monat über die letztendliche Natur des Lebens. Ist das Leben ewig? Was ist Leben? Heilige und Weise haben durch die Zeiten über diese großen Rätsel nachgedacht, und jeder versuchte, sie auf seine Weise zu lösen.«

An diesem Punkt war Toda versucht, aus christlichen und konfuzianischen Schriften zu zitieren, aber diese Absicht gab er schnell wieder auf. Seine Argumentation sollte ein vergleichendes Vermischen mit anderen Philosphien nicht nötig haben. Es genügte, seine eigenen innersten Gedanken offenzulegen, um jene Wahrheit zu enthüllen, wie sie ihm in seiner Erleuchtung zuteil geworden war. Die Schrift sollte klar und einfach werden und keine schwierigen philosophischen Fachausdrücke enthalten. Das einfache Volk konnte nicht durch Theorien überzeugt werden, die weder der Autor, noch der Leser klar verstanden. Und er schrieb weiter:

»Wenn jemand eine Laus tötet, wohin geht das Leben, welches dem Tier innewohnte? Verschwindet es für immer von dieser Welt? Wenn man einen Kirschzweig in eine Vase stellt, verwandeln sich seine Knospen in Blüten und Blätter, aber es werden weniger sein, als wenn man den Zweig an seinem Baum gelassen hätte. Unterscheidet sich das Leben in dem gebrochenen Zweig von dem Leben im Baum?«

Toda pflegte abstrakte Wahrheiten stets mit konkreten Beispielen zu erhärten. Deshalb hatte er die Laus und den Kirschzweig zur Illustration seiner Gedanken über die geheimnisvolle Natur von Leben und Tod benutzt. Wie alle Menschen hatte er große Angst vor dem Tod. Er hatte die Qual des Hinscheidens einer geliebten Person erfahren. Als junger Mann hatte er den Tod seiner ersten Frau und seiner Tochter erlebt, später war sein Vater gestorben. Die Erschütterung dieser Erfahrungen und die angeborene Furcht vor dem eigenen Tod hatten ihn dazu getrieben, neben jenen, die auf dem Lotos-Sutra basieren, auch christliche und andere buddhistische Lehren zu studieren, in der Hoffnung, Lösungen für dieses gewaltige Problem zu finden. Doch beides hatte ihn enttäuscht, weil es ihn nicht überzeugen konnte.

»Da ich mich für Wissenschaft, Mathematik und logisches Denken interessierte, konnte ich nicht glauben, was nicht auch theoretisch überzeugend war. Nachdem ich etliche philosophische Ansätze ausprobiert hatte, begann ich, das Lotos-Sutra und die *Goscho* des Nitschiren Daischonin zu studieren. Eine bestimmte Passage im Lotos-Sutra verwirrte mich und mit glühendem Verlangen, ihre Bedeutung zu enthüllen, rezitierte ich das Daimoku, so wie Nitschiren Daischonin es uns lehrte.

Nachdem ich das Daimoku über einen Zeitraum von mehreren Monaten fast zwei millionenmal rezitiert hatte, hatte ich eine geheimnisvolle Vision, die mir einen neuen Horizont eröffnete. Ich zitterte vor Freude, als ich mich plötzlich unter den Buddhas und Bodhisattvas des gesamten Universums befand. Als die Vision endete, fand ich mich in meiner Gefängniszelle zurückversetzt. Doch ohne meine Umgebung zu beachten, erhob ich mich und erklärte mit lauter Stimme, daß ich frei war vom Zweifel und das Gesetz des Universums nun kannte. Auf der Basis dieser persönlichen Erfahrungen – und, was noch wichtiger ist, gegrün-

det auf dem Lotos des Myoho – will ich hier das Wesen der Lebenskraft behandeln.«
So begann Toda seinen Artikel, welcher größte Bedeutung für Soka Gakkai und die gesamte Menschheit erlangen sollte.
Doch er war zu beschäftigt, um sich ganz und gar philosophischen und literarischen Bemühungen zu widmen. Das tägliche Leben stellte zu viele Anforderungen an ihn. In der ersten Nacht hatte er fast bis zum Morgengrauen gearbeitet und ein sicheres Fundament für das ganze Werk gelegt. Der erste Teil hieß: »Das Geheimnis des Lebens«, der zweite: »Das Leben der drei Existenzen«, der dritte: »Das ewige Leben« und der letzte Teil schließlich nannte sich: »Die Kontinuität des Lebens.« Nachdem das Gerüst stand, war Toda sicher, daß ihm das Schreiben leichtfallen würde. Er mußte auf jeden Fall hart arbeiten, weil der Artikel für die erste Ausgabe des neuen Soka-Gakkai-Magazins *Daibyokurenge*, großer, weißer Lotus, fertig sein mußte.
Im Jahre 1946 hatte Soka Gakkai das monatliche Erscheinen eines kleinen hektografierten Magazins, genannt *Katschi Soso*, »Erschaffung von Werten«, eingestellt. Dieses in der Nachkriegszeit mit ihrer extremen Papierknappheit publizierte Mitteilungsblatt hatte nur zehn Seiten gehabt und diente hauptsächlich dazu, die Mitglieder in ländlichen Gebieten mit einer begrenzten Anzahl von Informationen zu versorgen. Als Soka Gakkai mit der Zeit größer wurde, war es klar, daß man eine ambitioniertere Zeitschrift brauchte. Im Dezember 1948 beschlossen die Direktoren der Gesellschaft, daß das Magazin im Buchdruck gefertigt werden sollte, doch Toda wollte mehr tun. Er beschloß, das bescheidene Blättchen in eine vollwertige, religiöse Monatsschrift zu verwandeln.
Seit Januar 1949 hatte Takeo Konischi und Tschuhei Yamadaira, die beide zu Redakteuren ernannt worden waren, fleißig an den Plänen für das neue *Daibyakurenge* gearbeitet. Ihre Aufgabe war gewaltig, denn sie mußten das Material des alten Magazins um das Vier- oder Fünffache vermehren, sie mußten

die Einführung verschiedener Serien planen, kritische Biographien schreiben und interessante Zeugnisse vorbereiten, die die Kräfte des Glaubens in Nitschiren Schoschu beweisen sollten. Toda hatte ihnen den Artikel über die Philosophie der Lebenskraft versprochen und wollte außerdem ein Editorial für die erste Nummer schreiben. Mit einigen anderen Autoren waren Kontakte geplant, aber man war weit von der ersten Ausgabe entfernt. Da *Katschi Soso* bereits eingestellt war, gab es eine Zeitlang keine Soka-Gakkai-Publikation. Toda fand dies unbefriedigend und tat deshalb etwas, was für ihn ungewöhnlich war.
Unter normalen Umständen respektierte er stets die Arbeitsweise seiner Leute, aber als er sah, daß trotz der harten Arbeit, die Konischi und Yamadaira leisteten, nichts Entscheidendes bezüglich des Erscheinens des neuen Magazins geschah, beschloß er einzugreifen. Eines Morgens bat er die jungen Leute, ihm ihre Pläne zu unterbreiten. Er las die vorgelegten Papiere durch und schob sie dann mit traurigem Lächeln zur Seite: »Ihr werdet mit solchem Material niemals eine Zeitschrift machen. Ihr habt einen Wechsel in der Druckqualität vorbereitet, aber ihr denkt immer noch in den Bahnen des alten, hektografierten Blättchens. Ein vollwertiges Monatsmagazin kann nicht nur aus Artikeln von Insidern bestehen. Ihr müßt Arbeiten von bekannten und kompetenten Gelehrten heranschaffen und von Kritikern, deren Namen und Fähigkeiten Anziehungskraft besitzen. Denkt daran, daß wir uns nicht nur an unsere Mitglieder wenden, sondern auch an die breite Öffentlichkeit.«
Der offensichtlich von seiner Arbeit begeisterte Yamadaira sagte: »Wir dachten, wir haben Ihr Essay, das Sie versprochen haben und dann wollten wir uns die lange Liste von religiösen Lehren vornehmen und sie alle widerlegen.«
Toda unterbrach: »Jetzt hört mir einmal zu. Natürlich werde ich für euch schreiben. Aber ist euch eigentlich klar, wie viele Manuskriptseiten man braucht, um ein zweiunddreißigseitiges Monatsmagazin zu füllen – ich wiederhole, ein Monatsmagazin? Was ihr mir hier vorgelegt habt reicht nicht mal für den ersten

Monat. Als erstes vergeßt bitte das alte Heft. Solange ihr an alten Methoden klebt, könnt ihr nichts Neues beginnen. Wenn ihr eure Zielsetzung nicht erweitert und erneuert, wird euer Magazin langweilig werden und keiner wird es kaufen. Was ihr braucht, ist eine neue Idee für jede Monatsausgabe.
Gut, laßt uns zunächst die erste Ausgabe planen. Dann werdet ihr sehen, was ich meine. Es ist ein neues Magazin, auf den ersten Seiten sollten Glückwünsche zu finden sein. Warum bittet ihr nicht den Hohepriester Nisscho Misutani darum? Ich bin sicher, er wird etwas schreiben. Und er ist ein ausgezeichneter Kalligraph, fragt ihn, ob er nicht die Titelseite gestalten will. Ihr wollt immer noch ein Editorial von mir? Gut, aber ich arbeite auch an dem längeren Artikel. Habt ihr den pensionierten Priester Nitschiko Hori gefragt?«
»Ja«, antwortete Yamadaira, »er recherchiert über Nikko Schonin. Ich glaube, er wird bald mit dem Schreiben beginnen.«
»Wunderbar«, sagte Toda. »Sagt ihm, er soll soviel schreiben, wie er mag, vielleicht machen wir eine Serie daraus. Ich wette, sein Artikel wird schwierig, wir werden ihn selbst nicht verstehen.«
Toda lachte und die beiden jungen Männer stimmten ein. Keiner von ihnen konnte ahnen, daß Horis Artikel sich zu einer voluminösen und endgültigen Biographie von Nikko Schonin, dem zweiten Hohepriester der Nitschiren Schoschu auswachsen würde.
»Dann können wir die Beiträge der Priesterschaft durch einen Artikel von Taiei Horigome abrunden. Was habt ihr wegen anderer Autoren unternommen?«
»Unser Yoschio Ischiyama hat Tomo Yamada von der Kokutschu-kai-Nitschiren-Sekte zu einer schriftlichen Debatte herausgefordert«, sagte Konischi.
»Das ist eine ausgezeichnete Idee«, sagte Toda. »Gebt ihnen Raum für ihren Streit. Je mehr sie schreiben, um so klarer wird dem Leser werden, daß nicht Yamadas Kokutschu-kai-Sekte, sondern die Nitschiren Schoschu den wahren orthodoxen Bud-

dhismus verkörpert. Der fünffache Vergleich* und die drei esotenischen Gesetze legen dar, daß wir die Wahrheit unseres Glaubens beweisen sollen, indem wir den offenen Vergleich mit anderen Glaubensrichtungen erlauben. Die Größe von Nitschiren Daischonins *Goscho* liegt auch in der Art, wie es seine absoluten Glaubenssätze durch vergleichen etabliert.

Aber natürlich soll vergleichen und die Versicherung unserer Überlegenheit nicht unser einziges Ziel sein. Wir bringen *Daibyakurenge* heraus, um andere von der Wahrheit unseres Glaubens zu überzeugen. Zu diesem Zweck müssen wir zunächst die Fehler, Schwächen und Widersprüche der anderen aufzeigen und dann all unsere Überzeugungskraft aufbieten, um die Leute auf unsere Linie zu bringen. Nitschiren Daischonin selbst ist das beste Beispiel für eine Kraft der Überzeugung, die auf Mitleid gegründet ist. Wir können nur hoffen, so gut wie er zu sein, aber wir können es versuchen.

Zur Kunst Menschen zu überzeugen gehört eine Sprache, die der normale Mensch versteht. Darum dürfen wir uns in unserem Magazin nicht auf religiöse Debatten beschränken. Wir müssen uns nun auf ein viel weiteres Feld begeben, wo Nitschiren Daischonins große Philosophie der Lebenskraft ihre Überlegenheit allen anderen Philosophien gegenüber beweisen kann. Die universelle Verbreitung unseres Glaubens wird eine ideologische Schlacht sein, wie es sie noch nie gegeben hat.

Was ich sagen will ist folgendes: Öffnet euch und vergrößert den Maßstab des Magazins. Ladet berühmte Professoren der Theologie und Philosophie ein, für euch zu schreiben. Bittet Romanautoren um Artikel. Ich habe gehört, daß Hideo Motofune interessantes historisches Material über Nitschidschi entdeckt hat, einen der sechs älteren Priester, die Nitschiren Daischonin ernannt hat. Bittet ihn, etwas über Nitschidschi zu schreiben. Er schreibt sehr gut und es kann sein, daß eine Serie daraus entsteht.«

* Siehe Glossar

Konischi und Yamadaira waren nicht davon überzeugt, daß es gut sei, Universitätsprofessoren um Artikel zu bitten, weil sie Nachteiliges über die Nitschiren Schoschu sagen könnten. Aber Toda entgegnete ihnen: »Macht euch darüber keine Gedanken. Wichtig ist, daß ihr Platz habt für religiöse und philosophische Debatten. Die meisten konventionellen Philosophieprofessoren wissen nicht viel über den Buddhismus und haben nicht den Mut, Nitschiren Schoschu zu widerlegen. Laßt sie sagen, was auch immer sie wollen, wir wissen, daß wir recht haben. Wir haben niemanden und nichts zu fürchten.

So, das sollte fürs erste reichen. Geht an die Arbeit.«

Toda hatte mit der ihm eigenen Art die redaktionellen Probleme gelöst, die das Erscheinen von *Daibyakurenge* für mehr als drei Monate verzögert hatten. Konischi und Yamadaira machten sich an die Arbeit und die Redaktion kam in Bewegung.

Mit derartigen Aktivitäten waren Todas Tage ausgefüllt. In der Nacht setzte er die Arbeit an der »Philosophie der Lebenskraft« fort und er hatte das Gefühl, daß sich in diesem Werk die Hingabe und der Glaube eines halben Lebens kristallisierte. In der Nacht nach seinem Treffen mit Konischi und Yamadaira begann er den Abschnitt: »Das Leben der drei Existenzen.« Er hatte lange und intensiv Nitschiren Daischonins *Kaimoku Scho, Sendschi Scho* und *Ongi Kuden* studiert, und hatte daher das feste Wissen und den unerschütterlichen Glauben an die drei Existenzen des Lebens: Vergangenheit, Gegenwart und Zukunft. Der Daischonin hatte tiefer, detaillierter und fundamentaler über die Lebenskraft gesprochen, als Schakyamuni. Toda war ein Anhänger von Nitschiren Daischonins Interpretation. Er glaubte an ein unverselles Leben, das nicht auf die biologischen und medizinischen Definitionen des Wortes beschränkt ist, das sich nicht nur auf die Gegenwart bezieht und das nicht mit den Ideen über eine individuelle Seele verbunden ist.

Die Werke, die Nitschiren Daischonins Interpretation des Lebens erklären, sind selbst recht kompliziert und schwer zu lehren. Als Toda sie in seinen Vorlesungen über das Lotos-Sutra behandelte, mußte er seine Erläuterungen sehr oft wiederholen. Darüber hinaus war ihm bewußt, daß selbstzufriedene Intellektuelle wahrscheinlich über das buddhistische Konzept des Lebens lächeln würden. Um jeder Kritik aus dieser Ecke vorzubeugen, begann er mit folgenden Worten:

»Viele Intellektuelle mögen über die buddhistischen Ideen vom Leben spotten, aber dadurch zeigen sie nur, wie wenig sie nachdenken und wie unwissenschaftlich sie sind. Eines der wichtigsten Gesetze der Wissenschaft ist das Gesetz von Ursache und Wirkung. Alle Phänomene im Universum unterliegen ihm; wer behauptet, das Leben sei nur ein Resultat der Vereinigung von Samen und Ei, oder es sei überhaupt nur zufällig entstanden, ist äußerst oberflächlich, denn er ignoriert die Tatsache, daß es eine Ursache für das Leben geben muß.

Die Naturwissenschaft kann vieles erklären, aber über die Natur jenes Phänomens, das wir Leben nennen, hat sie wenig zu sagen. Menschen, Katzen, Hunde, Tiger und Bäume sind lebendig; das leugnet die Wissenschaft nicht, aber sie kann uns nicht sagen, ob all die Formen der Lebenskraft in diesen verschiedenen Wesen identisch oder unterschiedlich sind.« Toda machte sich weniger Sorgen um die Ignoranz der Menschen bezüglich der Religion, als vielmehr um das Fehlen jedes Interesses an der Natur des Lebens selbst. So gab er sich große Mühe, zu erklären, wie das Leben durch Vergangenheit, Gegenwart und Zukunft fortdauert.

Im verbleibenden Teil dieses Abschnitts illustrierte und erläuterte er das buddhistische Konzept einer größeren Lebenskraft, welche im ganzen Universum existiert und sich selbst im Leben des einzelnen manifestiert. Damit kritisierte er jene Intellektuellen, welche den Wert der Religion für das Verständnis des Lebens ignorieren. Und er prophezeite ernste Gefahren für die Zukunft des Planeten und der Welt, wenn die gesamte Menschheit nicht die Wahrheit der buddhistischen Erklärung des Lebens akzeptieren würde.

Bevor er mit dem dritten Teil, »Ewiges Leben«, begann, meditierte Toda lange. Die Basis dieses Teils seines Essays sollte auf Nitschiren Daischonins *Sanse Schobutsu Scho, Totaigi Scho, Dschippokaidschi, Ongi Kuden*, und dem sechzehnten Kapitel des Lotos-Sutra beruhen. Toda beabsichtigte zu erklären, daß die größere Lebenskraft keinen Anfang und kein Ende hat. Außerdem wollte er in klar verständlichen Worten das Konzept des Itschinen Sansen darlegen, welches besagt, daß jeder Moment dreitausend Existenzen oder Aspekte der Realität enthält. Aber bevor er den Leser mit einem solch komplexen Thema in Anspruch nahm, mußte er hierzu eine kleine Einführung geben:

»Leben hat existiert und existiert gleichzeitig mit dem gesamten Universum. Es ist nicht vorher entstanden, erschien nicht zufällig und ist nicht von einem Wesen erschaffen worden. Das Leben und das Universum sind eins, es ist falsch, zu behaupten, daß das Leben in irgendeiner Weise auf unseren Planeten beschränkt sei. Wir gläubigen Mitglieder der Nitschiren Schoschu sind bestrebt, die Realität des unendlichen Lebens zu begreifen. Hilfe bei unseren Bemühungen wird uns zuteil durch die grenzenlose Gnade Nitschiren Daischonins und unsere Verehrung des Dai-Gohonson, welche beide eine Verkörperung der Doktrin des Itschinen Sansen sind und eine Quelle der sofortigen Erleuchtung und des Heils.«

Anders als viele Philosophen, die über den Sinn des Lebens nur im ideologischen Sinn nachgedacht haben, wollte Toda jedem menschlichen Individuum helfen, die Ewigkeit und die Würde des Lebens und seiner großen Kraft bei den täglichen Aktivitäten zu verstehen. Doch zunächst mußte er mit einigen weitverbreiteten Mißverständnissen aufräumen:

»Diejenigen, die versuchen, die Idee des ewigen Lebens zurückzuweisen, indem sie sagen, der Mensch und alle Tiere hätten sich aus den Einzellern entwickelt, frage ich: ›Warum sind diese Einzeller entstanden? Als die glühende Hitze der jungen Erde sich abgekühlt hatte, woher kamen die einzelligen Lebewesen?‹ Die Antwort ist einfach, aber sie ist nicht in Biologiebüchern zu finden. Die Amöben, die einfachen Pflanzen und alle anderen niedrigen oder höheren Lebensformen entstehen, wenn die Bedingungen für ihre Manifestation und ihr Wachstum richtig sind. Da dies so ist, sollte es nicht überraschen, daß überall im Universum die verschiedensten Lebensformen erscheinen können. Nach ihrem Erscheinen können sie sich weiterentwicklen, ich widerspreche nicht der Evolutionstheorie. Aber Leben ist eine ewige, alles durchdringende Realität. Demzufolge ist es nicht unmöglich, daß der Mensch, obwohl er heute auf diesem Planeten lebt, vor Milliarden von Jahren auf einem anderen Planeten gelebt hat. Das Leben ist ewig und existiert zusammen mit dem Universum, es ist also Unsinn, zu behaupten, es sei irgendwann in der Geschichte eines Planeten aus den Proteinen oder aus anderer Materie entstanden.«

Die Arbeit an dem wichtigen Essay dauerte noch eine Woche. Wenn Toda all seine Zeit nur dafür hätte verwenden können, wäre es vielleicht schneller fertig geworden, denn nachdem er das Gerüst entworfen hatte, fühlte er sich dazu inspiriert, alles schnell und überzeugend niederzuschreiben. Doch das war wegen seines hektischen Tagesplans und der sich verschlechternden wirtschaftlichen Situation des Landes nicht möglich, er konnte es sich nicht erlauben, auch nur einen einzigen Tag nicht im Büro zu sein.

Hinzu kam, daß er weiterhin dreimal pro Woche seine Lektionen über das Lotos-Sutra abhielt, gewöhnlich begannen sie um sechs Uhr abends und sollten pünktlich um halb acht Uhr enden. Aber es gab immer Fragen und Diskussionen, die ihn festhielten. Eines Abends mußte er das Treffen beenden, obwohl niemand bereit war, schon nach Hause zu gehen.

»Jetzt muß es wirklich für heute genug sein«, sagte Toda fast bittend. »Ich will nicht etwa einen trinken gehen, sondern ich muß einen Artikel für das neue Magazin schreiben, der schon zwei Tage überfällig ist. Die Redakteure drängen mich und wenn ich so weiter mache, wie bisher, werde ich ihn nie beenden.«

Die Leute im Raum lachten, sie wußten nicht, wie intensiv Toda an diesem Artikel arbeiten mußte. »Ich werde diesen Artikel heute beenden«, dachte er, »und wenn es das letzte ist, was ich tue.« Es war bereits neun, als er hinter seinem Schreibtisch saß, um den letzten Abschnitt, »Die Kontinuität des Lebens« zu schreiben.

Dieser Teil erforderte vielleicht die größte Sorgfalt und das meiste Nachdenken, weil er sich mit der gewaltigen Frage beschäftigte, was mit dem Leben geschieht, wenn die äußere Form stirbt. Indem Toda das bekannte Konzept des Lebens nach dem Tode diskutierte, führte er den Leser direkt ins Herz eines der wichtigsten buddhistischen Konzepte. Die Meinung, daß die individuelle Seele ewig weiterlebte, nachdem der Körper zugrunde geht, war leicht zu widerlegen – Schakyamuni weist diese Idee im Nirvana-Sutra so klar zurück, daß Toda keinen Grund sah, hierauf weiter einzugehen.

Einige Menschen glauben, daß das Weiterleben so ähnlich erklärt werden kann, wie die Nachkommenschaft bei einem Tier, das heißt, daß die Eltern in den Kindern weiterleben. Aber was ist, wenn die gesamte Brut stirbt? Was geschieht mit dem Leben, welches sie repräsentierte? Wenn das Leben ewig ist – und darauf bestehen die buddhistischen Lehren – wie kann es nur wegen des Todes der einen oder anderen Generation menschlicher oder tierischer Wesen enden? Andere argumentierten, daß man die Kontinuität des Lebens in den Werken eines Menschen findet. Die Verdienste eines Novellisten oder Philosophen leben in den Werken weiter, die seinen Namen in die kommenden Zeitalter tragen. Aber was ist mit den Menschen, die sowenig schaffen, was einen bleibenden Wert besitzt, so daß man sie nach ihrem Tod vollständig vergißt? Was ist mit Katzen, Hunden und anderen Tieren? Alle leben sie, das heißt, sie sind Manifestationen des Lebens. Und dieses Leben hat nichts mit den Erinnerungen der Verstorbenen zu tun.

Toda wußte, daß selbst im Buddhismus das Problem des Lebens nach dem Tode extrem schwierig zu verstehen ist, es erfordert ein großes metaphysisches Wissen. Wenn man bei seinen Erklärungen nicht sehr viel Sorgfalt anwendet, sind Mißverständnisse unvermeidlich. Aus diesem Grund stellte Toda seinen ursprünglichen Plan, ausführlich aus dem Lotos-Sutra und der *Goscho* zu zitieren, zurück und beschloß, das Thema so klar und verständlich wie möglich darzustellen:

»Das sechzehnte Kapitel des Lotos-Sutra bezeichnet den Tod als eine Art Hilfsmittel. Wenn ein Mann von schwerer Arbeit müde ist, ist es hilfreich, wenn er sich durch den Schlaf wieder erfrischen kann. Ähnlich ist es mit einem alten, kranken Menschen, der seiner Erfahrungen auf dieser Erde überdrüssig ist, es ist eine Hilfe, daß die Lebenskraft in ihm sich durch den Tod erneuern kann.

Um zu illustrieren, wie das Leben durch alle Zeiten und Räume fortdauert, möchte ich ein Beispiel heranziehen, welches aus dem menschlichen Verhalten stammt und selbst eine unzweifelhafte Manifestation der Lebenskraft ist.

In einem bestimmten Moment fühlt ein Mensch Freude. Dann vergeht Zeit und die Freude verschwindet. Wohin geht sie? Doch dann, nachdem wieder einige Zeit vergangen ist, erfährt der Mensch von neuem ein Gefühl der Freude. Ähnlich ist es mit anderen Emotionen. Es gibt eine klare Verbindung zwischen der Freude oder der Trauer, die ich heute empfindet und der Freude oder der Trauer, die ich irgendwann in der Zukunft fühle, obwohl zwischen den beiden Erfahrungen vielleicht keine derartigen Gefühle auftreten. Untersuchen sie die Natur des menschlichen Geistes, wenn er schläft. Im Schlaf ist sein Geist nirgendwo. Beim Erwachen jedoch beginnt er wieder zu arbeiten. Existiert er nun immer oder nur zeitweise? Er existiert und gleichzeitig auch nicht.

Die Zwischenstadien des Geistes und der Lebenskraft selbst können nach der buddhistischen Terminologie mit der Theorie des *ku* oder Nichtsubstanzialität erklärt werden. In der westlichen Philosophie sind das Leben und alle Phänomene klassifiziert als Daseiend oder Nichtdaseiend; für die dazwischen liegende Nichtsubstanzialität hat man keine Vorkehrungen getroffen. Aber ohne Verständnis der Nichtsubstanzialität ist es un-

möglich, das Leben zu verstehen, weil sie überall und allesdurchdringend ist. Es ist die Nichtsubstanzialität, die für die wunderbare Kontinuität des Lebens verwantwortlich ist.
Wie ich schon sagte, Leben und Universum sind eins, sie sind *ku*. Wenn ein menschliches Individuum – seine Form bzw. die Manifestation der Lebenskraft – stirbt, verschmilzt sein Leben mit der großen, universellen Lebenskraft. In diesem Stadium können wir die Lebenskraft nicht mehr wahrnehmen. In diesem Sinne verhält sie sich so wie die Freude, die Trauer oder der Geist während des Schlafes: sie existiert und sie existiert nicht. Nachdem das individuelle Leben mit der universellen Lebenskraft verschmolzen worden ist, ist es nicht immer ansprechbar – genauso, wie einige Leute schlafen, ohne von Träumen gestört zu werden. Doch das Studium der Lehren Nitschiren Daischonins und die Verehrung des Dai-Gohonson machen allen Gläubigen langsam klar, daß die universelle Lebenskraft aufgrund einer karmischen Verbindung wieder eine neue, individualisierte Form annimmt. Man kann dies vergleichen mit der Art, wie der Geist nach seiner offensichtlichen Abwesenheit während des Schlafes wieder seine gewöhnlichen Funktionen aufnimmt. Und genauso, wie der Geist nach dem Schlaf noch im Besitz seiner Erinnerungen und seines Wissens von Gut und Böse ist, so birgt das neue individualisierte Leben die Auswirkungen der Taten aus früheren individuellen Manifestationen. Um die Analogie abzurunden: Das universelle Leben geht durch eine endlose Folge von Schlafen und Erwachen immer weiter und bildet das Grundmuster allen Seins.«
Als Toda dieses kurze Essay beendet hatte – es waren etwas mehr als dreißig Seiten –, war er mit den Früchten seiner Anstrengungen zufrieden. Vieles, was er eigentlich sagen wollte, mußte er weglassen, weil es für ein Monatsmagazin zu kompliziert war. Ihm war auch klar, daß einige Kritiker seine Erklärungen des Lebens nach dem Tod als unwissenschaftlich und nicht beweisbar ablehnen würden. Vielleicht hatten diese Leute in einem gewissen Sinne recht. Dessen ungeachtet hatte Toda beobachtet,

wie der Glaube an diese Hypothesen das Karma vieler Menschen verändert hatte und es ihnen ermöglichte die Buddhaschaft zu erlangen. Deshalb war er überzeugt, daß die Zeit kommen würde, da man diese buddhistische Lehre als richtig beweisen könnte. In unserer Zeit entdecken die Astronomen fortwährend Tatsachen, welche die dreitausendjährige buddhistische Kosmologie bestätigen, vielleicht ohne sich dessen bewußt zu sein. Heute ignorieren die sogenannten Intellektuellen überall auf der Welt den Buddhismus Nitschiren Daischonins, welcher in der Tat eine Verkörperung der Lebenskraft und der Weisheit ist. Demzufolge wandeln diese Leute am Rande eines gähnenden Abgrundes des spirituellen Zerfalls und des Nihilismus. Aber der Tag muß kommen, an dem auch sie die erhellende Barmherzigkeit wahren Buddhismus erkennen werden.
Todas kurze »Philosophie der Lebenskraft« erfreut sich heute einer großen Leserschaft und einige wenige Intellektuelle beginnen zumindest ihren Wert zu verstehen. Obwohl es sehr knapp und einfach geschrieben ist, enthält es doch eine Philosophie, die dazu bestimmt ist, sich eines Tages über die ganze Welt zu verbreiten. Es ist sicher, daß »Die Philosophie der Lebenskraft« in ein paar Jahrhunderten die Wurzel sein wird, aus welcher der blühende Baum der Philosophie wächst, genau wie René Descartes' »Discours de la méthode« die Wurzel des modernen Denkens war. Die Klarheit der Vorstellungen und ihre Illustration mit Beispielen aus dem Alltag machen weitgespannte und tiefe philosophische Ideen auf eine Weise lebendig, wie man es nur einmal in Jahrhunderten erlebt. Doch das ist nur eine der zahlreichen Ähnlichkeiten zu Descartes' Arbeit. Noch wichtiger ist die Wirkung, die beide auf alle unvoreingenommenen und unverdorbenen Leser ausüben. Nachdem man eines der Werke gelesen hat, hat man das Gefühl, als ob sich die Augen für eine neue Sicht der Welt und auf das eigene Selbst geöffnet hätten.
Eine weitere Parallele ist, daß die Hauptabschnitte ihrer Philosophien mit der Schilderung persönlicher Erfahrungen eingeleitet werden. Descartes' »cogito, ergo sum« erscheint im vierten

Teil seines Buches, doch bevor er diesen Punkt erreicht, füllt er drei Kapitel mit der Darstellung seiner persönlichen intellektuellen und psychologischen Entwicklung. Ähnlich hat Toda dem Hauptteil seiner »Philosophie der Lebenskraft« den Abschnitt »Das Geheimnis des Lebens« vorangestellt.

Aber natürlich gibt es auch Unterschiede zwischen Descartes' und Todas Arbeit. Toda sah die durch alle drei Existenzen aller Erscheinungen des Lebens hindurch existierende Lebenskraft als das Hauptelement des Universums an. Auf der anderen Seite glaubte Descartes fest an die Fähigkeit der rationalen Vernunft in allen Menschen. Toda wiederum glaubte, daß das universelle Gesetz der Lebenskraft der bestimmende Faktor allen menschlichen Glücks und Unglücks ist und lehrte, daß man die Menschheit durch religiöse Übungen von allem Elend befreien kann, indem man dieses Gesetz anwendet. Descartes kam nach langem Studium vieler Gebiete zu dem Schluß, daß Vernunft der einzige Weg zur Wahrheit ist. Er stellte alles existierende Wissen in Frage und entwickelte eine neue Philosophie auf der Basis der universellen Vernunft.

Nach vielen Jahren des Zweifels konnte Descartes mit vierzig verkünden, daß die einzig sichere Feststellung, die man machen kann, jene ist, daß man existiert und zwar aufgrund der Tatsache, daß man denkt. Die Klarheit der reinen Vernunft, die Descartes in den Mittelpunkt aller Philosophie stellt, zieht die modernen Denker noch immer an. Descartes war ein spekulativer Philosoph, welcher in einer Zeit lebte, in der die wissenschaftliche Revolution gerade erst begonnen hatte. Wissenschaft fügte sich in Descartes' Vorstellungen von der Vernunft nahtlos ein, aber er fand auch einen Weg, mit der Religion umzugehen. Er begann mit dem denkenden Selbst und machte sich klar, daß das menschliche Selbst fehlbar ist. Dies legte die Existenz eines unfehlbaren Wesens nahe, welches er Gott nannte. Er bestand darauf, daß das denkende Selbst nicht willkürlich einen Gott erschuf, sondern daß die Vorstellung von Gott entstand, weil im fehlbaren denkenden Selbst des Menschen ein unfehlbares We-

sen existierte. Mit einem Wort, seine Definition Gottes beruht auf dem menschlichen Selbst. Daß dieses existierte, bewies er präzise und klar, und ließ damit die komplizierte Sprache mittelalterlicher akademischer Philosophie hinter sich.
Doch Toda ging weiter, er begriff die ewige Lebenskraft als fundamentalen Aspekt des denkenden Selbst – so wie sie der fundamentale Aspekt aller Erscheinungen ist. Nach Jahren des Studiums und Trainings erkannte er die erleuchtende Wahrheit, daß Buddha und der gewöhnliche Sterbliche faktisch eins sind. Nach Descartes kann das fehlbare menschliche Selbst das Göttliche niemals erreichen. Auf der anderen Seite enthüllte Todas mühsames Studium der Schriften Nitschiren Daischonins, daß alles Leben eins ist mit dem Buddha. Weiterhin führte Todas Studium ihn zu einem Verständnis der wahren Natur des Lebens. Ihm wurde klar, daß das erlangte Wissen der einzige Weg war, um die Welt vom Elend zu erlösen. Praktisch gesehen bestand die Anwendung dieses Wissens darin, daß Toda allen Menschen den wahren Buddhismus brachte. Dies nennt man kosen-rufu. Hinter dem total neuen Bild der Menschheit, welches dieser moderne Denker und Mann der Religion entwickelte, verbergen sich die Geheimnisse der Entdeckungen, die er machte und sein Weg, auf welchem er sie in Tagen umsetzte.
Obwohl die Inhalte ihrer Schriften unterschiedlich sind, haben sowohl Toda als auch Descartes der Philosophie neue Dimensionen hinzugefügt. Descartes legte die Fundamente für das neue Denken und den materiellen Fortschritt, der hierauf beruhrt. Doch in unserer Zeit hat sich herausgestellt, daß dieses Denken und dieser Fortschritt mehr schaden als nutzen und so muß die Arbeit der Philosophie Descartes' enden.
Seit Mitte dieses Jahrhunderts haben die Männer der Wissenschaft großes Interesse an der inneren Natur der Kraft, die man Leben nennt, gezeigt. Viele von ihnen wollen Leben künstlich im Reagenzglas erzeugen oder untersuchen es unter dem Mikroskop, um es in seine Bestandteile zu zerlegen. Dieses Interesse ist an sich nicht verwerflich, aber es führt in die Irre. Niemand kann

das Geheimnis des Lebens mit wissenschaftlichen Methoden entschleiern. Doch Josei Toda hat bereits erklärt, was Leben ist. Seine »Philosophie der Lebenskraft« ist der Vorläufer des Heraufdämmerns eines neuen Zeitalters. In den kommenden Jahrzehnten werden die Wissenschaftler weiter mit dem Leben experimentieren und Aussagen über das Leben machen. Es kann sogar sein, daß sie für einzelne von Todas Aussagen einen Beweis finden werden. Dann wird »Die Philosophie der Lebenskraft« beginnen ihre volle Wirkung zu entfalten. Alle Menschen werden wissen, daß sie zu Todas Philosophie wie zu einem Paradies der Ruhe und des Glücks Zuflucht nehmen können, wenn sie müde und verwirrt sind.

Die meisten Mitglieder der Soka Gakkai freuten sich über die erste Ausgabe des *Daibyakurenge* und waren glücklich, daß es sich so sehr vom alten *Katschi Soso* unterschied. Die Reaktionen auf Todas »Philosophie der Lebenskraft« waren unterschiedlich. Manche dachten, es sei nur eine Zusammenfassung der Lektionen über das Lotos-Sutra, die sie schon kannten und lasen es nur oberflächlich. Doch andere, die es sehr sorgfältig studierten, erkannten seine Tiefe und waren oft über ihr eigenes, seichtes Verständnis des Buddhismus beschämt. Unzählige Angehörige der Soka Gakkai benutzten Todas Arbeit als eine Art Handbuch, wenn sie neue Mitglieder warben. Aber nur sehr wenige hatten wirklich eine leise Ahnung von der gewaltigen Bedeutung des Essays für ihre Zeit und dem unschätzbaren philosophischen Einfluß, welchen es unzweifelhaft auf zukünftige Generationen ausüben wird.

Eines Nachts fühlte sich Schin'itschi Yamamoto nach einem harten Tag in Todas Redaktionsbüros müde und einsam und so nahm er das erste Heft des *Daibyakurenge* zur Hand und begann, die »Philosophie der Lebenskraft« zu lesen. Sofort geriet er in einen derartigen Zustand der Begeisterung, daß er es bis zu Ende lesen mußte. Dann lag er einige Zeit in seinem Bett und konnte nicht einschlafen, weil Gedanken und Bilder durch seinen Kopf rasten. Endlich nahm er sein Notizbuch hervor und versuchte, wenigstens einen Teil dessen auszudrücken, was ihn so sehr beschäftigte. Er schrieb:

»Zahllose Blitze von Licht
rasen über den Morgenhimmel,
wenn die strahlende Sonne aufsteigt.
Die Gefühle dieses Augenblicks,
das Zittern über das Wunder des Lebens,
das Herz hüpft der Jugend im Leibe.
Oh, Jugend,
in diesem Atomzeitalter,
was könnt Ihr noch retten
mit den Philosophien Eurer Herzen?
Nichts.
Wird menschliches Glück aus Verschwörungen kommen,
aus Gewalt oder materiellem Reichtum?
Nein.
Kann man an diese Dinge glauben?
Nein, nein.
Den Lehren des Nitschiren Daischonin,
dem Beweis für die Natur des Lebens,
der Enthüllung der Quelle des Universums,
weihe ich mein Leben.
Ihr, die Ihr jung seid,
seid Ihr klug, so wisset,
habt Ihr Mitleid mit den Menschen, so handelt.
Ewiger Friede
und den wahren Glauben für Alle.
Oh, Jugend,
öffnet die Augen.
Oh, Jugend,
nehmt die eine große Lehre an.
Ihr habt Begeisterung und Kraft;
schreitet voran.«

Yamamoto schloß sein Notizbuch und fiel in einen tiefen, friedlichen Schlaf. Seine Verse wurden in einer unauffälligen Ecke der nächsten Ausgabe des *Daibyakurenge* veröffentlicht.

2. Zeichen der Zeit

In der Zeit, als Toda seine »Philosophie der Lebenskraft« schrieb, wurden die religiösen Aktivitäten der Soka Gakkai über die Stadtgrenzen Tokyos hinaus bis in die umgehenden Präfekturen ausgeweitet. Die Diskussionstreffen waren nun zu zahlreich, als daß Toda sie alle persönlich leiten konnte, aber glücklicherweise hatten inzwischen viele seiner Schüler ein Stadium erreicht, in welchem sie die Zusammenkünfte auch allein bewältigen konnten. Vor dem Krieg hatte Tsunesaburo Makigutschi fast alle wichtigen Treffen der damaligen Soka Kyoiku Gakkai geleitet und Toda hatte es seinem Vorgänger gleichgetan. Doch die Bedingungen in Japan während der späten vierziger Jahre unterschieden sich von denen der späten dreißiger.

Toda machte sich nicht übermäßig Sorgen wegen der großen Zahl falscher Sekten, die, bedingt durch die spirituelle Leere des japanischen Volkes, teilweise eindrucksvolle Anhängerzahlen errangen, denn er wußte, daß die Zeit für die universelle Verbreitung der Lehren Nitschiren Daischonin gekommen war. Demzufolge konzentrierte er sich auf die Vorbereitung seiner Schüler, von denen jeder einzelne in der kommenden Zeit eine wichtige Rolle zu spielen hatte. Da er sich noch genau erinnerte, wie die alte Soka Kyoiku Gakkai sich unter dem Druck der Militärregierung aufgelöst hatte, war er fest entschlossen, einen Kern von fleißigen, gläubigen Leuten so zu schulen, daß sie unter allen Umständen die zukünftige Organisation zusammenhalten konnten.

Eine seiner Trainingsmethoden bestand darin, daß er seine Schüler zu Diskussionstreffen und Mitgliederwerbungskampagnen mitnahm, damit sie sahen, wie er unter solchen Bedingungen arbeitete. Außerdem schulte er sie anhand der Lektionen über das Lotos-Sutra und gewährte ihnen persönlichen Rat, wann immer es nötig schien. In all seinen Trainingsprogrammen kombinierte er wohldosierte Strenge mit offensichtlich unerschöpflicher Geduld und Warmherzigkeit.

Da nun so viele seiner Schüler Diskussionstreffen leiteten, hielt er vor jedem dieser Treffen eine kurze Zusammenkunft in seinen Büros, um weitere Anleitungen zu geben und auf die Fehler hinzuweisen, die er beobachtet hatte. Die Diskussionsleiter kamen aus vielen Bereichen des Lebens und waren Persönlichkeiten unterschiedlichster Art. Wie gewöhnlich war er in der Lage, auf jeden in der entsprechenden Art einzugehen. Zum Beispiel sagte er bei einem dieser Zusammenkünfte zu einem älteren Leiter der Jugendabteilung: »Zügeln Sie Ihren Enthusiasmus so weit, daß Sie nicht anmaßend wirken. Ich habe gehört, daß Sie auf einigen Ihrer Treffen Solovorstellungen geben.«

Der junge Lehrer, der sich gerade auf den Weg machen wollte, erstarrte und sagte: »Jawohl, ich werde heute nacht aufpassen.«

»Und noch etwas«, fuhr Toda fort, »schauen Sie nicht so furchtgebietend. Denken Sie daran, daß nicht jeder, der zu diesen Diskussionen geht, Ihre Energie und Ihren Schwung hat. Es sind schüchterne Menschen und ängstliche junge Mädchen, die man erst ermutigen und nicht halb zu Tode ängstigen soll. Es sind die Lehren Nitschiren Daischonins, welche unsere Diskussionen zusammenhalten. Das heißt, daß es freundliche und fröhliche Treffen sein sollen, die von einem Geist der Hilfsbereitschaft und Warmherzigkeit erfüllt sind. In Japan sieht es öde aus und unsere Treffen sollen einen Lichtstrahl für die Menschen bringen. Wenn Sie wie ein Dämon vor der Gruppe stehen, verfehlen Sie Ihren Zweck. Jeder in unserer Bewegung kann ein Bodhisattva werden, wenn er glaubt und wenn sein Glaube fest bleibt. Und Sie wollen doch nicht eine Versammlung von Bodhisattvas auseinanderjagen, oder?«

»Ich verstehe«, sagte der junge Mann lächelnd.

»Das denke ich, und ich glaube an Sie. Gehen Sie jetzt los und behalten Sie dieses Lächeln bei.«

Bei der gleichen Gelegenheit sprach Toda zu einem untersetzen Leiter mittleren Alters:
»Wissen Sie, Sie sind ein echtes Problem. Wie können Sie es zulassen, daß ein Betrunkener einen Streit mit Ihnen vom Zaun bricht? Und das auf einem Diskussionstreffen!«
»Ich habe eine ganze Weile versucht, ihn zu ignorieren«, der Mann kratzte sich nervös am Kopf, »aber er wurde immer schlimmer und schlimmer und als er dann geringschätzige Bemerkungen über die Nitschiren Schoschu machte, wurde es mir zuviel. Ich konnte nicht zulassen, daß er unsere Religion verunglimpft. Ich schimpfte also mit ihm und das führte zu dem Kampf.«
»Was für ein Dickkopf Sie sind. Sehen Sie nicht, daß Sie derjenige sind, welcher die Nitschiren Schoschu verunglimpft hat? Natürlich hatte der Betrunkene nichts auf dem Diskussionstreffen zu suchen oder gar einen Streit anzufangen. Aber warum haben Sie sich auf seine Ebene begeben müssen? Waren Sie auch betrunken?«
»Natürlich nicht!« kam die schnelle Antwort. »Aber er machte mich wütend«, fügte er mit ruhigerer Stimme hinzu.
Toda bemerkte, daß der Daumen des Mannes verbunden war und fragte: »Was macht Ihre Verletzung?«
»Och, das ist nichts. Das war nur die kaputte Fensterscheibe.«
»Zunächst einmal hätten Sie den Betrunkenen nicht hereinlassen dürfen. Aber wenn er schon da war, hätten Sie ihm ein Glas Wasser anbieten sollen oder so etwas und ihn dann einschlafen lassen. Betrunkene werden meist schläfrig, wenn sie eine Weile ganz ruhig sitzen bleiben. Dann wäre er beim Aufwachen verwirrt gewesen und wäre weggegangen, oder er hätte vielleicht zugehört und es hätte ihm etwas genützt. Aber nein, Sie haben all das nicht getan und die ganze Sache verpfuscht.«
»Es wird niemals wieder vorkommen.«
»Noch ein solcher Schnitzer und Sie werden nie wieder ein Diskussionstreffen für mich leiten. Jetzt gehen Sie und entschuldigen Sie sich bei den Leuten, in deren Haus Sie den Krawall

veranstaltet haben. Kämpfe mit Betrunkenen haben nichts mit Mut zu tun.«

Als Toda sah, wie sehr seine Standpauke den Mann getroffen hatte, fügte er hinzu: »Schauen Sie nicht so jammervoll, reißen Sie sich zusammen und gehen Sie an Ihre Arbeit.«

Toda lächelte und der Mann machte sich erleichtert auf den Weg zu seinem Diskussionstreffen.

Diese kurzen Zusammenkünfte vor den Diskussionen hatten immer eine gute Wirkung auf deren Leiter. Obwohl manche zusammengestaucht wurden, wenn es nötig war, schaffte es Toda stets, sie auch zu ermutigen und sie gutgelaunt und voller Hoffnung auf den Weg zu schicken. Daher unternahmen sie extreme Anstrengungen, um als Bodhisattvas zu gelten, die sich über die Erde erheben, wie Toda es formulierte.

Hiroschi Isumida, dessen wunderbare Erfahrungen während des Krieges ihn inspiriert hatten, seinen Glauben zu vertiefen und mit unendlichem Eifer für das Gedeihen der Nitschiren Schoschu zu arbeiten, war Diskussionsleiter in seiner Nachbarschaft im Tokyoter Distrikt Koiwa. Kurz vor einem abendlichen Treffen am 12. Juli 1949 erbat er von Toda noch einige allgemeine Instruktionen. Toda, dem das geistige Wachstum der Führungsriege der Soka Gakkai sehr am Herzen lag, machte ein paar Anmerkungen, die ihm bezüglich der Entwicklung in Koiwa wichtig schienen: »Sie machen das alles sehr gut, Isumida, aber eine Sache irritiert mich: Bis jetzt sind keine wirklich vielversprechenden oder talentierten neuen Mitglieder aus Ihrer Gruppe hervorgegangen. Die Kraft des Gohonson ist unendlich und ich glaube, daß er uns helfen wird die Art von Menschen zu finden, die wir für unsere Mission brauchen. Ich könnte mir denken, daß der Grund dafür, daß in Koiwa bisher keine wirklich hervorragenden Mitglieder aufgetaucht sind, darin liegt, daß Sie das selbstgefällige Gefühl haben, alles Erreichte käme aus Ihnen selbst und nicht aus der Kraft des Gohonson. Sollte das der Fall sein, so tun Sie besser etwas dagegen. Sie sind schließlich der Verantwortliche.«

Isumida wurde augenblicklich klar, daß Toda recht hatte. Niemand, der für die Soka Gakkai großen Wert hatte, war bisher in Koiwa erschienen. Und es mochte sein, daß seine eigene Selbstgefälligkeit wirklich dafür verantwortlich war. Da Toda nichts weiter zu sagen hatte, machte Isumida sich schnell auf den Weg, denn es war höchste Zeit. Als er im Haus der Matsumaras auftauchte, waren schon einige Mitglieder dort versammelt. Während sie auf Isumida warteten, hatten sie kurz über die seltsamen und verwirrenden Ereignisse der letzten Wochen gesprochen. Aus irgendeinem Grund schienen in diesen Tagen kriminelle Taten, Schwarzmarkhändel und alle Arten von dunklen Geschäften qualitativ und quantitativ zuzunehmen; man hatte den Präsidenten der Nationalen Japanischen Eisenbahn tot auf den Gleisen zwischen zwei Bahnhöfen aufgefunden, ein Verbrechen wurde vermutet, aber noch hatte man keine konkreten Anhaltspunkte. Mehrere hundert Menschen, darunter einige Kommunisten, hatten im nahe gelegenen Taira eine Polizeistation besetzt. Krawall und gar Mord versetzten die Vergnügungsviertel Tokyos in Aufruhr. Große Teile der Stadt befanden sich in einem Nebel von Mißtrauen und Furcht.

Als Isumida das Tor des Matsumura-Hauses erreichte, lungerten an der nächsten Straßenecke zwei verdächtig aussehende Individuen, und er fragte sich, wer diese beiden seltsamen Gestalten wohl waren. Aber er hatte keine Zeit, darüber nachzudenken. Hastig wischte er sich ein paar Schweißtropfen von der Stirn und betrat den Versammlungsraum, welcher zu seiner Befriedigung außergewöhnlich gut besucht war.

Er kniete vor dem Familienaltar nieder und rezitierte das Daimoku. Dann wischte er sich erneut die Stirn und begrüßte die Leute: »Ganz schön heißer Tag heute.« Sich umschauend bemerkte er einige unbekannte Gesichter. Zwei oder drei Männer in den von japanischen Gangstern bevorzugten losen Hemden und weiten Hosen saßen in der Nähe seines Pultes. Für Isumida wirkten sie wie Koreaner. Aber er war immer froh, ein neues

Gesicht zu sehen, denn er wollte so viele Menschen wie möglich zur Nitschiren Schoschu bringen.
Frau Hatsu Chitani, eine kleine, etwa fünfzigjährige Frau, näherte sich Isumida und stellte einen der drei Männer als den Ehemann von Yuriko Kaneki vor. Der Mann saß hinter Yuriko und starrte Isumida wortlos an. Yuriko wirkte bleich und steif und fühlte sich offensichtlich unwohl. Vor dem Krieg war Yuriko Kaneki Mitglied einer Geistheilersekte gewesen, die sich »Kirche des Messias der Welt« nannte und religiöse Bräuche mit einer sonderbaren Massagetherapie kombiniert hatte. So seltsam dieser Kult auch war, Yuriko brauchte ihn oder irgend etwas anderes, das ihr geistige Unterstützung gab, denn ihr Eheleben war unglücklich. Ihr Mann, ein koreanischer Arbeiter, war Gewohnheitstrinker und neigte zu Gewalthandlungen. Ihr einziges Kind, ein Mädchen, war von Geburt an gelähmt. Jeweils nachdem sie die Versammlungen der »Kirche des Messias der Welt« besucht hatte, diskutierte sie ihren Glauben mit ihrer nächsten Nachbarin Frau Hatsu Chitani, die sie ebenfalls zu diesem Glauben zu bekehren versuchte, allerdings erfolglos.
Während des Krieges wurde die »Kirche des Messias der Welt« von der Regierung aufgelöst und Yuriko hatte in Zeiten der Not nichts, woran sie sich festhalten konnte. Doch kurz nach Kriegsende nahm Frau Chitani, die inzwischen Mitglied der Nitschiren Schoschu geworden war, sie zur Diskussionsgruppe in Koiwa mit. Bald erkannte Yuriko den Unterschied zwischen einer wahren Religion und einem unechten Glauben. Sie wurde Mitglied der Nitschiren Schoschu und der Soka Gakkai und fand durch den Glauben ein neues Leben. Ihr Ehemann, der weder für noch gegen die »Kirche des Messias der Welt« gewesen war, wurde wütend, als er sah, daß seine Frau mehr und mehr religiöse Aktivitäten entfaltete. Wenn er betrunken war, schlug er sie mit Fäusten, zog sie an den Haaren und schlug sie manchmal mit seinem Gürtel. Doch nichts, was er tat, erschütterte Yurikos Glauben, an dem sie so beharrlich festhielt, als sei er das einzige Erhaltenswerte in ihrem Leben.

Eines Nachts, als die Angriffe ihres Mannes besonders bösartig gewesen waren, bat sie ihn unerwartet um die Scheidung, indem sie geltend machte, daß keiner von ihnen beiden jemals glücklich werden könne. Kaneki war über diese plötzliche Entschiedenheit seiner ansonsten eher demütigen und unterwürfigen Frau so erstaunt, daß er einige Sekunden lang nichts sagte. Doch dann erhob er sich und trokelte mit erhobenen Fäusen auf sie zu, wobei sein Blick den Familienaltar streifte. Blitzartig erkannte sie, daß er das geheiligte Objekt der Verehrung im Altar entweihen wollte. Daher hing sie den Gohonson schnell ab, rollte ihn zusammen und verbarg ihn in ihrem Kleid. Das war für den betrunkenen Kaneki der endgültige Beweis, daß es ihre religiösen Tätigkeiten waren, die sie von ihm entfernten, aber da er nicht wußte, was er sonst tun sollte, stützte er laut fluchend aus dem Haus.
Doch in der Nachtluft kristallisierten sich in seinem alkoholumnebelten Hirn ein paar krankhafte Ideen. Wenn die Nitschiren Schoschu seine Frau dazu gebracht hatte, die Scheidung zu verlangen, dann mußte diese Frau Chitani die Ursache des ganzen Übels sein. Er schwankte also zu deren Haus, verschaffte sich gewaltsam Eintritt und bahnte sich einen Weg zu dem Zimmer im ersten Stock, wo Frau Chitani sich bereits schlafen gelegt hatte.
Trotz ihrer Bestürzung über Kanekis empörendes Benehmen und obwohl ihr vor Ärger und Furcht die Tränen kamen, riß sie sich doch so weit zusammen, daß sie dem betrunkenen Mann kräftig die Meinung sagte. Sie bestand darauf, daß sie mit Yuriko niemals über Scheidung gesprochen hatte und daß ihre Religion absolut nichts damit zu tun hatte. Doch Kaneki konnte oder wollte das nicht verstehen. Er verlangte ein Treffen mit dem Führer der Koiwa-Gruppe der Soka Gakkai, wo er die ganze Sache zur Sprache bringen wolle. Ihre Geduld mit dem uneinsichtigen Eindringling war zu Ende, und da sie glaubte, daß ein solches Treffen vielleicht wirklich die einzige Lösung darstellen könnte, nannte Frau Chitani ihm den Termin der nächsten Versammlung.
Isumida aber kannte nicht den Hintergrund der Geschichte,

welche Kaneki mit seinen ungehobelten Freunden auf dieses Diskussionstreffen gebracht hatte und sah von der kummervollen und niedergeschlagenen Yuriko hinüber zu deren zorngeröteten, finsteren Ehemann, dessen zwei Freunde hinter ihm saßen. Der eine hatte am Hals eine häßliche Narbe, der andere blickte äußerst feinselig. Das ganze Trio schaute finster genug drein, um ernste Schwierigkeiten befürchten zu lassen. Doch der kräftige Isumida war als ehemaliger Deckoffizier und Fechtmeister nicht so leicht einzuschüchtern. Er begrüßte Herrn Kaneki mit ausgesuchter Höflichkeit und dieser forderte ihn mit der Frage heraus: »Schauen Sie, sagen Sie mir nur, was es mit dieser Nitschiren Schoschu auf sich hat.« Sein Japanisch war flüssig, hatte aber einen leichten, koreanischen Akzent.

Isumida antwortete: »Es ist der einzig richtige Buddhismus und Ihre Frau ist eine gute Gläubige.«

»Ich kenne den Buddhismus ein wenig. Es gibt ihn auch in Korea – Schakyamuni oder so ähnlich. Aber von Nitschiren habe ich noch nie etwas gehört. Um die Wahrheit zu sagen, ich denke, daß sie gar keine richtigen Buddhisten sind.«

Die Leute, die zum Treffen gekommen waren, um über die Lehren Nitschiren Daischonins zu diskutieren, mußten nun befürchten, daß die ganze Sache anders verlaufen würde, als sie erwartet hatten, denn Kaneki wurde schnell böse. Voller Groll sagte er: »Sofort, nachdem meine Frau der Nitschiren Schoschu beigetreten war, veränderte sie sich zum Schlechten und das heißt für mich, daß die Nitschiren Schoschu schlecht ist.«

Jeder konnte sehen, daß der Mann versuchte, einen Streit vom Zaun zu brechen. Seine zwei Freunde schoben ihre Fäuste in die gefährlich ausgebeulten Taschen ihrer Jacken, doch Isumida ließ sich hiervon nicht irritieren: »Einen Moment. Was wollen Sie genau? Was haben Sie für ein Problem?«

»Problem? Ich sage Ihnen, was für ein Problem ich habe. Diese Religion, die Sie da predigen, ist schlimmer als schlecht. Kaum hängt meine Frau bei euren Leuten herum, schon fängt sie davon an, daß sie sich scheiden lassen will. Eine schöne Religion!«

»Nun mal langsam. Vergegenwärtigen Sie sich die Tatsachen. Eheschwierigkeiten ist eine Sache, eine tiefe und wahre Religion eine andere. Lassen Sie uns die Situation Schritt für Schritt analysieren.« Isumida wollte den Mann durch Vernunft überzeugen. »Sie sagen, daß unsere Religion Ehefrauen dazu bringt, die Scheidung zu verlangen. Aber sehen Sie zum Beispiel meinen Fall: Ich bin seit über zehn Jahren mit meiner Frau verheiratet. Wir sind beide aktive Mitglieder der Nitschiren Schoschu. Wir wollen uns nicht scheiden lassen. Wie die meisten Ehepaare haben wir gelegentlich einen kleinen Streit, aber über Scheidung haben wir noch nie nachgedacht. Auf der anderen Seite lassen sich viele Ehepaare scheiden, die keiner Religion angehören. Es ist also klar, daß die beiden Dinge auf keine Weise direkt miteinander verbunden sind.
Und wenn das so ist, sollten wir herausfinden, warum Ihre Frau die Scheidung wünscht. Kann es nicht sein, weil Sie beide einfach nicht gut miteinander auskommen?«
»Nein, nein,« schrie Kaneki. »Wir sind gut miteinander ausgekommen, bis sie anfing, zu ihren Treffen zu gehen. Sie haben ihr gesagt, sie soll mich um die Scheidung bitten, nur so kann es gewesen sein.«
Um Kaneki zu unterstützen, schrie der Mann mit der Narbe: »So ist es, ihr religiösen Geschäftemacher fummelt in anderer Leute Leben herum und baut eine Menge Mist. Warum kümmert ihr euch nicht um eure eigenen Angelegenheiten? Aber mit eurer Religion könnt ihr den Leuten das Geld aus der Tasche ziehen. Das muß es sein, aber uns könnt ihr nicht betrügen.«
Isumida gelang es ganz gut, sich zu beherrschen, er sagte zu Kanekis Freund. »Beruhigen Sie sich jetzt. Fragen wir doch Frau Kaneki, ob irgend jemand in unserer Gruppe ihr jemals vorgeschlagen hat, sich scheiden zu lassen. Wenn Ihre Frau die Nitschiren Schoschu verlassen möchte, so kann sie es jederzeit tun. Niemand zwingt sie, in unserer Organisation zu bleiben. Frau Kaneki, was sagen Sie dazu?«
Yuriko schüttelte bestimmt mit dem Kopf und sagte: »Niemand

hat mir zur Scheidung geraten, ich habe mir das selbst ausgedacht.«
»Du lügst«, schrie Kaneki drohend.
Isumida wandte sich an Frau Kaneki und sagte: »Es liegt ganz bei Ihnen. Wenn Sie Ihre Ehe dadurch retten wollen, daß Sie den Glauben aufgeben, wird Sie niemand zurückhalten. Sie müssen tun, was Sie für das Beste halten.«
Mit sehr fester und klarer Stimme antwortete Yuriko Kaneki: »Ich werde meine Religion nicht aufgeben.«
»Du tust, was ich dir sage«, schrie Kaneki.
»Nein!«
»Dann bringe ich dich um!«
»Ich werde meinen Glauben nicht aufgeben, selbst wenn du mich tötest.«
»Warum, du Hure!« Kaneki zischte die Worte hervor und streckte seine Frau mit einem gewaltigen Schlag zu Boden. Als sie vor ihm lag, wollte er sie weiter prügeln, aber seine Freunde hielten ihn an den Armen fest.
»Hör auf, Kaneki. Wir sind nicht hier, damit du deine Frau zusammenschlägst. Wir wollen mit diesem Haufen von religiösen Unruhestiftern zur Sache kommen. Sie sind diejenigen, die ihr diese blöde Scheidung in den Kopf gesetzt haben.«
Die Männer konzentrierten sich auf Isumida, der schnell versuchte, die Situation zu analysieren. Die drei hatten das Treffen ohnehin verdorben, da konnte man nichts mehr machen. Natürlich konnte man in religiösen Dingen keinesfalls nachgeben. Vielleicht sollte er die Polizei rufen? Nein, die Männer waren bewaffnet, jedenfalls ihren ausgebeulten Jackentaschen nach zu schließen. Wenn die Polizei käme, würde es vielleicht Blutvergießen geben. Andererseits mußten die Leute, die zu dem Treffen gekommen waren, geschützt werden. Ganz ruhig und mit klarer und lauter Stimme sagte er: »In Ordnung, aber wir wollen jetzt unser Diskussionstreffen abhalten. Ihre Probleme sind etwas, was nichts damit zu tun hat. Ich werde später gerne mit Ihnen weiter darüber reden, sagen Sie mir nur, wann und wo.«

»Einen Rückzieher machen, wie?« spottete Kaneki.
»Keiner macht einen Rückzieher«, rief Isumida. »Denken Sie daran, daß Sie hier nicht die einzigen sind. Wir wollen hier ein Diskussionstreffen abhalten und ich sage nur, daß ich später mit Ihnen weiterreden will.« Zum ersten Mal hatte er ärgerlich die Stimme erhoben und alle Anwesenden spürten seine Kraft. Für eine Weile blieb es still. Kaneki hob die Fäuste, als wolle er kämpfen, die Hände seiner beiden Freunde bewegten sich langsam zu den Taschen. Yuriko erhob sich und stellte sich zwischen Isumida und ihren Mann. Es scheint, als ließe sich ein Kampf nicht vermeiden. Kaneki und seine Freunde tauschten Blicke, als warteten sie darauf, daß einer von ihnen das Signal zum Angriff geben würde. Die Frauen verharrten regungslos in einer Ecke des Raumes, einige der jungen Männer machten sich bereit, sich auf die Unruhestifter zu stürzen.
Für einen Moment herrschte absolute Stille, doch dann erklang plötzlich hinten im Raum eine Stimme, die Nam-myoho-renge-kyo rezitierte. Nach und nach fielen andere ein, bis ein Chor von zehn Stimmen zu hören war. Die Harmonie, mit welcher die Gruppe das Daimoku sang, brachte die drei Männer so durcheinander, daß sie völlig verwirrt dastanden und nicht wußten, was sie tun sollten. Der ältere grauhaarige Mann, der mit der Rezitation begonnen hatte, sein Name war Hotta, kam nach vorne und sagte mit seinem Osaka-Akzent: »Jungs, ihr seht, wir wollen hier nur unser Treffen abhalten. Wir wollen keinen Ärger und ihr wollt keinen Ärger. Warum geht ihr nicht einfach so lange nach nebenan? Junger Mann, bringen Sie ein paar Kissen, damit die Männer sich's gemütlich machen können.«
Wenn Hotta mit dem normalen Tokyoter Dialekt gesprochen hätte, wären Kaneki und seine Freunde vielleicht nicht darauf eingegangen. Aber der Osaka-Dialekt wirkte irgendwie lustig und löste die Spannung auf, die noch wenige Minuten vorher geherrscht hatte.
Ihr Versuch, Isumida und Kanekis Frau mit Gewalt zu beeinflussen, war mißlungen und alle drei waren froh, Hotta in den

Nachbarraum zu folgen. Von dessen Fenster aus konnte man sehen, daß an der Straßenecke noch immer die zwei Gestalten herumlungerten; Kaneki winkte ihnen, sich zu entfernen. Offensichtlich hätten sie Verstärkung bringen sollen, falls sich der Bluff zu einem ausgewachsenen Kampf entwickelt hätte. Tatsächlich war das Haus von fünf bewaffneten Mitgliedern von Kanekis Bande umstellt gewesen, zu deren Aufgabe es auch gehört hatte, zu verhindern, daß jemand die Polizei rief.

Isumida entschuldige sich für einen Moment und ging zu den Männern im Nachbarraum. Er hatte sich vollständig unter Kontrolle. Kaneki verlangte, daß Isumida seine Frau dazu bringen sollte, die Nitschiren Schoschu zu verlassen, außerdem wollte er ein Dokument, welches besagte, daß weder Isumida noch ein anderes Mitglied seiner Organisation versucht hatte, sie zu einer Scheidung zu bewegen. Isumida war peinlich berührt über die Kleinlichkeit und Dummheit eines solchen Verlangens und es verblüffte ihn, mit welcher Beharrlichkeit die Männer an ihren falschen Vorurteilen und Trugschlüssen festhielten. Er erklärte, daß weder er noch die Nitschiren Schoschu die Menschen zwangen, ihren Glauben anzunehmen, daß sie aber auch niemanden zwingen konnten, ihn wieder aufzugeben. Was die Scheidung betraf, so bestand Isumida darauf, daß er keinen Weg sah, die Kanekis zusammen- oder auseinanderzubringen, schließlich war er kein Eheberater. Und endlich wiederholte er sein Angebot, sich mit den Männern an einem Ort ihrer Wahl zu treffen, falls sie immer noch nicht zufrieden waren; und nun müsse er sich aber endgültig seinem Diskussionstreffen widmen. Daher sei es besser, wenn man sich nunmehr ruhig entferne.

»Nein, so leicht kommen Sie uns nicht davon«, sagte der Mann mit der Narbe. »Wir wollen die Sache hier und jetzt geregelt wissen.«

»Ich fürchte, das kommt nicht in Frage«, stellte Isumida kategorisch fest.

Die drei Männder wußten nun letztlich nicht mehr, wie sie reagieren sollten, daher fragte Kaneki:

»Sie werden jederzeit zu einem Ort kommen, den wir Ihnen vorschlagen?«
»Jawohl.«
»Gut«, meinte Kaneki mit einem Grinsen. »Bringen wir die ganze Sache vor das Generalhauptquartier der Besatzungsmächte.«
Diese drei Männer hatten keine Angst vor der japanischen Polizei; und obwohl sie wissen mußten, daß man ein solches häusliches Problem nicht vor die Besatzungsmacht bringen konnte, so sahen sie doch die fremde Macht als Quelle höchster Autorität an, wie viele Japaner ihrer Zeit. Sie planten nicht wirklich, den Fall vor das Generalhauptquartier zu bringen, sie wollten Isumida nur Furcht einjagen. Doch der war nicht so leicht einzuschüchtern. Kühl und mit ruhiger Stimme antwortete er:
»In Ordnung, bringen wir die Sache vors Generalhauptquartier.«
Enttäuscht über die geringe Wirkung seines weiteren Einschüchterungsversuches drohte Kaneki mit dem Finger und sagte: »Jetzt ganz im Ernst. Sie werden am 19. Juli um drei Uhr nachmittags im Büro der Vereinigung der freien Presse sein – hier ist die Anschrift. Versäumen Sie den Termin nicht.« Und während er das Haus verließ, fügte er noch hinzu. »Falls Sie nicht kommen, werden Sie es bereuen.«
Isumida zuckte mit den Achseln und ging in den Nebenraum, wo er von der Versammlung schon gespannt erwartet wurde. Während seiner Abwesenheit hatte Yuriko Kaneki die ganze Zeit leise vor sich hin geweint. Isumida wandte sich mit der Bitte an Frau Chitani, Frau Kaneki nach Hause zu bringen. Und seine eigene Frau bat er: »Tamé, geh doch bitte mit den beiden, das Treffen ist sowieso zu Ende.«
Als die drei Frauen gingen, fühlte sich Frau Chitani für einen Moment sehr verlegen, schließlich war sie es, die Yuriko zu dem Treffen eingeladen und Kaneki gesagt hatte, wann und wo es stattfand. Andererseits glaubte sie, das Bestmögliche getan zu haben und hoffte, die anderen würden das verstehen. Aber sie

nahm sich auch vor, alles zu tun, damit die Sache keine weiteren negativen Nachwirkungen haben würde.
Isumida wandte sich an die Gruppe und sagte: »Ich muß mich entschuldigen für das, was heute abend hier geschehen ist. Ich denke, Sie sind alle damit einverstanden, daß wir das Treffen jetzt beenden und in den nächsten Tagen einen neuen Termin festlegen. Gute Nacht allerseits.«
Die Gruppe löste sich auf, alle waren froh, daß sie heil davongekommen waren.
Als Isumida später in der Nacht Toda anrief und ihm Bericht erstattete, berief dieser sofort eine Krisensitzung für den nächsten Morgen ein. Nachdem Toda den Hörer eingehängt hatte, sagte Ikue zu ihm: »Ich mache mir Sorgen um Isumida.« Toda lachte und meinte: »Er muß den Schock seines Lebens bekommen haben. Da kommt er heil aus dem Krieg zurück und wird dann auf einem Diskussionstreffen bedroht. Ich frage mich, ob er auf diese Weise sein Karma abbüßt.«
Auf dem Treffen am nächsten Morgen herrschte Spannung und Erregung. Hotta und der junge Matsumura, in dessen Elternhaus die Sache passiert war, waren anwesend. Die Leiter der Soka Gakkai hörten sich die Berichte an, danach meinte ein junger Mann: »Schade, daß ich nicht dabei war. Ich wette, die drei Männer waren die Drei Schrecklichen Feinde*, die im Lotos-Sutra prophezeit werden.« Ein anderer sagte: »Nein, ich glaube eher, daß die drei den dritten Feind repräsentieren, *Sen-scho-sodschoman*, Verfolgung durch Regierungen oder andere große Organisationen. Schließlich haben sie das Generalhauptquartier in die Diskussion gebracht. Das bedeutet, daß sie versuchen, sich hinter fremder Autorität zu verstecken.«
Doch Toda war anderer Meinung: »Nein, es handelt sich nicht um ernsthafte Verfolgung. Es ist nichts als ein Fall emotionaler Verwicklung. Sowie wir die emotionalen Probleme lösen, ist alles wieder in Ordnung. Dieser Vorfall zeigt, wie wichtig gewissenhafte Führung ist.«

* Siehe Glossar

Obwohl Toda sicher war, daß seine Macht, das Gute zu bewirken, eines Tages sehr groß sein würde, so wußte er doch, daß die Stärke der Soka Gakkai zur Zeit sehr gering war. In diesem Licht beurteilte er den gestrigen Vorfall. Der Weg zur universellen Verbreitung des wahren Glaubens war ihm ständig bewußt und es war ihm klar, daß dieser Weg noch sehr lang sein würde. Im Augenblick war die Soka Gakkai noch zu schwach, um es mit den Lotos-Sutra prophezeiten drei großen Feinden aufzunehmen.

»Glaubt mir, wenn der gestrige Vorfall alles wäre, was den dritten großen Feind, den wir *Senscho-sodschoman* nennen, ausmacht, dann wäre ich der glücklichste Mann der Welt, denn es würde bedeuten, daß die universelle Verbreitung des wahren Glaubens eine leichte Aufgabe darstellt. Unglücklicherweise ist das aber nicht der Fall. Unsere Mission ist weit schwieriger, es handelt sich um eine Aufgabe von nie dagewesener universeller Größenordnung.

Auf dem Weg zu unserem Ziel werden wir den drei großen Feinden begegnen und wir müssen auf ihr Erscheinen vorbereitet sein. Aber noch sind wir nicht soweit. Bevor wir diesen Feinden gegenübertreten können, müssen wir unseren Kampf in alle Bereiche der menschlichen Gesellschaft tragen. Damit meine ich, daß wir überall auf Widerstand stoßen werden, in allen Bereichen der Politik, der Kultur, der Erziehung und so weiter. Ganz gleich, wie groß unsere Feinde sind, wir dürfen niemals zurückweichen. Um die Stärke zu bekommen, die wir brauchen, müssen wir einen festen Glauben haben. Wenn wir den Glauben haben, werden wir gewinnen, denn wir kämpfen gemeinsam.

Wenn die Zeit für die Auseinandersetzung mit den drei großen Feinden schon reif wäre, wäre ich sehr glücklich, denn das würde bedeuten, daß die universelle Verbreitung des wahren Glaubens unmittelbar bevorsteht. Aber die Schlacht liegt noch in ferner Zukunft. Was wir gerade erleben, ist die Vorhut des ersten Feindes *Sokuschu-sodschoman*, was unter anderem auch Verleumdung durch eine unwissende und eingebildete Laienschaft bedeutet. Es ist wahr, daß einige unwichtige Sekten uns mit Schmutz bewerfen, aber das ist gar nichts verglichen mit dem, was uns erwartet, wenn der zweite Feind *Domon-sodschoman* sich materialisiert. Was den von Ihnen erwähnten *Senscho-sodschoman* betrifft, so gibt es für sein Erscheinen keinerlei Anzeichen. Aber die drei werden kommen. Wenn es soweit ist, müssen Sie sich alle diszipliniert verhalten, damit es ein guter Kampf wird. Ich will nicht, daß auch nur einer im Angesicht des Feindes davonläuft. Aber jetzt, Isumida, sagen Sie mir, was Sie für den 19. Juli planen?«

»Ja, ich habe versprochen zu gehen, also gehe ich. Wahrscheinlich wird man mich verprügeln, aber ich gehe trotzdem.«

»Sie gehen, um sich verprügeln zu lassen? Das ist harte Arbeit für nichts und wieder nichts. Und es bringt keiner Seite irgend etwas. Es ist gut, wenn Sie Ihr Versprechen halten, aber wenn ich Sie wäre, würde ich mich nicht verhauen lassen.«

Alles lachte, aber Toda unterbrach mit ernster Stimme:

»Was bei der Begegnung mit diesen Männern herauskommt, ist sowieso schon entschieden. Es ist wie bei dem Kampf Buddhas gegen die Teufel: Sie können nicht verlieren. Denken Sie daran: Als Nitschiren Daischonin vor 700 Jahren in der Stadt Tatsunokutschi in Kamakura enthauptet werden sollte, wurden seine Henker von einem gewaltigen Lichtblitz geblendet, der sie eine Zeitlang blind machte. Wir sind Zeugen des Lotos-Sutra und Kinder von Nitschiren Daischonin. Wir sind geschützt, solange unser Glaube stark ist. Aber dessen ungeachtet müssen wir sorgfältig vorgehen und das heißt, daß Isumida nicht mit leeren Händen und unvorbereitet zu einem solchen Treffen gehen darf. Es kann sein, daß die Gangster dort bewaffnet sind und wir müssen unsere Maßnahmen darauf abstimmen. Das Daimoku zu singen ist nicht genug. Vergeßt nicht, was Nitschiren Daischonin zu Schidscho Kingo, einem seiner Samurai-Jünger sagte, als dieser in tödlicher Gefahr schwebte: ›Jeder muß vollkommen auf der Hut und vorsichtig sein.‹«

Während der nächsten Minuten wurden alle möglichen Vorsichtsmaßregeln vorgeschlagen. Isumida sollte zur Polizei gehen, anstatt zu dem Treffen. Er solle die Militärpolizei der Besatzungsmacht informieren, weil die japanische Polizei unfähig sei. Fünf oder sechs kräftige Mitglieder der Jugendabteilung sollten sich mit Pistolen bewaffnen und ihn begleiten und schießen, falls es notwendig wäre; dies sei reine Selbstverteidigung. Die Vorschläge wurden immer undurchführbarer und endlich unterbracht Isumida:

»Jetzt ist es genug. Ich trage die Verantwortung. Ich werde gehen, und ich gehe allein. Ich möchte nicht, daß jemandem außer mir etwas geschieht.«

Toda machte sich große Sorgen um die Sicherheit Isumidas, der einer seiner ergebensten Schüler war und entschied:

»In Ordnung, Isumida, du gehst zu dem Treffen, aber der junge Matsumura hier wird dich begleiten.«

»Ja, und wenn etwas passiert, werde ich ihn mit meinem Körper schützen«, rief Matsumura mit jugendlichem Eifer.

»Nein«, sagte Toda, »das ist es nicht. Siehst du nicht ein, daß wir keinen Kampf wollen? Die Idee ist, daß du hinausschlüpfst, wenn es gefährlich wird und uns anrufst.« Dann gab er detaillierte Anweisungen, wie sich die Beteiligten jeweils zu verhalten hatten und damit war die Zusammenkunft beendet.

Der junge Matsumura war begeistert, an einer solchen dramatischen Aktion beteiligt zu sein, er kaufte sich für die Gelegenheit neue Kleidung und rezitierte Tag und Nacht wie wild das Daimodu. Isumida dachte dauernd an Todas Wort: »Was bei der Begegnung herauskommt, ist schon entschieden. Wenn ich bei der Sache versage, dann ist das meine karmische Bestimmung.«

In der Vorkriegszeit, als Präsident Makigutschi noch lebte, gab es ein populäres Lied:

> »Und wenn ich in den Lauf des Gewehres schau,
> ich weiche niemals – nicht einen Schritt.
> Ein Mensch kann nur einen Weg beschreiten,
> schau hinauf zum rosigen östlichen Himmel.

Während er den Refrain summte, entschied sich Isumida, um keinen Preis zurückzuweichen. Er würde fest für den wahren Buddhismus eintreten. Für die Konfrontation mit den Koreanern brauchte er nur Glauben und Mut und das hatte er beides.

In der Nacht nach der schrecklichen Erfahrung auf dem Diskussionstreffen hatte Frau Chitani Yuriko nach Hause gebracht und war dann zu ihrer eigenen Wohnung gegangen, wo sie noch lange saß und über ihre Verantwortung für die ganze unerfreuliche Geschichte nachgrübelte.

Am nächsten Morgen besuchte sie Isumida in den Büros der Frauenzeitschrift *Josei Schimbun*, wo er arbeitete. Sie entschuldigte sich für das, was geschehen war, und fragte, ob sie irgend etwas tun könne, was zur Klärung der Situation beitragen würde. Isumida erzählte ihr von dem Treffen am 19. Juli, worüber sie sehr bestürzt war. Sie versuchte herauszubekommen, wo dieses Treffen stattfinden sollte, aber Isumida weigerte sich, es ihr zu sagen, da es nichts gäbe, was sie hätte tun können, selbst wenn sie daran teilnehmen würde. Und er fügte hinzu: »Es ist kein Ort für Frauen; ich werde die Sache regeln. Sie halten sich da gänzlich heraus.« Isumida schien entschlossen, die Information für sich zu behalten und so ging Frau Chitani wieder nach Hause.

Aber ihre Furcht wuchs weiter. Wenn die Ruhelosigkeit zu groß wurde, brachte ihr das Rezitieren des Daimoku ein wenig Erleichterung. Zeitweise richtete sich ihr Ärger gegen Yuriko, aber dann wies sie sich wegen dieser unwürdigen Regung selbst zureck und bat Yuriko in ihr Haus, damit man das Daimoku gemeinsam rezierten könne.

Aber was sie auch tat, es gelang ihr nicht, sich von ihren Sorgen zu befreien und das Gefühl loszuwerden, daß eine große Verantwortung auf ihr lastete. Endlich beschloß sie, daß sie allein die Angelegenheit mit den drei Männern in Ordnung bringen mußte. Sie fragte Yuriko, wo dieses Treffen stattfinden würde, aber Yuriko konnte oder wollte es ihr nicht sagen. Dann ver-

suchte sie es über Kaneki zu erfahren, aber dieser wollte nicht einmal mit ihr sprechen. Auch Hotta und Matsumura halfen ihr nicht. So nahm sie all ihren Mut zusammen und besuchte Isumida ein weiteres Mal. Wieder weigerte er sich, ihr den Platz zu nennen, doch dann setzte sie ihm auseinander, wie wichtig die ganze Sache für sie persönlich war. »Ich muß mit diesen Männern sprechen und das Ganze in Ordnung bringen«, sagte sie. »Ich muß die Konsequenzen meiner Handlungen tragen. Ich verspreche, daß ich keinen weiteren Ärger verursachen werde. Ihr Treffen ist Ihre Sache, aber ich muß wissen, wo es stattfindet. Ich weiß, daß ich eine dumme, alte Frau bin, aber ich habe meinen Glauben. Und solange ich meiner Pflicht nicht genüge, kann ich nicht vor den Gohonson treten.«
»Na gut«, antwortete Isumida, »ich nenne Ihnen den Ort unter der Bedingung, daß Sie nicht versuchen, unsere Verabredung zu stören. Ihre Pflicht in Ehren, aber ich habe die Verantwortung für dieses Treffen. Wenn Sie mit diesen Männern sprechen wollen, gehen Sie, aber machen Sie ihnen klar, daß nicht ich Sie geschickt habe. Und denken Sie daran, daß Sie jetzt vollkommen auf eigene Verantwortung handeln.« Dann gab er ihr die Adresse der Vereinigung der Freien Presse, welche in in Hitotsubaschi befand, ganz in der Nähe von Todas Kanda-Büro.
Dieses kurze Gespräch fand am 18. Juli statt. Frau Chitani ging nach Hause; sie hatte zwar große Angst vor dem morgigen Tag, aber sie fühlte sich jetzt besser, weil sie ihre Pflicht kannte und wußte, was sie zu tun hatte. Da sie das Schlimmste befürchtete, machte sie ein Testament und legte frische Unterwäsche zurecht. Spät in der Nacht vollzog sie das Gongyo und rezitierte viele Male das Daimoku. Vor dem Schlafengehen kniete sie eine Zeitlang neben dem Bett, in dem ihre zwei jüngeren Töchter schliefen. Die vielen Erfahrungen, die sie gemacht hatte, seit ihr Mann im Krieg gefallen war, gingen ihr durch den Kopf. Sie hatte zwar hausieren gehen müssen, aber die Zeiten waren für sie nicht ganz so schlecht gewesen. Sie hatte ihre beiden jüngeren Töchter allein großgezogen, ihre ältere Tochter hatte schon vor dem

Krieg geheiratet; deren Mann war heil aus dem Krieg heimgekehrt und arbeitete nun als Künstler und Designer. Sie hatten zwei Kinder und lebten im unteren Stockwerk ihrer Hauses. Alles in allem hatte sie es ganz gut gemacht, dachte sie und begab sich leise in ihr Zimmer und zu Bett. Sie fand, daß sie sich gut auf den kommenden, schicksalhaften Tag vorbereitet hatte.
Am frühen Morgen vollzog sie das morgendliche Gongyo, kleidete sich an und verließ das Haus. Es war ein heißer und feuchter Morgen. Als sie am Gebäude der Vereinigung der Freien Presse in Hitotsubaschi ankam, war sie schweißgebadet. Leise öffnete sie die Tür und stieg eine lange, dunkle aber sehr saubere Treppe hinauf. Es schien, als würde sich niemand in dem Gebäude aufhalten. Im ersten Stock standen die Türen mehrerer Räume offen und Frau Chitani schaute vorsichtig hinein, halb hoffend, halb fürchtend, die drei Koreaner dort anzutreffen. Aber nachdem sie sich in zwei weiteren Stockwerken umgesehen hatte, hielt die einen Moment inne und dachte nach. Es verwirrte sie, daß das Gebäude sich in einem viel zu guten Zustand befand und allzu respektabel aussah, um der Unterschlupf von Typen wie Kaneki und seiner Gesellen zu sein. In diesem Moment kam eine Sekretärin die Treppe herauf. Frau Chitani sagte: »Entschuldigen Sie, aber ich möchte den Präsidenten der Vereinigung sprechen.«
»Wie ist Ihr Name bitte?« fragte das junge Mädchen höflich.
»Mein Name ist Chitani, aber das spielt keine Rolle, da er mich sowieso nicht kennt. Sagen Sie ihm bitte, daß ich ihn wegen einigen – wegen einigen seiner Landleute sprechen möchte.«
»Warten Sie bitte einen Moment.«
Das Mädchen verschwand in einem der Räume auf der linken Seite des Flurs, Frau Chitani rezitierte leise das Daimoku.
Es dauerte eine ganz Weile, bis das Mädchen wieder erschien, aber dann sagte sie lächeln: »Kommen Sie bitte mit, Herr Fukuda erwartet Sie.« Frau Chitani folgte ihr mit unsicheren Schritten und in banger Erwartung. Die Sekretärin führte sie in einen großen, hellen Raum, hinter dessen massivem Schreibtisch

ein großer, breitschultriger, sanftmütig aussehender Mann saß, der ein lebhaftes Telefongespräch führte. Frau Chitani verbeugte sich und wartete. Dabei beobachtete sie den Mann, wobei sie es vermied, ihn anzustarren. Auf diese geschmackvolle, freundliche Erscheinung war sie nicht vorbereitet. Da sie nur zu schlechte Erfahrungen mit Kaneki und Konsorten gemacht hatte, dachte sie, daß der Präsident der Vereinigung vom gleichen Typ sein müsse. Aber hier saß ein Gentleman mit gepflegtem Haar, einem frischen, weißen Hemd und gebunderer Schleife am Telefon.

Fukuda beendete sein Gespräch, erhob sich, begrüßte Frau Chitani höflich und bat sie, auf einem Sofa in einer Ecke des Raumes Platz zu nehmen. Dann verstellte er den Ventilator so, daß er ihr Kühlung verschaffte. »Nun – Frau Chitani, nicht wahr – womit kann ich Ihnen dienen?« Sein Japanisch war makellos. Ein wenig verwirrt, aber sehr bestimmt, platzte Frau Chitani mit der ganzen Geschichte heraus, aber so ungeordnet und fragmentarisch, daß man fast nicht folgen konnte. Herr Fukuda mußte sie bitten, langsamer zu sprechen, damit er verstehen konnte, worum es ging.

»Ist das dieser Kaneki, der Schwarzmarktgeschäfte tätigt?« fragte er.

»Vielleicht. Ich könnte es mir denken. Aber arbeitet er nicht für Sie?« fragte Fau Chitani, der es zu dämmern begann, daß Kaneki und seine Kumpane mit der Vereinigung der Freien Presse nichts direkt zu tun hatten.

»O nein, Frau Chitani. Er ist einfach nur einer meiner Landsleute. Er hält sich hier des öfteren auf und ich denke, ich habe ihn gelegentlich gesehen.«

»Aber er sagte zu Herrn Isumida, er wolle ihn hier treffen. Demzufolge dachte ich natürlich...«

»Woher kennen Sie Kaneki?«

»Er wohnt bei mir nebenan. Ich habe seine Frau Yuriko zu unserem Glauben bekehrt.«

»Zu Ihrem Glauben? Was heißt das?«

»Ich erzählte ihr von unserer Religion und brachte sie zu unserer Gruppe. Und so hat das alles angefangen. Deshalb fühle ich mich schuld an der ganzen Sache.«

»Sie sind also gekommen, um sich irgendwie mit Kaneki zu einigen?« fragte er.

»Ja. Können Sie mir bitte helfen?« Frau Chitani hatte jetzt das Gefühl, einen Verbündeten zu haben, jemand, der vielleicht die ganze verwickelte Situation zu einem guten Ende bringen könnte. Da sie sicher sein wollte, daß Fukuda ihre Position verstand, fuhr sie fort: »Ich hoffe, daß Sie verstehen, daß unsere religiösen Lehren nichts zu tun hatten mit Yurikos Wunsch nach einer Scheidung. Ich kann es nicht zulassen, daß meine Glaubensbrüder noch mehr Ärger haben. Ich trage die Schuld. Entweder soll Kaneki verstehen, daß wir Yuriko nicht beeinflußt haben, oder er soll seinen Ärger an mir auslassen. Ich meine, wenn jemand büßen muß, dann bin ich es, denn ich habe die ganze Sache ausgelöst.«

»Aber ganz ruhig, Frau Chitani. Es wird keinerlei Ärger mehr geben. Lassen Sie uns den Dingen auf den Grund gehen.« Fukuda rief seine Sekretärin, um ihr ein paar Worte auf koreanisch zu sagen. Bald erschien Kanekis Freund mit der häßlichen Narbe in der Tür; Frau Chitani wurde vor Angst fast ohnmächtig. Der Mann schaute sie drohend an, aber Fukuda begann sofort in koreanischer Sprache auf ihn einzureden. Der Wortwechsel schien hitzig und wurde von dem Mann mit der Narbe offensichtlich sehr ernst genommen. Frau Chitani verstand kein Wort, aber sie konnte sehen, daß Fukuda entschieden die Oberhand hatte. Endlich schickte er den Mann mit ein paar Worten, die keinerlei Widerspruch duldeten, hinaus. Nachdem der Mann mit der Narbe sich davongeschlichen hatte, wandte sich Fukuda mit triumphierendem Lächeln wieder an Frau Chitani: »Ich muß sagen, ich bin froh, daß Sie zu mir gekommen sind. Wenn wir nicht sofort etwas getan hätten, hätte es eine Menge Ärgen geben können. Aber jetzt ist alles im Lot, Sie müssen sich keine Sorgen mehr machen.«

»Haben Sie recht vielen Dank,« flüsterte Frau Chitani, fast kamen ihr vor Erleichterung die Tränen.
»Lassen Sie mich erklären, was mit diesen Männern los ist«, sagte Fukuda. »Wie Sie vielleicht wissen, wurden vor und während des Krieges viele Koreaner mit Gewalt nach Japan gebracht, damit sie hier arbeiten. Als der Krieg vorbei war, blieben viele hier, weil sie – wie Kaneki – japanische Frauen geheiratet und sich niedergelassen hatten. Aber jetzt sind sie frei. Sie müssen keinem Befehlen mehr gehorchen und unglücklicherweise wissen manche von ihnen nicht, was sie mit dieser Freiheit anfangen sollen. Da ich Koreaner bin, kann ich ihnen in gewisser Weise helfen. Die meisten, die zu mir kommen, verursachen keinerlei Schwierigkeiten. Aber es gibt ein paar Bösewichte. Ich fürchte, Kaneki und seine Gesellen gehören dazu.«
»Haben Sie keine Angst, Herr Fukuda?« fragte Frau Chitani mit leiser Stimme. »Diese Typen sehen aus, als ob sie zu allem fähig wären. Es scheint, als riskieren Sie tagtäglich Ihr Leben.«
»Oh, nein«, sagte Fukuda mit einem Lächeln. »Sehe ich aus, als ob ich andauernd mein Leben riskieren würde? Tatsache ist, daß ich bereit bin, mein Leben zu geben, wenn es darum geht, meinen Landsleuten zu helfen. Ich habe an einer japanischen Universität studiert und ich denke, ich verstehe die guten und schlechten Seiten sowohl des koreanischen, als auch des japanischen Volkes. Japaner, die niemals die Unterdrückung kennengelernt haben, unter welcher die Koreaner leiden mußten, können nicht verstehen, welche Gefühle es ausgelöst hat, daß wir nun endlich die Freiheit besitzen. Manche koreanische Freunde, die in Japan leben, machen sich nicht klar, daß Freiheit auch eine schwere Verantwortung für das persönliche Verhalten bedeutet. Ihr ungebärdiges – manchmal sogar kriminelles – Verhalten während der letzten Jahre hat mir und anderen Koreanern großen Schmerz zugefügt.«
Fukuda schwieg eine Weile. Frau Chitani hatte sehr aufmerksam zugehört und ihr wurde klar, daß sie es nicht nur mit einem sehr netten Menschen zu tun hatte, sondern auch mit jemandem, der

sich gründlich Gedanken machte. Wie dumm war es von ihr, um ihr Leben zu fürchten. Sie war froh, daß sie hergekommen war und alles ausgesprochen hatte. Plötzlich wurde ihr klar, daß ein Mensch, der die Notwendigkeit dazu erkannt hat, vertrauensvoll und mutig handeln muß. Sich zurückzuhalten und zu zaudern kann große Nachteile verursachen. Es hat keinen Sinn, ein Leben lang zu zögern. Diese Erkenntnisse schienen ihr Hoffnung für ihren weiteren Lebensweg zu spenden. Doch noch war die Aufgabe dieses Tages nicht vollständig bewältigt. Sie dachte: »Ich denke, daß er Wort halten wird, aber vielleicht ist es besser, ganz sicher zu gehen.« Sie wandte sich an Herrn Fukuda: »Glauben Sie, daß meine Glaubensbrüder von Kaneki nichts mehr zu fürchten haben?«
»Das ist absolut sicher. Ich werde sie zusammenrufen und ihnen befehlen, Sie und Ihre Gruppe in Ruhe zu lassen. Ich hoffe, daß Sie ihnen vergeben werden. Ich denke, daß Kaneki ein dummer und schwacher Mensch ist, der nur jemanden suchte, den er für seine gescheiterte Ehe veantwortlich machen kann. Es ist offensichtlich, daß Frau Kanekis Glaube nichts mit dem wahren Problem zu tun hat. Niemand kann ihr Vorschriften machen, was sie zu glauben hat, sie ist so frei wie wir alle.«
Dies beruhigte Frau Chitani zwar, aber sie wollte auch den anderen Mitgliedern der Soka Gakkei zeigen, daß die Sache friedlich geregelt war.
»Halten Sie mich bitte nicht für unverschämt, aber könnten Sie mir nicht etwas Schriftliches geben, daß ich meinen Leuten zeigen kann? Ich bin sicher, das würde ihnen die Angst nehmen.«
Fukuda war ein wenig überrascht über diese Bitte, kam ihr aber bereitwillig nach. »Bitteschön, hier haben Sie, was Sie wollen.« Er reichte ihr ein Papier, welches besagte, daß Kaneki und seine Freunde der Soka Gakkei keine weiteren Schwierigkeiten machen würden.
»Vielen Dank, aber Sie haben Ihr Siegel vergessen«, sagte Frau Chitani.

Fukuda siegelte das Schreiben. »Sie scheinen Formalitäten zu lieben, oder?« meinte er lächelnd.
Während sie das Papier zusammenfaltete und sorgfältig in ihrer Handtasche verstaute, dachte Frau Chitani: »Ich frage mich, ob ich Herrn Fukuda nicht zur Nitschiren Schoschu bringen könnte. Aber nicht heute. Jetzt muß ich mich beeilen, daß ich zu Isumida komme.«
Sie dankte Fukuda, dankte ihm abermals, die Sekretärin brachte sie nach unten und winkte ihr freundlich hinterher. Während sie die Straße entlangeilte, dachte sie: »So, so, es ist doch nicht so heiß, wie es war.« Es war ein schöner und heller Tag und tatsächlich schwitzte sie viel weniger, als noch am frühen Morgen.
Dann stürzte sie in Isumidas Büro und verkündete triumphierend: »Ich habe alles in Ordnung gebracht! Schauen Sie, hier ist das Papier, das uns verspricht, daß Kaneki keine Schwierigkeiten mehr machen wird. Jetzt brauchen Sie gar nicht mehr hinzugehen, Herr Isumida.«
Isumida nahm der aufgeregten Frau das Papier aus der Hand, studierte es, faltete es zusammen und sagte seufzend: »Irgendwie bin ich auch ein wenig enttäuscht.« Dann rief er Toda an und teilte ihm die gute Nachricht mit.
Am gleichen Abend war Todas Vortrag über das Lotos-Sutra trotz des schwülen Wetters besonders gut besucht. Nachdem er geendet hatte, sagte er über den Vorfall zu Koiwa: »Während unserer Arbeit an der Verbreitung des wahren Glaubens wird es viele weitere derartige Vorfälle geben, aber wir haben nichts zu fürchten. Wir sind nun in eine Phase getreten, in welcher nichts den Fortschritt des Myoho mehr aufhalten kann. Der Vorfall von Koiwa ist ein Beispiel für die Kraft des Gesetzes und ein Zeichen, daß die rechte Zeit gekommen ist, den Buddhismus Nitschiren Daischonins von Japan aus nach Korea zu verbreiten und schließlich über ganz Asien und den Rest der Welt. Solche Dinge wurden uns im *Kangyo Hatschiman Scho* prophezeit. Bitte findet die Stelle und laßt uns daraus vorlesen.«
Ein junges Mädchen las mit klarer Stimme: »Indien wird das

Land des Mondes genannt, und das prophezeit die Ankunft des Schakyamuni. Man nennt Japan das Land der aufgehenden Sonne und das bedeutet, daß der wahre Buddha des ›Späten Tages des Gesetzes‹ dort erscheinen wird. So wie der Mond von West nach Ost wandert, so wanderte der Buddhismus des Schakyamuni von Indien nach Japan. Aber wie die Sonne aus dem Osten zum Westen zieht, so wird der Buddhismus Nitschiren Daischonins zurück nach Indien wandern. Der ›Späte Tag des Gesetzes‹ wird die Auferstehung der Drei Schrecklichen Feinde ebenso erleben, wie die Manifestation des Segens des Bodhisattvas Fukyo. Deshalb seien alle Schüler guten Mutes.«

Laut Todas Interpretation war der Vorfall in Koiwa ein Zeichen dafür, daß diese Prophezeiung sich nun zu erfüllen begann.

3. Rückwirkungen

Einige Maßnahmen, welche die Besatzungsmacht im Jahre 1949 ergriffen hatte, bewahrte die Menschen in Japan vor dem Verhungern. Die Versorgung mit Nahrung war so weit verbessert worden, daß Unterernährung nicht länger eines der Hauptprobleme darstellt. Dennoch blieb das Leben hart. Kurz nach den Wahlen im Januar kam Joseph Dodge, der Präsident der Bank von Detroit, nach Japan, um die wirtschaftliche Lage zu beurteilen. Nach fünfwöchiger Untersuchung beschrieb er sie als unstabil, »wie ein Mann, der auf zu hohen Stelzen läuft«. Als Berater von General MacArthur präsentierte er der japanischen Regierung einen Plan zur Reform der ökonomischen Struktur. Die wichtigsten Punkte dieses Planes, der später Dodge-Plan genannt wurde, waren: ein ausgeglichener Staatshaushalt, strenge Restriktionen für Investitionen und Finanzierungen, Begrenzung der Löhne und Gehälter sowie intensive Kontrolle der Preise für Verbrauchsgüter.

Diese Politik wurde von Joseph Dodge selbst als »Rizinusöl« bezeichnet, das man nehmen muß, ganz gleich wie schlecht es schmecken mag. MacArthur verkündete, der Dodge-Plan erfordere größte Selbstbeschränkung in allen Bereichen des Lebens und die Aufgabe einiger Privilegien, wie sie einer freien Gesellschaft normalerweise zustünden. Aber er bestand darauf, daß jeder Versuch, diese Politik zu behindern, als Angriff auf das Wohl der Nation gewertet würde. Am härtesten von den Sparmaßnahmen betroffen wurde die arbeitende Bevölkerung sowie die kleinen Betriebe, die nicht genügend Eigenkapital hatten. Man könnte fast sagen, daß die Stabilisierung der japanischen Nachkriegswirtschaft auf Kosten der kleinen Unternehmer erfolgte.

Seltsamerweise wurde die Sparpolitik dennoch von allen politischen Parteien und den Gewerkschaften unterstützt; besonders auch Schigeru Yoschidas Liberale Demokraten, welche im Februar mit überwältigender Mehrheit gewählt wurden, und die vor den Wahlen versprochen hatte, den kleinen Betrieben zu helfen und Restriktionen für industrielle Finanzierungen zu beseitigen, unterstützten später den Dodge-Plan sehr vehement.
Blind für die Tatsache, daß die USA nur deshalb ein starkes Japan wünschten, weil es ein Bollwerk gegen den chinesischen Kommunismus bilden sollte, verteidigten selbst Kommunisten und Sozialisten das Sparprogramm und vernachlässigten auf diese Weise ihre vielbeschworeren Pflichten gegenüber der arbeitenden Klasse. Statistiken zeigen, daß zwischen Februar und Dezember 1949 10 546 kleine und mittlere Betriebe bankrott gingen und mehr als 435 000 Menschen ihren Arbeitsplatz verloren. Aber auch die Großindustrie entließ Arbeiter im großen Maßstab; und selbst die Regierung heckte eine Plan aus, um 420 000 Staatsbedienstete auf die Straße zu schicken.
Für eine Weile regte sich zwar Widerstand in der Bevölkerung – es gab etliche Anschläge und rätselhafte Vorfälle – aber sie bewirkten nichts als eine Stärkung des Managements. Die japanischen Gewerkschaften hatten sich hauptsächlich erst nach dem Kriege entwickelt und es mag sein, daß sie zu unerfahren waren, um ihre Kräfte zu vereinigen und sich der Industrie entgegenzustellen.
Die Nation wurde von Arbeitslosen überflutet. Manche wurden Tagelöhner, andere fanden auf dem Schwarzmarkt ein geringes Auskommen, nachdem sie vergebens von Arbeitsvermittler zu Arbeitsvermittler gelaufen waren. Aber die Polizei faßte sie meist schnell, beschlagnahmte ihren Reis und andere Lebensmittel und schickte sie zurück auf die Straßen und Bahnhöfe, wo sie ohne jede Hoffnung umherstreiften. Man tat nichts für die Herren- und Heimatlosen und Japan wurde ein Beispiel dafür, welches Elend politische Inkompetenz dem einfachen Volk bescheren kann.

Einer der ersten Schritte, die zur Verwirklichung des Dodge-Planes getan wurden, war das Einfrieren aller neuen Kredite der Finanzbank für Wiederaufbau. Diese Maßnahme löste in Finanzkreisen eine Panik aus, welche wiederum schwere Auswirkungen auf Josei Todas Verlag Nihon Schogakkan hatte. Dieser hatte zwar aufgrund des fähigen und effizienten Managements einen gewissen Erfolg, hätte auch trotz des Dodge-Planes vielleicht gerettet werden können, aber dazu wären einschneidende Maßnahmen wie Entlassungen notwendig gewesen, wozu Toda sich als positiver und menschlicher Geschäftsmann nicht durchringen konnte. Auch brachte er es nicht übers Herz, jemanden zu entlassen, der in schwierigen Zeiten loyal gegenüber der Firma, der Soka Gakkei und ihm gewesen war.
Als findiger Kopf, der besonders in mißlichen Situationen nie um eine Idee verlegen war, dachte er viel über das Problem nach. Endlich entschied er, daß in Zeiten des knappen Geldes eine Kreditanstalt Profit versprechen würde. Ein kleiner Geldverleiher würde seinen Verlag auf lange Sicht wieder flüssig machen. Sehr bald ergab sich eine günstige Gelegenheit.
Eines Morgens im Juni 1949 erhielt Toda unterwarteten Besuch von Taro Kurikawa, einem alten Bekannten, der nach dem Krieg so freundlich gewesen war, Toda einen Raum für die Wiedereröffnung zur Verfügung zu stellen. Die beiden Männer sprachen über den Dodge-Plan und dessen bedrohliche Auswirkungen auf den Verlag. Kurikawa war ehemals Mitglied der Tokyoter Stadtverordnetenversammlung und hatte viele Freunde. Nachdem Toda ihm von seiner Idee erzählt hatte, schlug er sich auf die Schenkel und sagte: »Ich hab's. Ich habe gehört, daß ein alter Freund von mir – Toru Oi, ein ehemaliger hoher Regierungsbeamter – seine Einkaufsgenossenschaft in eine Kreditkooperative verwandeln möchte, aber da er zu alt ist, sucht er dringend einen Partner. Mit Ihrer Begabung fürs Geschäft wären Sie vielleicht der Richtige. Was meinen Sie? Wenn Sie möchten, stelle ich die Verbindung her – ich könnte ihn anrufen und die Sache besprechen.«

Toda wußte zuviel von Geschäften, um sofort enthusiastisch zuzustimmen. Aber nachdem er eine Minute nachgedacht hatte, sagte er: »Keine schlechte Idee, es ist allerdings nicht leicht, eine Gesellschaft in eine andere umzuwandeln. Das braucht viel Zeit und man muß nicht nur die Genehmigungen zahlloser Büros des Handelsministers, sondern auch des Finanzministers einholen. Wenn nicht Sie diesen Vorschlag machen würden, müßte ich sofort nein sagen. Sind Sie sicher, daß die Einkaufsgenossenschaft nicht vor dem Konkurs steht?«

»Da bin ich sicher. Sie macht nicht viel Gewinn, aber ich weiß, daß sie auch keine roten Zahlen schreibt. Und Oi ist absolut in Ordnung, außer, daß er eben sehr alt ist.«

»Gut«, sagte Toda, »dann sollten wir uns bald treffen und die Sache besprechen. Danach würde ich mich entscheiden«

Ein paar Tage später traf Toda Herrn Oi, der ihm ausführlich erklärte, was getan werden mußte, und wie die Lage der Firma im Augenblick war. Toda war erschrocken über die Ineffizienz, mit welcher Oi die Genossenschaft führte. Aber die Herausforderung, die in der Übernahme steckte, reizte ihn. Er akzeptierte Ois Vorschläge bezüglich seiner Partnerschaft und bereitete sofort die notwendigen Schritte vor. Monate würden mit den umständlichen rechtlichen Prozeduren vergehen.

Die Soka Gakkai wurde größer und größer, 1949 gab es mehr als 125 Bereichsleiter, monatlich konvertierten mehr als 70 Haushalte und in Tokyo und den benachbarten Präfekturen wurden jeden Monat insgesamt 56 Diskussionsveranstaltungen abgehalten. Die Mitglieder der Gesellschaft arbeiteten fleißig und in Harmonie – obwohl ihre Stärke noch relativ gering war, so wußten sie doch, daß sie ihre gewaltige, rettende Mission erfüllen konnten, wenn sie ohne jedes Schwanken am Glauben festhielten.

Am 18. Oktober nahmen 80 Gläubige an den Zeremonien am Todestag Tsunesaburo Makigutschis im Kankiryo-Tempel in Nakano teil. Einige ehemalige Anhänger Makigutschis glänzten durch Abwesenheit, aber dafür nahmen etliche neue Anhänger teil, die ihn nie gekannt hatten. Toda war über diese neuen Leute sehr glücklich, wußte er, daß sie in der Zukunft der Gesellschaft eine wichtige Rolle spielen würden. Demzufolge wandte er sich hauptsächlich an sie, wenn er in seiner Gedenkrede sagte: »Denken Sie daran, wenn Sie meine Vorträge über das Lotos-Sutra hören, werden Sie automatisch Schüler Tsunesaburo Makigutschis, eines Führers und Philospohen von globaler Bedeutung. Ich hoffe, daß jede Widerkehr des Todestages unseres Gründers eine größere Anzahl von Menschen und Neubekehrten sehen wird. Auch wenn Sie ihn nicht zu seinen Lebzeiten kannten, so sind Sie doch seine wahren Schüler.«

Auf der vierten Generalversammlung der Soka Gakkai, die am 23. Oktober im Kanda-Bildungshaus in Tokyo abgehalten wurde, sagte Reverend Seido Hosoi lächeln: »Auf der ersten Nachkriegsversammlung prophezeite Direktor Josei Toda, daß er dieses Auditorium in drei Jahren bis auf den letzten Platz füllen würde. Ich schätze mich glücklich, feststellen zu können, daß dies eingetreten ist.« Hosois Kommentar stand symbolisch für die Heiterkeit und die Hoffnung, welche die gesamte Konferenz begleitete.

Da die Zahl der Diskussionstreffen so sehr angewachsen war, konnte Toda nicht mehr an allen teilnehmen, deshalb führte er eine Art Generaldiskussionstreffen ein, auf welchen er Techniken demonstrierte, wie man neue Mitglieder gewinnen konnte. Außerdem verhinderte er auf diese Weise, daß sich zwischen der Führungsspitze und den übrigen Mitgliedern ein Graben bilden konnte. Das erste dieser Generaldiskussionstreffen fand im Myoko-dschi-Tempel im Tokyoter Distrikt Schinagawa statt. Es nahmen über 200 Menschen teil, viele von ihnen waren neue Leute, die noch nicht dem Glauben angehörten.

Während die Soka Gakkai also einen steten Aufschwung nahm, ging es mit dem Nihon-Schogakkan-Verlag ebenso stetig bergab. Die restriktive Geldpolitik, die Überproduktion der Verlage und das Wiedererscheinen vieler populären Magazine, die während des Krieges eingestellt waren, bedrohten die kleinen Verlage.

Todas Magazine *Ruby* und *Abenteuer für Jungen* waren zunächst sehr erfolgreich gewesen, auch als das Buchgeschäft bereits nachließ. Aber bald wurde die Konkurrenz der großen Magazine übermächtig. *Ruby* geriet zuerst in die roten Zahlen, *Abenteuer für Jungen* hielt sich noch eine Weile. Toda änderte den Namen in *Der japanische Junge*, in der Hoffnung, dieser Titel sei attraktiver, aber im Herbst blieben 80 Prozent der Auflage unverkauft.

An einem kühlen und nebligen Herbstmorgen versammelte Toda seine Angestellten im Hauptbüro und bat Okumura, eine Übersicht über die finanzielle Lage zu geben. Die Zahlen, die Okumura mit mutloser Stimme vortrug, ließen keinen Zweifel, daß die Firma in einer ernsten Krise steckte. Das Defizit betrug mehrere Millionen Yen monatlich. Bis zu diesem Moment hatten viele Angestellte die Augen vor der Tatsache verschlossen, daß jeden Monat viele Bücher und Massen von Magazinen unverkauft zurückkamen, daß Rechnungen unbezahlt waren und daß die Drucker und Papierlieferanten über Rückstände klagten. Die glückliche Stimmung auf der wunderbar erfolgreichen vierten Generalversammlung der Soka Gakkai hatte das ihrige getan, um bisher keine Mutlosigkeit aufkommen zu lassen, aber noch wichtiger war, daß es niemanden gab, der für Toda arbeitete, und der glauben konnte, daß dieser sie nicht irgendwie aus jeder mißlichen Lage befreien konnte. Auch wenn sie sahen, daß die Firma in Schwierigkeiten war, so glaubten sie doch, daß Toda alles wieder ins Lot bringen würde.

»Ich habe Ihnen reinen Wein eingeschenkt, weil ich Ihnen vertraue und weil ich Ihre Vorschläge brauche«, sagte Toda zu seinen Leuten.

»Diese Zahlen müssen falsch sein«, sagte eine Stimme aus dem Hintergrund.

»Zahlen lügen nicht«, war Todas schnelle Antwort. »Okumura hat lange und sorgfältig gerechnet. Die Menschen, besonders jene, denen es an Stärke mangelt, interpretieren die Dinge so, wie sie sie haben möchten. Wenn es ihnen angenehm erscheint, können sie sich vormachen, etwas Schwarzes sei weiß. Aber

eiskalte, harte Zahlen kann man nicht auf diese Weise mißinterpretieren: Sie können aus Schulden kein Guthaben zaubern. Zahlen beleuchten nichts als die unabänderliche Wahrheit und es braucht Mut, sie als das zu sehen, was sie sind. Die Art, wie ein Mensch mit solchen Fakten umgeht, zeigt, aus welchem Holz er geschnitzt ist. Die Fakten sehen und sie auf die richtige Weise benutzen, das ist menschliche Stärke.«
Für eine Weile glaubten die Angestellten, daß derartige Bemerkungen wieder einmal nur die Einleitung für eine glänzende Lösung des Problems sein würden. Aber an seinem ernsten Gesicht und an dem, was folgte, sahen sie, daß dies nicht der Fall war.
»Ich meine es ernst. Wenn jemand eine Idee hat, soll er es bitte sagen. Ich meine, daß die vorgelegten Zahlen noch zu optimistisch sind. Sie berücksichtigen nur die retournierten Magazine bis zu einem Zeitpunkt von vor drei Monaten. Die endgültige Rechnung dürfte noch schlimmer aussehen. Und es ist sicher, daß die Situation sich noch weiter verschlechtern wird. Deshalb müssen wir jetzt etwas tun. Mißverstehen Sie mich nicht; ich will Sie nicht verantwortlich machen. Ich brauche nur Ihre Meinung und Ihre Vorschläge.«
Niemand hatte etwas zu sagen, alle waren bestürzt über die trüben Aussichten und das Fehlen von Todas üblichem Humor und Witz.
»Gut, es überrascht mich nicht, daß niemandem so schnell etwas einfällt. Ich habe lange nachgedacht und ich habe keine bessere Lösung gefunden, als den Verlag einzustellen. Vielleicht ergibt sich in der Zukunft wieder eine Möglichkeit, aber die augenblickliche Lage erfordert eine sofortige Schließung. Wenn wir das nicht tun, vergrößern wir nur das Defizit, ganz gleich, wie hart wir arbeiten.
Natürlich hoffe ich, daß Sie alle Ihr Bestes tun, um die verbleibenden Geschäfte des Verlages abzuschließen. Wir werden darüber nachdenken, wie wir in Zukunft weiter verfahren sollen. Ich hoffe, daß Sie tapfer sind und den Mut nicht verlieren. Denken

Sie daran, daß ich von meinen Schülern eine Menge erwarte. Die Einstellung des Verlages ist ein schwerer Schritt, aber wir wollen auch niemanden von außen in die Sache hineinziehen.«
Alle begaben sich ziellos wieder zu ihren Schreibtischen, die Angestellten der Nihon Schoggakan waren in einer Art Schockzustand. Todas Ermutigungen zeigten wenig Wirkung, die meisten dachten darüber nach, womit sie ihren Lebensunterhalt verdienen sollten, wenn die Firma permanent geschlossen blieb. Doch mit Rücksicht auf Toda zeigte niemand offen seine Gefühle, weder mit Blicken, noch mit Worten.
Für Schin'itschi Yamamoto war die bevorstehende Schließung des Verlages ein großer Schock. Seit er im Januar in Todas Firma eingetreten war, hatte er sich sehr erfolgreich für das Jungenmagazin eingesetzt und war im Mai zum Chefredakteur ernannt worden. Toda war sehr streng mit ihm gewesen und hatte ihn ausgescholten, wenn er dumme Fehler gemacht hatte. Doch seine Anleitungen erfolgten stets gründlich und voller Sorgfalt. Seine Beförderung hatte ihn mit einem Gefühl von Glück über seine Leistungen erfüllt und er verwandte all seine Zeit auf das Magazin, auf welches er stolz war. Die Arbeit brachte ihn oft mit kleinen Kindern in Kontakt, welche er zärtlich bei ihren Streichen, ihrem Gelächter, ihren kleinen Streitereien beobachtete, oder wenn sie bleistiftkauend über schwierigen Aufgaben in ihren Schulbüchern grübelten. Oft verspürte er den Impuls, sie in die Arme zu nehmen. Er fühlte, daß er fähig war, alles für sie zu tun.
Seine Hingabe an seine jungen Leser inspirierte ihn zu harter Arbeit und er trachtete, die Qualität des Magazins ständig zu verbessern. Er freundete sich mit Autoren und Zeichnern an, und diese schrieben bessere Geschichten und machten schönere Illustrationen, weil sich sein Enthusiasmus auf sie übertrug. Wenn sich manche von ihnen von Zeit zu Zeit nicht gut fühlten, sorgte sein Charme dafür, daß sie wieder Mut faßten und Aufgaben bewältigten, die anderweitig liegengeblieben wären. Seine Persönlichkeit und sein Eifer gewannen ihm auch in den Familien

der Maler und Autoren viele Freunde. Wenn es Probleme gab, konnte er stets auch auf die Frauen und andere Familienmitglieder zählen; jeder, der mit ihm in Kontakt kam, mochte ihn und vertraute ihm. Je mehr er lernte, um so mehr Spaß hatte er an seiner Arbeit, und je tüchtiger er wurde, um so größer wurde sein Selbstvertrauen und seine Hoffnungen für die Zukunft.

Im Herbst 1949 arbeitete er an einer speziellen Neujahrsausgabe des *Japanischen Jungen*, von welcher er sich erhoffte, daß sie den Verkauf ankurbeln und damit die finanzielle Lage des Verlages bessern würde.

Um so schwerer traf ihn die Ankündigung, daß der Verlag eingestellt werden sollte. Es kam ihm vor, als wäre er der Pilot eines Flugzeuges, dessen Motor plötzlich aussetzt und das zur Erde zu trudeln beginnt. Mit schmerzvoller Klarheit mußte er sehen, daß er nichts anderes tun konnte, als sich mit dem Kollaps seines geliebten Magazins abzufinden. Nach Todas Ankündigung saß er lange an seinem Schreibtisch und starrte ins Leere.

Glücklicherweise kam in diesem Augenblick ein Botenjunge und brachte die Druckfahnen der Dezemberausgabe. Er erinnerte sich daran, daß Toda gesagt hatte, daß die bevorstehende Schließung nicht die anliegenden Arbeiten negativ beeinflussen sollte und während der Geruch der frischen Druckfarbe ihm in die Nase stieg, begann die Arbeit ihn zu absorbieren, allerdings war er sich bewußt, daß dies vielleicht das letzte Mal war, daß er sich mit seinem so geliebten Magazin beschäftigte. Als die Arbeit beendet war, schaute er auf die Uhr und stellte fest, daß die Mittagspause längst vorbei war. Er war hungrig und so beschloß er, eine Kleinigkeit essen zu gehen.

Als er an Todas Büro vorbeiging, sah er mit einem kurzen Blick, daß dieser mit einem häufigen Besucher Schach spielte und herzhaft über irgend etwas lachte. »Was für ein Mann«, dachte Yamamoto. Da saß er und spielte, als sei alles in Ordnung, nachdem er kurz vorher den Zusammenbruch seiner Firma angekündigt hatte. Während er die Straße entlangging, fragte er sich, wie eine solche Sorglosigkeit angesichts derartiger Schwierigkeiten möglich war, aber dann erinnerte er sich, was Toda vor ein paar Tagen zu ihm gesagt hatte: »Schin'itschi, wir haben manchmal keinen Erfolg. Aber das Leben ist lang, und ein paar Mißerfolge besagen nicht, daß alles schiefgelaufen ist.« Damals hatte Yamamoto diese Worte nur teilweise verstanden. Nachdem er gesehen hatte, auf welche Weise Toda mit einer Niederlage umging, die ihn persönlich sehr schmerzen mußte, erfaßte er plötzlich die Unbesiegbarkeit der Seele seines Meisters und Lehrers. Ganz gleich, was geschah, Toda blieb findig und gelassen.

Sobald die Nachricht vom Zustand des Verlages sich unter seinen Geschäftsfreunden herumgesprochen hatte, würde es die unterschiedlichsten Reaktionen geben: Einige würden ihre Sympathie bekunden, andere würden sich freuen, und wieder andere würden abfällige Bemerkungen über Todas geschäftliche Fähigkeiten machen. Aber nichts davon würde ihn irgendwie beeinflussen können. Toda würde der Mann bleiben, der eine große Mission zu erfüllen hatte. Ob Stürme ihn schüttelten oder Wogen von Schwierigkeiten über ihm zusammenschlugen, er würde immer wieder aufsteigen wie Phönix aus der Asche. Yamamoto war sicher, daß die Welt eines Tages diese große Persönlichkeit verstehen und respektieren würde.

Als es zu nieseln begann, huschte Yamamoto schnell in ein chinesisches Restaurant und bestellte sich eine Schale mit Nudeln. Während des ganzen bescheidenen Mahls und auf dem Weg zurück ins Büro dachte er über sich und Toda nach. Er sah, daß er ebenso wie sein Lehrer in seinem tiefsten Wesen unberührt bleiben mußte. Auch wenn es den Menschen um ihn herum scheinen würde, als änderte er sich mit der Zeit, so wußte er doch tief drinnen, daß er immer die gleiche Persönlichkeit blieb. Diese Gedanken stabilisierten seinen geistigen und psychologischen Zustand, er war sicher, daß er genügend Kraft fand, um seine Arbeit mit absoluter Hingabe und einem Gefühl tiefer Verantwortung fortzusetzen, ganz gleich, was man über ihn dachte. Ihm wurde klar, daß sowohl das Lob, als auch die Kritik der Welt unzuverlässig und wertlos sind, und daß es dumm ist, das eine zu suchen und das andere zu fürchten. Als er wieder an seinem Schreibtisch saß, war er ruhig und bereit weiterzuarbeiten, als sei nichts geschehen. Während die anderen Angstellten von den schlechten Nachrichten wie paralysiert schienen, bereitete Yamamoto flink seine abendlichen Besorgungen vor. Zunächst mußte er einen Künstler aufsuchen und ihn für eine Arbeit bezahlen, dann hatte er eine Druckplatte für die Dezemberausgabe des *Japanischen Jungen* abzuholen.

Als Yamamoto das Haus verließ, fiel ein stetiger Regen. Er besaß keinen Mantel – und in Anbetracht der finanziellen Verhältnisse der Firma war es unwahrscheinlich, daß er sich bald einen würde kaufen konnte. Der Künstler wohnte weit draußen, aber das war kein Problem, denn er pflegte im Zug zu lesen. Er glaubte, daß Bücher eine wichtige geistige Nahrung für junge Leute sind, Erholung für die Alten, eine Zierde für die Reichen und Tröstung für jene, die Sorgen haben. Das Wissen, das er aus Büchern gewann, blieb ihm und gab ihm Hilfe und Ermutigung in allen praktischen Dingen.

Das Haus des Malers war kalt, dunkel und unordentlich, aber der Mann hatte offensichtlich sehnsüchtig auf ihn gewartet. Er hatte ein paar Kohlestückchen aufgetrieben und Teewasser aufgesetzt. Während Regen und Wind an den Fensterläden rüttelten, saß man bei einer Tasse Importtee – damals ein seltener Luxus – und diskutierte über alles mögliche. Wenn der Maler lächelte, leuchtete ein besonders klares Licht aus seinen Augen und auf seinem blassen, mageren Gesicht erschienen Lachfalten.

Bevor er sich dessen bewußt wurde, hatte Yamamoto begonnen, von der Nitschiren Schoschu zu erzählen, und obwohl er gar nicht an Bekehrung gedacht hatte, erregte er großes Interesse bei dem Mann, der zwar nichts über den Buddhismus wußte, aber dessen Phantasie durch Yamamotos Erzählungen beflügelt wurden. Beim Abschied bat er Yamamoto, daß er irgendwann gerne darüber ausführlicher sprechen möchte.

Draußen hatte der Regen nicht nachgelassen und Yamamoto stolperte in der zunehmenden Dunkelheit immer wieder in eine der vielen Pfützen, die sich auf der schlammigen Straße gebildet hatten. Als er am Bahnhof ankam, war er völlig durchnäßt und seine abgetragenen Second-hand-Schuhe total aufgeweicht. Aber jetzt mußte er zur Druckerei. Diese befand sich im Distrikt Ginsa mitten in der Stadt, welche wegen des Regens seltsam menschenleer schien. Nachdem er seine Druckplatte in Empfang genommen hatte, machte er sich wieder auf den Weg nach Kanda. Aber langsam kam ihm seine Müdigkeit zu Bewußtsein und außerdem schien er leichtes Fieber zu haben. Seine Füße waren taub und die Nässe und Kälte machten ihm zu schaffen. Als er das grelle Neonlicht eines Kinos bemerkte, dessen Blinken sich bizarr in den Pfützen spiegelte, dachte er: »Ich ruhe mich besser eine Weile aus.«

Im Kino zog er sofort seine Strümpfe aus, und während er sie auswrang, stieg ein saurer Geruch in seine Nase. Es war keinesfalls angenehm, die nassen Strümpfe wieder anzuziehen, aber dann ließ er sich zurückfallen und versuchte der Handlung des amerikanischen Films zu folgen. Doch schließlich überwältigte ihn die Müdigkeit und als die Heldin gerade ihren im Hospital liegenden Helden besuchen wollte, schlief er ein.

Als er aufwachte, verstand er gar nichts und dann war der Film zu Ende. Und als er auf die Uhr schaute, mußte er feststellen, daß er ein wichtiges Diskussionstreffen verschlafen hatte, was ihn mit einem nagenden Schuldgefühl erfüllte. »Nur diese nassen Schuhe sind schuld«, dachte er, »aber ob sie es wert sind, noch einmal repariert zu werden?«

Zwei Tage später fand ein weiteres Diskussionstreffen statt, das er dieses Mal nicht versäumte, obwohl das Wetter sich noch wesentlich verschlechtert hatte. Ein Taifun raste an jenem Tag über Tokyo, aber trotz pfeifender Winde und schneidenden Regens nahmen über 50 Menschen an dem Treffen in Yokohama teil. Während draußen die Elemente tobten, herrschte drinnen eine Atmosphäre von Begeisterung und Hoffnung. Auf dem Heimweg wurde Yamamoto fast vom Wind umgeworfen und obwohl er bis auf die Haut naß war, dachte er: »Die Unwetter

sind gewalttätig und die Welt um uns herum ist in Aufruhr, aber die Soka Gakkai bleibt stark, Josei Toda bleibt stark und auch ich muß stark sein.«
An dem Tage, als die letzte Ausgabe des *Japanischen Jungen* aus der Druckpresse kam, was das Wetter draußen heiter und klar. Schin'itschi Yamamoto saß in seinem Büro in der Nihon Schogakkan und las flüchtig das fertige Produkt seiner Arbeit. Die anderen im Büro flüsterten miteinander, wo sie arbeiten und was sie tun wollten, wenn die Firma endgültig dicht machte, was in nur wenigen Tagen der Fall sein sollte.
Tatsächlich rief Toda bereits am nächsten Tag die gesamte Belegschaft zusammen und verkündete das Ende des Verlages. Aber dann sprach er auch über die Hoffnungen, die er mit der neuen Kreditkooperative verband, er erklärte ihre Arbeitsweise und die Politik, die sie verfolgen sollte. Alle Angestellten des Verlages, die bleiben wollten, sollten automatisch auf der Gehaltsliste der Kreditanstalt erscheinen, wenn es soweit war. Toda hatte die Unzufriedenheit und Unsicherheit seiner Leute gespürt und deshalb diese Versammlung einberufen. Er plauderte über Kommunismus und Kapitalismus, illustrierte manches durch seine eigenen Erlebnisse und Erfahrungen und erklärte ganz genau, warum er sich für den Geldverleih entschieden hatte.
Yamamoto beobachtete, daß viele der Leute, die nur auf eine Gelegenheit warteten, die Gesellschaft zu verlassen, Todas Worte nicht besonders freundlich aufnahmen. Er selbst jedoch war tief bewegt, besonders als Toda sagte: »Alle geschäftlichen Unternehmungen unterliegen einem stetigen Wechsel von auf und ab. Die Wirtschaft hat wie alles andere ihre eigenen Regeln, und die darf man nicht ignorieren. Wenn man die Regeln versteht, braucht man nur noch Fleiß, Enthusiasmus und Geduld, um Erfolg zu haben. Hart arbeiten muß man überall, ob die Firma klein oder groß ist. Auch wenn die Dinge manchmal hoffnungslos aussehen, findet man nach meiner Erfahrung immer einen Weg, wenn man sich nicht vor harter Arbeit fürchtet.«

Bevor er die Versammlung auflöste, gab er Okumura Anweisung, alles noch vorhandene Bargeld unter den Angstellten aufzuteilen und es ihrem Gehalt zuzuschlagen. Keiner von ihnen ahnte, wie wertvoll dieses Geld für die Firma selbst hätte sein können.
Als das Jahr 1949 zur Neige ging, wurde die japanische und die internationale Szene durch wichtige Geschehnisse getrübt und beunruhigt. Der Dodge-Plan verursachte in weiten Teilen der Bevölkerung schweres Leid. Die Sowjetunion zeigte der Welt, daß sie bereits seit zwei Jahren im Besitz von Atomwaffen war. Nachdem die chinesischen Nationalisten sich eine Weile in Chungking gehalten hatten, wurden sie endlich von den Rotarmisten vertrieben. Am 7. Dezember etablierte Tschiang Kaischeck eine nationalistische Regierung in Taipeh auf der Insel Taiwan. Der kalte Krieg wurde intensiver. Die USA hofften, daß Japan den Platz des nationalistischen China als wichtiger asiatischer Verbündeter einnehmen würde und bereiteten den Entwurf eines Friedensvertrages vor.
Am Neujahrstag hielt Schin'itschi Yamamoto sich in Todas Haus auf und studierte die *Goscho*. Danach gab es ein einfaches Essen und einige entspannte Minuten in einer friedlichen und warmen Atmosphäre. Doch dann wurde Todas Gesicht finster, als er sagte: »Die ganze Welt ist in Aufruhr. Mit Sicherheit ist jetzt die Zeit gekommen, da ihr jungen Leute lernen müßt, soviel ihr könnt. Derweil bereite ich die Bühne vor, damit ihr einen Platz habt, von dem aus ihr unsere Mission erfüllen werden – als Botschafter des Friedens.«

4. Tobende Stürme

General Douglas MacArthurs Grußadresse zum Neujahr 1950 war ziemlich ungewöhnlich. Sie begann mit den Worten: »An das japanische Volk. An diesem fünften Neujahrstag nach dem Ende der Feindseligkeiten steht eine Tatsache unweigerlich fest – obwohl Japan sich technisch gesehen noch immer im Krieg befindet, gibt es wenige Plätze auf der Welt, die so friedlich sind.« Dies war natürlich eine Anspielung auf Japans entmilitarisierten Status. Doch das Ende der Botschaft enthielt eine überraschende Wendung, vielleicht MacArthurs neueste Interpretation der berühmten Antikriegsklausel in Japans neuer Verfassung.

»Durch kein noch so sophistisches Argumentieren kann (die Antikriegsklausel) als endgültigte Verneinung des unveräußerlichen Rechts auf Selbstverteidung nach grundlosem Angriff verstanden werden, sie ist aber die vehemente Zusage eines besiegten Volkes an den Glauben in den letztlichen Triumph der internationalen Moral und Gerechtigkeit, ohne jede Zuflucht zur Verteidigung. Dennoch muß man verstehen, daß ihr großartiges Konzept nur langsam allgemeine Anerkennung finden wird, solange es internationalen, räuberischen Banden erlaubt ist, auf der Welt herumzustreifen und den menschlichen Frieden mit Habsucht und Gewalt zu stören.«

Mit »internationale, räuberische Banden« meinte MacArthur offensichtlich den Sieg der Rotchinesen über die Nationalisten. MacArthurs neue Sichtweise reflektierte die neue Bewertung, welcher Japan angesichts der steigenden Spannung zwischen den Lagern ausgesetzt war. Aber wie sollten die Japaner wissen, auf welcher Seite dieses Lagers das Recht war? Es stimmte, daß die Amerikaner immer wieder hervorhoben, wie wichtig die Gerechtigkeit sei, aber die Kommunisten taten genau das gleiche.

Die beiderseitigen Definitionen von Gerechtigkeit unterschieden sich zwar, aber niemand konnte wissen, welche Seite sich im Besitz der Wahrheit befand.
Als die Verfassung verkündet wurde, hatte MacArthur die Japaner noch dafür gelobt, daß sie auf ein militärisches Establishment und auf das Recht, Krieg zu führen, verzichtet hatten. Nachdem es jetzt möglich schien, daß man den japanischen Beistand gegen die Kräfte des Kommunismus brauchte, änderten die Amerikaner ihre Meinung. Ihre neue Haltung besagte, daß die Antikriegsklausel durchaus nicht im Widerspruch zum unveräußerlichen Recht auf Selbstverteidigung stand.
Schigeru Yoschida, der damalige Premierminister, glich seine Haltung derjenigen der Amerikaner an. Vier Jahre zuvor hatte er im Unterhaus noch auf eine diesbezügliche Frage des Kommunistenführers Sanso Nosaka geantwortet: »Sie meinen, daß das Recht zur Selbstverteidigung in die Antikriegsklausel im Entwurf der neuen Verfassung aufgenommen werden sollte. Ich aber habe das starke Gefühl, daß ein solches Denken gefährlich und schädlich ist... Es ist eine wohlbekannte historische Tatsache, daß viele Kriege unserer Zeit im Namen der Selbstverteidigung geführt wurden. Es wäre für uns sehr gefährlich, den Krieg als Mittel der Verteidigung gutzuheißen. Eine solche Haltung könnte zu Feindseligkeiten führen, welche dem Geist einer internationalen Friedensorganisation zuwiderlaufen würden, wenn eine solche Organisation gegründet wird.«
Am 23. Januar 1950 sagte er vor dem Reichstag etwas ganz anderes: »Natürlich ist die nationale Sicherheit Japans ein großes Anliegen. Lassen Sie mich ausdrücken, daß der Schlüssel zu unserer Sicherheit darin liegt, daß wir der Verfassung, die Krieg und Bewaffnung verbietet, absolut treu bleiben... Doch ein Kriegsverbot heißt nicht, daß wir das Recht auf Selbstverteidigung aufgeben.«
Wie nicht anders zu erwarten, lösten die Stellungsnahmen Yoschidas und MacArthurs eine landesweite Kontroverse über die wahre Bedeutung der Antikriegsklausel aus sowie über das damit

verbundene Thema einer möglichen Wiederbewaffnung. Doch dies war nur das Vorspiel für eine weit ernstere Entwicklung.
Am 31. Januar 1950 kam eine ganze Gruppe hoher amerikanischer Militärs nach Japan, um die dortigen Luftstützpunkte der USA zu besichtigen und um mit MacArthur zu konferieren. Aber es war offensichtlich, daß der Hauptzweck dieses Besuchs darin lag, den strategischen Wert Japans in Verbindung mit der wachsenden Spannung zwischen Ost und West einzuschätzen.
Vorausgesetzt, Japan hatte das Recht, sich im Falle eines grundlosen Überfalls selbst zu verteidigen, blieb die umstrittene Frage, bis zu welchem Grade eine Bewaffnung zu erfolgen hatte. Dieses Problem wurde durch die Natur des modernen Krieges kompliziert, in welchem nun auch ein nuklearer Angriff denkbar war. Eine Selbstverteidigung, die nicht auch auf Atombomben zurückgreifen konnte, war nicht mehr effektiv.
Damals gab es Menschen, die strikte Neutralität forderten, wie die Schweiz oder auch Schweden sie für sich in Anspruch nahmen. Aber es war unwahrscheinlich, daß Ost und West die Neutralität einer Nation gutheißen würde, welche zwar gerade erst in einem großen Krieg besiegt wurde, aber immerhin das größte industrielle Potential Asiens besaß. In den folgenden Jahren sollte die Kontroverse über die Wiederbewaffnung nicht abflauen.
Zu jener Zeit machten sich die Menschen überall sehr große Sorgen über die nukleare Bewaffnung, besonders, als das Arsenal der Amerikaner und der Sowjets immer größer zu werden drohte. Natürlich machte sich Japan, welches als einziges Land der Welt einem Atomangriff ausgesetzt gewesen war, die meisten Sorgen über diese Waffen, die das Überleben der Menschheit in Frage stellten. In Hiroschima entstand eine Friedensbewegung, die sich gegen Atomwaffen wandte. Präsident Harry S. Truman erhielt eine Petition mit 10 854 Unterschriften, der er aber nicht annahm. Aber Trumans Ablehnung konnte die Flut der Antiatombewegungen nicht verlangsamen, die sich bald über die ganze Welt ausbreiteten.
1949 fanden Weltkongresse für die Verteidigung des Friedens in

Paris und Prag statt. 3000 Repräsentanten aus 64 Nationen nahmen an diesen Treffen teil und bildeten ein Exekutiv-Komitee, das forderte, sowohl die Ausbreitung von Atomwaffen, als auch die Wiederbewaffnung Deutschlands und Japans zu verhindern. Im Jahre 1950 fand die erste Weltkonferenz gegen Atomwaffen in Stockholm statt; sie forderte das weltweite Verbot von Atomwaffen. In dem entsprechenden Aufruf hieß es, daß man jede Nation, die Atomwaffen benutzen würde, als Verbrecher gegen die Menschheit betrachten würde. In den nächsten acht Monaten wurde dieser Aufruf von 500 Millionen Menschen unterzeichnet. Obwohl die Zensur in Japan alle Nachrichten über den Aufruf und die Friedenskonferenz unterdrückte, unterschrieben sechseinhalb Millionen Japaner, damit lag Japan mit der Zahl der Unterschriften nach Italien und Frankreich an dritter Stelle.

Im Jahre 1950 sahen die Menschen langsam ein, daß die atomare Bedrohung ein Problem ist, das nicht von einzelnen Nationen oder Bündnissen gelöst werden kann. Die gewaltige Zerstörungskraft der modernen Atomwaffen hat das alte Kriegshandwerk revolutioniert; Meinungsverschiedenheiten zwischen Nationen konnten jetzt die ganze Erde auslöschen und hatten das Argument der Selbstverteidigung ad absurdum geführt, weil am Ende niemand überleben würde. Es gibt zwar viele Probleme zwischen den Nationen, die man lösen muß, aber sie alle verblaßen angesichts der Notwendigkeit, einen Atomkrieg unmöglich zu machen. Solange diese Frage nicht geklärt ist, ist alles andere bedeutungslos. Diese weltweite nukleare Katastrophe ist nicht notwendigerweise vorbestimmt; der Mensch hat die Monsterwaffe erfunden, daher sollte es ihm auch möglich sein, sie zu beherrschen.

Einige Jahre später äußerte Josei Toda auf einem großen Treffen der Jugendabteilung klar und deutlich seine Meinung zum Thema Atomwaffen: »Man sollte die Todesstrafe für jeden einführen, der meint, man müsse Atomwaffen einsetzen, ganz gleich, welcher Nation er angehört und ob er auf der stärkeren oder der schwächeren Seite steht. Wir alle, die normalen Menschen dieser Welt, haben das Recht zu leben. Jeder, der versucht, uns dieses Recht zu nehmen, ist ein Dämon, ein Monster. Menschen, die im Krieg Atomwaffen gebrauchen wollen, möchten einer großen Zahl von Menschen das Leben nehmen und verdienen selbst den Tod. Wenn es irgendwann geschehen sollte, daß eine Nation die ganze Welt mit Hilfe von Atomwaffen unterwirft, dann sollten die jungen Japaner und Japanerinnen der ganzen Welt sagen, daß es sich bei den Siegern um teuflische Monster handelt.«

Toda war sich dessen bewußt, daß er und die Gesellschaft, die er vertrat, zu klein und machtlos waren, um ihre Meinung im breiten Maßstab bekanntzumachen. Dessenungeachtet war er überzeugt, daß die Zeit kommen würde, da die harmonische Verschmelzung des Buddhismus mit allen Aspekten der menschlichen Gesellschaft – *obutsu myogo* – stattfinden würde, und zu diesem Ziel wollte er seine gläubigen Anhänger führen.

Diese Aufgabe wurde ihm durch vielerlei erschwert, unter anderem auch durch die sich schnell verschlechternde soziale Lage des japanischen Volkes. Toda sagte in einem Artikel, den er für *Daibyakurenge* schrieb: »Die Nation ist von Kummer und Leiden erfüllt. Viele Menschen haben keine Arbeit. Sogar jene, die arbeiten, sind elend und unglücklich, denn sie leben ohne Frieden, ohne Glück und ohne Hoffnung. Die Führer der Nation sagen uns, daß wir sparsam leben müssen. Das mag heroisch klingen, aber für die Menschen im Land ist es eine Tragödie. Wenn für die Politiker nur die Sparsamkeit der einzige Ausweg aus unserem Dilemma zu sein scheint, dann sollten sie vielleicht ihren Posten aufgeben. Aber es gibt Grenzen für das was Menschen ertragen können. Sie werden eine schlechte Staatführung nicht endlos tolerieren.«

Mit »schlechter Staatführung« spielte Toda auf den Dodge-Plan an, welcher die nationale Wirtschaft übel zurichtete. Die Großunternehmen mußten einen Teil ihrer Fabriken schließen – aber eine solche Politik konnten sich die Kleinen nicht leisten, sie

gingen bankrott. Fast jeden Tag las man in der Zeitung vom Selbstmord ganzer Familien, die vor dem Ruin standen. Die Lage wurde in manchen Fällen durch hohe Steuern noch weiter verschlimmert. Der Finanzminister und spätere Premier Hayato Ikeda sagte hier mit unglaublichem Zynismus: »Man sollte einmal untersuchen, bis zu welchem Ausmaß Selbstmord auf Bankrott und hohe Steuern zurückzuführen ist. Aber in Zeiten wie den unsrigen, da die Nation den Krieg verlor und wir versuchen, die Inflation zu stoppen, sind einige Opfer unvermeidlich. Man kann nichts dagegen tun, daß fünf oder zehn Menschen Selbstmord begehen.« Eine solche Bemerkung eines Finanzministers brachte die Leute auf, aber in jenen schweren Zeiten konnten sie nichts tun, um ihrem Ärger Luft zu machen.
Todas neuer Kreditkooperative ging es nicht viel besser, als anderen kleinen Unternehmen. Das Geld war knapp, und obwohl eine Unzahl von Leuten an Krediten interessiert war, fiel es Toda sehr schwer, das benötigte Kapital aufzutreiben. Das Versagen des Verlages hielt viele Investoren davon ab, das so dringend benötigte Geld in die Kooperative zu stecken. Woche um Woche schrumpfte das Kapital mehr zusammen. Die Lage wurde noch dadurch verschlimmert, daß manche Gläubiger ihre Schulden nicht zurückzahlen konnten. Dann kam auch noch die Liquidation des Verlages hinzu, Gehälter konnten nicht vollständig ausgezahlt werden bzw. wurden mit Einrichtungsgegenständen abgegolten. Nach einiger Zeit verließen etliche Leute die Firma und Toda versuchte nicht, sie zurückzuhalten.
Aber die geschäftlichen Sorgen behinderten in keiner Weise seine Pflichten als Generaldirektor, Lehrer und Führer der Soka Gakkai. Obwohl seine tägliche Arbeit ihn physisch und psychisch auf eine harte Probe stellte, leitete er weiterhin Diskussionsveranstaltungen und bot seine Hilfe mit üblicher Ernsthaftigkeit und Anteilnahme an. Doch eines begann ihm Sorgen zu machen.
Eine Anzahl alter Bekannter und früherer Schüler Tsunesaburo Makigutschis begannen, Toda wieder öfter im Büro aufzusuchen. Lange Zeit hatte er keinen von ihnen gesehen, außer bei

Generalversammlungen, auf denen die sogenannten Ehrenmitglieder sich zu zeigen pflegten. Der genaue Grund ihrer Besuche blieb oft verborgen, aber es schien, als wäre die mögliche Aussicht auf Gewinn ihr Motiv. Sie schleppten dubiose Investoren oder Kreditsuchende herbei, und dieser rege Publikumsverkehr erweckte den falschen Eindruck, als ob die Kreditfirma gute Geschäfte machte. Aber Toda wußte es besser und war sich darüber im klaren, daß die ungläubigen alten Mitglieder der Soka Gakkai und ihre kreditsuchenden Kohorten nicht zu einer Verbesserung beitrugen. Dies wurde um so deutlicher, als alte Bekannte und Kunden plötzlich spurlos verschwanden, wenn sie ihre Schulden zurückzuzahlen hatten.

Toda verabscheute diese Leute und zeigte seine Gefühle über sie, wenn er zu jüngeren, gläubigen Mitgliedern der Soka Gakkai sprach: »Wir sind eine aktive, praktizierende Organisation. Wir brauchen niemanden, der seinen Glauben schon lange nicht mehr ausübt. Diese Leute sind schlimmer als totes Holz und könnten in der Zukunft eine Quelle großer Schwierigkeiten bilden. Ihr jungen Leute müßt zuverlässig sein. Ihr müßt euch schnell zu guten Mitgliedern entwickeln, weil die Soka Gakkai ohne euch keine Zukunft hätte.«

Die alten Abtrünnigen entmutigten Toda manchmal ein wenig, aber die jüngeren Mitglieder der Organisation halfen ihm bei der Arbeit und unterstützten ihn moralisch. Zum Beispiel arbeitete Schin'itschi Yamamoto während dieser ganzen dunklen Zeit unermüdlich an Aufgaben, die er weder mochte, noch besonders gut beherrschte. Seit Eröffnung der Kreditkooperative war er für die Betreuung der Kreditgeber zuständig und für die Eintreibung – oder den Versuch der Eintreibung – von Schulden. Von Natur aus schüchtern und ernst wie er war, überforderte es ihn psychologisch, Leute zu überzeugen und zu beschwatzen, und so fühlte er sich jeden Abend wie erschlagen. Dennoch vernachlässigte er niemals seine Pflichten.

Der zweiundzwanzigjährige und noch recht naive, junge Mann hatte vor ungefähr einem Jahr das Haus seiner Eltern verlassen und ein kleines, ungeheiztes Zimmer in Omori gemietet. Meist saß er bis spät in der Nacht im Büro, und wenn er in seinen kargen Raum zurückkehrte, hatte er nach dem Rezitieren des Daimoku gerade noch soviel Energie, sich schlafen zu legen. Wenn er sich körperlich zerschlagen fühlte und einsam war, wollte er sich manchmal zu seinen Eltern flüchten und für immer bei ihnen bleiben. Aber es gab etwas, was ihn zurückhielt: Wenn seine Eltern sähen, wie überarbeitet er war, würden sie Toda verantwortlich machen und das wollte er nicht, denn er verehrte Toda über alles. Also beschloß er, seine Einsamkeit zu ertragen.

Manchmal wollte sein Herz um Hilfe rufen, aber statt seinem Kummer nachzugeben, rezitierte er lieber das Daimoku, das ihm geistige Stärke gab. Wenn seine Gesundheit nur besser gewesen wäre, hätte er seine anstrengende Arbeit leichter ertragen können, aber damals befand er sich an einem Tiefpunkt seiner körperlichen und geistigen Verfassung.

Um mehr Wissen, Mut und Selbstdisziplin zu erlagen, machte er es sich zur Regel, jede Nacht vor dem Schlafengehen eine Passage aus der *Goscho* zu lesen. Danach schrieb er seine Gedanken hierzu in sein Tagebuch, und das half ihm, die Dunkelheit seiner einsamen Stunden zu erhellen.

Als er eines Nachts durch das *Kaimoku Scho* blätterte, fiel ihm die folgende Passage auf: »Das Verlassen des Heimes und der Eintritt in die Priesterschaft verschafft den Eltern unfehlbar die Erlösung.«

Diese Worte gaben ihm das Gefühl, als ob Nitschiren Daischonin seine selbstgewählte Art zu leben gutheißen wolle. Er war zwar kein Priester, aber er hatte sein Zuhause verlassen, um sein Leben der großen Aufgabe der religiösen Revolution zu weihen. Die Leiden, die er ertrug, schienen Gutes für seine eigene innere Revolution und für das Wohlergehen seiner Eltern zu versprechen. Als Yamamoto über seine Situation nachdachte, ging ihm ein Gedanke durch den Kopf: »Ich muß stark sein im Angesicht des Leidens. Ich kann es, denn ich bin noch jung. Ich muß nur dem Glück und dem Mut in mir erlauben, an die Oberfläche zu kommen und zu wachsen. Der Dai-Gohonson beobachtet jeden Schritt, den ich tue. Ich brauche mir keine Gedanken über Leute zu machen, die mich verspotten und über mich lachen.«

Lange dachte er in seinem winzigen, kalten Raum über die derzeitige Krise der Firma und deren Auswirkungen auf seine Zukunft nach. Sein Hals war verschleimt – eine schmerzhafte Erinnerung an seine Tuberkolose, die keinesfalls geheilt war – aber die Kraft seines Willens und ein Gefühl, daß alles einen Sinn hatte, erfüllten sein Herz und gaben ihm den Mut, entschlossen voranzuschreiten.

Zur selben Zeit mußte die japanische Nation gegen weit größere Stürme ankämpfen. Am 30. Mai fand vor dem kaiserlichen Palast eine auch gegen die Amerikaner gerichtete Massenversammlung von Studenten und linken Arbeitern statt, die klare Zeichen für den zukünftigen politischen Trend setzte. Die Demonstration eskalierte zu einem Kampf, bei welchem auch geschossen wurde. Ein amerikanischer Offizier war beteiligt und die Kämpfe hörten erst auf, nachdem acht Arbeiter und Studenten verhaftet worden waren. Diese kamen vor ein Militärgericht und erhielten 10 Jahre schweren Kerker und Zwangsarbeit.

Am 3. Juni fand ein Generalstreik statt, aber die Regierung mobilisierte die Polizei und bewaffnete Brigaden, welche alle linken Aktivitäten unterbinden sollte. Demonstrationen und Massenversammlungen wurden verboten und Tokyo befand sich in einer Art Belagerungszustand.

Am 6. Juli, zwei Tage nach den Wahlen zum Unterhaus des Reichstages, befahl General MacArthur zur Überraschung der Nation eine Säuberungsaktion unter den 25 Mitglieders des Zentralkomitees der kommunistischen Partei. In seiner Anweisungen an Premierminister Yoschida schrieb er:

»Die Leitlinie unserer Politik in dieser Phase der Besatzung war Schutz und nicht Bestrafung... Dies schloß zum größten Teil auch jene ein, die wegen ihrer Position oder ihres Einflußes die

Verantwortung für Japans totalitäre Politik trugen, welche zu Unterdrückung und Ausbeutung führte.
Neuerdings aber hat sich eine neue und nicht weniger unheimliche Gruppe in die politische Szene eingeschlichen, welche versucht, dieses friedvolle und ruhige Land durch Verdrehung der Wahrheit und massenhafte Anstiftung zur Gewalt in eine Arena von Streit und Unordnung zu verwandeln, und die auf diese Weise gegen Japans bemerkenswerten Fortschritt auf dem Weg zur repräsentativen Demokratie kämpft sowie die schnell wachsenden demokratischen Tendenzen im japanischen Volk unterwandert... Diese gewaltsamen Methoden finden eine verblüffende Parallele zu jenen, welche die Militaristen der Vergangenheit anwendeten, um das japanische Volk zu täuschen und in die Irre zu führen.«
Bis zu dieser Ankündigung waren die Richtlinien zur Säuberung nur auf die Militaristen in Politik und Finanz angewandt worden. Nun dehnte man sie auch auf die Kommunisten aus und erhielt auf diese Weise ein Instrument mit doppelter Schlagkraft.
Am 7. Juni wurden die 17 Redakteure der Zeitung *Akahata* (»Das rote Banner«), eines Organs der kommunistischen Partei, der Säuberung unterworfen. Die Situation für Anhänger des Kommunismus war extrem gespannt, obwohl man nie soweit ging, die kommunistische Partei selbst zu verbieten; allerdings gingen die meisten Führer der Partei in den Untergrund.
Die Spannungen zwischen der kapitalistischen und der kommunistischen Welt erreichten bald einen traurigen Höhepunkt. Am Sonntag, dem 25. Juni unterbrachen die Rundfunksender ihre Programme mit der überraschenden Nachricht, das nordkoreanische Truppen über den achtzigsten Breitengrad hinweg nach Südkorea einmarschiert waren. In diesem Ausbruch von Feindseligkeiten sah das sich gerade erst langsam von der Hölle des Weltkriegs erholende japanische Volk einen Vorläufer seines gefürchtesten Alptraums, eines neuerlichen weltweiten Krieges.

Natürlich wäre der koreanische Krieg ein Bürgerkrieg geblieben, wenn nicht hinter den Nord- und Südkoreanern die beiden Weltmächte USA und Sowjetunion gestanden und auf diese Weise den Streit auf eine internationale Ebene gehoben hätten.
Am 26. Juni versprach Präsident Truman den Südkoreanern Hilfe und bat das Sicherheitskomitee der Vereinten Nationen, wegen des koreanischen Konflikts zu tagen. Am 28. Juni trat man zusammen und veröffentlichte eine von den Amerikanern unterstützte Entschließung, welche Nordkorea als Aggressor brandmarkte und sofortige Sanktionen der UN-Truppen verlangte. Die Sowjetunion war der Sitzung des Sicherheitskomitees ferngeblieben.
Die Streitkräfte der Vereinigten Staaten griffen sofort in die Kämpfe ein. Unter MacArthurs Führung begannen sie mit Luftangriffen und bombardierten die Küste Nordkoreas.
Die Nordkoreaner schlugen kräftig zurück. Sie vertrieben die südkoreanische Regierung aus Seoul und gewannen so schnell an Boden, daß die USA die Mitglieder der UN drängten, sofort Soldaten nach Korea zu schicken. Während das koreanische Volk die Schrecken des Krieges erdulden mußte, machte die USA Japan zu ihrer Hauptversorgungs- und Logistikbasis, von der aus sie an den Kämpfen teilnahmen.
Sofort nach Ausbruch des Krieges traten auf dem gesamten japanischen Archipel strenge Sicherheitsbestimmungen in Kraft. Das kommunistische Blatt *Akahata* wurde zunächst für 30 Tage und dann ganz eingestellt. Demonstrationen und Massenversammlungen blieben verboten, und am 28. Juli fand eine neuerliche Säuberungsaktion statt, der alle Linken in den Medien unterworfen waren. Bis Mitte November waren über 10 000 aus ihren Positionen entfernt und im August wurde der Zusammenschluß von Gewerkschaften verboten. Alle diese Maßnahmen können nur als direkter Eingriff der Besatzungsmacht in die inneren Belange Japans interpretiert werden, ein klarer Verstoß gegen die japanische Verfassung.
Die Besorgnis der Bevölkerung wuchs und erreichte schließlich

einen Höhepunkt, als das maritime Sicherheitsbüro personell verstärkt wurde und man ein Herr von 7000 Mann aufstellte, das man Nationale Polizeireserve nannte. Es schien, als befände man sich schon wieder im Krieg. Hinzukamen die Kämpfe in Korea, man hatte das Gefühl, das Haus des Nachbarn stünde in Flammen und das Feuer könne jederzeit auf das eigene übergreifen.

Es kann auf der Erde keinen dauernden Frieden und keinen Fortschritt zur Lösung der Spannungen zwischen Kapitalismus und Kommunismus geben, solange die beiden sich weiterhin feindselig und voller kleinlicher Vorurteile begegnen. Man muß den großen Nationen verbieten, kleinere Länder ihren eigenen selbstsüchtigen Interessen zu opfern, denn das ist ein feindseliger Akt gegen die gesamte Menschheit. Was damals gebraucht wurde und auch heute gebraucht wird, ist eine dritte Kraft, welche mit Hilfe der leitenden Prinzipien einer tiefgehenden Philosophie die streitenden Parteien vereint und sich über sie hinaushebt. Der wahre Buddhismus des Nitschiren Daischonin erfüllt diese Ansprüche.

5. Ein stürmischer Sommer

Ganz Tokyo stöhnte im Sommer 1950 unter der Hitze, und der 22. August war der heißeste Tag des Jahres. Doch seltsamerweise wehte bei Sonnenuntergang eine kühle Brise durch die geöffneten Fenster in Todas Büro in Kanda. Die frische, kühle Luft brachte den Anwesenden Erleichterung von der drückenden Hitze, aber ihren Kummer und ihre Niedergeschlagenheit konnte sie nicht vertreiben. Todas Mund war verkrampft und seine Augen verrieten Sorge, Müdigkeit und eine Andeutung von Verlorensein, als er zu seinen Angestellten sprach:

»Ich muß Ihnen leider mitteilen, daß die Toko-Kreditkooperative morgen ihre Geschäfte einstellen wird. Die gesamte Verantwortung liegt bei mir. Sie haben gut und treu gearbeitet. Aber trotz Ihrer Anstrengungen gibt es nur diesen einen Weg aus unserer augenblicklichen Krise. Ich möchte, daß Sie wissen, daß ich für Ihre Loyalität dankbar bin und für alles, was Sie für die Firma und mich getan haben.«

Die Neuigkeit von der Schließung traf alle Angestellten sehr hart, insbesondere, da sie so kurz nach dem Zusammenbruch des Verlages erfolgte. Nach Todas kurzer Schilderung der Situation herrschte eine niedergedrückte Atmosphäre im Raum. Niemand sagte etwas, keiner weinte. Ein paar Tränen wären vielleicht hilfreich gewesen, aber niemand glaubte sich diesen Luxus leisten zu können. All diese Leute hatten Toda in seinen dunkelsten Zeiten Beistand geleistet, und sie vertrauten darauf, daß er jede Schwierigkeiten beseitigen könne. Und jetzt war wieder alles zu Ende. All ihre harte Arbeit und ihre Treue hatten nichts bewirkt.

Dann schloß Toda mit den Worten: »Es mag sein, daß ich bei unseren geschäftlichen Unternehmungen versagt habe, aber in bezug auf mein Leben und die Religion, auf der es ruht, gebe ich mich nicht geschlagen. Ich bin entschlossen wie eh und je, mein Leben der weltweiten Verbreitung unseres Glaubens zu weihen. Nitschiren Daischonins wahrer Buddhismus wird niemals besiegt werden und das heißt, daß es auch keinen Sieg über Todas Glauben geben kann.

Natürlich habe ich viel über die augenblickliche Situation nachgeacht. Um ehrlich zu sein, ich konnte zunächst nicht verstehen, wie das passieren konnte, aber ich denke, langsam wird mir klar, daß unsere mißliche Lage einen Sinn hat. Ganz gleich, was passiert, solange ich glaube, wird Nitschiren Daischonin mich retten. Es kann sein, daß ich Ihnen nicht erklären kann, wie ich das meine, aber ich will es dennoch versuchen. Ich vermute, daß Nitschiren Daischonin mir aus einem bestimmten Grund einen Verweis erteilt hat. Von Ihnen aus gesehen ist dieser Verweis recht extrem, aber ich für meinen Teil bin glücklich, daß es so gekommen ist. Noch ist die Zeit nicht reif, Ihnen alles zu sagen, was mir geschieht und wie ich es verstehe, aber denken Sie daran: Es ist gut, daß der Buddhismus streng ist, denn seine Strenge verhindert viel Unglück auf dieser Welt. Was mir geschieht, ist kein Zufall. Wie Sie alle wissen, unterliegt alles den Gesetzen von Ursache und Wirkung. Doch in einem bin ich mir sicher: Mein Glaube ist makellos.

Glauben Sie mir, es macht mir großen Kummer, Ihnen solche Probleme bereitet zu haben und zu wissen, daß die Schwierigkeiten in keiner Weise vorüber sind. Darüber hinaus schmerzt es mich, daß unsere Geldgeber und unsere Schuldner Unbequemlichkeiten und Verspätungen in Kauf nehmen müssen. Aber ich werde auf keinen Fall feige aus der Sache aussteigen. Ich habe vor, sämtliche Konten auszugleichen, wieviel Zeit es auch immer in Anspruch nehmen wird. Dies ist meine Verantwortung.

In den kommenden Tagen werden wir alle mit der undankbaren und harten Arbeit einer Liquidation beschäftigt sein. Ich möchte, daß Sie sich meine Haltung zu eigen machen und keinesfalls die Dinge schleifen lassen. Wir müssen versuchen, unsere

Geldgeber und Kapitalanleger davon zu überzeugen, daß sie warten sollen, bis wir zurückzahlen können. Die einzige Möglichkeit hierzu liegt darin, daß wir ihnen ein genaues Bild unserer Lage vermitteln und sie bitten, an unsere Ehrlichkeit zu glauben. Ich will alle Schulden bezahlen, aber ich brauche Zeit. Wenn unsere Gläubiger sich dazu entschließen, uns zu vertrauen, werden sie auch warten. In der Zwischenzeit will ich all meine Kraft daran setzen, über einen Neuanfang nachzudenken.

Wir müssen all unsere Fähigkeiten einsetzen, damit wir die Geschäfte erfolgreich abschließen und wieder auf die Beine kommen. Aber noch wichtiger ist der intensive Glaube. Seid bereit. Es ist sehr wahrscheinlich, daß wir in der kommenden Zeit allen möglichen Verleumdungen und Beschimpfungen ausgesetzt sein werden. Wenn wir im Angesicht von Unverständnis und falschen Anschuldigungen zurückweichen, sind wir verloren. Wir brauchen Mut und unseren Glauben, um wieder gesund zu werden.«

Über die Schwere der Situation konnte es keinen Zweifel geben. Einige verstanden Toda nicht vollständig, aber alle im Raum waren bewegt und beeindruckt von Todas Entschiedenheit und seinem tiefen Glauben. Einige Minuten lang herrschte absolute Stille. Die Sekretärinnen wischten sich mit ihren Taschentüchern ein paar Tränen ab. Dann brach Toda das Schweigen: »In Ordnung, Leute. Laßt uns einen Drink nehmen. Wir haben uns entschieden und wissen, was wir tun werden.« Toda füllte einige Tassen mit Sake. Für einige Anwesende war der nachfolgende Trinkspruch ein Abschied, denn sie mußten anderswo Arbeit finden. Doch jene, die wirklich glaubten, blieben bei Toda; für sie war der Sake ein Symbol der Entschlossenheit angesichts der gewaltigen Aufgaben, die vor ihnen lagen.

Bereits seit Wochen hatte Toda jede Anstrengung unternommen, die Firma zu retten. Seit langem war ihm klar, daß das Kapital dahinschmolz und daß die Direktoren weniger am Wohlergehen der Gesellschaft, als an ihren eigenen Investitio-

nen interessiert waren. Nach langem Nachdenken beschloß er, daß der einzige Weg darin bestand, mit einer anderen Kreditkooperative zu fusionieren. Die Firmenleitung gab ihm Erlaubnis, einen Partner zu suchen, aber trotz all seiner Bemühungen konnte er keinen finden. So bat er das Finanzministerium um Hilfe, welches zwei Inspektoren schickte, um die Lage der Firma zu sondieren. Nach zwei Tagen hatten sie sich durch gewaltige Mengen von Papieren hindurchgewühlt und einer der beiden fragte Toda: »Was wollen Sie mit Ihrer Firma tun?«
»Fusion mit einer anderen Kreditkooperative ist der einzige Weg, den ich mir vorstellen kann«, antwortete Toda.
»Mit einer solchen Bilanz dürfte das sehr schwierig werden«, meinte der Inspektor mit traurigem Gesicht. »Wenn Sie keine Immobilien besitzen, sollten Sie diese Idee besser aufgeben.«
»Wir haben keine Immobilien. Fusion ist unsere einzige Hoffnung.«
Der Inspektor wiegte den Kopf. »Gut, wir werden die Sache unserem Vorgesetzten vortragen und ihn bitten, Ihr Gesuch um Erlaubnis zur Fusion in Erwägung zu ziehen. Aber erwarten Sie nicht zuviel. Wenn ich Sie wäre, Herr Toda, würde ich einen anderen Weg suchen.«
»Einen anderen Weg?«
»Ich denke Sie wissen, was ich meine.«
»Ganz aufgeben? Die Kooperative schließen?«
»Ich fürchte, das wird sich nicht vermeiden lassen.« Der Finanzbeamte blieb kühl und unbeteiligt. Er kannte ja den Zustand der Firma. Toda dachte: »Der Mann hat recht, ich hätte an seiner Stelle das gleiche gesagt.«
Während der folgenden Tage fragte der greise Herr Oi mehrmals beim Finanzministerium nach, aber es gab keine Erlaubnis zur Fusion. Statt dessen sprach sich die hoffnungslose Situation der Firma herum und die Kreditgeber begannen, ihre Investitionen zurückzufordern. Am 22. August befahl das Ministerium die Schließung der Toko-Kreditkooperative.
Als Toda und Schin'itschi Yamamoto am 23. August vom Mit-

tagessen kamen, erwartete ein Bürogehilfe sie an der Tankstelle um die Ecke und sagte: »Im Büro ist ein Reporter und läßt sich nicht abweisen, obwohl wir gesagt haben, daß Sie nicht da sind.«

»Na gut«, sagte Toda und ging weiter zu seinem Bürohaus.

»Warten Sie, Herr Toda«, meinte der Bürogehilfe atemlos, »dieser Mann weiß von der Schließung, ich habe gehorcht, als er mit seiner Redaktion telefonierte. Er sagte, er hätte eine Exklusivmeldung. Er möchte Sie interviewen. Er sagte ihnen, sie sollten bis zur letzten Minute warten und er würde die Story telefonisch durchgeben.«

Toda schaute Yamamoto an und meinte: »Sie haben verdammt schnell Wind von der Sache bekommen, diese Quälgeister. Ich habe nicht viel Zeit, mich um ihn zu kümmern, denn in weniger als fünfzehn Minuten beginnt eine Generalversammlung. Was soll ich tun, Schin'itschi?«

»Lassen Sie mich mit ihm sprechen. Ich werde ihm sagen, Sie wären noch immer nicht da.«

»Gut. Finde heraus, wieviel er weiß, aber ohne ihm zu viele Informationen zu geben.«

Toda ging zu seiner Versammlung in einem anderen Stadtteil und Yamamoto stellte sich dem Reporter vor. Dieser gab ihm seine Visitenkarte, die besagte, daß er Yasuo Tanaka hieß und von einer der großen Tageszeitungen kam. »Ich habe gehört, daß Ihr Unternehmen seine Tätigkeit eingestellt hat und ich hätte gerne exakte Informationen. Es muß ein schrecklicher Schlag für Sie sein und es tat mir sehr leid, als ich davon hörte. Nun hätte ich gerne die Zahl Ihrer Gläubiger gewußt und die genaue Summe Ihrer Verbindlichkeiten.«

Der Reporter war offensichtlich sehr erfahren in seinem Beruf und hatte es sehr eilig, seine Story zusammenzubekommen. Dies aber mußte Yamamoto ausnutzen; wenn er die Sache in die Länge zog, konnte er vielleicht verhindern, daß der Reporter sich schnell eine ungenaue Geschichte zusammenschusterte. Jetzt ging es um größte Vorsicht und Diskretion.

»Nun, ich denke, daß die Verbindlichkeiten erheblich sind. Aber ich kann Ihnen keine zuverlässigen Zahlen nennen. Schließlich haben wir erst gestern dichtgemacht.«
»Ich verstehe«, meinte der Reporter mitfühlend. »Natürlich bräuchte ich die genauen Zahlen, aber da Sie keine haben, geben Sie mir doch eine ungefähre Schätzung, ich bin sicher, daß Sie einigermaßen richtig liegen werden.«
Doch Yamamoto war auf der Hut: »Zeitungen achten doch sehr auf Genauigkeit, nicht wahr?« sagte er.
»Richtig. Aber ich muß nehmen, was ich bekomme. Wie Sie vielleicht wissen, ist es mir eilig. Deshalb geben Sie mir bitte Ihre ungefähren Zahlen. Schließlich werde ich nichts Schlechtes über Sie schreiben.«
»Das hoffe ich. Aber sagen Sie mir eines, wie haben Sie das alles so schnell herausgefunden, Sie sind der erste Zeitungsmann, der hierhergekommen ist? Sie müssen eine gute Nase haben. Ich bewundere Leute, die stets als erste informiert sind.«
Der Reporter pflegte gerne über seine beruflichen Fähigkeiten zu sprechen und erzählte, wie er die Neuigkeit erfahren hatte. Dann sprach er über frühere Erfolge und als er auf seine Armbanduhr schaute, war es schon zu spät. Er fluchte und bat darum, das Telefon benutzen zu dürfen. Anschließend fragte er, ob er am nächsten Tag wiederkommen könne, um den Direktor zu interviewen.
Yamamoto hatte das Gefühl, daß es am besten wäre, ehrlich zu dem netten, aber geschwätzigen Mann zu sein: »Schauen Sie, wir sind sicher, daß wir unseren Schuldnern und Gläubigern Schwierigkeiten und Verluste ersparen werden, wenn wir die begonnenen Maßnahmen fortsetzen können. Ein schlechter Zeitungsartikel kann aber alles zunichte machen. Wir begrüßen eine faire Berichterstattung und wenn Sie versprechen, die Wahrheit zu schreiben, kann ich Sie morgen mit den genauen Zahlen vertraut machen.«
»In Ordnung, aber versprechen Sie mir, daß Sie das Material keiner anderen Zeitung geben.«

»Ich verspreche es Ihnen, wenn Sie mir Ihr Wort geben, wahrheitsgetreu und sachlich zu schreiben.«
»Sie können auf mich zählen. Ich glaube an die soziale Gerechtigkeit.«
Der Reporter war nun beruhigt, daß ihm sein Exklusivbericht sicher war. Auch Yamamoto fühlte sich jetzt besser, weil er das Schlimmste verhindert hatte und machte einen Termin für den nächsten Tag. Das Interview mit Toda sollte in einem unscheinbaren Café in der Nähe stattfinden. Dennoch blieb der Reporter im Büro, stellte Fragen und hörte wie zufällig bei verschiedenen Telefonaten mit. Yamamoto fütterte ihn mit Informationen über Todas Persönlichkeit und Aktivitäten, was ihn sehr neugierig machte.
Als Toda und Yamamoto am nächsten Tag in das Café kamen, wartete Tanaka schon auf sie. Sie sahen gemeinsam einen Haufen von Dokumenten durch und Toda stellte sich den bohrenden Fragen des Reporters mit ehrlichen Antworten, von deren Geradlinigkeit Tanaka sich beeindruckt zeigte. Am Schluß meinte er: »Bei solchen Außenständen könnten Sie doch leicht Ihre Schulden bezahlen?«
»Genau so ist es«, antwortete Toda, »aber im Augenblick können wir sie nicht eintreiben. Dazu brauchen wir Zeit. Wir wollen unsere Gläubiger schützen. Deshalb haben wir das Finanzministerium um Erlaubnis gebeten, zu fusionieren, was man uns aber nicht erlaubt hat. Anstatt uns zu helfen, einen Partner zu finden, hat man uns die Schließung befohlen. Dies haben wir nicht erwartet und deshalb sind wir in Schwierigkeiten.«
Der überraschte Reporter sagte: »Man hat Sie recht kaltblütig behandelt, insbesondere, als Sie sich selbst gestellt haben.«
Yamamoto benutzte nun die Gelegenheit und sagte: »Wir wissen nicht genau, warum das Finanzministerium so reagiert hat. Aber ein unverantwortlicher Zeitungsartikel zu diesem Zeitpunkt würde unsere Gläubiger in Panik versetzen und sie dazu bringen, ihr Geld zurückzufordern. Es würde außerdem unseren Schuldnern einen Vorwand liefern, nicht zu zahlen. Wenn dies ge-

schieht, haben wir keine Möglichkeit mehr, etwas zu retten. Man hätte die Schließung nicht anordnen können, wenn wir uns nicht – wie Sie sagen – gestellt hätten. Selbst wenn das Finanzministerium eines Tages von sich aus aktiv geworden wäre, hätte dies erheblich später stattgefunden. Da wir bereits seit zwei Monaten an der Liquidation arbeiten, hätten wir zu diesem Zeitpunkt bereits alles in Ordnung bringen können.«

»Ich verstehe«, sagte der Reporter mit leiser Stimme.

Yamamoto entschied, daß jetzt ein klares Wort angebracht war: »Wenn Sie jetzt über uns schreiben, wird alles zunichte gemacht. Wir werden als Schwindler gebrandmarkt, obwohl wir alles tun, damit niemand einen Verlust erleidet. Sie sehen, daß unsere Lage sehr prekär ist. Natürlich würde ich niemals versuchen, die Freiheit der Presse zu beschneiden, aber wenn Sie Ihre Story für zwei oder drei Monate zurückstellen würden, bis wir unsere Probleme gelöst haben ...«

Yamamoto war zu stolz, um zu bitten. Er servierte dem Reporter die Fakten und überließ ihm die Schlußfolgerungen. Dieser legte den Kopf zur Seite und dachte vielleicht über Freiheit und Beeinflussung der Presse nach. Vielleicht sah er, daß seine Geschichte vielen Menschen schaden würde und bedauerte, daß er sich bereits soweit darauf eingelassen hatte. Nach einer Weile meinte er: »Sie wollen mich festnageln. Diese Story könnte mir in der Redaktion eine Menge nützen.«

Toda sagte: »Es liegt bei Ihnen, ob Sie die Geschäftspartner der Kreditkooperative retten oder zerstören wollen. Es ist natürlich Ihre Entscheidung, aber bedenken Sie bitte, daß unser Schicksal in Ihrer Hand liegt.«

»Es tut weh, eine gute Story aufzugeben. Wenn ich warte, ist die Nachricht nichts mehr wert, aber da kann man nichts machen. In Ordnung, benachrichtigen Sie mich, wenn ich die Sache bringen kann.« Yamamoto lächelte, als er sagte: »Sie machen uns sehr glücklich. Jetzt haben wir Zeit, unsere Verpflichtungen zu erfüllen. Ich verspreche, daß wir Ihnen zum rechten Zeitpunkt Mitteilung machen werden.«

Toda sagte nichts und schaute zur Decke, während er eine Zigarette rauchte. Dann verließen die drei Männer das Café. Toda und Yamamoto verabschiedeten sich von dem Mann und gingen gemeinsam die Straße entlang. Es wurde Abend, das Wetter war sehr heiß und schwül. Der Himmel war bedeckt und es würde vielleicht bald regnen. Ein paar Minuten lang sprach keiner der beiden. Yamamoto fühlte sich erleichtert, daß das Unheil abgewendet war. Nach einiger Zeit sagte Toda: »Schin'itschi, Zeitungen haben großen Einfluß. Ich gebe zu, daß sie manchmal nerven, aber sie können auch nützlich sein. Ich frage mich, ob die Soka Gakkai nicht in nächster Zukunft eine Zeitung herausbringen sollte. Denk darüber nach.«

Die beiden riefen ein Taxi und während sie nach Kanda fuhren, beschäftigte sich Yamamoto mit dieser Idee. Ohne Zweifel war die augenblickliche Situation nicht dazu angetan, mit einem so großen Projekt wie es eine Soka-Gakkai-Zeitung sein würde, zu beginnen, aber ein solches Projekt schien durchaus naheliegend.

Im Büro begab sich Toda sofort zu einem kleinen, im japanischen Stil eingerichteten Raum im Zwischenstock, wo er schon von Yoschiso Mischima erwartet wurde, einem Direktor der Soka Gakkai. Die Unterhaltung dauerte sehr lang, und die Sekretärin, die den beiden nach einiger Zeit Essen aus einem nahe gelegenen Restaurant bringen mußte, berichtete, daß es nach den Gesichtern der beiden zu schließen, um sehr ernste Dinge gehen mußte.

Am Abend fand die normale Vorlesung über das Lotos-Sutra statt, und während die zahlreich erschienen jungen Leute angeregt und fröhlich über das Sutra und ihre Religion diskutierten, betraten Toda und Mischima den Raum. Toda sprach zwei Stunden lang mit dem ihm eigenen Humor, aber trotzdem tief bewegend über den heiligen Text. Doch dann, als die jungen Leute bereits ihre Sachen wegpackten, sagte er mit ruhiger, aber lauter Stimme: »Können Sie noch ein paar Minuten warten? Ich habe eine wichtige Mitteilung zu machen.«

»Obwohl die Toko-Kreditkooperative keinesfalls direkt mit Ihnen oder mit unseren Diskussionstreffen verbunden ist, möchte ich Ihnen mitteilen, daß wir diese Firma gestern schließen mußten. Und nach langem, intensivem Nachdenken habe ich mich dazu entschlossen, daß es besser wäre, wenn ich von meinem Posten als Generaldirektor der Soka Gakkai zurückträte.«

Die Anwesenden reagierten äußerst betroffen. Toda fuhr fort: »Ich habe Herrn Mischima gebeten, meine Pflichten zu übernehmen. Ich vertraue darauf, daß Sie ihn ebenso unterstützen werden, wie Sie das bei mir getan haben.

Natürlich ändert meine Entscheidung in keiner Weise meinen Glauben oder beeinflußt meine Entschlossenheit, mit Aufbietung aller Kräfte an der universellen Verbreitung von Nitschiren Daischonins Buddhismus zu arbeiten. Ganz gleich, was ich tue, ganz gleich, was mir geschehen mag, die Soka Gakkai wird weiterbestehen, weil sie sich unter dem absoluten Schutz des Dai-Gohonson befindet. Aus diesem Grund sollte meine Entscheidung Sie nicht beunruhigen.

Aber ich möchte, daß Sie diesen Schritt als eine Entscheidung verstehen, die aus der Tiefe meines Herzens kommt. Jeder, der sie kritisiert oder anzweifelt oder in unfairer Weise Vorteil daraus zu ziehen versucht, macht sich selbst zu einem Feind des Buddhismus. Jeder von Ihnen soll dies sorgfältig bedenken und sich bemühen, im Zusammenhang mit meinem Schritt keine Unbesonnenheit zu begehen. Nun möchte ich Ihnen Herrn Mischima vorstellen. Ich bitte Sie und alle anderen Mitglieder der Soka Gakkai, sich unter seiner Führung weiterhin für die Erreichung unseres großen Ziels einzusetzen.«

Die meisten Mitglieder der Führung waren wie vor den Kopf geschlagen, unter ihnen Isumida, Harayama und Konischi. Katsu Kiyohara weinte ganz offen. Alle waren zu bestürzt und verwirrt, um auf Mischimas Worte zu achten. Trotz Todas Bitte, seinen Schritt zu verstehen und nicht darüber traurig zu sein, konnten sie sich eine Soka Gakkai ohne ihren Führer nicht vor-

stellen. Durch Todas Rücktritt wurde die Gesellschaft ihrer treibenden Kraft beraubt.
Als Mischima seine kurze Rede beendet hatte, waren die Anwesenden immer noch zu schockiert, um Fragen zu stellen. Während das Treffen sich auflöste, gaben einige Mitglieder flüsternd ihrer Betroffenheit Ausdruck. Auch Mischima selbst war sehr beunruhigt, denn Toda hatte ihm eine Position, die er nicht wollte, quasi aufgezwungen. Toda ging schnell in den japanischen Raum im Zwischenstock und schloß die Tür.
Wie alle anderen engen Schüler Todas hatte auch Schin'itschi Yamamoto das Gefühl, daß die Soka Gakkai ohne ihn ihren Geist und ihre Vitalität einbüßen würde. Für ihn war Toda die Soka Gakkai. Allerdings, was Toda über die Tiefe seiner Herzensentscheidung gesagt hatte, ließ dem jungen Yamamoto ein bestimmtes Maß an Hoffnung. Er stahl sich sobald als möglich aus der Gruppe um Mischima hinweg und ging sehr beunruhigt zu dem kleinen Raum, in welchem Toda verschwunden war. Als dieser Yamamotos bekümmertes Gesicht sah, lächelte er freundlich und fragte ihn mit sanfter Stimme: »Was ist los, Schin'itschi?«
Yamamoto kniete auf der Tatamimatte vor Toda und fragte: »Wird Herr Mischima nun auch mein persönlicher Lehrer und Meister werden?«
»Natürlich nicht«, kam die schnelle Antwort. »Ich bin bei dir, solange du mich brauchst, obwohl es scheint, als würde ich dir nichts als Ärger bereiten.«
Mit diesen einfachen Worten erhielt Yamamoto die Antwort, nach der er sich mit allen Fasern gesehnt hatte. Im Herzen des unschuldigen jungen Mannes breitete sich das Glück aus wie ein Licht in der Dunkelheit oder wie eine Quelle frischen Wassers in der Wüste. Der Zusammenbruch des Verlages und der Kreditkooperative, ja selbst Todas Rücktritt verblaßte im Angesicht der Tatsache, daß er sein Lehrer bleiben würde. Obwohl Toda sorglos und entspannt schien, hatte er feuchte Augen, als er fragte: »Gibt es noch etwas anderes, was dir Sorgen bereitet?«
»Nein«, antwortete Yamamoto lächelnd. »Jetzt ist alles in Ord-

nung.« Er erhob sich, verbeugte sich und verließ den Raum. Draußen zog er seine zerfetzten Schuhe an und trat fröhlich in die warme Nacht hinaus. Er pfiff eine bekannte Melodie und sagte immer wieder zu sich selbst: »Mein Leben lang wird er mein Lehrer bleiben. Das ist alles, was ich wissen muß.« Schin'itschi Yamamoto gehörte nun schon seit drei Jahren der Nitschiren Schoschu an.
Toda hatte schon einige Zeit gewußt, daß er von seinem Posten würde zurücktreten müssen; und er war darauf vorbereitet gewesen, obwohl er nicht geahnt hatte, daß es schon so bald notwendig sein würde. Aber nach dem Gespräch mit dem Reporter war ihm klargeworden, daß er diese schwere Entscheidung nicht mehr aufschieben konnte. Er und Yamamoto hatten zwar diesen Zeitungsmann bewegen können, seinen Artikel aufzuschieben, aber es gab andere Zeitungen, die bald Wind von der Schließung der Kreditfirma bekommen und Toda um Informationen angehen würden. Außerdem hatte die Regierung durch das Finanzministerium interveniert und niemand konnte wissen, wie sich die Situation entwickeln würde.
Toda machte sich ernsthafte Sorgen darüber, daß die Nachrichten von seinen finanziellen Schwierigkeiten auf die Soka Gakkai abfärben könnten. Er war darauf vorbereitet, die Verantwortung für den geschäftlichen Kollaps zu übernehmen, aber er wollte nicht, daß der gute Name der Gesellschaft darunter leiden sollte. Folgerichtig beschloß er, sofort zurückzutreten, damit die Nachricht über seinen geschäftlichen Mißerfolg nicht zu einer Verunglimpfung der Soka Gakkai führen sollten, welche zu sehr mit seinem Namen verbunden war. Er wußte, daß seine Anhänger über diesen Schritt bekümmert sein würden, aber die Ehre der Gesellschaft mußte vor allen anderen Überlegungen Vorrang haben.
Trotz seines Rücktritts hatte er alle Hände voll zu tun. Jeden Tag mußte er seine Angestellten zu Verhandlungen mit Geldgebern schicken, um sie von seinem festen Willen zu überzeugen, alles zurückzuzahlen. Verhandlungen und Beteuerungen genügten

aber nicht, jede Kleinigkeit mußte besprochen werden. Diese Arbeit war physisch und psychisch sehr anstrengend und nach kurzer Zeit hatten die meisten alten Mitglieder aufgegeben und Toda verlassen. Schin'itschi Yamamoto jedoch war mit einigen der gläubigsten Angestellten an seiner Seite geblieben. Die Belegschaft verkleinerte sich, aber die Arbeit für die Bleibenden wurde immer schwieriger.

Eines Samstags abends um zehn Uhr kam Yamamoto nach einem zermürbenden Tag voller fruchtloser Gespräche und Verhandlungen ins Büro. Sein Rücken schmerzte und der alte tuberkulöse Schmerz nagte in seiner Brust. Das untere Büro war verlassen, aber oben wartete Toda auf ihn.

»Es war ein harter Tag, es tut mir leid, daß ich so spät bin. Wo sind die anderen?« fragte Yamamoto.

»Sie haben auch hart gearbeitet und ich habe sie nach Hause geschickt. Was hast du erreicht?«

Yamamotos Bericht und das, was er von den anderen gehört hatte, überzeugte Toda, daß Ehrlichkeit nicht ausreichte, um die Kreditgeber zum Stillhalten zu veranlassen. Man brauchte eine andere Strategie und die beiden Männer diskutierten hierüber bis spät in die Nacht. Etwa um ein Uhr brachte Yamamoto Toda noch nach Hause, wo dessen Frau Idue ihn auf der Veranda erwartete. Sie lud Yamamoto ein und während die drei das Haus betraten, sagte sie:

»Vielen Dank, Schin'itschi, daß du soviel arbeitest.«

Toda sagte: »Komm mit hinauf, Schin'itschi, es ist zwar weit über Mitternacht, aber laß uns das Gongyo zusammen ausüben.«

Die beiden Männer knieten vor dem Familienaltar und rezitierten einstimmig das Daimoku, bis sie sich erfrischt und gekräftigt fühlten. Ikue brachte eine Flasche Sake für ihren Mann und etwas Leichteres für Yamamoto. Während sie einschenkte, fragte sie: »Wie war die Arbeit heute?«

»Ich fürchte, nicht besonders erfolgreich«, antwortete Toda. »Aber mach dir keine Sorgen, sich grämen hilft nichts. Warum

legst du dich nicht schlafen? Ich werde mit Schin'itschi noch eine ruhige Partie *Schogi* spielen. Wie denkst du darüber, Schin'itschi?«
»Aber es ist doch schon so spät«, sagte Ikue mit mißbilligend gerunzelter Stirn.
»Nein, du gehst zu Bett. Ich komme bald nach. Wir müssen beide morgen arbeiten, aber jetzt brauchen wir die Entspannung. Schin'itschi, bring das Brett.«
Yamamoto war aufgeregt wie ein Kind, als er das japanische Schach aus dem Alkoven holte und die beiden Männer die Figuren aufstellten. Ergeben, aber keinesfalls erfreut verließ Ikue den Raum, um sich zu Bett zu begeben. Bald waren Toda und Yamamoto mitten im Spiel. Trotz der Tatsache, daß Toda Tag für Tag schwer und nicht immer sehr erfolgreich arbeitete, saß er hier spät in der Nacht heiter und konzentrierte sich total auf sein Spiel. Es schien Yamamoto, als sei diese Ruhe sein wahres Selbst, während die Hektik des Tages nur eine Illusion darstellte. »Wenn das wahr ist«, dachte Yamamoto, »muß ich meine eigene Ruhe auf die gleiche Weise bewahren, wie er es tut.«
Yamamoto war mit seinen Gedanken zuweit weg, als daß er dem Spiel seine volle Aufmerksamkeit widmen konnte, und Toda gewann leicht. Aber während des nächsten Spiels waren beide Männer sehr aufmerksam. Yamamoto gewann mit leichtem Vorsprung. Nach dem zweiten Spiel waren beide zu müde, um weiterzumachen. Yamamoto wünschte gute Nacht und legte sich im Zimmer von Todas Sohn Kyoitschi schlafen.
Beim späten Frühstück am nächsten Morgen bemerkte Yamamoto, daß Frau Toda bei Tageslicht sehr abgehärmt und besorgt wirkte. Toda trank seinen Tee zunächst sehr entspannt, aber nach und nach störte ihn die Verdrießlichkeit seiner Frau.
»Ikue, hör auf, dir Sorgen zu machen. Ich sage dir, das hilft uns auch nicht weiter.«
»Ich weiß, aber ich kann nichts dagegen tun.«
»Schau, es ist mir schon früher schlechtgegangen und ich habe immer wieder neu angefangen. Ein oder zwei Mißerfolge besagen

nicht, daß alles vorbei ist. Ich habe eine wichtige Sache vor. Wenn du dir Sorgen machst, ruinierst du nur deine Gesundheit. Es gibt keinen Grund, so schnell aufzugeben.«

»Ich gebe nicht auf, aber deine Neuanfänge hast du gemacht, als du noch jünger warst.«

»Ich bin erst fünfzig. Das ist die Zeit, wenn ein Geschäftsmann reif zu werden beginnt. Hör auf, wie eine alte Frau zu reden.«

Toda wurde klar, daß er mehr Verständnis für seine Frau aufbringen sollte und diese Erkenntnis machte ihn noch ungehaltener. Ohne Entschuldigung machten sich er und Yamamoto auf den Weg und verbrachten einen geschäftigen und hoffentlich auch produktiven Sonntag im Büro.

Es war eine Ironie des Schicksals, daß Toda geschäftlich seinen tiefsten Punkt erreichte, als die japanische Wirtschaft gerade einen allgemeinen Aufschwung erlebte, der auf die verstärkte Nachfrage durch den Koreakrieg zurückzuführen war. Oberflächlich gesehen hätte Toda daran teilhaben können, wenn er ein paar Monate länger ausgehalten hätte, aber er wollte nicht am Elend des koreanischen Volkes verdienen.

Die Koreaner waren zum Spielball der rivalisierenden Mächte des Ostens und des Westens geworden und wenn er an das seltsame Schicksal dieses Volkes dachte, fühlte er tiefes Mitleid. Den Koreanern fehlte zu dieser Zeit der wahre Buddhismus und sie litten in der Dunkelheit des ›Späten Tages des Gesetzes‹. Nur zu klar sah Toda, daß etwas getan werden mußte, um den Japanern den wahren Buddhismus so schnell wie möglich zu bringen, und zwar aus zwei Gründen: Erstens, ohne die rettende Kraft eines wahren Glaubens könnte man sie zwingen, ein ähnliches Schicksal wie das koreanische zu erleiden. Zweitens sowie der wahre Buddhismus fest in Japan verankert wäre, würde er westwärts wandern, um Licht nach Korea zu bringen, ähnlich, wie der Buddhismus des Schakyamuni einst ostwärts wandernd China, Korea und endlich Japan erhellt hatte. Den wahren Buddhismus in Japan und in der ganzen Welt zu etablieren, das war Todas wirkliche Mission. Der finanzielle Mißerfolg der Kreditfirma war nebensächlich. Toda mußte diese bittere Pille schlucken, bevor er die Größe seiner Aufgabe wirklich ermessen konnte: Er sollte der unwissenden Menschheit das Licht der Erlösung bringen.

6. Ein kühler Herbst

Toda wurde von allen Seiten angegriffen. Als die Dinge sich zuspitzten, vertraute ihm fast keiner der Kreditgeber mehr. Sie wollten sofort ihr Geld zurück und jedes Mittel war ihnen dazu recht. Einige von ihnen nahmen sich skrupellose Anwälte, um Toda zur Zahlung zu zwingen. Andere wandten sich an das Finanzministerium. Oft suchten sie ihn zu Hause auf und wenn er sich auch weigerte, dort mit ihnen zu sprechen, so beschäftigte er sich doch in seinem Büro solange mit ihnen, wie dies nötig schien. Manchmal mußte er auf dem Weg dorthin ihre lauten herabwürdigenden Kommentare über seine finanzielle Situation ertragen.

Toda war darauf vorbereitet, alle Beleidigungen zu erdulden, und nach einiger Zeit stellte sich ein gewisser Erfolg ein. Einige Leute unterschrieben Verträge, welche besagten, daß sie vorläufig auf Zahlungen verzichteten, wenn Toda die persönliche Haftung übernahm. All dies war sehr schmerzhaft für ihn, aber es war nicht der Hauptgrund für seine Sorgen.

Es traf ihn sehr empfindlich, daß auch etliche Gläubige der Nitschiren Schoschu finanzielle Verluste erlitten hatten, denn diese Leute glaubten fälschlich, daß sie vom Führer der Laienorganisation der Nitschiren Schoschu betrogen worden seien. Einige zweifelten gar an der Kraft des Gohonson. Und was noch schlimmer war: Ein Teil von ihnen gab wegen der finanziellen Krise den Glauben an die Nitschiren Schoschu überhaupt auf. Solche Fälle bekümmerten Toda zutiefst, denn er wußte: Indem sie den Glauben an den wahren Buddhismus aufgaben, schlossen sie die Tür zum einzigen Weg zu ihrem Glück.

Aber es gab noch schlimmere Auswirkungen des Zusammenbruchs der Toko-Kreditkooperative. Und zwar machte eine sehr kleine Gruppe von Leuten gegenüber neuen Nitschiren-Schoschu-Mitgliedern boshafte und verleumderische Bemerkungen und trug auf diese Weise Ärger in die Gesellschaft. Toda betete inbrünstig für den Schutz und für die Erleuchtung dieser dummen und hinterhältigen Leute zum Gohonson, denn sie begingen eine der fünf kardinalen Sünden* des Buddhismus, die man *hawagosa*, oder Störung der Einheit der Gläubigen nennt.

Tatsache ist, daß Todas geschäftlicher Mißerfolg und die Nitschiren Schoschu zwei völlig getrennte Dinge sind, und so schmerzte es natürlich, daß einige Leute eine Verbindung zwischen den beiden herzustellen und damit den wahren Glauben in Mißkredit zu bringen suchten. Außerdem war es sehr unfair, daß eine kleine, verleumderische Minderheit ihn beschuldigte, dem Glauben und der Soka Gakkai geschadet zu haben, wo er doch für beides unendlich viel Gutes getan hatte. Zwar kommt die Erlösung letztendlich nur von der Gnade der Kraft des Dai-Gohonson, aber ohne die Führung Josei Todas wären Tausende von Menschen niemals mit dem rettenden Licht in Berührung gekommen, weil sie von seiner Existenz niemals erfahren hätten.

Der Kummer beeinträchtigte Todas Gesundheit. Obwohl die Hitze des Sommers vorbei war und die Nächte kühl wurden, litt er unter nächtlichen Schweißausbrüchen. Wenn Ikue morgens sein Bett machte, fand sie oft schweißgetränkte Stellen in den Bettüchern. Sie wollte ihm irgendwie helfen, aber sie hatte nicht die Macht, ihm beizustehen und so behielt sie ihre Sorgen für sich.

Auch Yamamoto bemerkte, daß es Toda gesundheitlich nicht gutging, aber zu seinem Erstaunen mußte er feststellen, daß Toda sich mehr Gedanken über die anderen machte, als über sich selbst. Zum Beispiel bewegte es ihn tief, als der müde, abgehärmte Toda ihn eines Tages fragte: »Schin'itschi, was ist los mit dir? Du bist bleich wie ein Geist. Komm her, wir werden das

* Siehe Glossar

Gongyo gemeinsam ausüben, so daß du die Kraft findest, die du brauchen wirst, wenn wir jemals einen Weg aus unserer Misere finden.« Toda nahm all seine starke, seelische Kraft zusammen, um für die Gesundheit und Stärke seines geliebten Schülers zu beten. Mühsam gelang es Yamamoto, die Tränen zurückzuhalten.

Abends, als er in seinen Raum zurückkehrte, war er immer noch tiefbewegt und schrieb das folgende kleine Gedicht:

»Ich diene einem alten und mystischen Schicksal,
und während die anderen sich ändern,
bleibe ich, der ich bin.«

Bevor er sich schlafen legte, schrieb er es noch einmal ab und steckte es in die Brusttasche seiner Jacke. Nach der morgendlichen Begrüßung und dem gegenseitigen Austausch von guten Wünschen für die Gesundheit, überreichte er es schüchtern seinem Lehrer. Toda blieb ein paar Minuten lang sehr ernst, dann lächelte er plötzlich und sagte: »In Ordnung, ich werde dir mit einem Gedicht antworten. Gib mir ein Stück Papier.« Er dachte eine Weile nach und dann schrieb er zügig:

»Wenn immer ich auf dem Schlachtfeld stehe,
bist Du unfehlbar an meiner Seite,
denn Du bist mein Schwert.«

Toda reichte es ihm und sagte: »Hier, das ist für dich.« Der überglückliche Yamamoto streckte die Hand aus, aber dann fügte Toda noch etwas hinzu:

»Wenn ich schwinde, versage,
im Tod, vermache ich, der König,
Dir meine Krone.«

Jetzt war er zufrieden und mit einem Ausdruck von Freude und gleichzeitiger Trauer sagte er: »So, das sollte es in etwa ausdrükken.« Yamamoto war vor Rührung kaum fähig, einen Dank zu murmeln, er schaute in Todas liebevolle, barmherzige Augen, die mit ihrer Leuchtkraft in ihn einzudringen schienen, um für immer in seinem Herzen bewahrt zu bleiben. Die beiden Männer hatten zwar getrennte Körper, aber sie waren Ausdruck der einen ewigen Lebenskraft.

Trotz Todas Rückkehr als Direktor der Gesellschaft gingen die Aktivitäten der Soka Gakkai weiter wie bisher.

Diskussionstreffen fanden weiterhin statt und Mischima leitete die wöchentlichen Vorlesungen über das Lotos-Sutra. In ständig steigender Zahl wurden Menschen bekehrt und Toda nahm an so vielen Veranstaltungen der Gesellschaft teil, wie seine Zeit es erlaubte.

Doch die wenigen Störenfriede hörten nicht mit ihren Versuchen auf, die Soka Gakkai zu unterminieren. Zum Beispiel gab es auf der Insel Isu einen Mann, der in die Kreditkooperative investiert hatte, durch diese Geschäftsverbindung auf die Soka Gakkai aufmerksam geworden und der Nitschiren Schoschu beigetreten war. Als er vom Zusammenbruch hörte, ergriff er sofort Maßnahmen, um sein Geld wiederzubekommen. Da dies keinen Erfolg hatte, begann er, andere Mitglieder zu persönlichen Attakken gegen Toda anzustiften. Die sechzig dortigen Familien, die der Soka Gakkai angehörten, waren naiv und leicht zu beeinflussen. Der Mann hatte keine Probleme, die meisten von ihnen zu überzeugen, daß die Soka Gakkai eine betrügerische und ehrlose Organisation sei.

In dieser Situation wandten sich Ume Iida und Kiyo Yamanischi, zwei Frauen, die in diesem Bereich als treibende Kraft galten, an das Hauptquartier in Tokyo. Für den Isu-Distrikt war Katsu Kiyohara verantwortlich, sie begab sich sofort nach Isu und berief ein Treffen ein. Obwohl es sehr kurzfristig stattfand, waren sehr viele Leute gekommen, die meisten waren mürrisch und offensichtlich sehr mißtrauisch. Fräulein Kiyohara spürte

die feindliche Atmosphäre und machte sich klar, daß die Situation nur mit großer Vorsicht gehandhabt werden konnte.
»Meine Damen und Herren«, begann sie, »ich weiß, was Sie bewegt. Ich habe bereits von Ihren Problemen gehört. Aber ich sollte Sie fragen, was Ihrer Meinung nach geschehen wird, falls Ihr Verdacht sich als falsch herausstellen sollte. Der Buddhismus ist eine anspruchsvolle Religion und ihn betreffende, grundlegende Irrtümer können Ihr Glück zunichte machen.«
Jemand im Raum sagte: »Wir sind nicht gegen unseren Glauben. Wir glauben an die Nitschiren Schoschu. Aber wir wollen mit der Soka Gakkai nichts mehr zu tun haben. Wer will schließlich betrogen werden?«
»Was meinen Sie damit?« entgegnete Fräulein Kiyohara. »Wann hat irgend jemand von der Soka Gakkai einen von Ihnen betrogen?«
»Schauen Sie sich Josei Toda und seine Kreditvereinigung an. Sie hat zugemacht und etliche Leute stehen ohne ihr Geld da. Eine Organisation, die von einem solchen Mann geleitet wird, kann nicht vertrauenswürdig sein.«
Fräulein Kiyohara widerlegte alles, was man über Toda zu sagen hatte. Sie erklärte, daß seine geschäftlichen Aktivitäten und seine religiöse Arbeit mit der Soka Gakkai zwei völlig verschiedene Dinge seien. Sie machte außerdem klar, daß die ungerechtfertigte Kritik an der Laienorganisation der Nitschiren Schoschu eine der fünf kardinalen Sünden darstellte: Störung der Einheit oder der Harmonie der Gläubigen des wahren Buddhismus und seiner Organisationen. Endlich zeigte sie sorgfältig auf, daß Todas geschäftlicher Mißerfolg in keiner Weise den guten Ruf der Soka Gakkai beeinträchtigte und warnte davor, sich von der Gesellschaft abzuwenden und damit vom Weg zum Glücklichsein abzuirren.
Doch die Leute ließen sich nicht überzeugen und bestanden darauf, daß sie die Soka Gakkai verlassen und eine neue Laienorganisation der Nitschiren Schoschu gründen wollten. Fräulein Kiyohara war bitter enttäuscht. Dann sagte sie noch: »Wahrer

Buddhismus siegt immer. Bald werden Sie sehen, ob ich recht oder unrecht habe. Und eines sage ich Ihnen, wenn sich herausstellen sollte, daß ich unrecht habe, werden ich und Frau Lida auf den Händen die Hauptstraße Ihrer Stadt entlanglaufen.« Diese Herausforderung wurde von allen Anwesenden mit Spott aufgenommen.

Nach kurzer Zeit brach die Isu-Gruppe mit Ausnahme von Frau Lida und Frau Yamanischi mit der Soka Gakkai, aber diese beiden Frauen warben bald mit Erfolg neue Mitglieder.

Glücklicherweise geschahen in den Provinzen wenige derartige Vorfälle, aber einen weniger schönen Fall gab es in Tokyo.

Vor dem Krieg war der reiche Holzhändler Dschuro Horibe ein bekannter Führer eines mißgeleiteten Ordens. Nach dem Krieg gingen seine Geschäfte nicht besonders gut und so gab er seine alte Religion auf, um nach einer neuen Ausschau zu halten, die ihm geschäftlich erfolgversprechender zu sein schien. Im Jahre 1947 beschloß er, daß die Soka Gakkai diesen Anspruch erfüllte und trat ihr bei. Horibe war ein plumper Mensch, der sich zwar gerne jovial gab, tatsächlich aber eitel und arrogant war. Während der frühen Jahre in der Soka Gakkai behandelte er deren Führer mit Herablassung. Man versuchte, ihm zu helfen und ihm eine angemessenere Haltung beizubringen und es schien tatsächlich, als würde er sich ändern. Die ernste Disziplin, welche der wahre Buddhismus verlangte, ließ ihn geschäftlich erfolgreich werden.

Natürlich war Horibe über sein neues Glück hoch erfreut, aber er war nicht stark genug, um mit seinem Erfolg richtig umgehen zu können. Bald begann er die vielen armen Leute in der Organisation zu verachten. Dies und sein eingebildeter Glaube, daß er die wahre Erleuchtung erlangt hätte, während er in Wirklichkeit weit entfernt davon war, irritierte Toda so sehr, daß er eines Tages die Beherrschung verlor und aufbrauste: »Wie kann ich den heiligen Gohonson einem Mann wie Ihnen anvertrauen? Bringen Sie sofort Ihren Gohonson zum Tempel zurück!«

Todas Vorwürfe bändigten Horibe für eine Weile. Da er sich eine

Wahl in die Führungsspitze der Soka Gakkai ersehnte, zögerte er, seine wahre Natur zu zeigen, weil er glaubte, dadurch die Erreichung dieses Zieles zu behindern. Aber seine angeborene Arroganz blieb und vergiftete letztendlich seinen Glauben.

Im Herbst 1950, als Toda von allen Seiten angegriffen wurde, sah Horibe eine Chance, eine Anti-Toda-Partei zu gründen und da er keine Chance sah, in eine führende Position in der Soka Gakkai gewählt zu werden, überzeugte er eine Anzahl von Mitgliedern, daß man mit der Gesellschaft brechen und eine neue Organisation gründen müßte, an deren Spitze er stehen sollte. Horibe bestand darauf, daß die Soka Gakkai nur eine der möglichen Laienorganisationen der Nitschiren Schoschu sei und daß andere ähnliche Vereinigungen ebenso möglich wären. Nur wenige Jahre später wurde ihm klar, daß er gegen Nitschiren Daischonin revoltiert hatte, indem er Toda bekämpfte. Drei Jahre nach Gründung der neuen Gesellschaft ging sein Holzgeschäft unter seltsamen Umständen bankrott.

Gegen Ende Oktober 1950 pilgerte Toda zum Taiseki-Dschi. Er kam abends mit einer Gruppe von Schülern an, speiste und leitete dann die Gebete und Diskussionen. Als die Zeit für das späte Uschitora-Gongyo kam, begab er sich mit seiner Gruppe in den Kyakuden-Tempel. Nach der Zeremonie ging er allein zum Tempel der Kostbarkeiten, der in der klaren Nacht zwischen den schattigen Zedern seltsam erhaben wirkte. Toda achtete nicht auf seine schwächliche Gesundheit, sondern kniete auf dem kalten Steinfußboden und begann, das Daimoku mit einer klaren, klingenden Stimme zu rezitieren, die metallisch durch die Nacht schallte. Weder die kühle Nachtluft, noch die Taubheit seiner Beine auf dem kalten Boden berührte ihn. Er hatte sich vor den Dai-Gohonson begeben, um zu beichten und Buße zu erlangen. Auf seiner Haut bildete sich ein dünner Schweißfilm.

Er hatte es nicht geschafft, während der letzten fünf Jahre ein Fundament für die universelle Verbreitung des wahren Glaubens zu legen. Die Struktur der Soka Gakkai war noch lange nicht stabil genug. Was hatte er falsch gemacht? Was waren die

Gründe? Eines nach dem anderen prüfte er die wichtigen Ereignisse der letzten Jahre, um eine Antwort auf diese quälenden Fragen zu finden.
Die Vortragsserie über das Lotos-Sutra war ein wichtiger Schritt im Jahre 1946 gewesen, von dessen Richtigkeit er überzeugt war, denn der Glaube vieler Anhänger der Nitschiren Schoschu war schwach geworden, weil sie ganz einfach nicht genug über das Myoho wußten. Aber als er weiter über seine Vorträge nachdachte, entdeckte er seinen Fehler.
Tsunesaburo Makigutschi hatte versucht, den Sinn von Nitschiren Daischonins Buddhismus mit Hilfe der Philosophie der Werte zu erklären. Toda hingegen sah, daß Nitschirens Buddhismus grenzenlos ist und nicht durch eine begrenzte Philosophie umrissen werden kann. Daher gab er Makigutschis Philosophie der Werte auf und versuchte, seine Anhänger zu einem direkten Verständnis der Lehren Nitschiren Daischonins zu führen. Aber schnell fand er heraus, daß dies äußerst schwierig war.
Am Anfang hatte er versucht, das Lotos-Sutra auf der Basis von Daischonins *Ongi Kuden* zu lehren, aber seinen Studenten fehlte es am rechten Verständnis. Dann versuchte er, sich dem Lotos-Sutra vom Standpunkt des berühmten Kommentars *Mo-ho-tschi-kuan** des T'ien-t'ai zu nähern. Diese Methode hatte größeren Erfolg. Er ging also den Weg des geringeren Widerstands und benutzte weiterhin das *Mo-ho-tschi-kuan*, weil er fand, daß T'ien-t'ais Interpretation leichter zu verstehen war und er nicht viel Zeit zu verlieren hatte. Aber nun kam die göttliche Strafe dafür, daß er etwas anderes als Nitschiren Daischonins Interpretation des Lotos-Sutra gewählt hatte. Er wäre verpflichtet gewesen, sich strikt an die *Ongi Kuden* zu halten, aber das hatte er eben nicht getan.
Als er nun das Ergebnis dieses Fehlers sah, schien seine Schuld ins Unermeßliche zu wachsen. Weil er das Fundament für die universelle Verbreitung des wahren Glaubens nicht fester ge-

* Siehe Glossar

gründet hatte, waren in den letzten fünf Jahren Tausende von Menschen durch irregeleitete oder gar unehrenhafte, religiöse Organisationen auf den falschen Weg geführt worden. Als ihm klar wurde, daß er für dieses große Unglück verantwortlich war, wußte er, daß er für diese Nachlässigkeit den Tod verdiente.

Er verstand jetzt auch, daß die Schwächen und Mängel der Soka-Gakkai-Organisation zum großen Teil daher kamen, daß er nicht die Präsidentschaft der Gesellschaft übernommen hatte, obwohl er sich seiner großen religiösen Sendung bewußt war. Nach Makigutschi hatte es keinen Präsidenten mehr gegeben und Toda hatte gezögert, weil er sich die gewaltige Verantwortung nicht aufbürden wollte. Aufgrund dieser Trägheit mußten nun Millionen in Elend und Unglück leben. Da ihnen das erlösende Licht der Nitschiren Schoschu nicht zugänglich war, hatten sie in der Dunkelheit falscher Religionen ausgeharrt.

Außerdem hatte er gedacht, daß in einer kapitalistischen Gesellschaft finanzieller Erfolg von grundlegender Bedeutung war, und sich daher mehr auf seine geschäftlichen Angelegenheiten konzentriert, anstatt die Verantwortung eines Präsidenten auf sich zu nehmen. Plötzlich wußte er, daß er hätte genau umgekehrt vorgehen müssen: Der finanzielle Erfolg hängt von der Hingabe an das große Ziel der universellen Verbreitung des wahren Glaubens ab.

Trotz der kühlen Nacht brannte er inwendig mit neuer Entschlossenheit. Noch immer auf dem Boden vor dem Tempel der Kostbarkeiten kniend, schwor er sich, daß er trotz aller möglichen Schwierigkeiten seine augenblickliche Krise überwinden würde. Er wußte, daß er die Richtigkeit von Nitschiren Daischonins Lehren beweisen mußte. Bescheiden und mit neuerlicher Hingabe betete er vor dem Dai-Gohonson um Vergebung, falls dieser ihn der großen Mission für wert erachtete.

Eine Zeitlang schaute er starr auf das Tor des Tempels, während er das Daimoku mit seinem ganzen Körper und aus vollem Herzen rezitierte. Dann hörte er die Vögel singen. Der Morgen begann über den bewaldeten Hügeln zu grauen.

Der Druck, unter dem Toda stand, war sowohl geistiger als auch körperlicher Art. Weil er alles Menschenmögliche tat, um den Lebensunterhalt der wenigen verbliebenen Angestellten zu sichern und die Schulden der Firma zu bezahlen, waren seine persönlichen Finanzen erschöpft. Er mußte an allem sparen, sogar bei den Zigaretten, für die er eine Schwäche hatte. Endlich wurde die Situation so ernst, daß Ikue arbeiten gehen mußte.

Es ist wahr, daß in dieser schweren Zeit sich viele gegen ihn wandten. Aber dennoch hatte er in allen Lebensbereichen mehr Freunde als Feinde. Neben den Leuten, die ihn aufgrund seiner religiösen Aktivitäten näher kannten, gab es noch zahllose Freunde, die seit seiner Jugend seine Wärme und seinen Charme zu schätzen wußten. Als sie von seinem geschäftlichen Mißerfolg hörten, waren diese Freunde sehr niedergeschlagen. Sie wollten ihm helfen und gaben ihm Ratschläge, auch den, ein neues Geschäft zu gründen, damit er von etwas leben konnte.

Nach ernsthaftem Nachdenken stimmte Toda zu, daß er seiner Familie ein sicheres Einkommen verschaffen müsse. Immer noch war er entschlossen, daß die Religion in seinem Leben den ersten Platz einnehmen müsse, aber er sah auch, daß die praktischen Dinge nicht vernachlässigt werden durften. Demzufolge willigte er in die Gründung einer kleinen Finanzierungsgesellschaft ein, deren Ratgeber er sein würde. Ein alter, in Politik und Geschäft erfahrener Freund sollte der Präsident werden. Sehr schnell wurden die Vorbereitungen getroffen und trotz vieler Probleme konnte die Firma bald mit der Arbeit beginnen.

Ein Teil des Geldes, das man zur Gründung der neuen Firma verwendete, kam von Frau Chitani, die es Toda schenken wollte. Nach langem Zögern akzeptierte Toda, es von ihr zu leihen. Er bat sie aber gleichzeitig, nur an ihren Glauben zu denken, und sich über ihn keine Sorgen zu machen.

Auch andere versuchten zu helfen. Herr und Frau Katsuso Oba, denen ein Fischgeschäft im Tokyoter Stadtteil Tsukidschi gehörte, waren Mitglied der Nitschiren Schoschu geworden, weil sie sich Hilfe für ihr gelähmtes Kind erhofften. Ihr Glaube war

stark und Toda hatte ihnen seinen persönlichen Rat angeboten. Aber nicht nur das, er beschäftigte sich intensiv mit dem kranken Kind, kaufte ihm Malbücher und versuchte, ihm das Schreiben beizubringen. Nach und nach verbesserte sich dessen Zustand und Herr und Frau Oba betrachteten Toda als die Stütze ihres Lebens. Als sie von seinen Schwierigkeiten hörten, waren sie entschlossen, ihm zu helfen. Herr Oba verkaufte einige Wertgegenstände und das Geld, das Toda ebenfalls zunächst nicht annehmen wollte, wurde als Darlehen zur Gründung der neuen Firma verwendet. Toda akzeptierte es nur, weil diese Menschen es so großzügig und spontan anboten – später, als es ihm besser ging, zahlte er alles mit Zinsen zurück.
Aber er nahm keinesfalls jedes Angebot an. Besonders bei den Mitgliedern der Soka Gakkai war er sehr vorsichtig, weil er die Ehre der Gesellschaft nicht aufs Spiel setzen wollte. Zum Beispiel lehnte er es ab, von dreien seiner engsten Schüler einen monatlichen Betrag anzunehmen, den diese von ihrem Gehalt abzweigen wollten. Er lag mit hohem Fieber im Bett, als Konischi, Harayama und Fräulein Kiyohara kamen, um ihn zu besuchen und ihm zu erklären, was sie vorhatten. Toda setzte sich im Bett auf und schrie sehr wütend: »Was meint ihr damit? Wann habe ich euch beigebracht, solche Dinge zu tun? Wie könnt ihr es wagen, mich so zu behandeln? Ich bin über eure Dummheit entsetzt. Mein Lebensunterhalt ist meine Sache und ich brauche eure Fürsorge nicht. Ich überlasse alles dem Gohonson. Versteht ihr das nicht? Und jetzt laßt mich allein.« Die drei waren sprachlos und gingen ohne ein weiteres Wort. Toda hatte ihnen den Rücken zugedreht und als sie leise und schüchtern die Treppe hinuntergingen, hörten sie, wie er ihnen noch mit nunmehr ruhiger Stimme hinterherrief: »Kümmert euch um die anderen Mitglieder. Macht euch um mich keine Sorgen!«
Es war keinesfalls mangelnde Anerkennung guten Willens oder Unhöflichkeit, was ihn ihr Angebot so brüsk zurückweisen ließ, sondern er hatte gute Gründe dafür. Zunächst, wenn solche Angebote von einer Gruppe und nicht von einem einzelnen Men-

schen kommen, können sie nicht vollständig spontan sein. Die Meinung eines oder mehrerer Mitglieder einer Gruppe beeinflußt die anderen so, daß sie mitmachen, obwohl sie vielleicht nicht hundertprozentig übereinstimmen. Toda war entschlossen, solche Gefälligkeiten nur anzunehmen, wenn sie aus dem spontanen Wunsch zu helfen entstanden. Außerdem befürchtete er, daß sich eine ganze Bewegung in der Soka Gakkai daraus entwickeln könnte, das aber widersprach dem Geist der Organisation, der rein religiös sein sollte. Keinen Moment lang vergaß er, daß nur sein Glaube ihm wieder auf die Beine helfen konnte und so grenzte er das Geschäft und die Soka Gakkai strikt gegeneinander ab, auch gegen sein persönliches Gefühl. Das harmonische Funktionieren der Soka Gakkai und die Sicherheit, daß ihre Mitglieder das gewaltige Ziel des Kosen-rufu erreichten, waren ihm wichtiger.

Todas geschäftlicher Mißerfolg brachte die tiefsten Gefühle vieler Soka-Gakkai-Mitglieder ans Licht und zeigte auf diese Weise, wer voller Vertrauen war, wer indifferent blieb, und wer sich nur um seines persönlichen Vorteils willen den Idealen der Organisation verschrieben hatte. Die Natur des Glaubens eines Menschen spiegelt sich in seinen Reaktionen gegenüber dem Unglücklichen, der leidet. Einige der Gläubigen der Nitschiren Schoschu verrieten Toda oder entfremdeten sich von ihm; dies waren die Leute, deren Glaube zu schwach war, um ersten Prüfungen standzuhalten. Andere versuchten neutral zu bleiben oder meinten besonders schlau zu sein, indem sie ihn nur hinter seinem Rücken kritisierten. Viele beteten ernsthaft dafür, daß es ihm wieder besser gehe und nur eine Handvoll gaben mit vollem Herzen alles, um ihm über die schwere Zeit hinwegzuhelfen. Schin'itschi Yamamoto war einer dieser wenigen, und so war die Beziehung zwischen seinem Lehrer und spirituellem Meister enger denn je. Die beiden waren unzertrennlich.

Am Morgen des 12. November fand während der 6. Generalversammlung der Soka Gakkai eine Gedenkfeier zu Ehren von Makigutschi statt, bei der auch Toda wieder eine Rede hielt. Als er

erschien, gab es großen Beifall, besonders von den ländlichen Delegierten, die ihn auf dem sommerlichen Trainingskurs im Taiseki-Dschi vermißt hatten. Mit ruhiger Stimme sprach er: »Ich traf meinen Lehrer Tsunesaburo Makigutschi vor dreißig Jahren zum ersten Mal. Damals war ich zwanzig Jahre alt und er war neunundvierzig. Vom ersten Treffen an wurde unsere Beziehung enger und enger und mit der Zeit hätte ein Außenseiter nicht mehr sagen können, wer der Lehrer und wer der Schüler war. Wir waren wie Vater und Sohn. Während unserer gemeinsamen Jahre gab es vier Krisenzeiten, deren letzte im Gefängnis und endlich mit Makigutschis Tod endete.«
Toda erzählte von den Schwierigkeiten, durch die man gemeinsam gegangen war und schien dabei an seine eigenen Erfahrungen der letzten Zeit zu denken. Als er über die letzten Tage seines Lehrers sprach, hatte er Tränen in den Augen. Es herrschte atemlose Stille, als er sagte: »Als ich von seinem Tode hörte, war ich wie vor den Kopf geschlagen. Ich war damals selbst im Gefängnis und konnte nichts tun. Als ich hörte, daß nur ein einziger seiner Schüler ihm das letzte Geleit gegeben hatte, war ich voller Zorn. Ich weiß nicht, ob sie nichts davon gewußt hatten, oder ob es aus Angst vor der Militärregierung geschah. Aber ich beschloß, daß es eines Tages eine richtige Gedenkfeier für Tsunesaburo Makigutschi geben würde.
Wir haben uns hier zu seiner Ehre versammelt, und ich möchte, daß Sie sich klarmachen, daß er hier unter uns ist. Da er die Erleuchtung erlangt hat, lebt er mit uns und ist unsterblich. Und er wird jetzt gemeinsam mit uns das Daimoku rezitieren.«
Im weiteren Verlauf des Tages wurde über viele Themen gesprochen, aber die meisten Diskussionen gab es wegen Todas Rücktritt als Generaldirektor der Soka Gakkai. Toda legte die Gewissensgründe dar, die zu diesem Schritt geführt hatten und führte dann weiter aus:
»Ich kann Ihnen jetzt meine Zukunftspläne nicht ausführlich schildern, aber ich versichere Ihnen, daß mein Leben auch weiterhin im Dienst der universellen Verbreitung des Myoho und

der Soka Gakkai stehen wird, und daß ich Sorge tragen werde, daß der Glaube an Nitschiren Daischonin wachsen wird.«
Und am Ende der Veranstaltung sagte er:
»Die universelle Verbreitung des wahren Buddhismus ist Buddhas Wille. Wenn dies nicht so wäre, könnte der normale Sterbliche dieser Verbreitung gar nicht bewirken. Sie ist für jeden von uns die größtmögliche Aufgabe. Ich bin entschlossen, die universelle Verbreitung unseres Glaubens zusammen mit Ihnen zu betreiben, ganz gleich, welche Schwierigkeiten sich auf diesem Weg auftürmen mögen. Dies ist mein einziger Wunsch.«
Als das Herbstwetter kühler wurde, untersuchte Schin'itschi Yamamoto ärgerlich seine geflickten Kleider und seine dünnsohligen Schuhe. Aber er hatte kein Geld, sich etwas Neues zu kaufen, weil man mit seinem Gehalt im Rückstand war. Dennoch beschwerte er sich nicht, sondern arbeitete hart. Die Liquidation der alten Kreditkooperative war noch nicht abgeschlossen, und die neue Firma Daito Schoko stand kurz vor der Eröffnung. Obwohl diese für einen jungen Mann von zweiundzwanzig Jahren eigentlich viel zu groß war, trug er die Verantwortung für das gesamte Vorhaben.
Aber Yamamotos Glaube an den Buddhismus Nitschiren Daischonins und Todas Rat und Führung unterstützen ihn auch bei den größten Problemen. Wann immer es die Zeit erlaubte, sprach Toda mit ihm über die Zukunft der Soka Gakkai und erläuterte ihm als einzigem seine Vision. Obwohl die Gesellschaft damals alles andere als perfekt war, war Toda davon überzeugt, daß sie sich zu einer machtvollen religiösen Laienorganisation entwickeln würde. »Der Buddhismus wird immer siegen«, pflegte er zu sagen, »laß uns zusammen kämpfen, Schin'itschi. Das Leben ist ewig, es manifestiert sich immer auf die eine oder andere Weise in dieser Welt.« Todas Glaube an die Zukunft gab Yamamoto Hoffnung, aber in ihm wuchs auch das Wissen, daß er derjenige war, der die Mission fortführen sollte, falls Toda etwas zustoßen würde.
Und in diesem Bewußtsein wurde seine Armut und sein Mangel

an Kleidung unwichtig, auch die harte Arbeit, die er zu tun hatte, machte ihm nichts mehr aus. Voller Zuversicht konnte er sich sagen: »Im Augenblick ist das Leben zwar hart, aber wenn ich nur daran denke, was die Soka Gakkai in zehn oder zwanzig Jahren sein wird! Und was werde ich dann erst sein!« Es gelang Yamamoto, alle Schwierigkeiten zu überwinden, weil er das Daimoku jeden Tag zehntausendmal rezitierte, denn er gewann all seine Kraft aus dem Myoho. Das Bewußtsein, alles zu geben und die Verbundenheit mit Toda schenkte ihm volle Befriedigung. Die beiden Männer teilten die Leiden jener Zeit, und Yamamoto war der einzige, der an Todas Vision von der Zukunft der Soka Gakkai teilhaben durfte. Yamamotos einziger Wunsch war, daß Toda seine finanziellen Schwierigkeiten überwinden würde und sich völlig dem Weg zur universellen Verbreitung des Glaubens widmen könne. Dafür würde er alles tun.

Während er in einer kalten Dezembernacht allein in seinem ungeheizten Raum saß, dachte er darüber nach, was er im nächsten Jahr alles vorhatte. Zunächst mußte er der Jugendabteilung mehr Zeit widmen. Dann nahm er sich vor, mehr zu lesen und nach Möglichkeit die Abendschule wieder zu besuchen, die er seit Herbst vernachlässigt hatte, denn sie bot ihm die einzige Möglichkeit, sich weiterzubilden.

Eine Zeitlang hatte er gehofft, daß Toda ihm helfen würde, eine bekannte Universität zu besuchen, aber da er hierzu gar keine Zeit hatte, mußte er diese Idee wieder aufgeben. Auch Toda machte sich um seine Ausbildung Sorgen und sagte eines Tages: »Schin'itschi, ich habe über deine Weiterbildung nachgedacht. Und da du mir unentbehrlich bist und einfach die Zeit fehlt, dich offiziell zur Schule zu schicken, habe ich beschlossen, dich persönlich zu unterrichten.« Von da an erhielt Yamamoto jeden Sonntag Stunden in Politik, Wirtschaftslehre, Rechtswissenschaft, chinesischer Klassik, Chemie, Naturwissenschaften und anderen Fächern. Nur die europäischen Sprachen fehlten, weil Toda auf diesem Gebiet nur wenig Kenntnisse besaß. Auf anderen Gebieten war er ein ausgezeichneter Lehrer, weil er stets die

Aufmerksamkeit seines Schülers wachzuhalten wußte und die Phantasie anregte. Bald genügten die Sonntage nicht mehr und Yamamoto erhielt vor oder nach der Tagesarbeit weitere Lektionen. Allerdings war er manchmal so müde, daß er morgens verschlief. Toda war begierig, sein in fünfzig Jahren erworbenes Wissen möglichst schnell weiterzugeben, vielleicht weil er fürchten mußte, daß er jeden Tag sterben könnte. Yamamoto studierte aufmerksam und fleißig und in perfekter Harmonie strebten die beiden Männer dem gemeinsamen Ziel entgegen.
Die Jahre 1950–51 waren die härtesten in Todas Leben, aber die Arbeit und das Studium mit Yamamoto halfen ihm über die schwere Zeit hinweg. Ohne Toda hätte Schin'itschi Yamamoto in späteren Jahren sicherlich nicht den Platz seines Meisters einnehmen können, aber ohne Yamamoto wäre Toda während dieser Zeit absolut allein gewesen. Die schweren Prüfungen jener Zeit veränderten sein Leben so sehr, wie es der Kamakura-Vorfall im Leben Nitschiren Daischonins getan hatte, nachdem man ihn erst zum Tode verurteilt hatte, er dann aber auf wunderbare Weise gerettet wurde. Yamamoto ertrug »Millionen Zeitalter voller quälender Anstrengungen in einem Moment des Lebens«, wie der Daischonin im *Ongi Kuden* sagt.
Was Toda und Yamamoto in dieser Zeit taten, beeinflußte nicht nur ihr privates Leben, sondern wurde zu einem wichtigen Faktor in der Entwicklung der Soka Gakkai. Sie legten damals die Samen, welche Wurzeln bildeten und später reiche Früchte trugen. Noch immer gab es häufige Wechsel in der Führungsspitze, es blieben nur jene, die felsenfest an die Wahrheit der Nitschiren Schoschu glaubten. Diese Menschen wurden die Bodhisattvas des ›Späten Tages des Gesetzes‹.
Toda sah klarer und klarer den Weg zur universellen Verbreitung des wahren Buddhismus und wurde nach kurzer Zeit der zweite Präsident der Soka Gakkai. Toda und Yamamoto schufen in schwerer Zeit die Basis für die Soka Gakkai der Zukunft. Es gab zwei Gründe für die erstaunliche Entwicklung und das Wachstum der Gesellschaft während Todas Präsidentschaft und nach

seinem Tode: Der erste ist die Größe des Buddhismus und Nitschiren Daischonins. Der zweite ist die Tatsache, daß in einer Zeit der Dunkelheit und der Probleme zwei Männer fähig waren, eine kleine Pflanze zu nähren und zu hegen, die sich später zum großen Baum der Soka Gakkai entwickeln sollte.

Nachwort

Die Humanität des Buddhismus ist die Geschichte der Soka Gakkai, der »Gesellschaft zur Schaffung von Werten«, wie sie von deren drittem Präsidenten Daisaku Ikeda erzählt wird. Das vorliegende Buch umfaßt die ersten vier Teile der Übersetzung des Originals. Daisaku Ikeda hat mit diesem Werk seinen Zeitgenossen, unter denen es inzwischen eine bemerkenswerte Zahl von Anhängern der Soka Gakkai gibt, einen großen Dienst erwiesen.

Die Humanität des Buddhismus gibt eine genaue Beschreibung der Ziele der Soka Gakkai, die zwar in Japan gegründet wurde und dort ihre Wurzeln hat, die sich aber doch an alle Menschen wendet. Ihre Anhänger glauben, daß eine revolutionäre Veränderung der geistigen Werte der Menschheit in allen Bereichen des Lebens dringend erforderlich ist und daß diese weltweite, geistige Revolution durch die Annahme und Befolgung der Soka-Gakkai-Lehrmeinung erreicht werden kann.

Die Soka Gakkai ist die Laienorganisation der Anhänger der buddhistischen Nitschiren Schoschu, deren Haupttempel Taiseki-Dschi sich in Fudschinomya in der Nähe des Fudschijama befindet. Die Nitschiren Schoschu ist eine der Gemeinschaften, die auf Nitschiren Daischonin zurückgeht. Dieser Prophet des dreizehnten Jahrhunderts nach christlicher Zeitrechnung lebt weiter in der Kirche, die er gründete.

Ich benutze den christlichen bzw. mohammedanischen Ausdruck »Prophet« und das Wort »Kirche«, weil Nitschiren in vielerlei Hinsicht mehr Gemeinsamkeit mit den Propheten des westlichen Asiens hat, als irgendeiner der anderen Vorkämpfer und Interpreten des Buddhismus in Indien und Ostasien. Parsische, moslemische, christliche und jüdische Leser dieses Buches werden Nitschirens Verwandtschaft mit Zarathustra, Mohammed und den Propheten Israels und Judäas erkennen. Dieser Eindruck wird von Nitschirens gesammelten Schriften bestätigt.

Die Anhänger der Nitschiren Schoschu nennen ihren Glauben ohne unterscheidenden Zusatz »Buddhismus«, weil sie für sich in Anspruch nehmen, daß sie die einzig wahre und richtige Form des Buddhismus' und natürlich der Religion überhaupt ist. Diese Kompromißlosigkeit erscheint dem westlichen Menschen judaisch.

Einer der fundamentalen Lehrsätze der Nitschiren Schoschu ist der indische Glaube an Karma, eine Art ewig offener spiritueller Gewinn- und Verlustrechnung, die beim Tode nicht abgeschlossen wird. Die Nitschiren Schoschu glaubt, daß man nach einer Periode des Schlafes wiedergeboren wird und daß die »karmische Buchführung« dann fortgesetzt wird. Jeder Mensch hat während vieler Leben die Möglichkeit, seine Bilanz zum Guten oder Schlechten zu verändern, was einen Ansporn zu eifrigem, spirituellem Streben darstellt und wichtige soziale Folgen hat. Politische und ökonomische Verbesserungen können nur von einzelnen Mitgliedern der Gesellschaft initiiert werden. Die Verbesserung des Karmas des einzelnen ist der Schlüssel zum geistigen Fortschritt der gesamten Menschheit. Für die Anhänger der Nitschiren Schoschu bedeutet das, daß die spirituelle Führung jedes »Kirchenmitglieds« ebenso wichtig ist wie jeder einzelne, der für den nach ihrer Meinung einzig wahren und wirksamen Glauben gewonnen wird.

Wie die anderen westasiatischen Propheten hat Nitschiren viele dynamische Persönlichkeiten späterer Generationen inspiriert. Nitschiren-Buddhismus und andere westasiatische Religionen ruhen auf einer gemeinsamen Grundlage: dem Glauben in der Bedeutung, die dieses Wort in der Geschichte und den Lehrmeinungen der westasiatischen Religionen hat, der Glaube ist die Wurzel der geistigen Kraft Nitschirens und seiner Anhänger.

Glaube in diesem Sinn bedeutet absolutes Vertrauen in die

Wahrheit und erlösende Kraft eines gemeinsamen religiösen Objekts der Verehrung und in die höchste spirituelle Autorität des jeweiligen Religionsstifters.

In der Tat wurden der Religionsstifter und die höchste spirituelle Autorität oft miteinander gleichgesetzt. Zum Beispiel glauben die Anhänger der Nitschiren Schoschu im Gegensatz zu den anderen Nitschiren-Sekten fest daran, daß Nitschiren eine Manifestation Buddhas war und dies auch für sich in Anspruch nahm; dies gab sowohl ihm, als auch seinen Anhängern den Mut und die Überzeugung, eine aktive Rolle sowohl in religiösen, als auch in öffentlichen Angelegenheiten zu spielen.

In kontroversen Fragen Stellung zu beziehen, bedeutet für einen Propheten und seine Jünger meist auch Verfolgung. Aber ihr Glaube gibt ihnen die moralische Stärke, an ihren Überzeugungen festzuhalten, auch um den Preis des Märtyrertums. Nitschiren selbst entging unter dem Kamakura-Schogunat nur knapp dem Tode, weil er sich wegen seiner offenen Kritik an den Repräsentanten anderer buddhistischer Schulen unbeliebt gemacht hatte. Er bestand darauf, daß seine Richtung die einzig wahre sei und warnte die japanische Regierung und das Volk vor der Zurückweisung seiner Formulierung der Essenz des Lotos-Sutra des Mahayana-Buddhismus, anderenfalls drohe Unheil. Dieses Unheil kam dann in Form von zwei Einfällen der Mongolen und einem darauf folgenden Bürgerkrieg. Dies trug Nitschiren den Ruf ein, nicht nur ein Seher höchster spiritueller Realität zu sein, sondern auch ein Prophet, der die Zukunft voraussagen konnte.

Japans Situation im dreizehnten Jahrhundert n. Chr. ähnelte sehr derjenigen der Staaten Israel und Judäa im achten Jahrhundert v. Chr. In beiden Fällen drohte der Angriff eines aggressiven Imperiums, das bereits viele Eroberungen gemacht hatte (die Assyrer im Falle Israels und die Mongolen im Falle Japans). Allerdings gelang es den Japanern, die Angreifer abzuwehren und Nitschiren entging dem Martyrium, welches Jesaja erdulden mußte.

In der Zeit, die dieses Buch beschreibt, mußte das japanische Volk schlimmere Leiden als je erdulden und die Anhänger der Nitschiren Schoschu wurden auf härtere Weise als je zuvor dazu herausgefordert, ihre Überzeugungen zu vertreten.
Die bösartigen und törichten Militaristen, die die Regierung beherrschten, hatten das Land mit ihrer aggressiven Politik ins Verderben geführt; man versuchte die Anhänger der Nitschiren Schoschu dazu zu zwingen, ihren Glauben zu verleugnen und der Staatsreligion Schinto beizutreten. Diese alte, nichtbuddhistische Religion, welche die Kräfte der Natur verehrte, war seit der Meidschi-Restauration pervertiert und in einen Staatskult verwandelt worden, der die kollektive Kraft des japanischen Volkes repräsentieren sollte. Doch als die Militaristen Japan in den Zweiten Weltkrieg verwickelten, wandte sich das Schicksal gegen den Schintoismus, den man zu einem Instrument gemacht hatte, welches die nationale Solidarität gewährleisten sollte. Die Nitschiren Schoschu mußte eine ähnliche Prüfung bestehen, wie die christliche Kirche sie zwischen den Jahren 250 und 311 n. Chr. zu erleiden hatte, damals war den Christen aus ähnlichen Gründen die römische Staatsreligion aufgezwungen worden.
Das vorliegende Buch behandelt die Zeit von 1945 bis 1951, Josei Toda ist der Held dieses Teils der Geschichte der Soka Gakkai. Unter seiner Präsidentschaft und später unter seinem Nachfolger Daisaku Ikeda hat diese Gesellschaft nach dem Krieg einen beispiellosen Wiederaufstieg erlebt, eine spirituelle Entwicklung, die parallel zum materiellen Aufschwung in Japan verlief.
Was waren die Gründe für den triumphalen Erfolg der Soka Gakkai? Grundlegende Ursache war der Glaube, zu welchem der Gründer Nitschiren, dessen Geist siebenhundert Jahre nach seinem Tod noch immer lebendig ist, diese Gemeinschaft und ihre Führer inspiriert hat. Dieser Glaube gab ihnen den Mut und die Beharrlichkeit, mit der sie die Verfolgungen überstanden, was wiederum ihre Landsleute beeindruckte und sie den Lehren der Soka Gakkai zugänglich machte. Als die Verfolgungen im August 1945 mit dem Zusammenbruch des Militärregimes endeten,

gab es für die Soka Gakkai einen großen Freiraum für ihre missionarischen Bemühungen. Die Situation erinnert an das römische Imperium des Jahres 311 n. Chr., als die Verfolgung der Christen durch die Regierung eingestellt wurde. Auch dort gab es eine geistige Leere und eine materielle Krise. Das Römische Reich war durch die Einfälle der Barbaren verwüstet und die alten Religionen fanden kein Interesse mehr. In Japan war der Staatsschintoismus, der sich geschmeichelt hatte, die geballte nationale, der militärischen Aggression dienende Kraft zu sein, durch sein katastrophales Ende in Mißkredit geraten, nachdem er ein halbes Jahrhundert lang militärische Erfolge verbuchen konnte, die in den sensationellen, allerdings nur kurzfristigen Eroberungen von 1941 kulminierten.
Als das japanische Volk nun von seinen früheren Opfern angegriffen wurde, mußte es lange dauernde Qualen erdulden, bevor es durch höhere Gewalt von dem Krieg erlöst wurde, der zu einem Alptraum geworden war. Zu dieser Zeit hatten die Menschen ihren Besitz verloren, hungerten, und viele von ihnen hatten kein Dach mehr über dem Kopf. Doch die materiellen Schwierigkeiten wurden noch von der herrschenden geistigen Verwirrung übertroffen. Man hatte die Menschen glauben gemacht, daß Japan den Rest der Welt erobern werde und statt dessen war es zum ersten Mal in der Geschichte des Landes von einer fremden Macht besetzt worden.
Der Erfolg der Soka Gakkai nach dem Kriege geht zum Teil hierauf zurück. Inmitten von Hoffnungslosigkeit und Desillusionierung hatte diese kleine Gemeinschaft ein Ziel und vertraute, daß sie es auch erreichen würde. So ist es kein Wunder, daß die Soka Gakkai in nur drei Jahrzehnten zu ihrer jetzigen Größe heranwuchs.
Inzwischen hat sie eine internationale Bedeutung erlangt – dies zeigt sich nicht zuletzt auch durch die Übersetzung der Bücher Daisaku Ikedas in mehrere Sprachen.
Die Soka Gakkai ist eine buddhistische Gesellschaft und der Buddhismus ist die erste missionierende Religion, die die ganze

Menschheit ansprechen wollte. Nitschiren liebte ebenso wie die Anhänger der jetzigen Nitschiren Schoschu sein Land, aber sein Horizont und sein Interesse waren nicht auf die Küsten Japans beschränkt. Nitschiren faßte den Buddhismus als Mittel zur Erlösung aller Mitmenschen auf. Die Soka Gakkai führt Nitschirens Auftrag aus, indem sie an der menschlichen Revolution arbeitet.

Arnold Toynbee

Glossar

DIE ACHT GROSSEN SCHWIERIGKEITEN: Vergeltung für Leiden, die durch Verleumdung des wahren Buddhismus in jetzigen und früheren Leben verursacht werden. Es sind: Schmächtigkeit, häßliches Aussehen, Mangel an passender Kleidung, Mangel an Nahrungsmitteln, vergeblicher Wunsch nach Reichtum, in eine arme Familie hineingeboren werden, in eine Familie geboren werden, die einer irregeleiteten Sekte angehört, Verfolgung durch weltliche Herrscher.

AMIDA BUDDHA: Der Buddha des grenzenlosen Lichts (Amithaba); der Buddha des unermeßlichen Lebens (Amitayus).

ANANDA: Ein Vetter des Schakyamuni. Er begleitete Schakyamuni mehr als zwanzig Jahre lang und war unter den zehn engsten Schülern sein Lieblingsjünger. Man sagt, daß Ananda nach Schakyamunis Tod unter Führung des Mahakasyapa erleuchtet wurde. Er war für sein ausgezeichnetes Gedächtnis bekannt und es ist überliefert, daß er beim ersten Konzil alle Lehren des Schakyamuni auswendig wiedergab, so daß man sie aufzeichnen konnte.

ARHAT: Im Hinayana-Buddhismus ein allwissender Heiliger, der sich von allen Wünschen befreit hat und in dieser Welt nicht mehr wiedergeboren wird. Das Wort bezeichnet auch einen buddhistischen Führer.

BODHISATTVA: Ein Mensch, der Erleuchtung anstrebt oder ein zukünftiger Buddha. Der Bodhisattva sucht Erlösung und richtet sein Leben auf altruistische Ziele.

BODHISATTVA FUKYO: Der Bodhisattva, der nicht verachtet, wie er im zwanzigsten Kapitel des Lotos-Sutra beschrieben ist. Er setzt nicht einmal jene herab, die zur Hölle verdammt sind, weil sie das Gesetz verleumdet haben. Durch die Hilfe des Bodhisattva Fukyo können Seelen, die sich des eigentlich unentschuldbaren Vergehens der Schmähung des Gesetzes schuldig gemacht haben und deshalb in die Hölle geworfen wurden, wiedergeboren werden. Sie glauben dann an das Gesetz und erlangen am Ende die Buddhaschaft. Fukyo arbeitete daran, der Menschheit eine Version des Lotos-Sutra zu bringen, die aus vierundzwanzig Kapiteln besteht. In der Mappo-Ära unternahm Nitschiren Daischonin ähnliche Anstrengungen, indem er der Welt die fünfsilbige Essenz des Lotos-Sutra brachte: Nam-myoho-renge-kyo.

BONTEN UND TAISCHAKU: Japanische Namen für Brahma und Indra; wichtige buddhistische Schutzgottheiten. Während Schakyamuni das Lotos-Sutra predigte, versprachen sie jenen Schutz, die an den wahren Buddhismus glauben.

DAI-GOHONSON: Der Dai-Gohonson ist das grundlegende und höchste Objekt der Verehrung der Nitschiren Schoschu, eine Schriftrolle, auf der in chinesischen Schriftzeichen und zum Teil in Sanskrit alle wesentlichen Aspekte des Lebens dargestellt sind. Außerdem die Worte »Nam-myoho-renge-kyo« und »Nitschiren«. Der Gohonson wurde von Nitschiren Daischonin eigenhändig und erstmalig am 12. Oktober 1279 eingeschrieben, um die Menschheit von ihren Leiden und ihrem Unglück zu erlösen. Der Dai-Gohonson ist die Verkörperung sowohl der grundlegenden Theorie von den drei großen esoterischen Gesetzen als auch des Lebens von Nitschiren Daischonin.
Er befindet sich im Scho-Hondo, dem großen Hauptgebäude des Haupttempels der Nitschiren Schoschu (Taiseki-Dschi).
Auf der Grundlage des Dai-Gohonson haben nur aufeinander folgende Hohepriester der Nitschiren Schoschu neue Gohonsons eingeschrieben und den Gläubigen verliehen.

Jeder Gohonson ist also ein Abbild des ursprünglichen Dai-Gohonson und trägt als solcher dessen Kraft, die direkt auf Nitschiren Daischonin zurückgeht.
»Dai« bedeutet »hoch«, »groß«, die Vorsilbe »Go« drückt Verehrung aus und »honson« heißt »Objekt, das zutiefst geachtet werden soll«.

DAIMOKU: Die Anrufung von Nam-myoho-renge-kyo. Die Anhänger der Nitschiren Schoschu rezitieren es zur Verehrung des Gohonson. Durch diese Anrufung ist es dem Menschen möglich, sich an die in ihm wohnende Lebenskraft anzuschließen und auf diese Weise das Leben in seiner Totalität genießen zu können.

DENGYO DER GROSSE (767–822): Gründer der japanischen Tendai-Sekte. (Tendai = jap. Wort f. T'ien-t'ai). Dengyo der Große widerlegte in Anwesenheit des Herrschers Kammu die damals vorherrschenden mißgeleiteten buddhistischen Sekten und erreichte eine weite Verbreitung des Glaubens an das Lotus-Sutra des ›Mittleren Tages des Gesetzes‹.

DOMON-ZODSCHOMAN: *siehe* Die drei schrecklichen Feinde.

DIE DREI GROSSEN ESOTERISCHEN GESETZE: Anderer Name für Nitschiren Daischonins Buddhismus, der aus drei lebendigen Elementen besteht: Hommon-no-Gohonson (das höchste Objekt der Verehrung als Verkörperung des Nam-myoho-renge-kyo), Hommon-no-Daimoku (Anrufung des Nam-myoho-renge-kyo), und Hommon-no-Kaidan (das wahre Heiligtum des Buddhismus für die Aufbewahrung des Dai-Gohonson).

DIE DREI HINDERNISSE UND VIER TEUFEL (Sanscho Schima): Die Hindernisse und Teufel, die den Glauben an den Gohonson stören. Die drei Hindernisse sind: weltliche Wünsche, der Widerstand der Kinder oder des Ehepartners gegen den Glauben und Verfolgung durch Eltern oder alle sozial Höherstehenden. Die vier Teufel sind Krankheit, weltliche Wünsche, Tod eines anderen Gläubigen zum falschen Zeitpunkt und Verfolgung durch Autoritäten. Dieser letzte Teufel wird auch der König der Dämonen des sechsten Himmels genannt.

DAS DREIFACHE GEHEIMNIS: Eine Lehre, die geheim genannt wurde, weil sie allein durch die Nitschiren Schoschu überliefert ist. Sie vergleicht das derzeitige Mahayana (des Lotos-Sutra) mit dem vorläufigen Mahayana (der anderen Sutras), die erste Hälfte des Lotos-Sutra mit dessen zweiter Hälfte und den Buddhismus Nitschiren Daischonins mit jenem des Schakyamuni. Nitschikan Schonin, der sechsundzwanzigste Hohepriester der Nitschiren Schoschu, wies darauf hin, daß die überaus wichtige Doktrin des Itschinen Sansen nur in der zweiten Hälfte des Lotos-Sutra zu finden ist, und daß sie nur im sechzehnten Kapitel des Lotos-Sutra, dem Dschuryohon genau erklärt wird.

DIE DREI KATASTROPHEN UND SIEBEN UNGLÜCKE (Sansai-Schitschinan): Die Beschreibungen in verschiedenen Sutras ähneln sich im großen und ganzen. Es gibt zwei Größenordnungen von Katastrophen: Die kleineren sind Krieg, Seuche und Hungersnot, und die größeren sind Feuer, Flut und Sturm. Nach dem in Japan unter dem Namen Ninno-kyo bekannten Sutra sind die sieben Unglücke: Mond- und Sonnenfinsternis; außergewöhnliche Bewegungen von Himmelskörpern oder das Erscheinen von Kometen; Feuersbrunst; nicht der Jahreszeit entsprechendes Wetter und Stürme sowie lange Regenperioden oder starke Hitze und Kälte; Taifune und Wirbelwinde; Trockenheit während der Regenzeit; und schließlich die Zerstörung der Nation durch innere Kämpfe oder fremde Invasion.

DIE DREI EXISTENZEN (Sanse): Dies sind Vergangenheit, Gegenwart und Zukunft. Zusammen erzeugen sie das Kontinuum des individuellen und des universalen Lebens und unterliegen dem Gesetz des Karma.

DIE DREI SCHÄTZE (Sampo): Der Buddha, das Gesetz und die Priesterschaft. Der Buddha, der die Tugenden des Herrschers, des Meisters und der Eltern besitzt, erfuhr Erleuchtung über den wahren Sinn des Universums. Das Gesetz sind die Lehren des Buddha. Die Priesterschaft ist eine Gruppe von Menschen, die das Gesetz weitergeben. In der Mappo-Ära ist Nitschiren Daischonin der Buddha, der Dai-Gohonson des Nam-myoho-renge-kyo ist das Gesetz und die Priesterschaft besteht aus dem Klerus der Nitschiren Schoschu.

DIE DREI SCHRECKLICHEN FEINDE (Sanrui-no-goteki): Das Lotos-Sutra sagt, daß der weltweiten Verbreitung des wahren Buddhismus das Erscheinen vieler Feinde vorausgeht. Die drei schrecklichen Feinde, die den wahren Gläubigen während des ›Späten Tages des Gesetzes‹ verfolgen werden, sind: Laien, welche den Wert des wahren Buddhismus nicht erkennen und seine Gläubigen verleumden (*Sokuschu-sodschoman*); ketzerische Priester, welche den Glauben der Anhänger des wahren Buddhismus zu stören suchen (*Domon-sodschoman*); und Regierungen oder andere Mächte in hoher Position, welche die Gläubigen des wahren Buddhismus verfolgen, weil sie ihrer Kontrolle unterliegen (*Senscho-sodschoman*).

DSCHIPPOKAIDSCHI (Kommentar über die zehn Stadien des Lebens): Nitschiren Daischonin schrieb dieses Werk 1259, als er siebenunddreißig Jahre alt war. Es erklärt die Hierarchie der Religionen (*siehe* der fünffache Vergleich) und vergleicht die Lehren des Schakyamuni mit dem Lotus-Sutra Nitschiren Daischonins.

DER FÜNFFACHE VERGLEICH (Godschu-no-Sotai): Nitschiren Daischonins Untersuchung der Überlegenheit von Religionen. Nach diesem Vergleich ist der Buddhismus den nichtbuddhistischen Religionen überlegen; der Mahayana-Buddhismus ist dem Hinayana-Buddhismus überlegen; der gegenwärtige Mahayana ist dem vorläufigen Mahayana überlegen; Hommon (die wahre

Lehre des zweiten Teils des Lotos-Sutra) ist dem Schakumon (die ›theoretischen Lehren‹ des ersten Teils) überlegen; und der Buddhismus des Nitschiren Daischonin ist demjenigen von Schakyamuni überlegen.

DIE FÜNF KARDINALEN SÜNDEN (Gogyakusai): In den buddhistischen Lehren gibt es die folgenden fünf schweren Sünden: Vatermord, Muttermord, Tötung von Arhats oder anderen gläubigen Buddhisten, dem Buddha Schmerz oder Verletzung zufügen, Störung der Einheit oder der Harmonie der Gläubigen des wahren Buddhismus und seiner Organisationen. Wer eine dieser Sünden begeht, fällt der Verdammung anheim.

GEIERBERG: Der Berg Grdhrakuta in der Nähe von Rajgir im indischen Staat Bihar. Der heilige Berg, auf welchem Schakyamuni das Lotos-Sutra predigte.

GOHONSON: *siehe* Dai-Gohonson.

GONGYO: Die Gebetszeremonie, die jeden Morgen und Abend vor dem Gohonson ausgeübt wird. Während des Gongyo rezitieren die Gläubigen das Hoben und das Dschuryo Kapital des Lotos-Sutra und rezitieren das Daimoku.

GOSCHO: Die gesammelten Werke von Nitschiren Daischonin, die aus seinen religiösen Abhandlungen und belehrenden Briefen an seine Anhänger bestehen. Die Gläubigen der Nitschiren Schoschu lernen, die Lehren der Goscho in ihrem täglichen Leben in der Gesellschaft anzuwenden.

HARITI: Eine Gottheit, die man für eine leichte Geburt anruft. Ursprünglich war sie die Mutter zahlreicher Kinder und nährte auch noch die Kinder anderer Frauen. Nachdem sie von Buddhas Gesetz gehört hatte, bereute sie ihre Bosheit und gelobte, die Gläubigen des wahren Buddhismus zu beschützen. In Japan ist sie als *Kischimo-dschin* bekannt.

HINAYANA-BUDDHISMUS: Es gibt zwei Hauptströmungen im Buddhismus: den nördlichen und den südlichen Buddhismus. Die nördlichen Buddhisten nennen ihre Richtung Mahayana (»Großes Fahrzeug«) und die südliche Richtung wegen ihrer Beschränkungen und ihrer Selbstbezogenheit Hinyana (»Kleines Fahrzeug«). Die Hinayana-Buddhisten selbst nennen ihre Religion Theravada (Lehre der Ordensältesten). Hinayana wird hauptsächlich in Sri Lanka, Burma und Thailand praktiziert, der Mahayana-Buddhismus hingegen hauptsächlich in Japan, Korea und China.

HIYUHON (Gleichnis): Das dritte Kapitel des Lotos-Sutra. Darin erklärt Schakyamuni, daß alles, was lebt, die Einheit des Buddha darstellt. Er verwendet das Gleichnis von der Lotosblüte, die sowohl die Blüte (die Ursache), als auch den Samen (die Wirkung) enthält. Dieses Kapitel legt auch die schrecklichen Strafen dar, die auf die Gegner des wahren Buddhismus warten.

ITSCHINEN SANSEN: Eine Theorie, nach welcher ein einziger existierender Moment des Lebens (itschinen) die dreitausend Welten eines größeren Lebens (sansen) enthält. Der T'ien-t'ai-Buddhismus interpretiert das Leben als eine Ganzheit, die dreitausend Welten umfaßt. Man kommt zu dieser Zahl, wenn man annimmt, daß jedes der zehn Stadien des Lebens (auch Welten genannt) in sich wiederum alle zehn Stadien trägt, was zusammen hundert Stadien bzw. Welten ergibt. Darüber hinaus besteht alles Leben aus zehn Faktoren: Form, Natur, Wesen, Kraft, Einfluß, innere Ursache, äußere Ursache, Beziehung, innere Wirkung, äußere Wirkung, Übereinstimmung vom Anfang bis zum Ende. Diese Faktoren werden ebenfalls Welten genannt. Einhundert Zustände, multipliziert mit zehn Faktoren ergibt tausend Welten. Und endlich stehen drei Arten von Umständen mit den physischen Erscheinungsformen des Lebens in Beziehung: Erstens Umstände, die mit der physischen Natur der Erscheinungsformen des Lebens in Beziehung stehen, zweitens

Umstände, die durch die individuellen Unterschiede dieser Erscheinungsformen verursacht werden und drittens Umstände, die durch die Natur des Ortes, an dem diese Erscheinungsformen des Lebens stattfinden, verursacht werden. Auch solche Kategorien kann man als Welten bezeichnen, es gibt also insgesamt dreitausend Welten und sie alle wohnen einem einzigen Moment der Existenz des Lebens inne.

KAIMOKU SCHO: (Über das Erwachen der wahren Buddhaschaft oder das Öffnen der Augen): Eine der zehn Hauptschriften Nitschiren Daischonins. Es entstand im Februar 1272, als Nitschiren auf der Insel Sado im Exil lebte und ist Schidscho Kingo und anderen Schülern gewidmet. Nitschiren Daischonin enthüllt darin, daß er der wahre Buddha des ›Späten Tages des Gesetzes‹ ist.

KANGYO HATSCHIMAN SCHO (Über die Warnung vor Hatschiman): Nitschiren Daischonin schrieb dieses Buch im Jahre 1280 auf dem Berg Minobu, nachdem ein Feuer im Schrein des Hatschiman ausgebrochen war und die Mongolen einzufallen drohten. Nitschiren Daischonin klagt den Bodhisattva Hatschiman zweier Vergehen an: Erstens beschütze er die japanische Nation in schwerer Zeit nicht, zweitens schütze er die Kamakura-Regierung, obwohl sie den wahren Buddha des ›Späten Tages des Gesetzes‹, Nitschiren Daischonin, verfolge. Im zweiten Teil des Werkes vergleicht er den Buddhismus des Schakyamuni mit dem Mond, der von Westen nach Osten wandert und den Nitschiren-Buddhismus mit der Sonne, die im Osten aufgeht und über die asiatischen Länder hinweg nach Westen wandert.

KEDSCHOYUHON (Parabel vom verwandelten Schloß): Das siebte Kapitel des Lotos-Sutra, in welchem Schakyamuni zeigt, wie eine Gruppe von Menschen Erleuchtung über die Bedeutung des Buddhismus erfuhr, indem sie von der tiefen, auf die allerfernste Vergangenheit zurückgehende Beziehung zwischen Lehrer und Schüler erfuhr.

KOSEN-RUFU: Das Erreichen von Weltfrieden und Glück durch die Verbreitung des Geistes und der Lehren des wahren Buddhismus.

LOTOS-SUTRA: Das zweitletzte der Sutras des Schakyamuni. Es ist dessen höchste Lehre, obwohl der Ausdruck sich auch auf die höchste Lehre eines jeden Buddhas beziehen kann und die Folgerungen hieraus sich mit der Zeit wandeln. Zum Beispiel: Das Lotos-Sutra des Soho, des »Mittleren Tages des Gesetzes«, ist das Mo-ho-tschih-kuan des T'ien-t'ai; und jenes des Mappo oder »Späten Tages des Gesetzes« ist Nitschiren Daischonins Nam-myoho-renge-kyo, oder der Gohonson.

MAHAKASYAPA: Einer der zehn Hauptschüler des Schakyamuni. Er kam etwa drei Jahre nach Schakyamunis Erleuchtung zu ihm und leitete nach dessen Tod die erste Versammlung der Gläubigen.

MAHASATTYA: Ein Name für Bodhisattvas, welche mit großem Mut und ernsthaftem Willen segensreiche Taten für die gesamte Menschheit vollbringen.

MAHAYANA-BUDDHISMUS: *siehe* Hinayana-Buddhismus.

MAKIGUTSCHI, TSUNESABURO (1871–1944): Der erste Präsident der Soka Kyoiku Gakkai. Er akzeptierte Nitschiren Schoschu 1928, veröffentlichte 1929 sein Buch *System of Value-Creating Pedagogy** und unterrichtete im Jahre 1930 die Soka Kyoiku Gakkai. Wegen seiner antimilitaristischen Gesinnung wurde er 1943 zusammen mit Josei Toda und anderen Führern der Soka Kyoiku Gakkai festgenommen und inhaftiert. Er starb 1944 im Gefängnis.

* »System einer werteschaffenden Pädagogik«

MANJUSRI-BODHISATTVA: Der Bodhisattva der Meditation oder des höchsten Wissens. Er wird als Personifikation oder Idealisierung der Weisheit des Buddha betrachtet. In Darstellungen sieht man ihn gewöhnlich auf einem Löwen sitzend oder in der Gruppe befindet er sich zur Linken Buddhas.

MO-HO-TSCHIH-KUAN (Das Buch von der großen Erleuchtung): Dieses Werk heißt in Japan *Maka Schikan* und ist eine Zusammenfassung der mündlich überlieferten Lehren des Tschi-i. Es enthält die Lehre, daß jeder Moment dreitausend Existenzen oder Lebenswelten enthält. (*Siehe* Itschinen Sansen.) Das Mo-ho-tschih-kuan ist so wichtig, daß man es auch das Lotos-Sutra des ›Mittleren Tages des Gesetzes‹ nennt.

MYOHO: Wörtlich: »das höchste oder mystische Gesetz«, das Wort wird manchmal synonym zu Nam-myoho-renge-kyo gebraucht.

NAM-MYOHO-RENGE-KYO: Wörtlich: »Hingabe zum wundervollen Gesetz des Lotos-Sutra«. Es wurde durch Nitschiren Daischonin, dem wahren Buddha des »Späten Tages des Gesetzes« eingeführt. Die Anrufung von Nam-myoho-renge-kyo ist die Basis eines universellen Lebens – weil es das fundamentalste Gesetz aller Phänomene des Lebens ist.

NITSCHIREN DAISCHONIN (1222–1282): Gründer der Nitschiren Schoschu. Seine Lehren sind die geistige Grundlage der Soka Gakkai. Der Sohn eines Fischers übernahm die Lehren Buddhas und verdichtete als Einunddreißigjähriger die Essenz des Lotos-Sutra in »Nam-myoho-renge-kyo«. Für die Menschen des Zeitalters des »Späten Tages des buddhistischen Gesetzes« erhob er »Nam-myoho-renge-kyo« im Jahre 1279 in den Rang einer höchsten Führungskraft und verkörperte diese in die Form des Dai-Gohonson, das höchste Objekt der Verehrung der Nitschiren Schoschu. Daischonin ist ein ehrerbietiger Zusatz, den man übersetzen kann mit: »Der wahre Buddha des Späten Tages des Gesetzes«.

NITSCHIREN SCHOSCHU: Buddhistische Sekte, welche die orthodoxe Linie des Buddhismus des Nitschiren Daischonin in den letzten siebenhundert Jahren gewissenhaft bewahrte. Der Haupttempel ist Taiseki-Dschi, der auf dem südlichen Hang des Fudschijama gelegen ist. Soka Gakkai ist die Laienorganisation der Nitschiren Schoschu.

NIRVANA SUTRA: Es wird so genannt, weil Schakyamuni dieses letzte Sutra auslegte, kurz bevor er ins Nirvana einging.

NYORAI: Einer der zehn Namen Buddhas. Wörtlich bedeutet er »einer der aus dem Land der Wahrheit kommt«.

NYORAI DSCHURYOHON (Die Ergründung des Segens des Buddha): Das sechzehnte und wichtigste Kapitel des Lotos-Sutra. Es lehrt die Ewigkeit des Lebens.

ONGI KUDEN: Die mündlich überlieferten Lehren Nitschiren Daischonins, wie sie von Nikko Schonin, dem zweiten Hohepriester der Nitschiren Schoschu niedergeschrieben wurden. Das Werk erklärt die tiefgründige Lebensphilosophie Nitschiren Daischonins, indem es die wichtigen Teile des Lotos-Sutra vom Standpunkt des wahren Buddhismus aus interpretiert.

RISSCHO ANKOKURON (Die Sicherheit der Nation durch die Errichtung des wahren Buddhismus): Diese Abhandlung schrieb der achtunddreißigjährige Nitschiren Daischonin im Jahre 1260. Sie erläutert, daß der Grund für Katastrophen und Unglück in irreführenden Religionen und Philosophien zu suchen ist. Nitschiren klagt darin auch das damals regierende Kamakura-Schogunat an.

SANSE SCHOBUTSU SOKAMMON SCHO (Über die endgültige Erleuchtung der Buddhas der drei Existenzen): Eine von Nitschiren Daischonins wichtigen Abhandlungen, die er 1279 auf dem Berg Minobu im Alter von siebenundfünfzig Jahren verfaßte. Das Werk erklärt, daß das Lotos-Sutra die höchste Lehre des Schakyamuni darstellt. Es führt außerdem aus, daß Nitschiren Daischonins Lebensphilosophie, die auf der Grundlage mehrerer buddhistischer Lehren entwickelt wurde, der wahre Buddhismus des ›Späten Tages des Gesetzes‹ ist.

SENDSCHI SCHO (Über die Auswahl der Zeit): Eines der zehn wichtigsten Werke Nitschiren Daischonins. Es wurde im Jahre 1275 geschrieben und erklärt, wie wichtig die Wahl der rechten Zeit ist und sagt die endgültige weltweite Verbreitung des wahren Buddhismus während des ›Späten Tages des Gesetzes‹ voraus.

SOKA KYOIKU GAKKAI: Wörtlich: »Werteschaffende Gesellschaft für Erziehung«. 1930 von Tsunesaburo Makigutschi, ihrem ersten Präsidenten und Josei Toda gegründet. 1943 wurde die Gesellschaft wegen ihrer Antikriegshaltung und Antischintopolitik durch die Militärs unterdrückt. Josei Toda etablierte sie 1946 erneut unter dem Namen Soka Gakkai und wurde später ihr Präsident.

SOKUSCHU-SODSCHOMAN: *Siehe* Die drei schrecklichen Feinde.

DER SPÄTE TAG DES GESETZES (Mappo-Ära): Das Zeitalter, das zweitausend Jahre nach Schakyamunis Tod begann und für alle Ewigkeit andauern wird. In diesem Zeitalter kann die Menschheit wahren Frieden und Glück erlangen, wenn sie den Gohonson verehrt und der Verbreitung der Philosophie Nitschiren Daischonins ihr ganzes Leben weiht.

T'IEN-T'AI DER GROSSE (538–597): *Siehe* Tschihi-i Tokugyobon (tugendhaftes Praktizieren): Teil des Sutra der niemals endenden Bedeutung, des einführenden Teils des Lotos-Sutra. Der Bodhisattva Manjusri besingt in ihm die großen Tugenden des Buddha Schakyamuni.

TOTAIGI SCHO (Über das Wesen von Nam-myoho-renge-kyo): Eine der wichtigsten Schriften Nitschiren Daischonins, in welcher er die Gläubigen des wahren Buddhismus mit der Einheit des Nam-myoho-renge-kyo gleichsetzt und die Untrennbarkeit von Ursache und Wirkung darlegt. Man sagt, daß Nitschiren Daischonin diese Abhandlung auf der Insel Sado verfaßte und sie an Sairenbo, einen seiner Schüler und früheren Anhänger der Tendai-Sekte sandte.

TSCHANG-AN (561–632): Ein Schüler von T'ien-t'ai dem Großen (*siehe* Tschihi-i), der alle Lehren seines Meisters sammelte.

TSCHIHI-I (538–597): Auch T'ien-t'ai der Große genannt. Ein chinesischer Führer der Buddhisten und Gründer der T'ien-t'ai-Sekte. Er wird als Buddha des Soho oder ›Mittleren Tages des Gesetzes‹ betrachtet.

USCHITORA GONGYO: Eine religiöse Zeremonie, in welcher allnächtlich für den Weltfrieden und die baldmögliche weltweite Verbreitung des wahren Buddhismus gebetet wird. Seit der Zeit Nikko Schonins, des zweiten Hohepriesters der Nitschiren Schoschu und Gründers des Taiseki-Dschi wurde das Uschitora Gongyo ohne eine einzige Unterbrechung durchgeführt: Zur Zeit wird es in der großen Empfangshalle des Taiseki-Dschi abgehalten. Es beginnt um Mitternacht, obwohl sein Name zeigt, daß es früher von zwei Uhr morgens (*uschi*) bis vier Uhr morgens (*tora*) stattfand.

VISISTACARITRA: Der Führer der Dschiyu-no-Bosatsu, der Bodhisattvas, die auferstanden, als das Lotos-Sutra verkündet wurde, und die schworen »Die drei großen geheimen Gesetze«, (also den wahren Buddhismus) am »Späten Tag des Gesetzes« zu verbreiten. Nitschiren Daischonin erschien in seiner Form als Visistacaritra, um den wahren Buddhismus zu propagieren, er ist also in der Tat der wahre Buddha für den »Späten Tag des Gesetzes des Schakyamuni.«

DIE ZEHN ZUSTÄNDE DES LEBENS: Die Zustände des Lebens, welche sich in allen physischen und geistigen Aspekten der menschlichen Tätigkeit manifestieren: Hölle, Hunger, Animalität, Augen, Ruhe, Entzücken, Lernen, Teilerleuchtung, Budhisattva-Natur, Buddhaschaft.

Daisaku Ikeda

Der Buddha lebt

Ullstein Buch 34434

Ullstein Sachbuch

Der Buddhismus ist weder die Lehre der strengen Askese, noch eine vorwiegend meditative und idealistische Philosophie. Der Buddhismus ist vielmehr eine Religion, die von der Erkenntnis ausgeht, daß die fundamentale Wahrheit in einer allgemein verständlichen Form jedem einzelnen Individuum vermittelt werden kann. Der Buddhismus ist die Religion des sogenannten Weges der Mitte.

»... Von der sorgfältigen Rekonstruktion der Lebensdaten ausgehend, legt der Japaner Ikeda die Grundzüge der buddhistischen Lehre dar, die das Gesetz des Lebens (Dharma) als im Selbst des Individuums befindlich ansieht. Er führt auch aus, inwiefern der Buddhismus gerade in einer Zeit, die von schnellem Wandel und Sinnentleerung geprägt ist, als Lebenshilfe dienen könnte.«

Südkurier